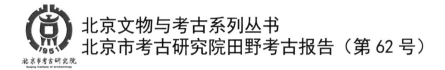

北京文物与考古系列丛书

北京市考古研究院田野考古报告（第62号）

北 京 考 古

第 7 辑

北京市考古研究院　　编著

北京燕山出版社

图书在版编目（CIP）数据

北京考古 . 第 7 辑 / 北京市考古研究院编著 .
北京： 北京燕山出版社， 2024. 10. -- ISBN 978-7
-5402-7335-4

Ⅰ . K872.1

中国国家版本馆 CIP 数据核字第 2024BH8822 号

北京考古 . 第 7 辑

编　　著：北京市考古研究院
责任编辑：梁　萌
书籍设计：北京麦莫瑞文化传播有限公司
封面设计：黄晓飞
出版发行：北京燕山出版社有限公司
社　　址：北京市西城区椿树街道琉璃厂西街 20 号
邮　　编：100052
电　　话：010-65240430（总编室）
印　　刷：北京富诚彩色印刷有限公司
开　　本：889mm×1194mm　1/16
字　　数：510 千字
印　　张：31
版　　次：2024 年 10 月第 1 版
印　　次：2024 年 10 月第 1 次印刷
ISBN　978-7-5402-7335-4
定　　价：228.00 元

北京文物与考古系列丛书

内容简介

　　本书是北京市考古研究院（北京市文化遗产研究院）配合基本建设的考古发掘报告集，收录的全部为北京地区的考古发掘工作成果，涉及朝阳、海淀、通州、大兴、昌平、平谷等区域，时代跨度为汉代至民国时期，类型有墓葬、城墙遗址、窑址、古井等，出土的器物数量多，类型丰富，比较全面、及时地反映了北京市近年来配合基本建设考古工作的新成果。

　　本书可供从事考古、文物、历史等研究的学者及相关院校师生阅读和参考。

目 录

插图目录

房山区牛家场唐代墓葬、金代窑址及明清古井发掘报告

通州区次渠村唐代、清代墓葬发掘报告

房山区阜盛大街清代墓葬发掘报告

海淀区清华东路清代墓葬发掘报告

顺义区杨镇清代墓葬发掘报告

通州区马驹桥清代墓葬发掘报告

彩版目录

平谷区天井村元代、清代墓葬发掘报告

密云区鼓楼西区明清城墙遗址发掘报告

昌平区张各庄清代墓葬发掘报告

朝阳区高碑店清代墓葬和窑址发掘报告

朝阳区驼房营路清代墓葬发掘报告

朝阳区豆各庄清代、民国墓葬发掘报告

大兴区四海庄汉代窑址、汉唐墓葬及明清古井发掘报告

北京亦庄开发区 X57 号地项目位于大兴区经济技术开发区，东邻博兴路、南邻兴海一街、西邻博兴六路、北邻兴海路。GPS 坐标为北纬 39° 44′ 51.7″，东经 116° 29′ 51.4″（图一）。2012年 5 月 13 日至 24 日，北京市考古研究院（原北京市文物研究所）为配合北京亦庄开发区 X57 号地项目建设，对勘探发现的 6 座古代墓葬、1 座窑址和 1 口古井进行了考古发掘，发掘面积为 520 平方米（图二）。

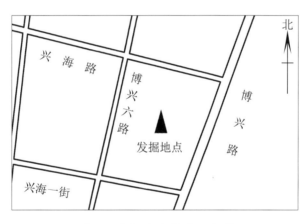

图一　发掘地点位置示意图

一、地层堆积

该项目占地范围内的地层堆积比较简单，可分为三层。

第①层：表土层，厚 0.2 ~ 0.3 米，土色为黄色，土质疏松，包含现代渣土、植物根系等。

第②层：黄褐色沙土层，厚 0.2 ~ 0.4 米，土质较疏松。

第③层：棕黄色淤土层，厚 0.2 ~ 0.3 米，土质较硬。

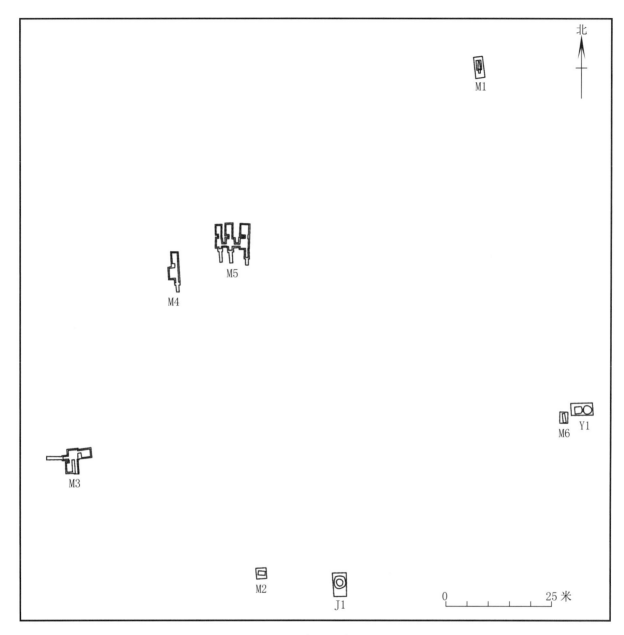

图二 遗迹分布图

二、墓葬

本次发掘的 6 座墓葬为 M1 ～ M6，均为砖室墓，可分为单室墓和多室墓。M1、M2、M6 开口于②层下，均为单室墓；M3 ～ M5 开口于③层下，均为多室墓。其中 M5 发掘简报已发表[①]。

（一）单室墓

1.M1

位于发掘区东北部。方向为180°。墓圹平面呈"甲"字形，墓口距地表深0.5米，长3.5米、宽0.5～1.34米、深0.6米，由墓道和墓室组成。用砖规格为长35厘米、宽17厘米、厚5.5厘米。

墓道位于墓室南侧，平面呈长方形，长0.9米、宽0.46～0.54米，平底。内填花土，土质疏松。

墓室位于墓道北侧，平面略呈船形，南宽北窄，长2.05米、宽0.24～0.6米、残深0.36米。周壁残留六层砌砖，砌法为青砖错缝交替平砌。底部有铺地砖，用青砖呈东西向对缝平铺而成，四周的铺地砖略低于墓室中部。墓室内仅存头骨及肢骨，头向南，面向西，直肢葬，性别、年龄不详。人骨右臂内侧随葬铜钱1枚（图三；彩版一，1）。

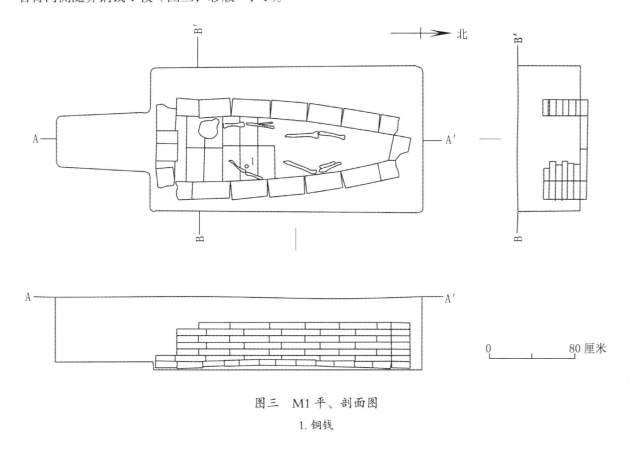

图三　M1平、剖面图
1. 铜钱

2.M6

位于发掘区东部，东邻Y1。方向为2°。墓圹平面呈长方形，墓口距地表深0.6米，长2.8米、宽1～1.16米、残深0.3米。内填花土，土质疏松。墓室为青砖砌筑，长2.2米、宽0.39～0.58米。砖棺上部已被破坏，残存4层砖，残高0.24米。棺内人骨已被破坏，仅残存少量肢骨，头向及葬式不清。用砖规格为长37厘米、宽18厘米、厚6厘米（图四；彩版一，2）。

未发现随葬品。

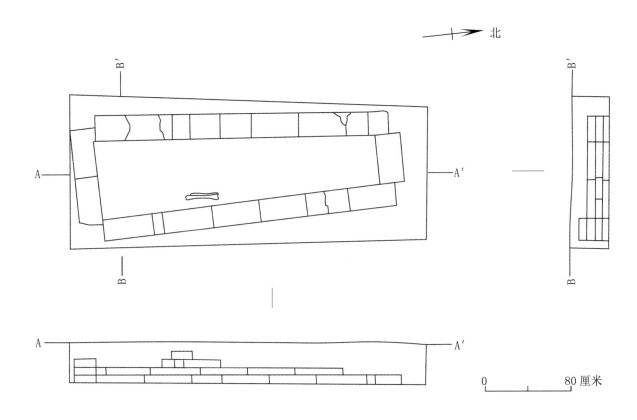

图四 M6 平、剖面图

3.M2

位于发掘区中南部，东邻 J1。方向为 275°。墓圹平面呈长方形，墓口距地表深 0.7 米，长 2.1 米、宽 1.16 ~ 1.2 米、残深 0.3 米。内填花土，土质疏松，内含大量乱砖块。墓室破坏严重，东北部残留残砖块，用砖规格为残长 12 ~ 14 厘米、厚 5 厘米（图五；彩版二，1）。

未发现随葬品。

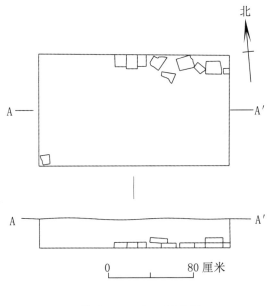

图五 M2 平、剖面图

（二）多室墓

1.M3

位于发掘区西南部，东北邻 M4。方向为 270°。墓圹平面呈不规则形，墓口距地表深 0.9 米，长 12.4 米、宽 7.1 米、深 1.3 米。由墓道、甬道、墓门、前室、后室甬道、后室和东西侧室组成（图六；彩版二，2）。用砖规格为长 32 厘米、宽 16 厘米、厚 6 厘米和长 30 厘米、宽 15 厘米、厚 5 厘米。

墓道位于甬道西部，平面呈长方形斜坡状，长 3.8 米、宽 0.82 ~ 0.9 米，底坡长 4 米、深 1.2 米。内填花土，土质疏松。

甬道位于墓道东部，上部已被破坏，平面呈长方形，长 1.9 米、宽 0.8 米、残高 0.9 米。甬道两壁为青砖两平一竖交替错缝砌筑，底部为青砖两横两竖错缝平铺而成。

墓门位于甬道西部，残留 0.7 米的封门砖，为两平一竖交替砌筑。墓门上部已被破坏，高度不详，宽度与甬道相同。

前室位于甬道东部，平面近似长方形，长 3 米、宽 2.7 米，周壁仅残留墓室西壁甬道北侧的 12 层砌砖，残高 1.4 米，为青砖两平一竖错缝交替砌筑。墓室底部有铺地砖，四周为长 32 厘米、宽 16 厘米、厚 5.5 厘米的长砖，中间部分用边长 30 厘米、厚 6 厘米的方花砖铺制，铺法不规则。前室东部清理出一头骨，头骨西南方随葬铜钱 4 枚。

后室甬道位于前室东部，平面呈长方形，上部已被破坏，仅残存底部，长 0.94 米、宽 0.78 米。

后室位于后室甬道东部，平面近似长方形，长 2.6 米、宽 2.06 米，西壁、北壁已破坏至底，东壁、南壁残存 12 层砌砖，残高 1.1 米，用青砖两平一竖错缝交替砌筑而成。底部有铺地砖，用青砖两横两竖平铺，中间高，两侧低，形成倾斜状。

东侧室位于前室东南部，平面呈长方形，长 3.56 米、宽 0.68 ~ 0.74 米，上部已被破坏，仅残留底部砌砖，残高 0.4 米。南壁已完全破坏，东壁和西壁南部仅残留一层，北部残留五层，由青砖一竖两平错缝交替砌筑。底部有铺地砖，用青砖呈东西向错缝平铺。

西侧室位于前室西南部，北部口处有一宽 0.82 米、进深 0.75 米的过道。过道两壁砌砖已破坏至底，仅残存 4 层砌砖，残高 0.42 米，砌法同墓室，东部清理出一残头骨。西侧室平面呈长方形，长 3 米、宽 1.7 米，上部已被破坏，西壁和南壁保存较好，共 12 层砌砖，残高 1.1 米。由青砖两平一竖交替砌筑，底部有铺地砖，用青砖两横两竖错位平铺，中间高，两侧低，形成倾斜状。

未发现随葬品。

2.M4

位于发掘区西南部，东邻 M5。方向为 175°。墓圹平面呈“中”字形，墓口距地表深 0.9 米，长 11.5 米、宽 0.65 ~ 3.3 米、深 0.8 米。由墓道、甬道、墓门、前室、后室甬道和后室组成（图七；彩版三）。用砖规格为长 31 厘米、宽 14 厘米、厚 5 厘米和长 32 厘米、宽 16 厘米、厚 6 厘米。

墓道位于甬道南部，平面呈长方形斜坡状，长 2.16 米、宽 0.65 ~ 0.82 米，底坡长 2.54 米。内填

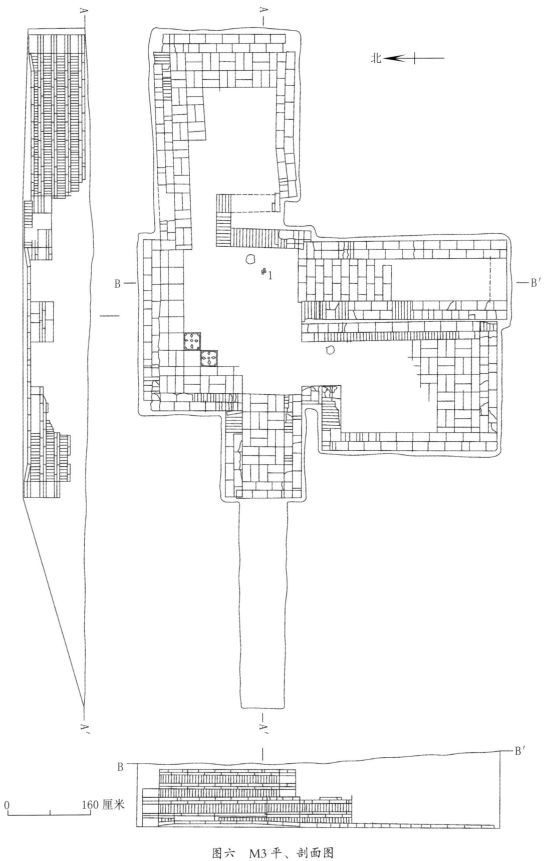

图六　M3平、剖面图

1. 铜钱

花土，土质疏松。

甬道位于墓道北部，平面呈长方形，残留底部砌砖，长 1.48 米、宽 0.84 米、残高 0.5 米。东、西两壁残留北侧下部三层砌砖，由青砖一竖二平交替错缝砌筑。底部有铺地砖，用青砖一丁一顺相互对缝平铺而成。

墓门位于甬道北部，残留底部，宽 0.86 米、进深 0.32 米、残高 0.24 ~ 0.36 米。用青砖一平一竖二平交替砌筑封门。

前室位于墓门北部，平面呈近方形，残留底部砌砖，长 2.86 米、宽 2.56 米、残高 0.26 米，周壁仅残留三层砌砖，由青砖一竖二平交替错缝砌筑。底部有铺地砖，用青砖一竖一平一丁一顺相互对缝平铺而成。室内残留头骨及少量下肢骨。

后室甬道位于前室东北部，与前后室相通，平面呈长方形，仅残留底部砌砖，宽 0.84 米、进深 1.1 米、残高 0.26 ~ 0.4 米。东、西两壁残留底部砌砖，由青砖一竖二平交替错缝砌筑。底部有铺地砖，用青砖一丁一顺相互对缝平铺而成。

后室位于前室北部，平面呈长方形，残留底部砌砖，长 2.9 米、宽 1.64 米、残高 0.26 米。周壁仅残留三层砌砖，由青砖一竖二平交替错缝砌筑。底部有铺地砖，用青砖一丁一顺相互对缝平铺而成。室内残留头骨及少量下肢骨。

未发现随葬品。

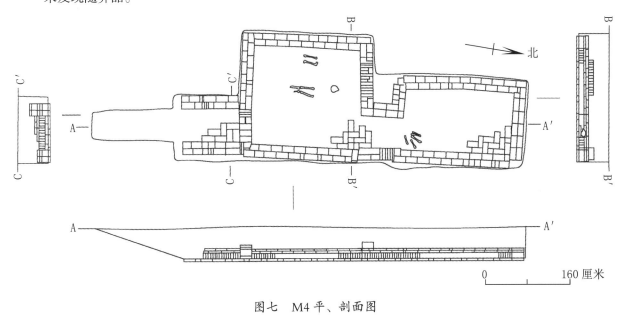

图七　M4 平、剖面图

三、窑址及古井

除 6 座墓葬外，本次发掘还发现窑址 1 座、古井 1 口。其中窑址开口于②层下，古井开口于①层下。

（一）窑址

Y1 位于发掘区中东部，西邻 M6。方向为 90°。开口距地表深 0.6 米，平面呈 "8" 形，口部长 4.92 米、宽 1.8 ~ 2.24 米。上部已被破坏，底部残存。由操作间、火门、火膛、窑室和烟道五部分组成（图八；彩版四，1）。

操作间位于火门东部，平面近圆形，口部长 2.4 米、宽 2.24 米，底部长 2.2 米、宽 1.88 米、深 0.35 ~ 0.72 米。斜壁，底部呈斜坡状。

火门位于操作间西部，正面呈圆拱形，残宽 0.2 米、残高 0.3 米、进深 0.2 米。底部与火膛连接间呈斜坡状，周壁为红烧土硬面。火门口部北端残留 5 层砌砖，南端砌砖已被破坏。

火膛位于火门西部，平面呈月牙形，长 0.78 ~ 0.98 米、宽 1.8 米、深 0.5 米。口部及周壁红烧土被破坏，残存底部较平。

窑室位于火膛西部，平面近长方形，长 1.54 米、宽 1.8 ~ 1.84 米、残深 0.5 米。周壁红烧土被破坏，残存底部烧土面较平。

烟道位于窑室西壁的南、北两端。北端烟道平面呈半圆形，由上至下呈斜坡状，宽 0.2 米、进深 0.14 米、残高 0.5 米，周壁残留红烧土痕迹。南端烟道平面呈三角形，由上至下呈斜坡状，边长 0.08 米、残高 0.5 米，周壁残留红烧土痕迹。

窑内填灰褐色杂土，内含烧土块、炭灰颗粒，土质较松，操作坑内有少量残绳纹砖块。

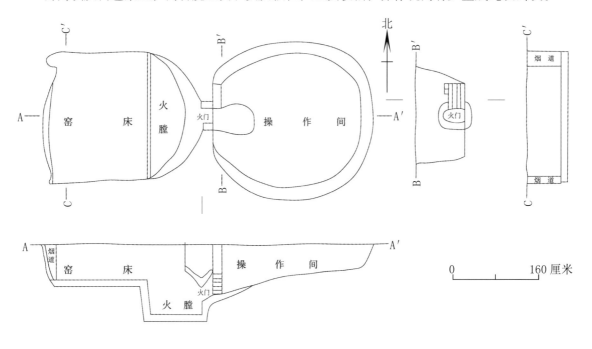

图八 Y1 平、剖面图

（二）古井

J1 位于发掘区中部偏南，西邻 M2，为青砖砌制的圆形砖井，由土圹和井筒两部分构成。土圹平面呈椭圆形，直径 3.4 米、深 0.8 米，壁面竖直。井筒口小底大，壁面略内倾，井口距地表深 0.8 米、内径 2.04 米、底部内径 2.25 米、井底距井口深 2.94 米（因安全问题未发掘至底），清理井壁高 1.48 米（图九；彩版四，2）。井筒周壁用开槽青砖相互错缝平砌而成，内填褐色土，土质疏松、湿软，内含青砖残块。用砖规格为长 24 厘米、宽 12 厘米、厚 5 厘米。

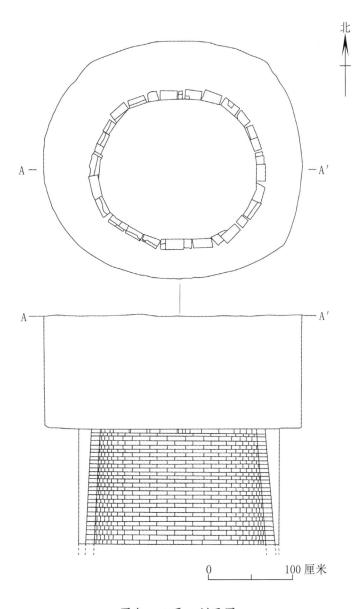

北

A — — A′

A — — A′

0   100 厘米

图九　J1 平、剖面图

四、铜钱

M1、M3 共出土铜钱 5 枚，包括乾元重宝、五铢和剪边五铢。

M1：1，圆形，方穿，正面有郭，铸"乾元重宝"四字，楷书，对读；背面有郭。直径 2.94 厘米、穿径 0.75 厘米、郭厚 0.27 厘米，重 7.75 克（图一〇，1）。

M3：1，圆形，方穿，正面有郭，铸"五铢"二字，篆书，对读；背面有郭。直径 2.49 厘米、穿径 1 厘米、郭厚 0.08 厘米，重 2.83 克（图一〇，2）。

M3：2，圆形，方穿，正面有郭，铸"五铢"二字，篆书，对读；背面有郭。直径 2.48 厘米、穿径 1.1 厘米、郭厚 0.1 厘米，重 1.56 克（图一〇，3）。

M3：3，圆形，方穿，正面有郭，铸"五铢"二字，篆书，对读；背面有郭。直径 2.57 厘米、穿径 1.1 厘米、郭厚 0.11 厘米，重 2.21 克（图一〇，4）。

M3：4，圆形，方穿，剪轮，正面外郭已剪，铸"五铢"二字，篆书，对读；背面外郭已剪。直径 2.1 厘米、穿径 1.06 厘米、背穿郭厚 0.1 厘米，重 1.52 克（图一〇，5）。

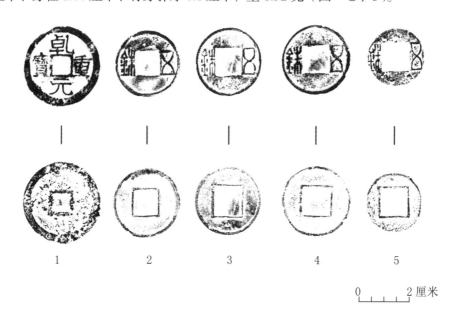

图一〇　M1、M3 出土铜钱

1.乾元重宝（M1：1）2～4.五铢（M3：1、M3：2、M3：3）5.剪边五铢（M3：4）

五、结语

M4 形制与亦庄 80 号地 M72[②] 相似，均为双室砖墓。M3 形制与亦庄 80 号地 M74[③] 相似，均为多室砖墓。依据墓葬形制、开口层位以及 M3 出土的五铢和剪边五铢，可推测 M3、M4 为汉代砖室墓。

Y1 形制与南苑 Y4、Y7[④] 相似，均为半倒焰窑。依据窑址位置、形制及包含物，推测 Y1 可能是为附近汉代砖室墓烧制砌砖的汉代砖窑。M1、M6 形制与亦庄 79 号地 M1[⑤] 相似，均为单室砖墓。依据 M1 墓葬形制以及出土的乾元重宝，可推测 M1 为唐代砖室墓。M6 墓葬形制、开口层位及用砖规格与 M1 相似，推测其可能为唐代砖室墓。M2 破坏严重，依据残存形制、开口层位，推测其可能为唐代砖室墓。J1，形制与亦庄 X11 号地 J1[⑥]、北运河故道 J1[⑦] 相似，均为圆形砖井，可推测为明清时期水井。

对上述遗迹的发掘，为了解大兴地区汉唐砖室墓、汉代砖窑和明清水井的形制提供了实物资料，可见该地区在汉唐、明清时期都存在一定规模的人类活动。

发掘：尚珩

绘图：刘雨婧　古艳兵

执笔：刘雨婧　尚珩

注释

① 北京市文物研究所：《北京四海庄魏晋墓发掘简报》，《文物春秋》2014 年第 2 期。

② 北京市文物研究所：《北京亦庄考古发掘报告》，科学出版社，2009 年，第 59、60 页。

③ 北京市文物研究所：《北京亦庄考古发掘报告》，科学出版社，2009 年，第 62 ~ 70 页。

④ 北京市文物研究所：《北京南苑汉代窑址发掘简报》，《文物春秋》2011 年第 5 期。

⑤ 北京市文物研究所：《北京亦庄考古发掘报告》，科学出版社，2009 年，第 140 ~ 142 页。

⑥ 北京市文物研究所：《北京亦庄 X11 号地》，科学出版社，2012 年，第 129 页。

⑦ 北京市考古研究院：《北京通州小圣庙遗址与北京运河故道考古发掘简报》，《运河学研究》2022 年第 1 期。

大兴区西红门汉代墓葬、窑址及唐代、金代墓葬发掘报告

为配合大兴区西红门镇 1 号地 C 组团土地一级开发项目建设，北京市考古研究院（原北京市文物研究所）对其范围用地进行了考古勘探，发现了一批古代遗存。2020 年 11 月 27 日至 12 月 19 日，北京市考古研究院对项目用地范围内发现的古遗存进行了考古发掘。发掘区位于大兴区西红门镇西南部，北邻西红门镇南西路、东邻槐房西路、南邻南五环、西邻京开高速，中心地理位置坐标为北纬 39° 46′ 50.6320″，东经 116° 20′ 34.0536″（图一）。此次发掘汉代窑址 3 座、墓葬 1 座，唐代墓葬 1 座，金代墓葬 5 座（图二）。

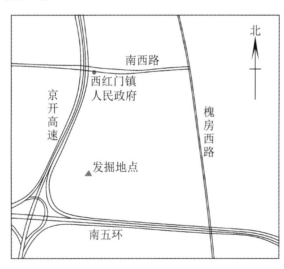

图一 发掘地点位置示意图

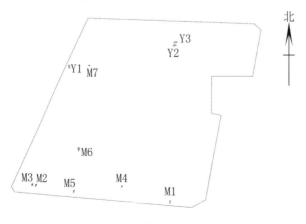

图二 遗迹分布图

一、汉代窑址与墓葬

（一）窑址

共三座，为 Y1 ~ Y3。

1.Y1

位于发掘区西北部，开口于③层下，打破生土，窑口距地表深 1.1 米。方向为 99°。平面呈近"∞"形，由操作间、火门、火膛、窑室、窑床、排烟道、烟室组成。窑口南北总长 7.28 米、东西宽 2.6 米，底距窑口深 0.46 ~ 1.5 米（图三；彩版五，1）。

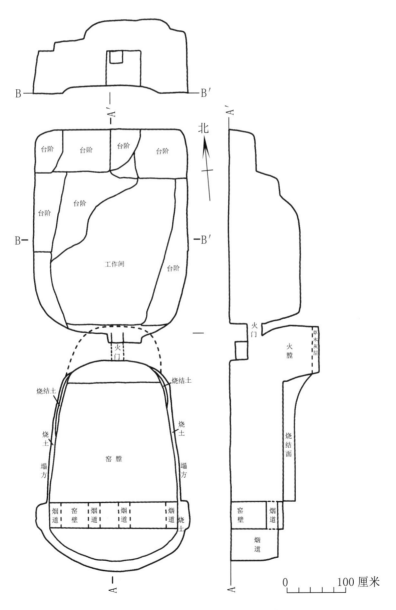

图三　Y1 平、剖面图

操作间位于火门的北端。平面呈椭圆形，开口南北长 3.2 米、东西宽 2.6 米、深 0.46 ～ 1.2 米。坑壁整齐，稍斜，北、东、西三侧修筑有台阶，中部自北向南略呈缓坡状。内填黄褐色花土，土质疏松，夹杂有大量的烧土块及少量的残碎陶片等。

火门位于操作间与火膛之间。高出操作间底部 0.66 米，高出火膛底部 0.96 米。平面呈长方形，面宽 0.22 米、高 0.16 米。

火膛位于火门与窑床之间。平面呈半圆形，南壁较斜；火膛烧结壁较好，厚 0.08 米；火膛底部有燃烧后的草木灰堆积痕迹，厚 0.1 米。

窑床位于火膛南侧。平面呈梯形，北窄南宽，南北长 2 米、东西宽 1.56 ～ 2.16 米，窑床距窑口深 0.9 米。底部烧结面保存较好，厚 0.2 米。

窑室由火膛、窑床、烟道构成。整体呈马蹄状，顶部坍塌，结构不详，窑壁烧结面保存较好，厚 0.08 ～ 0.4 米。

排烟道位于窑室的后壁底部。自西向东排列，分布四个烟道。烟道面宽 0.2 米、进深 0.4 米、高 0.3 米、间距 0.3 米。

烟囱位于窑室后壁外南侧。平面呈扇形，烟囱壁较直，与窑室南壁下排烟道构筑成整个烟道。烟囱外烧土壁厚 0.16 米。

窑内堆积可分为三层：第①层厚 0.3 米，黄褐色花土，土质疏松，内含较多碎乱砖屑、少量烧土块等；第②层厚 0.4 米，灰褐色土，土质疏松，内含较多红烧土块、窑壁坍塌块、少量碎陶片等；第③层厚 0.18 ～ 0.2 米，烧灰堆积，松软，较多草木灰堆积，极少烧土块等。

该窑周壁及窑床底部、火膛壁烧结面保存较好，而且烧结壁较厚，外围堆积的红烧土较多，说明此窑烧制时间较长。依据底部草木灰痕迹，初步判断该窑在烧制时，采用的原材料基本为草木类植物。

出土遗物有陶瓦片 1 袋，器型有筒瓦、板瓦、陶器残片等。

板瓦 4 件。Y1 : 1，泥质灰陶，模制。内壁素面，外壁下部饰绳纹，上部饰弦断绳纹。残长 34 厘米、宽 23.2 厘米（图四，4）。Y1 : 2，泥质灰陶，模制。内壁素面，外壁饰绳纹。残宽 28 厘米、残长 11.8 厘米（图四，6）。Y1 : 3，泥质灰陶，模制。内壁素面，外壁饰弦断绳纹。残长 22.5 厘米、残宽 10 厘米（图四，1）。Y1 : 5，泥质灰陶，模制。外壁饰绳纹，内壁饰网格粗绳纹。残长 9.1 厘米、残宽 7.9 厘米、厚 1.2 厘米（图四，5）。

筒瓦 1 件。Y1 : 4，泥质灰陶，模制。内壁素面，外壁饰绳纹。残长 15.4 厘米、残宽 10.8 厘米（图四，2）。

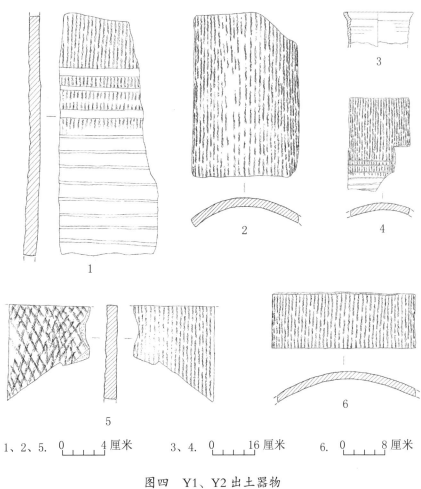

1、2、5. 0 ┕┷┷┷┙ 4厘米　　　3、4. 0 ┕┷┷┷┙ 16厘米　　　6. 0 ┕┷┷┙ 8厘米

图四　Y1、Y2 出土器物

1、2、4 ~ 6.陶瓦（Y1 : 3、Y1 : 4、Y1 : 1、Y1 : 5、Y1 : 2）
3.陶釜口沿（Y2 : 1）

2. Y2

位于发掘区东北部，北邻 Y3，开口于③层下，打破生土，窑口距地表深 1.1 米。方向为 100°。平面呈近 "∞" 形，由操作间、火门、火膛、窑室、窑床、烟道组成。窑口东西总长 6.96 米、南北宽 2.1 ~ 3.66 米，底距窑口深 0.72 ~ 1.76 米（图五；彩版五，2）。

操作间位于火门的东端。平面呈长方形，东西长 2.94 米、南北宽 2.1 米、深 0.72 ~ 1.2 米。坑壁整齐，东北角修筑二步台阶，底部西南角局部用砖纵横平铺。内填黄褐色花土，土质疏松，夹杂有大量的烧土块及少量的残砖块等。

火门位于操作间与火膛之间。高出操作间底部 0.22 米，高出火膛底部 0.78 米。平面呈 "八" 字形，前宽 0.46 米、后宽 0.7 米、高 0.29 米。

火膛位于火门与窑床之间。平面呈半圆形，东西两壁较斜，火膛烧结壁保存较好，厚 0.08 ~ 0.14 米。火膛底部有燃烧后的草木灰堆积痕迹，厚 0.18 米。

窑床位于火膛西侧。平面呈长方形，南北长 3.08 米、东西宽 2.3 米，窑床距窑口深 1.3 米。底部

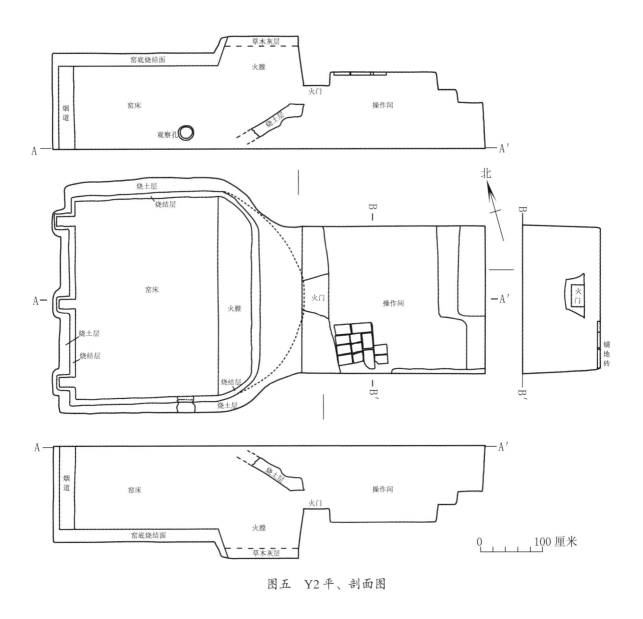

图五　Y2 平、剖面图

烧结面保存较好，厚 0.2 米。

　　窑室由火膛、窑床、烟道构成。整体呈马蹄状，顶部坍塌，结构不详，窑壁烧结面保存较好，厚 0.1 米。烧结壁外围一层红烧土，烧土厚薄不一，厚 0.13 ~ 0.22 米。

　　烟道位于窑室的后壁。自北向南排列，分布三个烟道。烟道面宽 0.14 米、进深 0.3 米、间距 1.14 米。

　　窑内堆积可分为三层：第①层厚 0.5 米，黄褐色花土，土质疏松，内含较多乱碎砖渣块、少量烧土块等；第②层厚 0.6 米，灰褐色土，土质疏松，内含较多红烧土块、窑壁坍塌块、少量碎砖渣块等；第③层厚 0.2 ~ 0.3 米，烧灰堆积，松软，内含较多草木灰堆积、极少烧土块。

　　窑室周壁及窑床底部、火膛壁烧结面保存较好，而且烧结壁较厚，以及外围堆积的红烧土较多，说明此窑烧制时间较长。依据底部草木灰痕迹，初步判断该窑在烧制时，采用的原材料基本为草木类植物。

出土遗物为残砖块及陶釜残片等。

陶釜1件。Y2：1，泥质夹砂夹蚌红陶，轮制，火候高。侈口内敛，直腹，中腹以下残缺，上腹与内壁饰凹弦纹。口径27.3厘米、残高12.3厘米（图四，3）。

3.Y3

位于发掘区东北部，北邻Y2，开口于第③层下，打破生土，窑口距地表深1.1米。方向为100°。平面呈近"∞"形，由操作间、火门、火膛、窑室、窑床、烟道组成。窑口东西总长6.96米、南北宽2.36 ~ 3.4米，底距窑口深0.5 ~ 1.36米（图六；彩版五，3）。

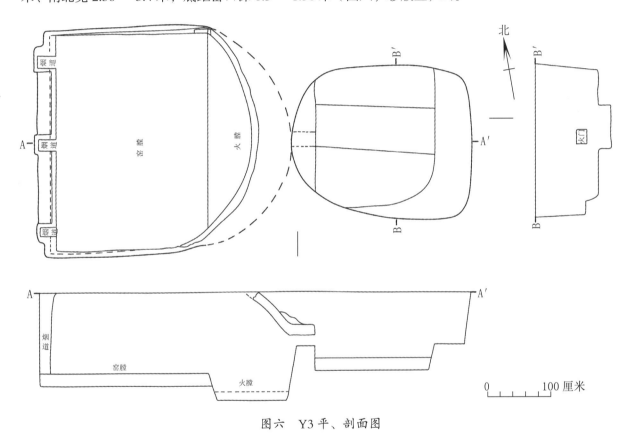

图六　Y3平、剖面图

操作间位于火门的东端。平面呈椭圆形，开口东西长2.9米、南北宽2.36米、深0.5 ~ 0.9米。坑壁整齐，稍斜，北、东、南三侧修筑有台阶，中部呈东西向长条状。内填黄褐色花土，土质疏松，夹杂有大量的烧土块及少量的残碎砖块等。

火门位于操作间与火膛之间。高出操作间底部0.38米，高出火膛底部0.84米。平面呈长方形，面宽0.22米、高0.16米。

火膛位于火门与窑床之间。平面呈半圆形，东西两壁较斜。火膛烧结壁保存较好，厚0.08 ~ 0.12米。火膛底部有燃烧后的草木灰堆积痕迹，厚0.14米。

窑床位于火膛西侧，平面呈长方形，南北长3.32米、东西宽2.5米，窑床距窑口深1.34米。底部烧结面保存较好，厚 0.2 米。

窑室由火膛、窑床、烟道构成，整体呈马蹄状，顶部坍塌，结构不详。窑壁烧结面保存较好，厚 0.08 米。烧结壁外围一层红烧土，烧土厚薄不一，厚 0.08 ～ 0.2 米。

烟道位于窑室的后壁，自北向南排列，分布三个烟道。烟道面宽 0.18 米、进深 0.3 米、间距 1.1 ～ 1.18 米。

窑内堆积可分为三层：第①层厚 0.65 米，黄褐色花土，土质疏松，内含较多碎乱砖屑、少量烧土块等；第②层厚 0.55 米，灰褐色土，土质疏松，内含较多红烧土块、窑壁坍塌块、少量碎砖渣等；第③层厚 0.18 ～ 0.3 米，烧灰堆积，松软，内含较多草木灰堆积、极少烧土块。

该窑周壁及窑床底部、火膛壁烧结面保存较好，而且烧结壁较厚、外围堆积的红烧土较多，说明此窑烧制时间较长。依据底部草木灰痕迹，初步判断该窑在烧制时，采用的原材料基本为草木类植物。

出土遗物为碎砖块等。

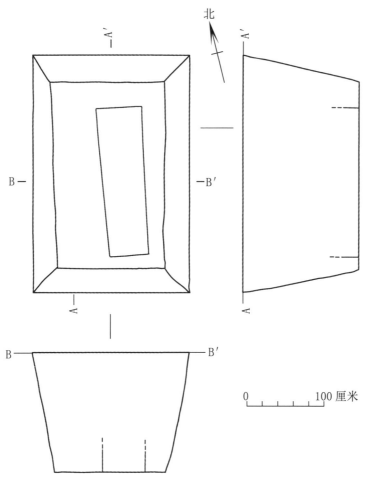

图七　M7 平、剖面图

（二）墓葬

共 1 座，为 M7。

M7 位于发掘区中部偏北，开口于③层下，打破生土。墓口距地表深 1.1 米。方向为 5°。为长方形竖穴土圹墓，墓口南北长 3 米、宽 2.04 米。墓底南北长 2.36 米、东西宽 1.4 ~ 1.5 米、距墓口深 1.5 米。口大底小，斜壁内收，底较平（图七；彩版六，1）。

葬具为木棺，腐朽严重，棺痕南北长 1.86 米、东西宽 0.5 ~ 0.6 米、残高 0.3 米。葬式不详。

未见随葬器物。

二、唐代墓葬

M6 位于发掘区西南部，开口于②层下，打破生土，墓口距地表深 0.85 米。方向为 185°。为圆形单室砖室墓，总长 8.5 米、宽 0.9 ~ 3.5 米、深 2.24 米，由墓道、墓门、甬道、墓室组成（图八）。

墓道位于墓门南端。平面呈梯形，南窄北宽，东西两壁竖直，壁面较规整，底呈斜坡状。长 3.5 米、宽 0.9 ~ 1.2 米、深 0.3 ~ 1.7 米。坡长 3.8 米，坡度为 24°。内填黄褐色花土，土质疏松。

墓门位于墓道北端，北与甬道衔接。平面呈长方形，面宽 0.82 米、高 1.58 米。东西两壁用绳纹砖二顺一丁叠压错缝平砌而成，外侧用砖并列侧立竖砌立颊（西侧两排、东侧三排），上部自西向东分别砌制四朵斗拱，每朵斗拱之上修砌塱头，左右各出跳。其上修筑折沿，折沿之上起脊，残存部分为一面坡式（原应为双面坡式）。在墓门东西两侧各砌制窗一扇，宽 0.3 米、高 0.17 米。整个门楼东西宽 2.5 ~ 2.52 米、残高 2.16 米。墓门内用绳纹砖垒砌封堵，上部用砖叠压错缝平砌四层，下部砌制呈"人"字形。

甬道位于墓道与墓室之间。保存基本完整，平面呈长方形，拱券式。内部宽 0.82 米、进深 1.08 米、高 1.4 米。东西两壁用绳纹砖二顺一丁叠压错缝垒砌，砌至 1.03 米时开始起券。

墓室土圹平面呈圆形，周壁较直，底部较平，直径 3.5 米、深 2.14 米。砖室平面呈圆形，顶无存。内部南北长 3.05 米、东西宽 2.98 米。周壁残留部分下部用青砖二顺一丁叠压错缝垒砌，上部用砖叠压错缝平砌，砌至 1.24 米时开始内收起券。周壁修筑四个立柱，西南角立柱已被破坏，立柱之上砌制斗拱，立柱高低不等，立柱通高 1.6 米；距墓底 1.36 米时，围墓壁一周修筑塱头，塱头高 0.12 米；西部壁上砌筑棱窗，宽 0.62 米、高 0.18 米。墓室北部、西部修筑棺床两个，整体平面呈"L"形拐尺状，北部棺床东西长 3.05 米、进深 1.68 米，西部棺床南北长 1.18 米、进深 0.92 米，西部棺床低于北部大棺床 0.18 米。床边壁用砖砌制壶门。北部棺床上砌制砖棺，贴墓室北壁而建，东西长 2.14 米、南北宽 1 米，棺壁用青砖叠压错缝平砌，残高 0.4 米。砖棺内有人骨架两具，保存较差，均头向西，面向上，仰身直肢葬，北侧为女性，南侧为男性。

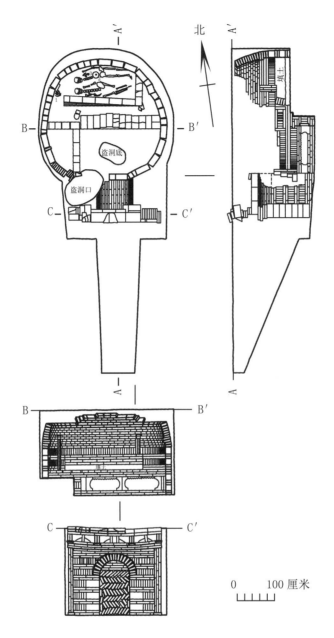

图八 M6平、剖面图
1.陶碗 2.铜镜 3.铜钱

建墓用砖规格有36厘米×18厘米×6厘米、36厘米×16厘米×6厘米、36厘米×16厘米×5厘米、48厘米×24厘米×6厘米等，单平面饰沟纹（图一三，3、4、7、9）。

随葬器物3件，包括瓷碗、铜镜、铜钱。

瓷碗1件。M6：1，侈口，圆唇，斜腹，壁形矮圈足。白胎，胎质细腻，胎底涂抹一层化妆土，通体施白釉，釉色泛青有光泽，内满釉，外施釉不及底，胎釉略厚。口径14.8厘米、底径6厘米、高4.8厘米（图九，2；彩版九，1）。

铜镜1件。M6：2，红铜，范铸。八出葵花镜，内切圆形。圆钮，钮穿孔。圆内为同向绕钮四仙人骑兽跨鹤腾空飞翔，其中两仙人骑兽、两仙人跨鹤。仙人身披长帛向后飘逸，胯下仙鹤、瑞兽作疾飞、奔腾状。边缘八瓣中各饰有一株拆枝花瓣。直径 11.6 厘米、缘厚 0.4 厘米（图九，1；彩版九，5）。

铜钱 2 枚。M6：3-1，方孔圆钱，正、背面有郭，郭缘较窄。正面篆书"永通万国"四字，对读，字体清瘦；光背。钱径 3 厘米、孔径 0.9 厘米、厚 0.15 厘米（图一二，1）；M6：3-2，方孔圆钱，正、背面有郭，正面楷书"开元通宝"四字，对读，字体清瘦，"开"字左右各有一小圆孔；光背。钱径 2.4 厘米、孔径 0.71 厘米、厚 0.18 厘米（图一二，2）。

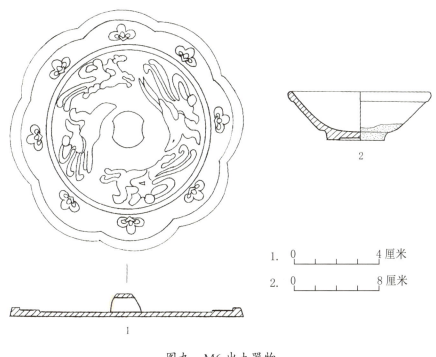

图九　M6 出土器物
1. 铜镜（M6：2）　2. 瓷碗（M6：1）

三、金代墓葬

（一）M1

位于发掘区东南部，开口于②层下，打破生土。墓口距地表深 0.85 米。方向为 189°。为圆形单室砖室墓。墓口总长 4.77 米、宽 0.6～2.36 米、深 0.8 米，由墓道、墓门、墓室组成（图一〇；彩版七，1）。

墓道位于墓门南端。平面呈梯形，南窄北宽，东西两壁竖直，壁面较规整，底呈斜坡状。长 2.26 米、宽 0.6～0.92 米、深 0.2～0.8 米。坡长 2.48 米，坡度为 26°。内填黄褐色花土，土质疏松。

墓门位于墓道北端，北与墓室衔接。平面呈长方形，顶无存。面宽 0.42 米、进深 0.36 米。东西

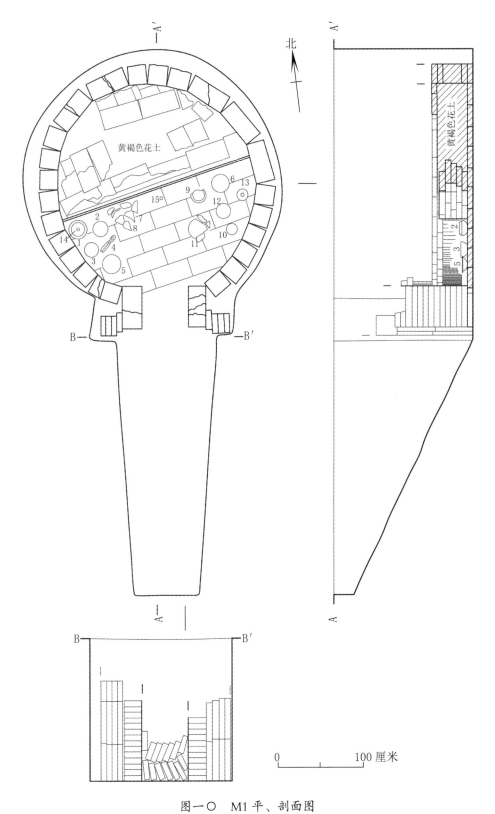

图一〇 M1平、剖面图

1、5、8.陶盆 2.陶釜 3.陶匜 4.陶剪 6.陶勺 7.陶三足盆 9.陶熨斗 10、12.小瓷碗
11.瓷碗 13、14.器盖 15.铜钱

两壁用勾纹砖叠压错缝平砌，残高 0.3 米。墓门东西两侧用砖并列侧立叠压砌制构筑门颊。墓门内用砖叠压砌制封堵，残留部分用砖砌制呈"人"字形。

墓室土圹平面呈圆形，周壁较直，底部较平。东西长 2.36 米、南北宽 2.07 米、深 0.8 米。砖室平面圆形，顶无存。内部南北长 1.78 米、宽 1.7 米。周壁残留部分用青砖二顺一丁叠压错缝垒砌，残高 0.37～0.64 米。墓底用砖并列错缝横铺。墓室北部修半圆形棺床，东西长 1.78 米、南北宽 0.92 米、高 0.3 米。床边壁用砖叠压错缝平砌，床内填黄褐色花土，床面上用砖砌制砖棺，残缺不全。

建墓用砖规格为 36 厘米 ×16 厘米 ×5 厘米，单平面饰沟纹（图一三，8）。

随葬器物 15 件，包括陶盆、陶釜、陶匜、陶剪、陶勺、陶三足盆、陶熨斗、小瓷碗、瓷碗、陶器盖、铜钱。

陶盆 3 件。M1∶1，泥质灰陶，轮制，火候高。敞口内折，方圆唇，浅腹弧收，饼形足。内壁涂一层红衣。口径 14.4 厘米、底径 5.4 厘米、通高 5.2 厘米（图一一，9；彩版九，2）。M1∶5，泥质灰陶，轮制，火候高。侈口，圆唇，浅曲腹，平底。口径 15.2 厘米、底径 9 厘米、通高 4 厘米（图一一，8；彩版一〇，2）。M1∶8，泥质灰陶，轮制，火候高。侈口，圆唇，浅斜腹，饼形底。口径 15.4 厘米、底径 8.3 厘米、通高 4.2 厘米（图一一，3；彩版一〇，5）。

陶釜 1 件。M1∶2，泥质灰陶，手轮兼制，火候高。敛口，鼓腹，腹部凸起，凸起部分切割出呈对等距离的五个錾，下腹斜收，平底，器表涂一层红衣。口径 12 厘米、腹径 15.8 厘米、底径 6.4 厘米、通高 8.4 厘米（图一一，13；彩版九，3）。

陶匜 1 件。M1∶3，泥质灰陶，轮制，火候高。敞口，口部一侧捏制小流，浅腹斜曲收，饼形足，内壁饰螺旋纹。口径 12.6 厘米、底径 4.4 厘米、通高 4.2 厘米（图一一，11；彩版九，4）。

陶剪 1 件。M1∶4，泥质灰陶，捏制，火候高。"8"形把，剪身前窄后宽，剪身前端张开，器表涂红衣，大部分已脱落。通长 13.7 厘米、宽 2.8～4 厘米、厚 1.3 厘米（图一一，7；彩版一〇，1）。

陶勺 1 件。M1∶6，泥质灰陶，手轮兼制，火候高。敞口，浅弧腹，小平底。口部一侧粘贴扁平把，已残，一侧捏制小流。内壁涂一层红衣，部分脱落。口径 12 厘米、底径 5.4 厘米、残高 4.8 厘米（图一一，12；彩版一〇，3）。

陶三足盆 1 件。M1∶7，泥质灰陶，手轮兼制，火候高。侈口内折，斜折沿，方圆唇，浅斜腹，平底。口部粘贴对称桥形耳，底附三足（已残）。口径 16.8 厘米，底径 11 厘米，残高 7.2 厘米（图一一，14；彩版一〇，4）。

陶熨斗 1 件。M1∶9，泥质灰陶，手轮兼制，火候高。敞口内折，方圆唇，浅弧腹，平底略上凹。口部一侧粘贴扁平形把，把上扬略弯曲，内壁涂一层红衣，大部分已脱落。口径 13.6 厘米、底径 7.2 厘米、通高 6.8 厘米（图一一，10；彩版一〇，6）。

小瓷碗 2 件。M1∶10，灰白胎，胎质较粗，通体施青釉，内满釉，外釉不及底，釉色暗淡无光泽。敞口，浅斜腹，小平底，内底见三个椭圆形支钉痕迹。口径 10.6 厘米、底径 5 厘米、通高 3.2 厘米（图一一，5；彩版一一，1）。M1∶12，青灰胎，胎质细腻，通体施白釉，内满釉，外釉不及底，釉色莹润有光泽。敞口，圆唇，浅弧腹，矮圈足。口径 12.7 厘米、底径 4.4 厘米、通高 3.7 厘米（图一一，6；彩版一一，3）。

瓷碗 1 件。M1：11，白胎，胎质较细腻，胎底涂抹一层化妆土，通体施白釉，内满釉，外釉不及底，釉色莹润有光泽。侈口，圆唇，浅斜腹略弧收，矮圈足，内底有四个椭圆形支钉痕迹。口径 18.2 厘米、底径 8.2 厘米、通高 4.4 厘米（图一一，4；彩版一一，2）。

陶器盖 2 件。M1：13，泥质灰陶，轮制，火候高。圆帽形，宝珠形钮，钮顶残缺，折沿，盖口内敛，器表涂一层红彩，大部分已脱落。口径 9.8 厘米、残高 6.4 厘米（图一一，2；彩版一一，4）。M1：14，泥质灰陶，轮制，火候高。圆帽形，宝珠形钮，钮顶凸起，折沿，盖口内敛，器表涂一层红彩，大部分已脱落。口径 10.8 厘米、残高 6 厘米（图一一，1；彩版一一，5）。

铜钱 1 枚。M1：15，锈蚀严重，方孔圆钱，正、背面有郭。正面隶书"祥符元宝"四字，旋读；光背。钱径 2.31 厘米、孔径 0.64 厘米、厚 0.11 厘米（图一二，4）。

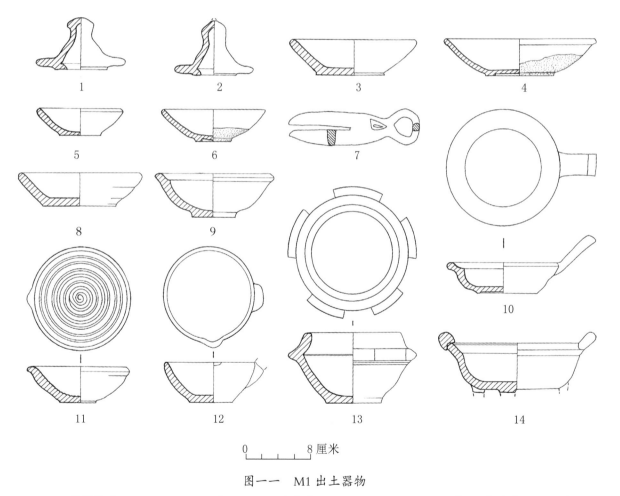

图一一 M1 出土器物

1、2.陶器盖（M1：14、M1：13）3、8、9.陶盆（M1：8、M1：5、M1：1）4.瓷碗（M1：11）
5、6.小瓷碗（M1：10、M1：12）7.陶剪（M1：4）10.陶熨斗（M1：9）11.陶匜（M1：3）
12.陶勺（M1：6）13.陶釜（M1：2）14.陶三足盆（M1：7）

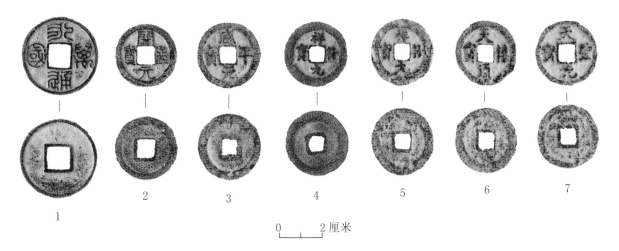

图一二　M1、M5、M6 出土铜钱

1. 永通万国（M6：3-1）　2. 开元通宝（M6：3-2）　3. 咸平元宝（M5：5-1）　4、5. 祥符元宝（M1：15、M5：5-3）　6. 天禧通宝（M5：5-2）　7. 天圣元宝（M5：5-4）

（二）M2

位于发掘区西南部，西邻 M3，开口于②层下，打破生土。墓口距地表深 0.85 米。方向为

图一三　M1、M2、M4、M6 出土墓砖

1.M2-2　2.M2-1　3.M6-1　4.M6-2　5.M4-3　6.M4-1　7.M6-3　8.M1-1　9.M6-4

210°。为圆形单室砖室墓，总长 4.42 米、宽 0.6～2.54 米、深 0.8 米，由墓道、墓门、墓室组成（图一四；彩版七，2）。

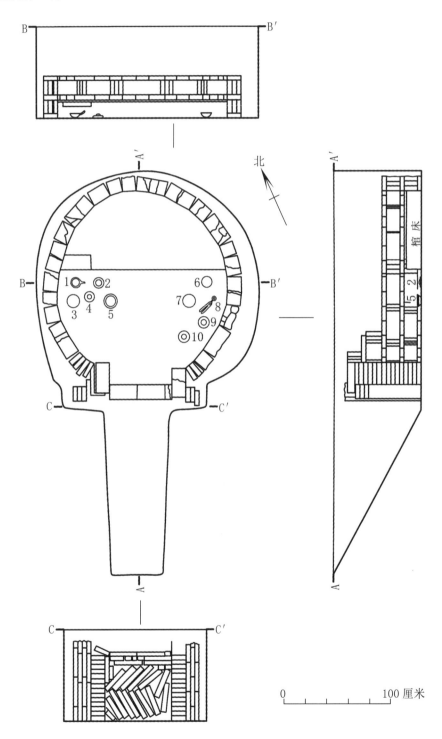

图一四　M2 平、剖面图

1.陶熨斗　2、4、9、10.陶器盖　3.陶三足盆　5.陶盆　6.陶勺　7.陶匜　8.陶甑

墓道位于墓门南端。平面呈梯形，南窄北宽，东西两壁竖直，壁面较规整，底呈斜坡状。墓道长 2.06 米、宽 0.6 ~ 0.76 米、深 0 ~ 0.8 米。坡长 2.06 米，坡度为 29°。内填黄褐色花土，土质疏松。

墓门位于墓道北端，北与墓室衔接。平面呈长方形，顶无存。面宽 0.72 米、进深 0.32 米。东西两壁残留部分用沟纹叠压错缝砌制，残高 0.72 ~ 0.88 米。墓门东西两侧用砖并列侧立叠压砌制立颊。墓门内用砖叠压砌制封堵，残留部分下部用砖砌制呈"人"字形，上部叠压错缝平砌三层。

墓室土圹平面呈圆形，周壁较直，底部较平。南北长 2.07 米、东西长 2.36 米、深 0.8 米。砖室平面圆形，顶无存。内部南北长 1.89 米、东西长 1.92 米。周壁残留部分用青砖一顺一丁叠压错缝垒砌，丁砌部分以二丁一顺、三丁一顺为组合砌制，残高 0.46 ~ 0.85 米。周壁涂抹一层白灰，现已脱落。墓室北部修半圆形棺床，东西宽 1.9 米、南北进深 0.86 米、高 0.18 米。床壁用砖叠压砌制包边，残缺不全，床内填黄褐色花土。床面上见零星碎烧骨。

建墓用砖规格为 32 厘米 ×16 厘米 ×5 厘米，单平面饰沟纹（图一三，1、2）。

随葬器物 9 件，包括陶熨斗、陶器盖、陶三足盆、陶盆、陶匜、陶剪。

陶熨斗 1 件。M2：1，泥质灰陶，手轮兼制，火候高。敞口内折，方唇，斜折沿，一侧口腹处粘贴短柄，柄扁平，上扬，首尖，柄身刻划两道凹槽，浅腹弧收，平底。器表涂一层红衣，部分脱落。口径 11.1 厘米、底径 7.4 厘米、通高 7.4 厘米（图一五，6；彩版一一，6）。

陶器盖 4 件。M2：2，帽形，弧形顶，顶部有圆孔，帽沿平折。器表涂一层白衣，大部分已脱落。口径 11.4 厘米，高 3 厘米，孔径 0.8 厘米（图一五，1；彩版一二，1）。M2：4，泥质灰陶，手轮兼制，火候高。帽形，弧形顶，帽顶有圆孔，帽沿平折，器表涂一层白衣，大部分已脱落，沿下刻如意纹。口径 12.8 厘米、通高 3.4 厘米、孔径 0.8 厘米（图一五，4；彩版一二，3）。M2：8，泥质灰陶，轮制，火候高、帽形，弧形顶，顶部有圆孔，帽沿平折，器表涂一层白衣，大部分已脱落。口径 11 厘米、通高 3 厘米、孔径 0.8 厘米（图一五，2；彩版一三，1）。M2：9，泥质灰陶，轮制，火候高、帽形，弧形顶，顶部有圆孔，帽沿平折，微上翘，器表涂一层白衣，大部分已脱落。口径 11.8 厘米、通高 2.6 厘米、孔径 0.6 厘米（图一五，3；彩版一三，2）。

陶三足盆 1 件。M2：3，泥质灰陶，手轮兼制，火候高。侈口，斜折沿，方圆唇，浅直腹，平底，底腹处粘贴三兽形足。器表涂红衣，大部分已脱落。口径 16 厘米、通高 8 厘米（图一五，7；彩版一二，2）。

陶盆 1 件。M2：5，泥质灰陶，轮制，火候高。侈口内折，方圆唇，浅斜腹，弧收，饼形足，内壁涂一层红衣。口径 14.6 厘米、底径 5 厘米、通高 5.4 厘米（图一五，8；彩版一二，4）。

陶匜 1 件。M2：6，泥质灰陶，轮制。火候高。侈口，一侧捏制小流，浅腹斜收，平底，内壁饰螺旋纹。口径 15 厘米、底径 5.2 厘米、通高 4.4 厘米（图一五，5；彩版一二，5）。

陶剪 1 件。M2：7，泥质灰陶，手工捏制，火候高。"8"形把，剪身前宽后窄，剪身前端张开，器表涂红衣，大部分已脱落。通长 19 厘米、宽 3.8 ~ 4.4 厘米、厚 1.6 厘米（图一五，9；彩版一二，6）。

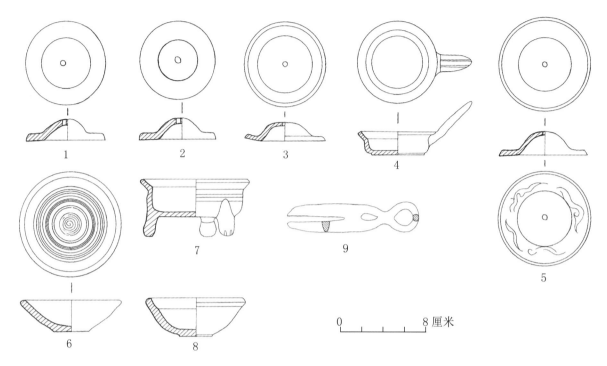

图一五 M2 出土器物

1~3、5 陶器盖（M2：2、M2：8、M2：9、M2：4）4.陶熨斗（M2：1）6.陶匜（M2：6）
7.陶三足盆（M2：3）8.陶盆（M2：5）9.陶剪（M2：7）

（三）M3

位于发掘区西南部。开口于②层下，打破生土，墓口距地表深 0.85 米。方向为 190°。为圆形单室砖室墓，开口南北通长 4.1 米、东西宽 0.72 ~ 2.26 米、深 0.9 米，由墓道、墓门、墓室组成（图一六；彩版八，1）。

墓道位于墓门南端。平面呈梯形，南窄、北宽，东西两壁竖直，壁面较规整，底呈斜坡状。长 1.8 米、宽 0.72 ~ 0.76 米、深 0 ~ 0.9 米。坡长 1.7 米，坡度为 26°。内填黄褐色花土，土质疏松。

墓门位于墓道北端，北与墓室衔接。平面呈"八"字形，顶无存。面宽 0.72 米、进深 0.36 米。东西两壁用沟纹砖叠压错缝平砌，残高 0.76 米。墓门内用砖叠压砌制封堵，残留部分下部三层砌制呈人字形，上部三层为叠压平砌。

墓室土圹平面呈圆形，周壁较直，底部较平。南北长 1.86 米、东西宽 2.26 米、深 0.9 米。砖室平面圆形，顶无存。内部南北长 1.8 米、宽 1.76 米。周壁用青砖二顺一丁叠压错缝垒砌，丁砖以三丁一顺为组合砌制，残高 0.44 ~ 0.72 米。周壁涂抹一层白灰，现已脱落。墓室北部修半圆形棺床，床边壁用砖叠压错缝平砌，床内填黄褐色花土。棺床面宽 1.76 米、进深 0.82 米，残高 0.2 米。

建墓用砖规格为 32 厘米 ×18 厘米 ×5 ~ 6 厘米，素面。

未发现随葬品。

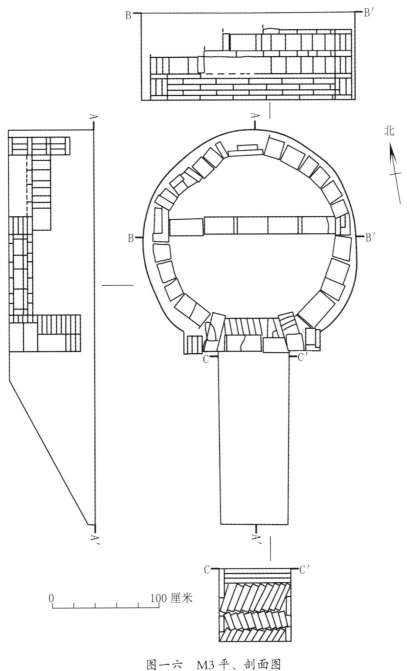

图一六　M3 平、剖面图

（四）M4

位于发掘区南偏东。开口于②层下，打破生土，墓口距地表深 0.85 米。方向为 189°。为梯形单室砖室墓，南宽北窄，顶无存。土圹南北长 1.37 米、东西宽 0.95 ~ 1.14 米、深 0.6 米。砖室平面呈梯形，内部南北长 1.34 米、东西宽 0.79 ~ 0.94 米。四壁用青砖叠压错缝平砌，残高 0.05 ~ 0.2 米。墓底较平（图一七；彩版六，2）。

用砖规格为 34 厘米 ×16 厘米 ×5 厘米，单平面饰沟纹（图一三，5、6）。

未发现随葬品。

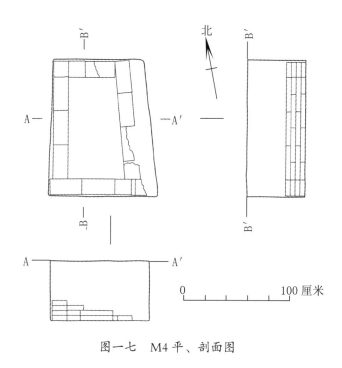

图一七 M4 平、剖面图

（五）M5

位于发掘区南部偏西。开口于②层下，打破生土，墓口距地表深 0.85 米。方向为 185°。为单室砖室墓，总长 3.6 米、宽 0.74 ~ 2.3 米、深 0.8 米，由墓道、墓门、墓室组成（图一八；彩版八，2）。

墓道位于墓门南端。平面呈长方形，东西两壁竖直，壁面较规整，底呈斜坡状。长 1.1 米、宽 0.74 米、深 0.8 米。坡长 1.46 米，坡度为 30°。内填黄褐色花土，土质疏松。

墓门位于墓道北端，北与墓室衔接。平面呈长方形，顶无存。面宽 0.65 米、进深 0.36 米。东西两壁用沟纹砖叠压错缝平砌，残高 0.3 米。墓门内用砖并列侧立叠压砌制封堵。

墓室土圹平面呈圆形，周壁较直，底部较平。东西长 2.3 米、南北宽 2.04 米、深 0.8 米。砖室平面圆形，顶无存。内部南北长 1.77 米、东西宽 1.7 米。周壁用青砖以一顺一丁叠压错缝垒砌，自下而上向内叠涩内收，残高 0.7 米，内壁涂抹一层白灰，厚 0.05 米。墓底用砖纵横错缝平铺。墓室中部修长方形棺床，东西长 1.08 米、南北宽 0.9 米、残高 0.66 米。四壁用砖叠压错缝平砌，床内填黄褐色花土，床面铺砖一层，用青砖纵横平铺。床面置碎烧骨。

建墓用砖规格为 36 厘米 ×18 厘米 ×6 厘米，素面。

随葬器物 6 件（套），包括陶罐、陶釜、陶盆、铜钱、银钗。

陶罐 2 件。M5：1，泥质红陶，轮制，火候高。敞口，矮领，溜肩，鼓腹，下腹斜曲收，小平底。口径 7 厘米、腹径 9 厘米、底径 3.4 厘米、通高 6.8 厘米（图一九，1；彩版一三，3）。M5：2，

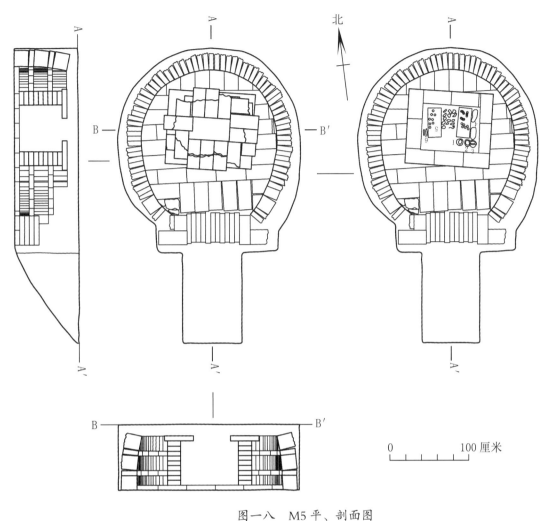

图一八　M5 平、剖面图

1、2.陶罐　3.陶釜　4.陶盆　5.铜钱　6.银簪

泥质红陶，轮制，火候高。直口，矮领，溜肩，鼓腹，下腹斜曲收，小平底。口径 7.2 厘米、腹径 8.8 厘米、底径 3 厘米、通高 6.6 厘米（图一九，2；彩版一三，4）。

陶釜 1 件。M5：3，泥质红陶，手轮兼制，火候高。敛口，鼓腹，腹部对等距离黏贴六錾，下腹弧收，小平底。口径 8 厘米、腹径 11.4 厘米、底径 4 厘米、通高 4.1 厘米（图一九，4；彩版一三，5）。

小陶盆 1 件。M5：4，泥质红陶，轮制，火候高。敞口，折沿，腹微折曲收，小平底。口径 11 厘米、底径 5 厘米、通高 4 厘米（图一九，3；彩版一三，6）。

铜钱 4 枚。M5：5-1，方孔圆钱，正、背面有郭。正面隶书"咸平元宝"四字，旋读；光背。钱径 2.49 厘米、孔径 0.62 厘米、厚 0.1 厘米（图一二，3）。M5：5-2，方孔圆钱，正背面有郭。正面隶书"天禧通宝"四字，旋读；光背。钱径 2.45 厘米、孔径 0.66 厘米、厚 0.12 厘米（图一二，6）。M5：5-3，方孔圆钱，正背面有郭。正面隶书"祥符元宝"四字，旋读；光背。钱径 2.52 厘米、孔径 0.63 厘米、厚 0.1 厘米（图一二，5）。M5：5-4，方孔圆钱，正背面有郭。正面隶书"天圣元宝"四字，旋读；光背。钱径 2.41 厘米、孔径 0.65 厘米、厚 0.12 厘米（图一二，7）。

银钗 2 件，形制相同。标本 M5：6，柱状银条环绕呈"U"形，尾部略尖呈锥状。通长 11.2 厘米（图一九，5、6；彩版一三，7）。

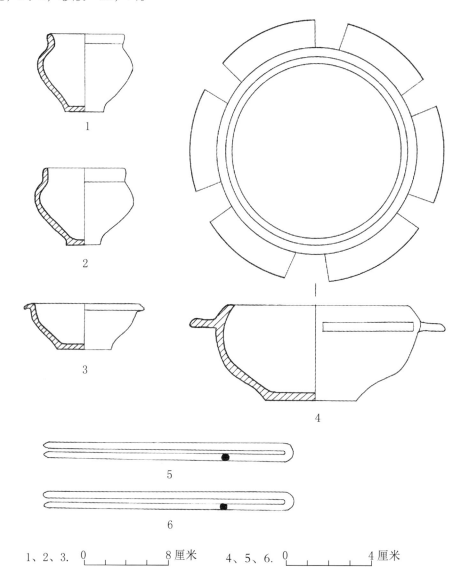

1、2、3. 0 [_____] 8 厘米   4、5、6. 0 [_____] 4 厘米

图一九　M5 出土器物

1、2.陶罐（M5：1、M5：2）3.陶盆（M5：4）4.陶釜（M5：3）5、6.银钗（M5：6）

四、结语

Y1 窑室呈椭圆形，单烟道椭圆形窑常见于西汉早期，该窑后壁底部与床面相接处开有 4 个烟门，使烟门后面形成一个半月形的大烟囱，此形制与西汉晚期洛阳涧西以西古窑址^①及河北武安县午汲

古城窑址[2] 相近似。Y2、Y3 为三烟道马蹄形窑，窑室呈方形，火膛平面呈半圆形，形制为西汉中晚期窑址常见类型，与平谷杜辛庄 Y1、Y2、Y8、Y12[3] 基本相似。其中 Y2 在窑壁上部用陶釜口沿修筑瞭望口的迹象比较少见。

M7 为长方形竖穴土圹墓，未见遗物，墓葬形制是北京地区西汉时期常见类型。M6 内出土瓷碗与北京亦庄唐代墓葬 80 号地 M9∶3、79 号地 M9∶1、69 号地 M2∶2 及 M30∶6[4] 相似；出土铜镜与《中国铜镜图典》收录的唐代四仙骑镜形制相同[5]；墓室用砖与房山窦店镇唐代晚期墓葬 M7[6] 内出土墓砖相近；伴随出土的铜钱最早为北周时期铸造的永通万国铜钱，最晚为唐代铸造的开元通宝铜钱。由此推断 M6 时代为唐代。M1～M5 皆为砖室墓，层位关系相同，平面相距较近、排列有序，应为同一家族墓地。除 M4 为长方形外，其余墓葬均为圆形单室砖室墓，建墓用砖基本均为沟纹砖，墓葬形制符合北京地区金代墓葬特征[7]。M1 出土的瓷盏 M1∶10 形制与亦庄 X42 号地金代墓葬出土 M8∶3[8] 相似；M2 陶三足盆形制与大兴北程庄金代墓葬出土 M22∶5[9] 相似；出土陶盆 M1∶1、M2∶5 形制与大兴北程庄 M25∶5[10] 相似；出土陶熨斗 M1∶8、M2∶1 形制与大兴北程庄 M22∶17[11] 相似；M5 出土银钗形制与亦庄 X42 号地金代墓葬出土 M16∶2[12] 相似。综上所述，判断这五座墓葬时代为金代。

本次发掘的 7 座墓葬及 3 座窑址，使我们对西红门地区汉、唐、金时期的丧葬习俗有了一定的了解，为进一步研究该地区在汉、唐、金时期的社会发展状况提供了珍贵的实物资料。

发掘：刘凤亮　曾庆铅　马海林

摄影：刘凤亮

绘图：曾庆铅

执笔：刘凤亮

注释

① 董祥：《河南洛阳涧西以西发现的古代窑址》，《文物参考资料》1955 年第 12 期。

② 河北省文物管理委员会：《河北武安县午汲古城中的窑址》，《考古》1959 年第 7 期。

③ 北京市文物研究所：《平谷杜辛庄遗址》，科学出版社，2009 年。

④⑧⑫ 北京市文物研究所：《北京亦庄考古发掘报告》，科学出版社，2009 年。

⑤ 孔祥星：《中国铜镜图典》，文物出版社，1992 年。

⑥ 北京市文物研究所、房山区文化和旅游局：《北京房山窦店镇唐代墓葬发掘简报》，《北京文博文丛》2021 年第 2 期。

⑦ 丁丽娜：《北京考古史（金代卷）》，上海古籍出版社，2012 年，第 141 页。

⑨⑩⑪ 北京市文物研究所：《大兴北程庄墓地——北魏、唐、辽、金、清代墓葬发掘报告》，科学出版社，2010 年。

房山区牛家场唐代墓葬、金代窑址及明清古井发掘报告

　　房山长阳06、07街区棚户区改造土地开发三片区项目位于房山区长阳镇牛家场村，北邻长阳路、东距京深路约600米、南距长保路500米、西接张保路，距小清河约1000米，隔小清河与广阳城遗址相望（图一）。为配合工程建设，北京市考古研究院（原北京市文物研究所）2018年至2020年对部分用地范围进行了考古勘探与发掘。2022年继续勘探时又发现了墓葬、窑址等遗存。2023年3月至4月，北京市考古研究院对2022年考古勘探发现遗存进行了考古发掘，发掘4座唐代墓葬、1座金代窑址及1座明清时期古井（图二）。

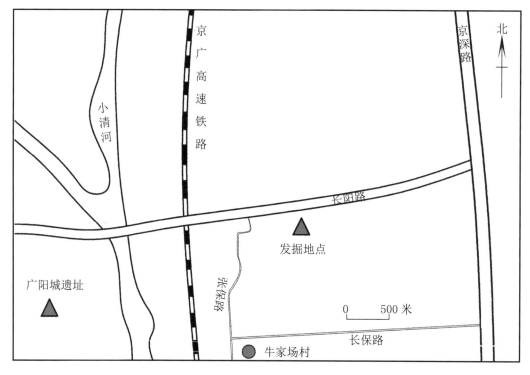

图一　发掘地点位置示意图

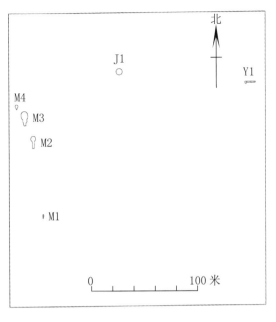

图二 遗迹分布图

一、地层堆积

发掘区原为停车场,地势平坦开阔,地层堆积如下:

第①层:冲积沙土层,厚约 2 ~ 2.3 米,土质疏松,黄褐色土。

第②层:淤泥土层,厚约 1.3 ~ 1.6 米,土质较疏松,黑褐色土,含细沙。

第③层:黏土层,厚约 0.2 ~ 0.4 米,土质较疏松,青灰色土。

③层以下为生土层,红褐色黏土,土质致密。

二、唐代墓葬

共 4 座,为 M1 ~ M4,皆为带墓道竖穴土圹砖券单室墓,破坏较严重,仅残留底部,出土器物有陶、瓷、铜器等。

(一)M1

位于发掘区西南部,开口于③层下,墓口距地表深 3.6 米。南北向,方向为 190°。平面呈刀形,为竖穴土圹砖券单室墓。土圹南北长 4.1 米、东西宽 0.4 ~ 0.84 米,墓口距墓底深 0.2 ~ 0.4 米。

由墓道、墓室两部分组成（图三；彩版一四）。

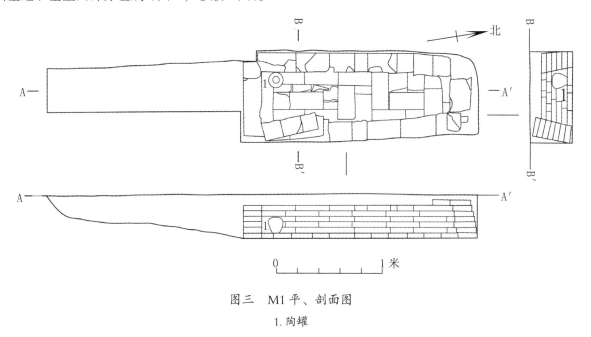

图三 M1平、剖面图

1. 陶罐

墓道位于墓室南端，平面呈长方形，底为斜坡状，东西两壁整齐、较直、南北长1.86米、宽0.4～0.48米、深0.2～0.4米、坡长1.9米，内填灰褐色花土，土质疏松，含少量碎砖块等。

墓室位于墓道北端，顶部已坍塌，其形制不详，仅底部残存部分砖墙，砖室南北长2.01～2.05米、东西宽0.7～0.84米、残高0.3～0.35米，墓室底距墓口深0.4米。周壁由青灰砖顺置错缝叠压砌制。底部为平砖铺底。用砖规格为0.32～0.33米×0.16米×0.05米，单面饰多道绳纹（图八，1）。

墓室内未见葬具及人骨。

墓门位于墓道北端，北与墓室相连，东西长0.68米、南北宽0.16米、残高0.3米。门内由青灰砖顺置错缝叠压砌制封堵。用砖规格为0.34米×0.14米×0.05米。

墓室内西南角随葬陶罐。

陶罐1件。M1：1，泥质夹砂夹蚌灰陶，轮制。圆口内敛，丰肩，鼓腹曲收，平底。口径8厘米、腹径16.4厘米、底径7.5厘米、通高15.4厘米（图七，3；彩版一八，7）。

（二）M2

位于发掘区西部偏南，北邻M3。开口于③层下，墓口距地表深3.6米，南北向，方向为185°。平面呈"甲"字形，为竖穴土圹砖券单室墓。土圹南北长12.3米、东西宽1.92～4.94米，墓口距墓底深0.34～2.78米。由墓道、甬道、墓室三部分组成（图四；彩版一五，1）。

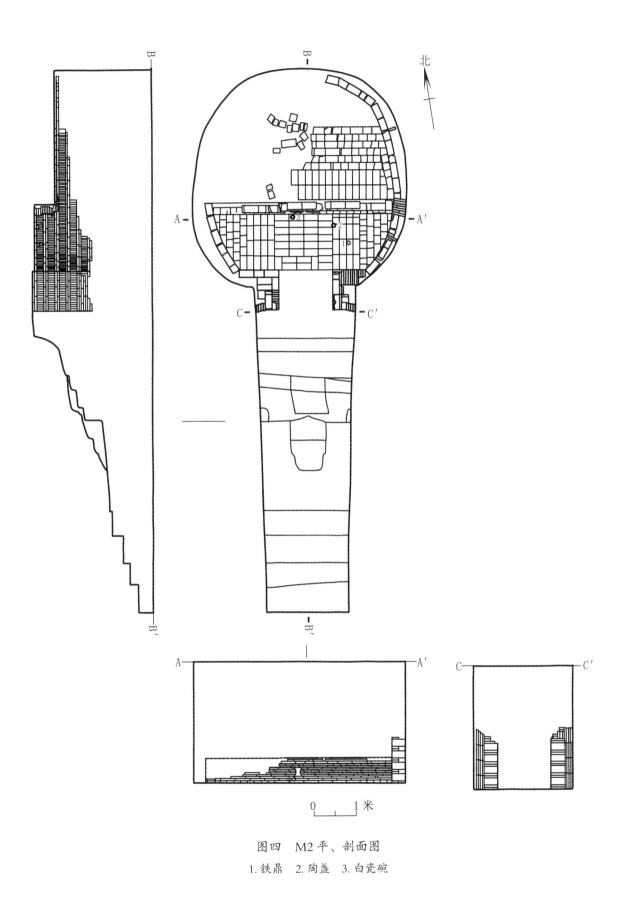

图四　M2平、剖面图

1. 铁鼎　2. 陶盖　3. 白瓷碗

墓道位于甬道南端，平面略呈梯形，南窄北宽，东西两壁垂直平整，底部踩踏面明显，南北长 6.8 米、宽 1.92 ~ 2.3 米。底部由南向北南部修筑九步台阶，台阶面宽、进深及高度尺寸数据不等，台阶面宽 1.92 ~ 2.24 米、进深 0.3 ~ 2.06 米、高 0.1 ~ 0.56 米。墓底距墓口 0.34 ~ 2.78 米。内填灰褐色花土，土质疏松，含少量碎砖块等。另外在墓道中部有两个近似长方形小坑，底部高低不平，疑似在修筑墓室时台阶被踩踏破坏形成。

甬道位于墓道北端，北与墓室连接，平面呈长方形，面宽 2.3 米、进深 0.74 米。顶部破坏严重，券制不详，东西两壁用青砖两顺一丁叠压垒砌。在甬道口东西两壁外用砖侧立竖砌立颊，每侧各三排。残高 1.36 ~ 1.39 米。

墓室位于甬道北端，平面呈近圆形，南北长 1.02 ~ 4.54 米、东西宽 3 ~ 4.26 米。顶部破坏严重，券制不详。周壁大部分已被破坏，仅残留东侧部分壁砖，残留部分用青砖二顺一丁叠压垒砌，残高 0.04 ~ 1.3 米，墓底用青砖纵横平铺（彩版一五，2）。

在墓室内北部修筑棺床，东西长 2.6 ~ 4.26 米、南北宽 1.02 ~ 2.98 米。用青砖铺面，大部分破坏，残留部分南端用青砖纵铺两排，北侧用青砖并列错缝横铺，床壁用青砖叠压砌制包边，砌有壶门。墓室内未见葬具及人骨痕迹。

用砖规格为 0.32 ~ 0.33 米 × 0.16 米 × 0.05 米，单面饰绳纹（图八，2）。

出土随葬器物 4 件，其中瓦当在墓道填土内发现，其余 3 件器物放置于墓室内棺床外南部。

瓦当 1 件。M2：1，泥质灰陶，模制。圆形，当面隆起，边轮较宽。当心七宝珠浑圆，莲瓣间饰以"T"形间隔符号，边轮与主体纹饰之间饰一周联珠纹（图七，2；彩版一八，1）。

铁鼎 1 件。M2：2，模铸，锈蚀严重。敞口，尖唇，沿微斜折收，口部有长方形镂空耳，浅腹弧收，圜平底，底部三柱形足外撇。口径 8 厘米、高 7 厘米（图七，6；彩版一八，2）。

陶盏 1 件。M2：3，泥质红陶，轮制。敞口，浅腹，斜曲收，平底。外无釉，口部及器表饰一层白衣，内饰酱釉。口径 10.6 厘米、底径 4.8 厘米、高 3.6 厘米（图七，7；彩版一八，3）。

白瓷碗 1 件（残）。M2：4，敞口，撇沿，尖圆唇，浅腹弧收，圈足底，足壁外撇。白胎，胎质细腻，施白釉，内满釉，外施釉不及底。口径 10.2 厘米、底径 5.8 厘米、高 4.2 厘米（图七，5；彩版一八，4）。

（三）M3

位于发掘区西部，南邻 M2。开口于③层下，墓口距地表深 3.6 米。南北向，方向为 165°。平面呈"甲"字形，为竖穴土圹砖券单室墓。土圹南北长 9.2 米、东西宽 1.3 ~ 4.34 米，墓口距墓底深 0.3 ~ 1.72 米。由墓道、天井、甬道、墓室四部分组成（图五；彩版一六，1）。

墓道位于天井南端，平面略呈梯形，南窄北宽，南北长 2.02 米、宽 1.3 ~ 2.74 米。东西两壁垂直平整，底部南部由南向北修筑四步台阶，不甚规整。台阶面宽 1.44 ~ 1.7 米、进深 0.3 ~ 0.82 米、

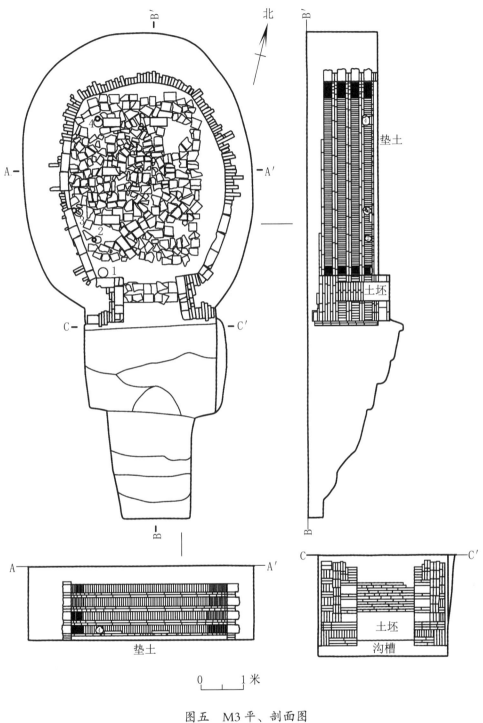

图五　M3 平、剖面图

1. 铜盆　2 ～ 4. 陶罐

高 0.1 ~ 0.3 米，墓底距墓口深 0.3 ~ 1.72 米。内填灰褐色花土，土质疏松，含少量碎砖块等。

天井位于墓道与甬道之间，平面呈长方形，东西长 2.56 米、南北宽 2 米。东西两壁竖直整齐，东壁上部坍塌，底部由南向北修筑台阶，第一步台阶近似半圆形，面宽 0.96 米、进深 0.5 米、高 0.14 米。余两步台阶每阶由南向北略呈缓坡状，面宽 2.56 米、进深 0.46 ~ 0.6 米、高 0.08 ~ 0.14 米。在天井与甬道口之间有一道东西向沟槽，宽 0.2 米、深 0.08 米。

甬道位于天井北端，北与墓室相连，平面呈长方形，面宽 2.48 米、进深 0.86 米。顶部破坏，券制不详，东西两壁残留部分用青砖二顺一丁叠压垒砌。甬道口东西两侧用砖侧立并列砌筑立颊，每侧三排，其外砌筑金刚墙，甬道残高 1.5 ~ 1.66 米。甬道内下部用土坯叠压砌制，其上由青灰砖顺置错缝叠压砌制封堵。

墓室位于甬道的北端，平面呈弧边椭圆形，南北长 1.4 ~ 3.66 米、宽 2.04 ~ 3.02 米。顶部破坏严重，券制不详，周壁用青砖二顺一丁叠压垒砌，残高 1.06 ~ 1.11 米。墓底铺垫一层厚 0.1 米的花土找平，其上用青砖块纵横平铺。在铺底砖上有六块青砖依次排成两排，排列有序，东侧残缺两块，似为棺木下垫砖。

墓室内未见葬具及人架骨迹。

用砖规格为 0.3 ~ 0.32 米 ×0.16 米 ×0.05 米，单面饰绳纹（图八，3）。

出土随葬器物 4 件，均放于墓室内西部。质地有铜、陶两类。

铜盆 1 件。M3：1，胎体较薄，模制。侈口，折沿，尖唇，浅斜腹，平底上凹。口径 18.6 厘米、底径 14.5 厘米、高 4.4 厘米（图七，4；彩版一八，5）。

陶罐 3 件。泥质灰陶，轮制。M3：2，敛口，矮领，丰肩，鼓腹弧收，平底。口径 8.2 厘米、腹径 14 厘米、底径 7.8 厘米、高 14.6 厘米（图七，9；彩版一八，6）。M3：3，直口，圆唇，束颈，溜肩，鼓腹弧收，平底，器表轮痕清晰可见。口径 9.6 厘米、腹径 16 厘米、底径 6.6 厘米、高 17 厘米（图七，8；彩版一九，1）。M3：4，直口，圆唇，束颈，溜肩，鼓腹弧收，平底，腹部饰凹弦纹。口径 9.4 厘米、腹径 15.6 厘米、底径 6.4 厘米、高 16.8 厘米（图七，1；彩版一九，2）。

（四）M4

位于发掘区西部，南临 M3。开口于③层下，墓口距地表深 3.6 米。南北向，方向为 180°。平面呈"甲"字形，为竖穴土圹砖券单室墓。土圹南北长 4.8 米、东西宽 0.68 ~ 2.98 米，由墓道、墓门、墓室三部分组成（图六；彩版一六，2）。

墓道位于墓门南端，南北长 1.84 米、宽 0.68 ~ 1.59 米，墓底距墓口深 0.16 ~ 0.94 米。平面呈梯形，南窄北宽，墓壁整齐，墓道内南部修筑四步台阶，台阶不规则。台阶面宽 0.16 ~ 0.58 米、进深 0.1 ~ 0.54 米、高 0.1 ~ 0.3 米。墓口距墓底深 0.16 ~ 0.94 米，内填灰褐色花土，土质疏松，含少量碎砖块等。

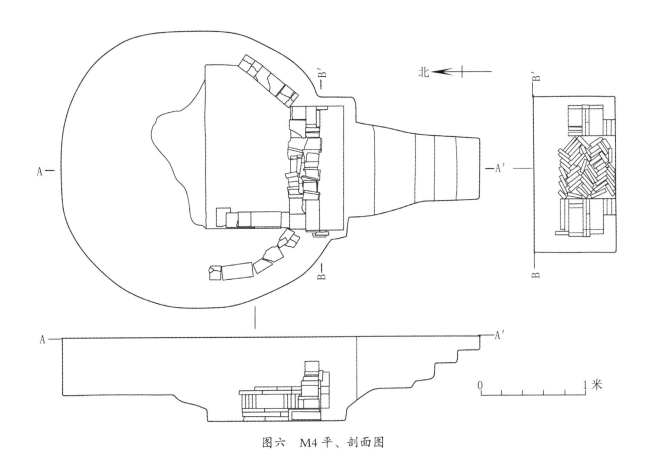

图六　M4 平、剖面图

　　墓门位于墓道北端，北与墓室连接，平面呈长方形，面宽 1.46 米、进深 0.32 米。顶部破坏严重，券制不详，东西两壁残留部分用青砖两顺一丁叠压垒砌，残高 0.54～0.7 米。墓门内用青砖叠压砌筑呈 "人" 字形封堵。

　　墓室位于甬道的北端，平面近圆形，南北长 1.36～2.26 米、宽 1.34～2.2 米。顶部破坏严重，券制不详，周壁残留部分用青砖二顺一丁叠压垒砌，残高 0.34～0.39 米。修筑 "凹" 字形棺床，因破坏，棺床上未见铺地砖，仅残留西侧床壁包边砖为三顺一丁叠压砌筑，现床面高于墓底 0.3 米。墓室内未见葬具及人骨痕迹。

　　用砖规格为 0.34 米 ×0.17 米 ×0.05 米，单面饰绳纹（图八，4）。

　　未见随葬器物。

三、金代窑址

1 座，为 Y1，顶部被破坏。

Y1 位于发掘区东部。开口于②层下，窑口距地表深 3.6 米。东西向，方向为 115°。平面呈 "L"

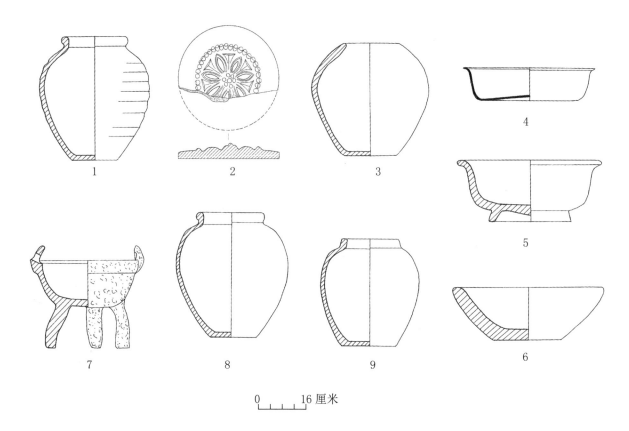

0 ———— 16 厘米

图七 M1 ~ M3 出土器物

1、3、8、9.陶罐（M3：4、M1：1、M3：3、M3：2）2.瓦当（M2：1）4.铜盘（M3：1）

5.白瓷碗（M2：4）6.陶盖（M2：3）7.铁鼎（M2：2）

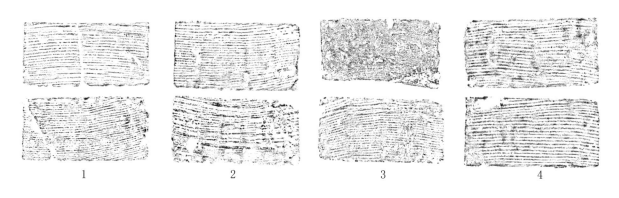

0 ——— 16 厘米

图八 墓砖拓片

1.M1：2-1、M1：2-2 2.M2：5-1、M2：5-2

3.M3：5-1、M3：5-2 4.M4：1-1、M4：1-2

形，东西总长 9.26 米、南北宽 1 ~ 2.6 米，窑底距窑口深 0.3 ~ 0.72 米。由工作间、火门、火膛、进火口、前窑室、过烟道、后窑室、排烟道及烟囱九部分组成（图九；彩版一七）。

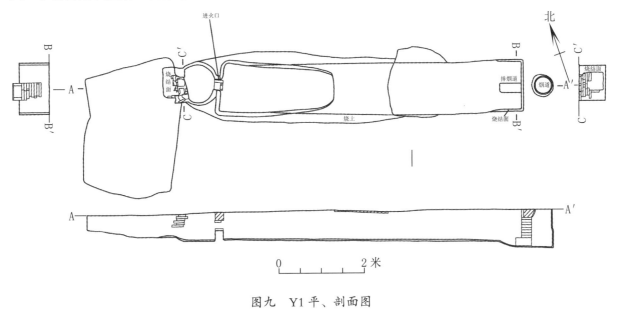

图九　Y1 平、剖面图

工作间位于火门西部，平面近似长方形，南北长 2.08 ~ 2.6 米、东西宽 1.74 ~ 1.8 米、残深 0.3 ~ 0.5 米，四壁垂直，地面高低不平，踩踏痕迹明显。内填黄褐色花土，夹杂有较多草木灰颗粒、烧土块等，土质疏松。

火门位于工作间的东部，东与火膛连接，砖砌而成，形状近方形，边长 0.48 米、残高 0.47 米、进深 0.22 米。口底部有烧结面，厚 0.2 ~ 0.24 米。

火膛位于火门的东部，东与窑室相连接，椭圆形，南北长 0.1 ~ 0.74 米、东西宽 0.58 米，周壁烧结面厚 0.02 ~ 0.06 米。火膛内填杂土，包含有较多黑木炭、草木灰和碎砖块等，土质疏松。

进火口位于火膛东壁的中部靠上，平面呈长方形，宽 0.14 米、进深 0.18 米、残高 0.16 米。

前窑室位于火膛东部，东与过烟道相连接，东西长 2.26 米、南北宽 0.44 ~ 0.94 米。平面呈长方形，顶部已坍塌，两壁上窄下宽，烧结壁清晰可见，厚 0.06 ~ 0.08 米，烧结面外围红烧土厚 0.1 ~ 0.3 米。底部比较平整，烧结面厚 0.04 米，室残高 0.52 ~ 0.56 米。内填杂土，包含有碎砖块、烧土块等。

过烟道位于前窑室与后窑室之间，平面呈近正方形，东西长 1.08 米、南北宽 0.98 米，顶部呈半弧形，南北两壁烧结面厚 0.02 ~ 0.03 米，外围红烧土厚 0.04 ~ 0.16 米。

后窑室位于过烟道东部，东与烟道相连接，平面呈长方形，顶部已坍塌，北壁西端也有坍塌，底部比较平整。东西长 2.68 米、南北宽 1 米、残高 0.58 ~ 0.72 米。窑壁烧结面较硬，厚 0.02 ~ 0.04 米。内填杂土，包含有碎砖块、烧土块等。

排烟道位于后窑室东部，向下挖一长方形深槽，底部西高东底贯穿窑室东壁，与烟囱相连接。

N

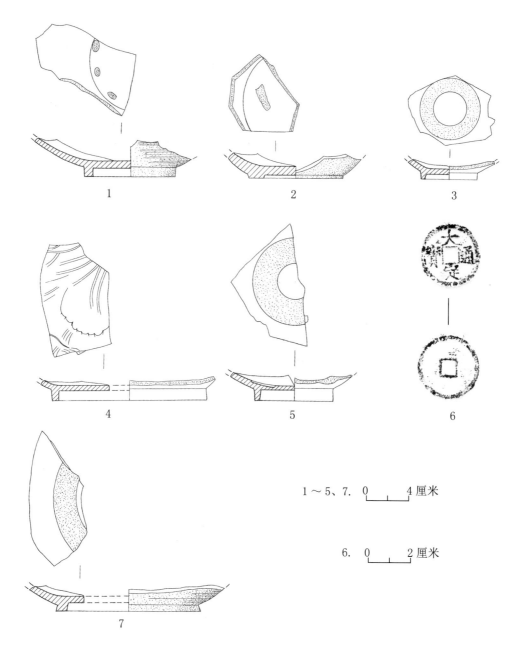

1～5、7.　0 ____ 4 厘米

6.　0 ____ 2 厘米

图一〇　Y1 出土器物

1、2、3、5、7.白瓷碗底（Y1：2、Y1：6、Y1：3、Y1：4、Y1：5）

4.白瓷盘底（Y1：7）　6.铜钱（Y1：1）

东西长 0.64 米、宽 0.18 米、深 0.04 ~ 0.12 米。

烟道位于后窑室东壁外东侧,上部已被破坏,直径 0.32 ~ 0.34 米、残深 0.72 米。平面近圆形,口小底大,底部较平,周壁坚硬。烧结面厚 0.02 米,外围红烧土厚 0.02 ~ 0.05 米。内填杂土,包含有碎砖块、烧土块等。

出土器物 7 件,有铜钱 1 枚;白瓷片 1 袋,其中可辨器型有白瓷碗、白瓷盘。均散落于窑内填土中。

铜钱 1 枚。Y1 : 1,圆钱方穿,正、背面有郭,郭缘较窄。正面楷书"大定通宝"四字,对读;光背。钱径 2.59 厘米、穿径 0.58 厘米、厚 0.19 厘米(图一〇,6)。

白瓷碗底部残片 5 件。Y1 : 2,上部残缺,残留部分壁弧收,腹壁见轮痕,圈足底,外底较平,内底见三个小椭圆形支钉痕。灰白胎,胎质细腻,施白釉,内满釉,外施釉不及底。复原底径 7.6 厘米、残高 3 厘米(图一〇,1;彩版一九,3、4)。Y1 : 3,上部残缺,残留部分壁弧收,圈足底。外底略平,内底有涩圈。白胎,胎质细腻,施白釉,内外满釉,涩圈内无釉。底径 4.5 厘米、残高 1.5 厘米(图一〇,3;彩版一九,5、6)。Y1 : 4,上部残缺,弧壁,圈足底,内底有涩圈。白胎,胎质细腻,施白釉,内外满釉,涩圈内无釉。底径 8.4 厘米,残高 2.2 厘米(图一〇,4;彩版一九,7、8)。Y1 : 5,上部残缺,弧壁,腹壁轮痕清晰,圈足底,内底有涩圈,涩圈内一层化妆土。灰白胎,胎质细腻,施白釉,内满釉,涩圈内无釉,外施釉不及底。复原底径 12 厘米、残高 3 厘米(图一〇,5;彩版二〇,1、2)。Y1 : 6,上部残缺,弧壁,璧形圈足,内底见椭圆形支钉痕。灰胎,胎质略粗,施白釉泛青,内满釉,外施釉不及底。复原底径 7.6 厘米、残高 2 厘米(图一〇,2;彩版二〇,3、4)。

白瓷盘底部残片 1 件。Y1 : 7,上部残缺,内壁刻花,圈足略高,直壁。白胎,胎质细腻,胎体较薄,通体施白釉。复原底径 12.8 厘米、残高 1.8 厘米(图一〇,7;彩版二〇,5、6)。

四、明清古井

1 座,为 J1。

J1 位于发掘区北部。开口于①层下,井口距地表深 3.2 米。方向为 0°。平面呈圆形,口大底小,口部直径 2.34 ~ 2.36 米,距井口 0.48 米开始向内折收 0.28 米,折收部分似为放置井圈或者加固井口所用,井壁竖直,井口距底深 1.98 米时渗水严重,无法清理至底(图一一)。填土为一次性填土,灰褐色,土质疏松,包含沙粒、碎石子等。

未见出土遗物。

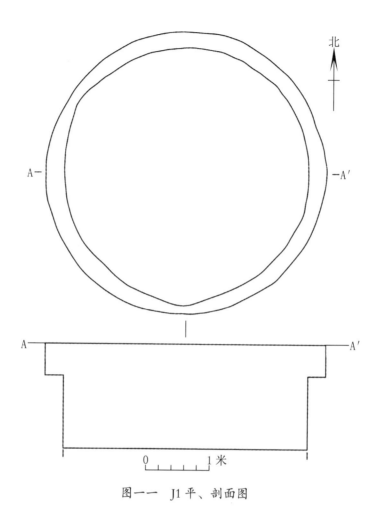

图一一 J1平、剖面图

五、结语

四座墓葬中没有发现墓志和有明确纪年的文字，其年代只能根据墓葬形制和器物特征推断。M1 为刀把形砖券单室墓，此类墓葬发现较少，与南马场M2[①]、瓷窑沟唐贞观十七年（643）M2[②] 相似；M2、M3为圆形砖券单室墓，为唐代中晚期墓葬较为常见类型[③]，M2与河北献县唐墓[④]、亦庄80号地 M8及79号地M13[⑤] 相似；M3与唐左才墓[⑥]、亦庄80号地M4[⑦] 相似；M4与亦庄79号地M9、80号地M9及M58[⑧] 等近似。出土的敛口罐M1：1与辽宁朝阳饲养厂M1：3相似；三足铁鼎M2：2 与昌平唐墓出土陶鼎[⑨]、亦庄80号地M28内出土铁鼎[⑩]、韩贞墓出土铁鼎[⑪] 相似，其余出土敞口圆唇溜肩鼓腹罐、敞口圈足碗、莲花瓦当等皆为唐代常见器物。因此推断M1为唐代早期墓葬、 M2～M4为唐代中晚期墓葬。

Y1由工作间、火门、火膛、进火口、前窑室、过烟道、后窑室、排烟道及出烟孔九部分组成的连体窑，从形制来看比较少见，窑内出土的带涩圈瓷碗及刻花瓷盘残片均为辽金时期常见的瓷器类型，另发现的铜钱为金大定通宝。据此，推断该窑为金代，其上限不早于金大定年间。

J1 为圆形，井内未见遗物，根据开口层位推断该井应为明清时期。

资料记载："广阳城作为县一级的行政单位，一直延续至北齐，五代及辽不见广阳之名，金代复有广阳镇的设置。但其地存有争议，或以为在今大兴境内。"此次发掘的遗存西隔小清河与广阳城遗址相距约 1000 米，为研究汉广阳城至唐代时期的社会变迁提供了重要证据，为今后研究唐、五代至辽金时期的社会形态及丧葬习俗提供了珍贵的实物资料。

发掘：于璞　王策　孙建国　江亮　张淼

绘图：江亮　罗娇

摄影：程利　艾小力

修复：盛子友

执笔：于璞　王策　程利

注释

① 梁振晶：《辽宁朝阳南马场隋唐墓发掘简报》，《博物馆研究》1996 年第 1 期。

② 樊树海、张志中：《河北临城西瓷窑沟发现隋唐墓》，《文物春秋》1994 年第 3 期。

③ 王乐：《试论京津唐地区隋唐墓葬》，《中原文物》2005 年第 6 期；张晓辉：《北方地区隋唐墓葬的分区与分期》，吉林大学硕士学位论文，2004 年。

④ 王敏之、高良谟、张长虹：《河北献县唐墓清理简报》，《文物》1990 年第 5 期。

⑤⑦⑧⑩ 北京市文物研究所：《北京亦庄考古发掘报告》，科学出版社，2009 年。

⑥ 辽宁省博物馆文物队：《辽宁朝阳唐左才墓》，载文物编辑委员会编《文物丛刊资料》（6），文物出版社，1982 年。

⑨ 马希桂：《北京市发现的几座唐墓》，《考古》1980 年第 6 期。

⑪ 朝阳地区博物馆：《辽宁朝阳唐韩贞墓》，《考古》1973 年第 6 期。

通州区次渠村唐代、清代墓葬发掘报告

　　为配合通州区轻轨 L2 线通州段次渠站、垡渠南站、亦庄火车站土地一级开发项目（B6 地块）建设，北京市考古研究院（原北京市文物研究所）于 2019 年 10 月 14 日至 10 月 28 日，对该项目用地范围内的古代遗存进行了考古发掘。发掘区位于通州区台湖镇次渠村西北部，东北邻站前街、西邻通马路、南邻次渠大街。中心地理位置坐标为东经 116° 34′ 49.6814″，北纬 39° 48′ 32.3099″（图一）。此次共发掘唐代墓葬 5 座、清代墓葬 1 座（图二）。

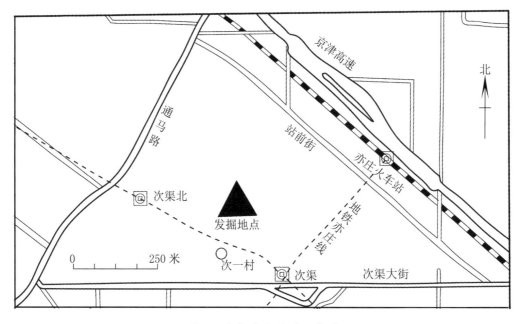

图一　发掘地点位置示意图

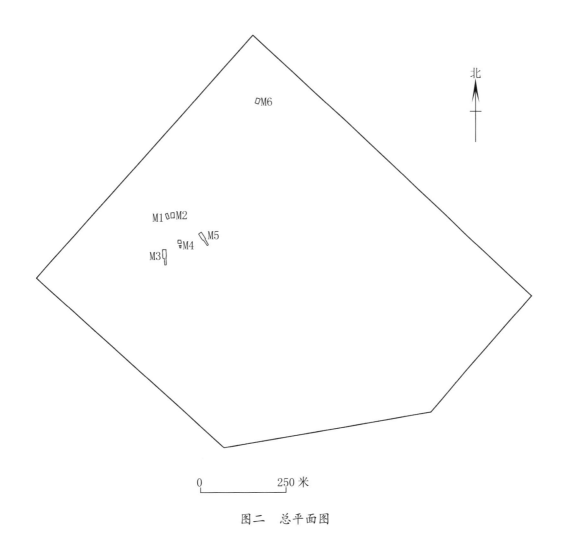

图二　总平面图

一、唐代墓葬

共 5 座，为 M1 ~ M5。

（一）M1

位于发掘区中西部，东约 0.7 米处与 M2 为邻。开口于①层下，打破生土，墓口距地表深 0.5 米。方向为 178°（图三；彩版二一，1）。

为近梯形砖砌单室墓，土圹平面呈长方形，直壁，平底，长 2.3 米、宽 0.99 ~ 1.01 米，墓底距墓口深 0.35 米。砖室南宽北窄平面呈梯形，顶无存。内部长 1.64 米、宽 0.2 ~ 0.35 米。四壁砖墙以单平砖顺向错缝叠砌，残高 0.24 米。

建墓用砖均为泥质青灰色，规格为 30 厘米 ×15 厘米 ×5 厘米。

墓室内有人骨一具，保存较差，头向南，仰身直肢葬，为女性。

墓室北部、人头骨东侧随葬陶罐。

陶罐1件。M1：1，泥质灰陶，轮制。直口，尖唇，短束颈，圆肩，鼓腹，腹最大径在腹上部，下腹斜收，平底。中腹有明显的轮制痕迹。口径7.3厘米、腹径12.5厘米、底径5.8厘米、高11厘米（图四，2；彩版二四，1）。

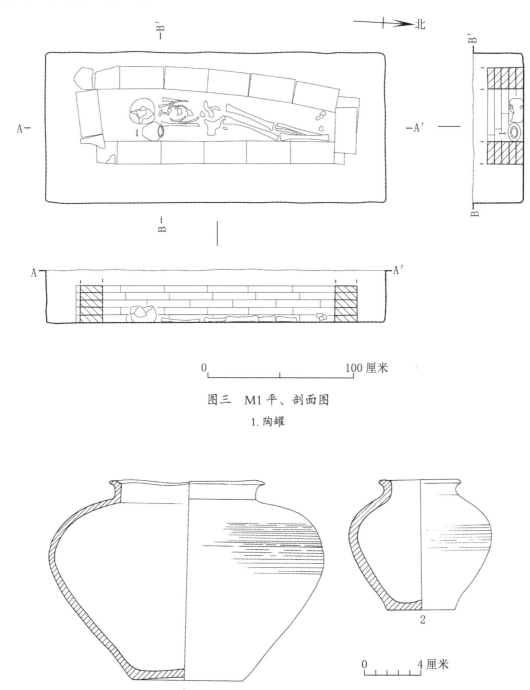

0 —————————————— 100 厘米

图三　M1 平、剖面图

1.陶罐

0 ——— 4 厘米

图四　M1、M5 出土陶罐

1.M5：1　2.M1：1

（二）M2

位于发掘区中西部，西邻 M1，南邻 M4。开口于①层下，打破生土，墓口距地表深 0.5 米。方向为 185°（图五；彩版二一，3）。

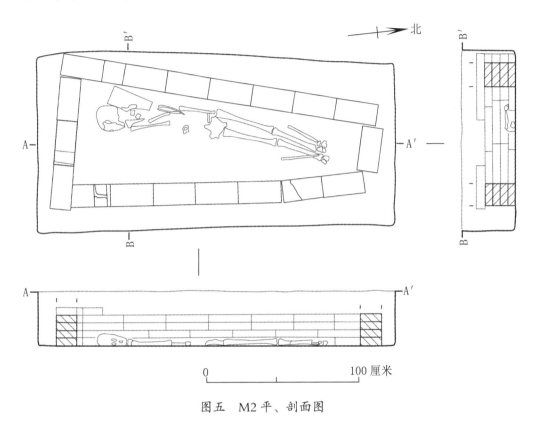

0   100 厘米

图五　M2 平、剖面图

为近梯形砖砌单室墓，土圹南宽北窄，平面呈梯形，直壁，平底。墓口长 2.35 米、宽 1.03 ~ 1.15 米，墓底距墓口深 0.35 米。砖室平面呈梯形，顶无存。内部长 1.85 米、宽 0.3 ~ 0.67 米。四壁砖墙以单平砖顺向错缝叠砌，残高 0.2 ~ 0.24 米。

建墓用砖均为泥质青灰色，规格为 28 厘米 ×11 厘米 ×5 厘米。

墓室内有人骨一具，保存较差，头向南，面向东，仰身直肢葬，为男性。墓葬被盗扰，未发现随葬器物。

（三）M3

位于发掘区中部，东北邻 M4。开口于①层下，打破生土，墓口距地表深 0.5 米。方向为 168°。平面呈刀形，为带斜坡墓道竖穴土圹砖砌单室墓，由墓道、甬道和墓室组成，墓圹全长 5.71 米、宽 0.6 ~ 1.36 米，墓底距墓口深 0.87 米（图六；彩版二二，1）。

　　墓道位于墓圹南端。平面呈梯形，两壁垂直，底部为斜坡状。长 2.48 ~ 3.9 米、宽 0.6 ~ 0.7 米，墓底距墓口深 0.2 ~ 0.85 米，坡长 2.6 米。内填灰褐色花土，土质较致密，内夹杂少量碎砖块等。

　　甬道介于墓道与墓室之间。平面呈长方形，顶无存。内部宽 0.56 ~ 0.7 米、进深 0.31 米。外接墓室东西砖墙而建，两侧砖墙下部堆垫厚约 0.2 米的黄褐色花土，其上砌砖，残存 11 层，下部 1 层以顺向侧立，上部 10 层以单平砖顺向错缝叠砌，砖墙残高 0.85 米。封门砖置于甬道与墓室连接处，残存 11 层，自下而上第 5、10 层以竖向侧立，其余以平砖错缝垒砌，残高 0.74 米。

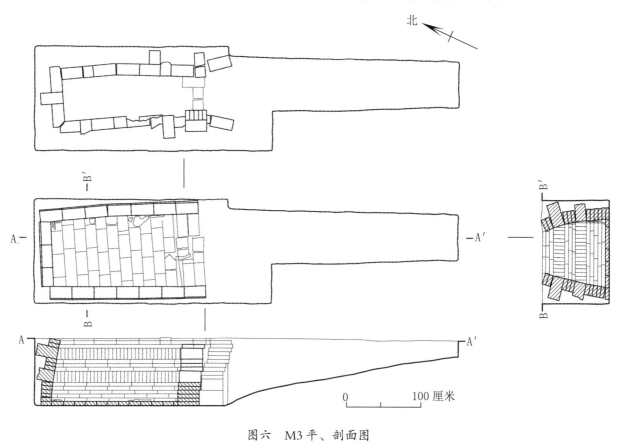

图六　M3 平、剖面图

　　墓室位于甬道北端。土圹平面呈长方形，长 2.81 ~ 3.23 米、宽 1.36 米。砖室南宽北窄，东、西壁中部微外弧，平面呈弧边长方形，穹隆顶，顶部坍塌。内部长 2 米、宽 0.84 ~ 0.94 米。西、北、东三壁砖墙残存 13 层，自下而上第 7、11 层以顺向侧立，其余以单平砖顺向垒砌，三壁砌至第 6 层以上叠涩内收起券结顶，砖墙残高 0.87 米，空留南壁未砌砖，以便葬人、封门。墓底铺砖一层，保存完整，以平砖横铺。

　　建墓用砖均为泥质青灰色，规格为 30 厘米 ×15 厘米 ×5 厘米。

　　墓葬被盗扰，未见葬具及随葬品，墓底散落少量乱骨，葬式、性别不详。

（四）M4

位于发掘区中部，西南邻 M3、东邻 M5。开口于①层下，打破生土，墓室中部被现代坑打破，墓口距地表深 0.5 米。方向为 185°。为"甲"字形砖砌单室墓，由墓道及墓室组成，墓圹全长 5.67 米、宽 0.84 ~ 2.52 米，墓底距墓口深 0.99 米（图七；彩版二二，2）。

墓道位于墓圹南端，北部被现代坑破坏。平面呈梯形，两壁垂直，底部为斜坡状。残长 1.79 米、残宽 0.84 ~ 1.08 米、残深 0.2 ~ 0.68 米、底坡残长 1.85 米，内填灰褐色花土，土质较致密，内夹杂少量碎砖块等。

墓室位于墓道北端，南部被现代坑破坏。土圹平面呈近梯形，残长 2.42 米、残宽 2.16 ~ 2.52 米。砖室东、西壁中部微外弧，平面呈弧边长方形，穹隆顶，顶部坍塌。内部残长 2.16 米、宽 1.25 ~ 1.77 米。西、北、东三壁砖墙残存 13 层，下部 3 层以单平砖顺向错缝叠砌，再上以两平一侧或三平一侧砌法叠涩内收起券结顶，砖墙残高 0.99 米。墓底铺砖一层，用残砖平铺。

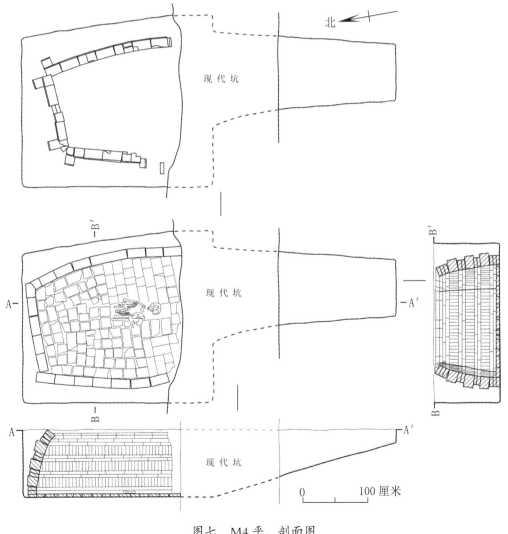

图七　M4 平、剖面图

建墓用砖均为泥质青灰色，规格为 28 厘米 ×14 厘米 ×5 厘米。

墓室南部葬两副人骨架，保存较差，已混乱，头均向南，东侧头骨为男性，西侧头骨为女性。

墓葬被盗扰，未发现随葬器物。

（五）M5

位于发掘区中部，西邻 M4。开口于①层下，打破生土，墓口距地表深 0.5 米。方向为 156°。为"甲"字形砖砌单室墓，由墓道、甬道及墓室组成，墓圹全长 5.92 米、宽 0.59 ~ 1.39 米，墓底距墓口深 0.7 米（图八；彩版二三）。

墓道位于墓圹南端。平面呈梯形，两壁垂直，底部为斜坡状。长 2.83 米、宽 0.59 ~ 0.86 米、墓底距墓口深 0.27 ~ 0.63 米、坡长约 2.85 米，内填灰褐色花土，土质较致密，内夹杂少量碎砖块等。

甬道介于墓道于墓室之间。平面呈长方形，顶无存。内部宽 0.54 米、进深 0.57 米。两侧砖墙以单平砖顺向错缝叠砌，残高 0.59 米。封门砖置于甬道与墓室交接处，厚 2 层，起砌于厚约 0.2 米的黄褐色花土之上，外层残存 7 层，以单平砖顺向错缝叠砌，残高 0.55 米；内层残存 5 层，以平砖横向错缝叠砌，残高 0.44 米。

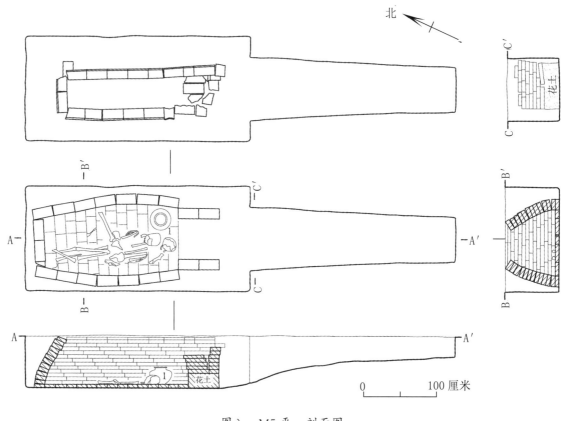

图八　M5 平、剖面图

1. 陶罐

墓室位于甬道北部。土圹平面呈长方形，长 3.09 米、宽 1.39 米。砖室平面呈东、西壁中部微外弧，平面呈近弧边长方形，穹隆顶，顶部坍塌。内部长 1.86 米、宽 0.65 ~ 0.95 米。西、北、东三壁砖墙残存 13 层，以单平砖顺向错缝叠砌，第 2 层以上叠涩内收起券结顶，砖墙残高 0.67 米；空留南壁未砌砖，以便葬人、封门。墓底铺砖一层，以平砖横铺。

建墓用砖均为泥质青灰色，规格为 28 厘米 ×14 厘米 ×5 厘米。

墓葬被盗扰，未见葬具，墓底有人骨架两具，已混乱，均头向南，葬式不详，东侧头骨为男性，西侧为女性。

墓室南部，男性头骨东侧随葬陶罐。

陶罐 1 件。M5：1，泥质灰陶，轮制。直口，尖唇，短束颈，圆肩，鼓腹，腹最大径近肩部，下腹斜收，平底微内凹。中腹有两周凹弦纹，肩、上腹有清晰的轮制痕迹。口径 13.8 厘米、腹径 24.4 厘米、底径 9.7 厘米、高 16.8 厘米（图四，1；彩版二四，2）。

二、清代墓葬

共 1 座，为 M6。

位于发掘区北部。开口于①层下，打破生土，墓口距地表深 0.5 米。方向为 190°。为长方形竖穴土坑墓，长 1.89 米、宽 0.95 ~ 1.04 米、墓底距墓口深 0.4 米。直壁，平底。内填灰褐色花土，土质较松。墓内未见人骨及随葬品，墓室底残存一段木棺底板，残长 0.46 米、残宽 0.05 米、厚 0.03 米（图九；彩版二一，2）。

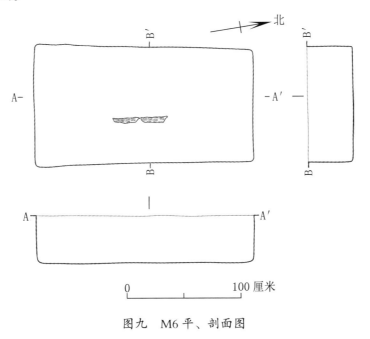

图九　M6 平、剖面图

三、结语

M1 ~ M5 墓室平面呈梯形或弧边长方形，墓葬形制继承了北朝墓葬风格，属于北京地区的唐代早期类型[①]。M1、M2 形制与大兴北程庄 M45、M46[②] 及北京亦庄 80 号地的 M14、M15、M28、M61[③] 等唐代墓葬相近，M3 ~ M6 形制与北京亦庄 80 号地 M5、69 号地 M14[④] 以及密云大唐庄 M102[⑤]、先农坛神仓 M1[⑥] 等唐代墓葬相近，均为北京地区常见的唐墓类型。随葬品方面，因被盗扰，仅 M1 和 M5 出土陶罐各 1 件，器型基本相同，为直口，尖唇，短束颈，圆肩，鼓腹，腹最大径近肩部，下腹斜收。形制具有一定的东汉至北朝以来陶罐遗风，例如形制与房山南正遗址东汉晚期墓葬出土的夹云母红陶罐 M5：6、M11：18[⑦] 接近；另较密云新城 0306 街区 B 地块唐中早期墓葬出土陶罐 M1：5 器表纹饰不同外，其余形制较接近，说明 M1、M5[⑧] 出土陶罐或为前两者之间的传承、过渡类型。综合墓葬形制及随葬品特征判断这 5 座墓的时代为唐早期。M1、M2 墓葬形制、葬俗、方向基本一致，时代相距不远，平面相距仅约 0.7 米，加之墓主人鉴定分别为一男一女，由此判断两者为夫妻合葬墓；M3、M4、M5 墓葬形制、葬俗、方向、时代接近，平面相距约 3 ~ 5 米，与 M1、M2 也不过 10 米，推断 M1 ~ M5 可能为同一家族墓地。这 5 座墓葬规模较小，随葬品也不多，墓主人应为一般平民。

M6 为南北向长方形竖穴土坑墓，墓内未见人骨及随葬品，仅墓底残存一段木棺底板，该墓与另外 5 座墓葬相距较远，根据墓葬形制及地层判断该墓为清代搬迁墓。

这 6 座墓葬的发掘，为研究通州地区唐及清代搬迁墓形制、丧葬习俗及经济文化提供了新的实物资料。

发掘：刘风亮　曾庆铅　张弥

绘图：曾庆铅

摄影：刘风亮

执笔：刘风亮　曾庆铅

注释

① 刘耀辉：《试论北京地区唐墓》，《北京文博》1998 年第 4 期；王乐：《试论京津唐地区隋唐墓葬》，《中原文物》2005 年第 6 期。

②⑤ 北京市文物研究所：《密云大唐庄：白河流域古代墓葬发掘报告》，上海古籍出版社，2010 年。

③④ 北京市文物研究所：《北京亦庄考古发掘报告（2003 ~ 2005 年）》，科学出版社，2009 年。

⑥ 北京市文物研究所：《北京市先农坛唐墓发掘简报》，《北京文博》2008 年第 1 期。

⑦ 北京市文物研究所：《房山南正遗址：拒马河流域战国以降时期遗址发掘报告》，科学出版社，2008 年。

⑧ 北京市文物研究所：《密云新城 0306 街区 B 地块唐墓发掘简报》，《北京文博文丛》2018 年第 1 期。

通州区砖厂村唐代、清代墓葬发掘报告

2012年7月7日至8月19日，为配合通州区砖厂村土地一级开发项目建设，北京市考古研究院（原北京市文物研究所）对该项目区域内的古代墓葬进行了考古发掘。发掘区位于通州区土桥镇砖厂村东部，北邻梨园南街、东邻六环路、南邻九棵树东路，滨河南路在墓地中间横穿而过，墓地中心地理位置坐标为东经116°41′17″，北纬39°52′12″（图一）。

共发掘古代墓葬9座，其中唐代墓葬6座、清代墓葬3座（图二）。

图一　发掘地点位置示意图

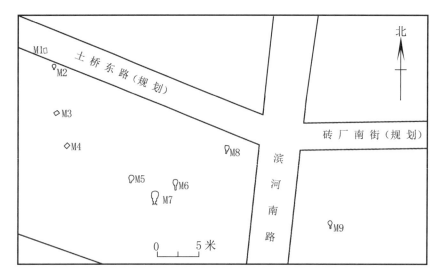

图二 总平面图

一、唐代墓葬

6座，分别为M2、M5 ~ M9。

（一）M2

1. 形制结构

位于发掘区的西北部。开口于②层下，打破生土，墓口距地表深0.8米。墓向为180°。为圆形砖砌单室墓，墓葬平面呈"甲"字形，由墓道、墓门及墓室组成。墓圹全长4米、宽2.82米、深1米（图三；彩版二五，1）。

墓道位于墓圹南部。南窄北宽，平面呈梯形，底部为阶梯状。长0.8 ~ 0.94米、宽0.78米、深1米。现存台阶2级，自上而下第一级宽0.4米、高0.32米，第二级宽0.38米、高0.2米，台面均自南向北倾斜。墓道内填黄褐色五花土，较纯净。

墓门介于墓道与墓室之间。平面呈长方形，顶无存。内部宽0.76米、进深0.54米。两侧砖墙以平砖错缝法垒砌，残高0.84米。

墓室位于墓道北部。平面近圆形，顶无存。土圹东西径长2.82米、南北径长约2.8米、深1米；砖室内部长2.14米、宽1.94米。四壁砖墙以两平一侧砌法垒砌，残高0.84米。底平，无铺地砖。折尺形棺床占据墓室北部、西部大部分空间，床边壁以平砖错缝垒砌，床内填黄褐色花土，床面铺砖一层，以残砖平铺。棺床高0.3米，北部棺床东西长1.38米、南北宽1.24米，西部棺床东西长0.76米、南北宽0.7米。

棺床北部见人骨两具，头向北，面向上，仰身直肢葬，北侧为女性，南侧为男性。

建墓用砖为泥质青灰色，单侧长面模印绳纹，规格为 36 厘米 ×16 厘米 ×5 厘米。

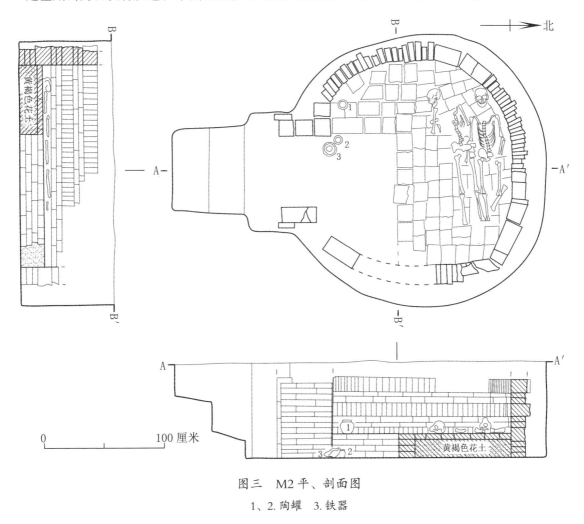

图三　M2 平、剖面图

1、2.陶罐　3.铁器

2. 随葬品

墓室底南部随葬陶罐 2 件。均为泥质灰陶，轮制。

M2 ：1，略变形。侈口，尖圆唇，短束颈，圆肩，鼓腹，平底。器壁厚薄不一，内、外壁有轮制旋痕。口径 7.8 厘米、腹径 12 厘米、底径 6.4 厘米、高 10.4 ~ 10.6 厘米（图四，1；彩版二〇，1）。M2 ：2，侈口，圆唇，短束颈，溜肩，鼓腹，平底。腹部有两周凹弦纹，内、外壁有轮制旋痕。口径 7.2 厘米、腹径 11.6 厘米、底径 5.4 厘米、高 9.2 ~ 9.8 厘米（图四，2；彩版二〇，2）。

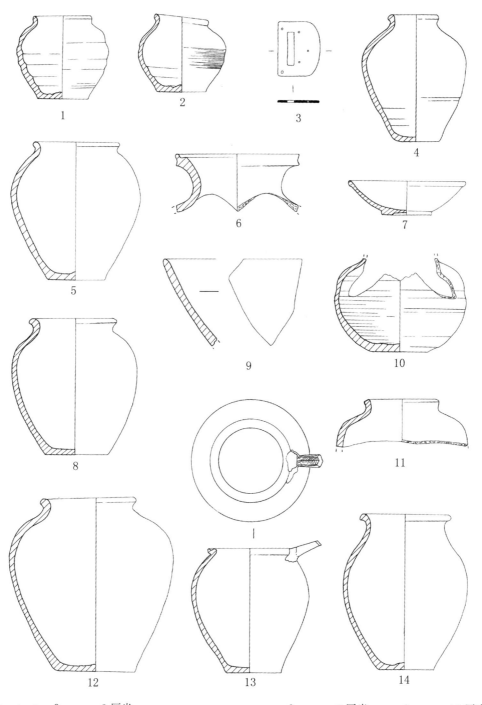

3、6、9. 0 ┗━┻━┛ 3厘米　1、2、5、7、8、10～14. 0 ┗━┻━┛ 6厘米　4. 0 ┗━┻━┛ 12厘米

图四　唐墓出土器物

1、2、5、6、8、10～14.陶罐（M2：1、M2：2、M5：1、M9：3、M5：2、M7：4、M9：2、M7：3、
M8：1、M6：1）3.铜带扣（M7：1）4.瓷罐（M5：01）7、9.瓷碗（M8：2、M9：4）

（二）M5

1. 形制结构

位于发掘区的西南部。开口于②层下，打破生土，墓口距地表深 1.3 米。墓向为 180°。为弧边长方形砖砌单室墓，墓葬平面呈"甲"字形，由墓道、墓门及墓室组成。墓圹全长 5 米、宽 3.27 米、深 0.82 米（图五；彩版二五，2）。

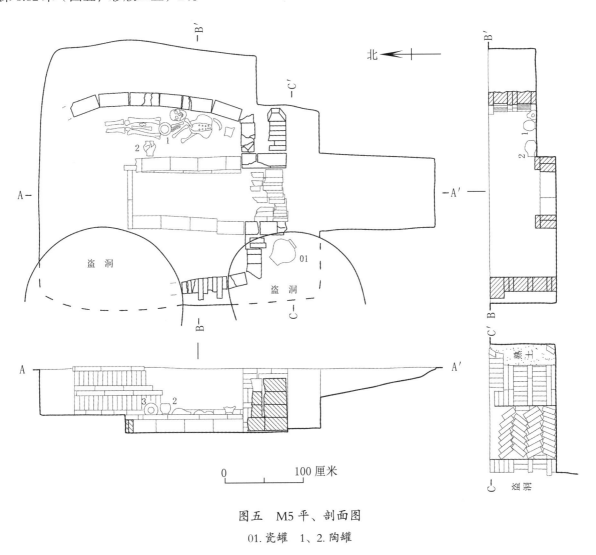

图五　M5 平、剖面图

01. 瓷罐　1、2. 陶罐

墓道位于墓圹最南部。南窄北宽，平面呈梯形，底部为斜坡状。长 1.46 米、宽 0.86～0.95 米、深 0～0.35 米，坡度为 14°。墓道内填黄褐色五花土，较纯净。

墓门介于墓道与墓室之间。平面呈长方形，顶无存。内部宽 0.64 米、进深 0.56 米。两侧砖墙以两平一侧砌法垒砌，残高 0.84 米。封门砖置于门道内侧，以"人"字形砌法垒砌，残高 0.78 米。

墓室位于墓道北部。平面呈弧边长方形，顶无存，西壁被 2 个圆形盗洞打破。土圹东西长

3.03 ~ 3.26 米、南北宽 2.53 ~ 2.76 米、深 0.82 米；砖室内部残长 2.76 米、宽 1.82 ~ 2.17 米。残存东、南、西三壁砖墙，以两平一侧砌法垒砌，残高 0.82 米。底平，无铺地砖。"凹"字形生土棺床占据墓室东部、北部、西部大部分空间，床边壁以一平一侧砌法垒砌，床面无铺地砖，床高 0.26 米。

棺床南部见人骨一具，头向南，面向上，骨架凌乱，为男性。

建墓用砖均为泥质青灰色，单平面模印绳纹，规格为 36 厘米 ×16 厘米 ×6 厘米。

2. 随葬品

棺床南部随葬陶罐，南侧盗洞出土瓷罐。

陶罐 2 件。形制相近，大小不同。均为泥质灰陶，轮制。侈口，尖圆唇，短束颈，溜肩，鼓腹，平底。M5：1，口径 11.4 厘米、腹径 10.8 厘米、底径 7.6 厘米、高 8.4 厘米（图四，5；彩版三〇，4）。M5：2，口径 11.6 厘米、腹径 16.2 厘米、底径 8.2 厘米、高 17.4 厘米（图四，8；彩版三〇，5）。

瓷罐 1 件。M5：01，轮制。侈口，圆唇，短束颈，溜肩，平底。下腹有半周凹弦纹。红褐胎、酱釉。口径 6.6 厘米、腹径 13.4 厘米、底径 8 厘米、高 16 厘米（图四，4；彩版三〇，3）。

（三）M6

1. 形制结构

位于发掘区西南部。开口于②层下，打破生土，墓口距地表深 0.8 米。墓向为 180°。为弧边方形砖砌单室墓，墓葬平面呈"甲"字形，由墓道、墓门及墓室组成。墓圹开口全长 7.56 米、宽 3.62 米、深 1.6 米（图六；彩版二六）。

墓道位于墓圹南部。南宽北窄，平面呈梯形，南部底斜坡状，最北部设一级阶梯。长 3.53 米、宽 0.9 ~ 1.2 米、深 1.6 米，坡度为 22°。阶梯长 0.6 米、宽 0.3 米、高 0.32 米。墓道内填黄褐色五花土，较纯净。

墓门介于墓道与墓室之间。平面呈长方形，顶无存。内部宽 0.8 米、进深 0.72 米。两侧立颊用青砖以两平一侧砌法垒砌，立颊外侧倚柱用一列立砖垒砌，墓门残高 1.4 米。封门砖置于门道内侧，以"人"字形砌法垒砌，残高 0.3 米。

墓室位于墓道北部。平面呈弧边方形，顶无存。土圹东西长 3.62 米、南北宽 3.35 米、深 1.6 米。砖室内部东西长 3.08 米、南北宽 2.69 米，四壁砖墙以两平一侧砌法垒砌，西、北、东三壁中部外弧，砖墙残高 1.44 米。墓底平，无铺地砖。墓室东壁砖雕一灯檠，高 1.14 米、宽 0.36 米（彩版二七，1）。折尺形棺床占据墓室北部、西部大部分空间，床边壁上下各平砌 2 层出檐、台，床壁中部用侧砖雕二壶门，床内填黄褐色花土，床面平，未铺砖（彩版二七，2）。棺床高 0.46 米，北部棺床东西长 2.12 米、南北宽 1.2 米，西部棺床南北长 1.52 米、东西宽 0.98 米。

墓室底部有一人头骨，保存较差，头向、面向、性别不详。

建墓用砖均为泥质青灰色，单平面模印绳纹，规格为 36 厘米 ×16 厘米 ×6 厘米。

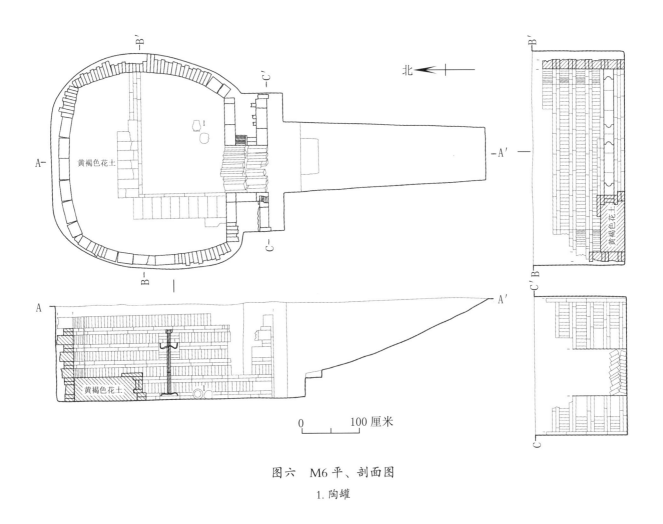

图六 M6平、剖面图
1. 陶罐

2. 随葬品

墓室底随葬陶罐1件。

M6：1，泥质灰陶，轮制。侈口，圆唇，短束颈，溜肩，鼓腹，平底。口径11.4厘米、腹径16厘米、底径7厘米、高19.6厘米（图四，14；彩版三〇，6）。

（四）M7

1. 形制结构

位于发掘区的西南部。开口于②层下，打破生土，并被现代坑及自来水管道打破，墓口距地表深1.1米。墓向为186°。为弧边长方形砖砌单室墓，墓葬平面呈"甲"字形，由墓道、墓门及墓室组成。墓圹开口全长6.64米、宽3.67米、深1.53米（图七）。

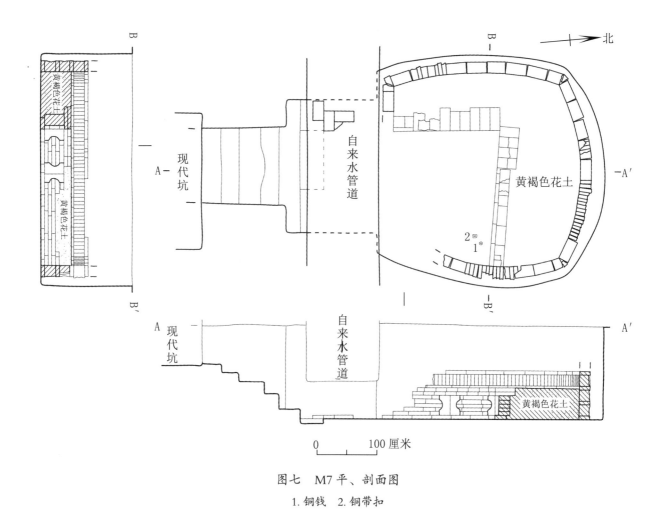

图七 M7平、剖面图

1. 铜钱 2. 铜带扣

墓道位于墓圹最南部,南部被现代坑打破。平面呈近长方形,底部为阶梯状。开口残长 1.41 米、宽 1.19 ~ 1.24 米、深 1.58 米。残存台阶 5 级,自上而下第一级残宽 0.32 米、高 0.62 米;第二级宽 0.4 米、高 0.14 米;第三级宽 0.42 米、高 0.2 米;第四级宽 0.24 米、高 0.24 米;第五级宽 0.36 米、高 0.24 米。墓道内填黄褐色五花土,较纯净。

墓门介于墓道与墓室之间。破坏严重,仅残存西壁一层平砖。进深约 1.25 米,高度、宽度不详。

墓室位于墓道北部。平面呈近弧边长方形,顶无存。土圹南北长 3.76 米、东西宽 3.67 米、深 1.5 米;砖室内部南北长 3.05 米、东西宽 3.04 米。四壁砖墙以两平一侧砌法垒砌,西、北、东三壁中部外弧,壁残高 0.78 米。底平,无铺地砖。折尺形棺床占据墓室北部、西部大部分空间,床边壁下部平砌一层出台,再上用侧砖雕砌成二壶门,壶门上部平砌两层出遮檐,床内填黄褐色花土,床面较平,未铺砖。棺床高 0.48 米,北部棺床东西长 2.2 米、南北宽 1.38 米,西部棺床南北长 1.74 米、东西宽 0.92 米。

建墓用砖均为泥质青灰色,单平面模印绳纹,规格为 34 厘米 × 18 厘米 × 6 厘米。

2. 随葬品

墓室底部出土铜带扣、铜钱，墓室填土中出土陶罐残片。

陶罐 2 件。M7：3，泥质灰陶，轮制。侈口，圆唇，短束颈，圆肩，鼓腹，平底。口径 12.6 厘米、腹径 21.4 厘米、底径 10.4 厘米、高 22～22.2 厘米（图四，12；彩版三〇，7）。M7：4，仅存腹、底。泥质灰陶，轮制。圆肩、鼓腹、下腹弧收，平底。腹部饰数周凹弦纹，内壁有清晰地轮制痕迹。腹径 17 厘米、底径 7 厘米、残高 11.8 厘米。（图四，10；彩版三〇，8）。

铜带扣 1 件。M7：1，马蹄形，面部有一处长方形穿孔和五处圆形铆孔。长 7 厘米、宽 5.5 厘米、厚 0.3 厘米（图四，3；彩版三二，1）。

铜钱 1 枚。M7：2，圆形方穿，正、背面有郭，外郭较宽。正面隶书"开元通宝"，对读；光背。钱径长 2.3 厘米、穿边长 0.7 厘米、肉厚 0.15 厘米（图八，1）。

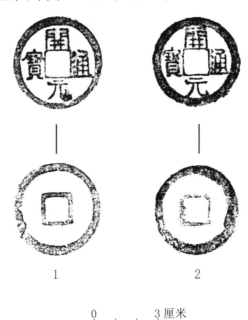

0 ___ 3 厘米

图八　唐墓出土开元通宝

1.M7：2　2.M9：1

（五）M8

1. 形制结构

位于发掘区的中部。开口于②层下，打破生土，墓口距地表深 0.9 米。墓向为 190°。为弧边长方形砖砌单室墓，墓葬平面呈"甲"字形，由墓道、墓门及墓室组成。墓圹全长 5.3 米、宽 2.92 米、深 2.1 米（图九；彩版二八）。

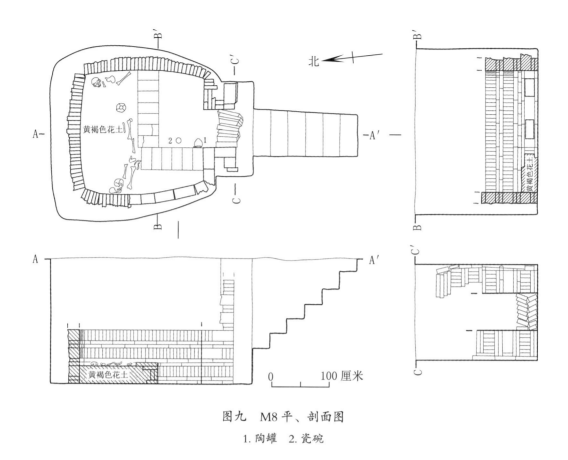

图九　M8平、剖面图

1. 陶罐　2. 瓷碗

墓道位于墓圹最南部，平面呈梯形，底部为阶梯状。长1.8米、宽0.7~0.8米、深2.1米。现存台阶6级，宽度均为0.3米，高度自上而下第一级高0.3米；第二级高0.26米；第三、四、五级高0.24米；第六级高0.6米。墓道内填黄褐色五花土，较纯净。

墓门介于墓道与墓室之间。平面呈长方形，顶无存。内部宽0.64米、进深0.54米。两侧立颊用青砖以两平一侧砌法垒砌，立颊外侧倚柱用一列立砖垒砌，墓门残高1.76米。封门砖以"人"字形砌法垒砌，残高0.74米。

墓室位于墓道最北部。平面呈近弧边长方形，顶无存。土圹南北长约2.92米、东西宽1.79~2.91米、深2.1米；墓室内部东西长1.7~2.07米、宽2.1米。四壁砖墙以两平一侧砌法垒砌，西、北、东三壁中部外弧，砖墙残高0.9米。墓底平，无铺地砖。折尺形棺床占据墓室北部、西部大部分空间，床边壁下部一层以青砖顺向平砌，往上再砌一层侧砖，最上两层则用青砖横向平砌，边壁中部用侧砖砌出长方形壶门，床内填黄褐色花土，床面平，未铺砖。棺床高0.36米，北部棺床南北长1.34米、东西宽1.28米，西部棺床南北长0.78米、东西宽0.73米。

墓内人骨两具，凌乱地散落于棺床上，西侧头骨为男性，东侧头骨为女性。

2. 随葬品

墓室底部出土陶罐，墓室填土中出土白瓷碗碎片。

陶罐 1 件。M8 : 1，泥质灰陶，轮制。敛口，平沿，沿面有一周凹槽，方唇，溜肩，鼓腹，平底。口沿处有一扁平状持柄，持柄面饰叶脉纹。口径 11 厘米、腹径 15.2 厘米、底径 7.2 厘米、高 15.8 厘米（图四，13；彩版三一，1）。

瓷碗 1 件。M8 : 2，敞口，尖圆唇，腹斜收，璧形圈足。灰白胎、内外壁施白釉。口径 14.2 厘米、底径 6.4 厘米、高 4.2 厘米（图四，7；彩版三一，2）。

（六）M9

1. 形制结构

位于发掘区的中部偏东。开口于②层下，打破生土，墓口距地表深 0.86 米。墓向为 176°。为圆形砖砌单室墓，墓葬平面呈"甲"字形，由墓道、墓门及墓室组成。墓圹全长 6.24 米、宽 3.34 米、深 1.74 米（图一〇；彩版二九，1）。

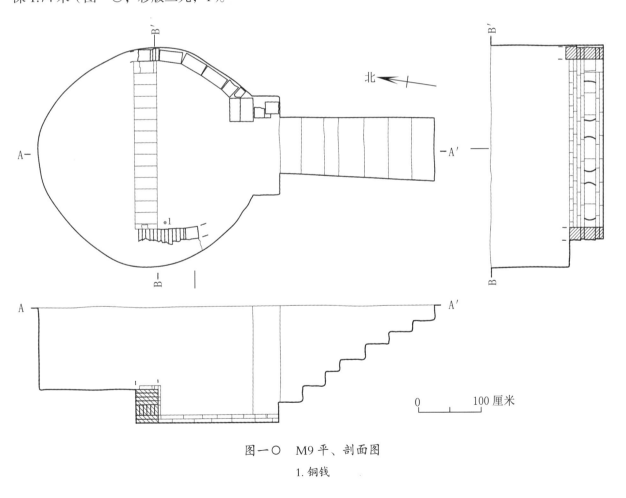

图一〇　M9 平、剖面图
1. 铜钱

墓道位于墓圹最南部。平面呈近长方形，底部为阶梯状。长 2.43 米、宽 0.86 ~ 0.98 米、深 1.74 米。残存台阶 8 级，自上而下第一级宽 0.36 米、高 0.18 米；第二级宽 0.38 米、高 0.18 米；第三级宽

0.38 米、高 0.24 米；第四级宽 0.4 米、高 0.18 米；第五级宽 0.24 米、高 0.22 米；第六级宽 0.36 米、高 0.28 米；第七级宽 0.34 米、0.3 米。墓道内填黄褐色五花土，较纯净。

墓门介于墓道与墓室之间。破坏严重，仅残存东壁 2 层平砖。进深 0.78 米，宽度不详。

墓室位于墓道北部。平面呈近圆形，顶无存。土圹东西直径 3.34 米、南北直径约 3.36 米、深 1.74 米；砖室内部东西直径 2.55 米，南北直径不详。残存东、西壁少部分砖墙，以两平一侧砌法垒砌，残高 0.58 米。折尺形生土棺床占据墓室北部、西部大部分空间，床边壁中部用侧砖雕砌成三壶门，床壁上、下以平砖错缝砌成台、檐，床面平，未铺砖。棺床高 0.52 米，北部棺床东西长 2.57 米、宽 1.9 米，西部棺床南北残长 0.64 米、宽 0.57 米。

建墓用砖均为泥质青灰色，单侧长面模印绳纹，规格为 36 厘米 ×17 厘米 ×5.5 厘米。

2. 随葬品

墓内填土中出土铜钱、陶罐口沿、瓷碗口沿残片。

陶罐 2 件。均为泥质灰陶，轮制。M9：2，仅存口和上腹部。侈口，斜方唇，圆肩。口径 9.6 厘米、残高 6.1 厘米（图四，11；彩版三一，3）。M9：3，仅存口、颈部，敞口，方唇，束颈。唇面和内壁唇下各有一凹槽。口径 16 厘米、残高 0.72 厘米（图四，6；彩版三一，4）。

瓷碗 1 件。M9：4，口沿残片 1 片，不可复原。敞口，尖圆唇，腹斜收。灰白胎、内外壁施白釉。残宽 4.4 厘米、残高 5.5 厘米（图四，9；彩版三一，5）。

铜钱 1 枚。M9：1，圆形方穿，正、背面有郭，外郭较宽。正面隶书"开元通宝"，对读；光背。钱径长 2.4 厘米、穿边长 0.7 厘米、肉厚 0.15 厘米（图八，2）。

二、清代墓葬

（一）M1

1. 形制结构

位于发掘区的西北部，南邻 M3。开口于①层下，墓口距地表深 0.7 米。墓向为 350°。为长方形竖穴土坑双人合葬墓，直壁，平底，两棺底略有落差。墓圹开口南北总长 2.62 米、东西宽 1.68 米、深 0.84 ~ 0.87 米（图一一；彩版二九，2）。

葬具为木质双棺，东棺下葬年代晚于西棺。东棺保存稍好，残存两侧墙板及两端挡板，平面呈梯形，内部长 1.75 米、宽 0.37 ~ 0.47 米、残高 0.29 米、墙板厚约 0.1 米、挡板厚约 0.05 米。西棺仅存朽痕，平面呈近长方形，长 1.85 米、宽 0.46 ~ 0.52 米、残高 0.29 米。棺内存人骨架各一具，皆头向北，仰身直肢葬。西棺面向下，为男性；东棺面向上，为女性。

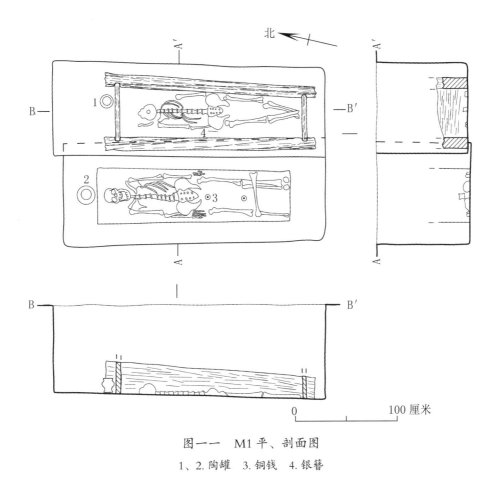

图一一　M1平、剖面图

1、2.陶罐　3.铜钱　4.银簪

2. 随葬品

随葬品有釉陶罐、银簪、铜钱。釉陶罐分别出土于两棺北侧，银簪出土于东棺人右侧盆骨处，铜钱出土于西棺人腿骨附近。

釉陶罐 2 件。M1：1，侈口，折沿，斜方唇，矮束颈，圆肩，弧腹下收，高假圈足，外展，平底。灰褐胎，灰白釉，外釉不及足部，内壁仅口部有釉。口径 8.8 厘米、腹径 11 厘米、底径 7.3 厘米、高 12.3 ～ 12.5 厘米（图一二，3；彩版三一，6）。M1：3，直口，微侈，方唇，圆肩，鼓腹，下腹斜收，平底微内凹。内壁饰凹弦纹。灰白胎，白釉，外釉不及底，内壁仅口部有釉。口径 9.3 厘米、腹径 17.8 厘米、底径 11.7 厘米、高 15.1 厘米（图一二，6；彩版三一，7）。

银簪 1 件。M1：2，首呈耳挖状，体呈四棱锥状，横截面呈正方形。首高 1.5 厘米、体边长 0.2 厘米、通长 10.5 厘米（图一二，1；彩版三二，3）。

铜钱 2 枚，均为乾隆通宝。标本 M1：4，圆形方穿，正面隶书"乾隆通宝"，对读；背面穿左右为满文，钱文不清晰。钱径 2.2 厘米、穿边长 0.6 厘米、厚 0.15 厘米（图一三，1）。

（二）M3

1. 形制结构

位于发掘区西北部，北邻 M1、南邻 M4。开口于①层下，墓口距地表深 1.5 米。墓向为 60°。为长方形竖穴土坑双人合葬墓，直壁，平底，两棺底有落差。墓圹东西总长 2.59 米、南北宽 1.81 米、深 0.05～0.1 米（图一四；彩版二九，3）。

葬具为木质双棺，北棺下葬年代晚于南棺。两棺仅存朽痕，平面呈梯形。南棺长 1.95 米、宽 0.46～0.56 米、残高 0.1 米，北棺长 2.2 米、宽 0.51～0.74 米、残高 0.05 米。棺内存人骨各一具。南棺人骨保存较好，头向东北，仰身直肢葬，为男性；北棺人骨保存较差，仅存一块下颌骨和一段腿骨，葬式、性别不详。

2. 随葬品

出土铜钱 7 枚。3 枚出土于北棺内，4 枚出土于南棺内。

元丰通宝 1 枚。M3：2-2，圆形方穿，正面行书"元丰通宝"，旋读，光背。钱径 2.3 厘米、穿边长 0.65 厘米、厚 0.15 厘米（图一三，6）。

崇祯通宝 1 枚。M3：1-2，圆形方穿，正面隶书"元丰通宝"，旋读，光背。钱径 2.3 厘米、穿边长 0.5 厘米、厚 0.15 厘米（图一三，3）。

康熙通宝 5 枚。均为圆形、方穿，正面隶书"康熙通宝"，对读。标本 M3：1-1，背面穿左右为满文"宝源"，纪局名。钱径 2.3 厘米、穿边长 0.6 厘米、厚 0.14 厘米（图一三，2）。标本 M3：2-1，背面穿左右两侧各满文、隶书一"昌"字，纪局名。钱径 2.2 厘米、穿边长 0.6 厘米、厚 0.14 厘米（图一三，4）。标本 M3：2-3，背面穿左右为满文"宝泉"，纪局名。钱径 2.2 厘米、穿边长 0.55 厘米、厚 0.14 厘米（图一三，7）。

（三）M4

1. 形制结构

位于发掘区西部，北邻 M3。开口于①层下，墓口距地表深 1.1 米。墓向为 45°。为长方形竖穴土坑双人合葬墓，直壁，平底，两棺底有落差。墓圹南北总长 2.13 米、东西宽 1.72 米、深 0.42～0.72 米（图一五；彩版二九，4）。

葬具为木质双棺，西棺下葬年代晚于东棺。两棺仅存朽痕，平面呈梯形。东棺长 1.85 米、宽 0.54～0.64 米、残高 0.12 米，西棺长 1.71 米、宽 0.58～0.67 米、残高 0.1 米。棺内存人骨架各一具，头向北，仰身直肢葬。东棺面向上，为女性；西棺面向西，为男性。

2. 随葬品

出土陶罐、铜钱、银耳环、银簪、陶瓦。釉陶罐出土于西棺北侧，1 枚铜钱出土于西棺，10 枚

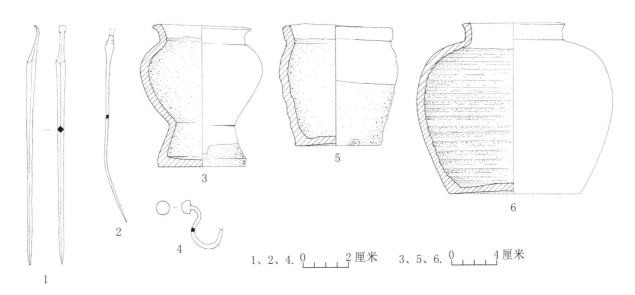

图一二　清墓出土器物

1、2.银簪（M1：2、M4：4）3、5、6.釉陶罐（M1：1、M4：1、M3：1）4.银耳环（M4：3）

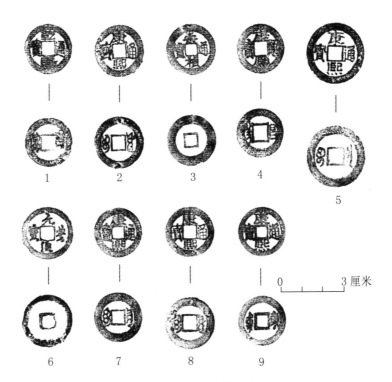

图一三　清墓出土铜钱拓片

1.乾隆通宝（M1：4）2、4、5、7～9.康熙通宝（M3：1-1、M3：2-1、M4：5-3、M3：2-3、M4：5-1、M4：5-2）3.崇祯通宝（M3：1-2）6.元丰通宝（M3：2-2）

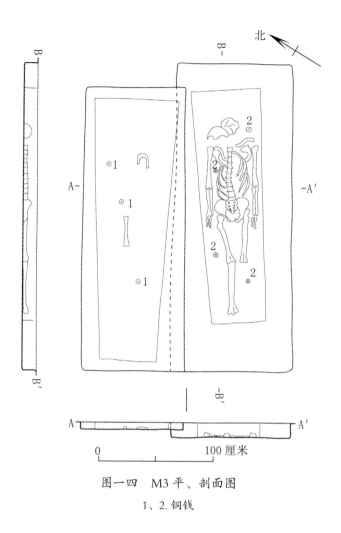

图一四 M3平、剖面图

1、2. 铜钱

铜钱出土于东棺，银耳环、银簪出土于东棺，陶瓦出土于东棺人头骨附近。

陶罐1件。M4∶1，侈口，方圆唇，束颈，溜肩，鼓腹，下腹斜收，平底微内凹。灰胎，酱黄釉，外釉不及下腹，内壁仅口部有釉。口径9.9厘米、腹径10.6厘米、底径7.6厘米、高10.6厘米（图一二，5；彩版三一，8）。

银簪1件。M4∶4，首残，体细长，呈锥形。残长8.3厘米（图一二，2；彩版三二，4）。

银耳环1件。M4∶3，蘑菇状首，体呈"∽"状。通长约2.9厘米（图一二，4；彩版三二，2）。

铜钱11枚，均为"康熙通宝"，圆形、方穿，正面隶书"康熙通宝"，对读。标本M4∶5-1，背面穿左右为满文"宝泉"，纪局名。钱径2.2厘米、穿边长0.6厘米、厚0.14厘米（图一三，8）。标本M4∶5-2，背面穿左右两侧各为满文、隶书"东"字，纪局名。钱径2.2厘米、穿边长0.6厘米、厚0.14厘米（图一三，9）。标本M4∶5-3，背面穿左右为满文"宝泉"，纪局名。钱径2.8厘米、穿边长0.7厘米、厚0.16厘米（图一三，5）。

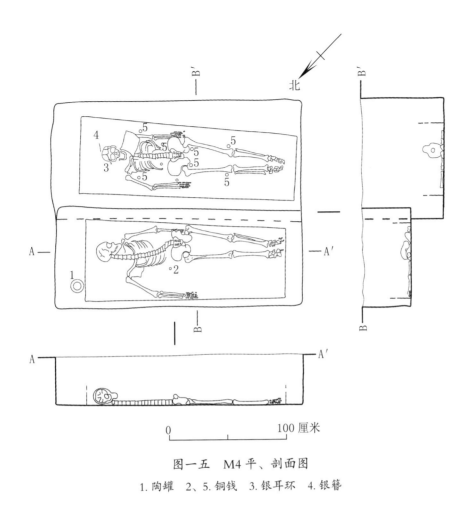

图一五 M4 平、剖面图
1. 陶罐 2、5. 铜钱 3. 银耳环 4. 银簪

三、结语

M2、M5 ~ M9 为圆形、弧边方形或弧边长方形单室砖室墓，阶梯或斜坡墓道，墓室设置"凹"字形、折尺形棺床，棺床边壁砌出壶门，墓葬形制与北京亦庄[①]、北京亦庄 X10 号地[②]、密云大唐庄[③]等地发掘的唐代墓葬相近，属于北京地区常见形制。这 6 座墓葬平面相距较近，层位关系相同，墓葬形制、方向、葬俗相近，判断为同一家族墓。随葬品形制也常见于北京地区已发现的唐代墓葬，出土陶罐 M2：1、M2：2 和 M5：2、M5：3、M7：3 形制与北京亦庄 X10 号地 M4[④]、密云大唐庄 M106[⑤]、十二平方公里南区 N20 地块 M1[⑥] 等工地唐代墓葬出土同类器相近；M8 出土陶罐 M8：1 形制与通州水南村唐代墓葬出土的单柄陶罐 M1：8[⑦] 相近；M8 出土瓷碗 M8：2 形制与北京亦庄唐代墓葬 M9[⑧] 出土同类器相近。结合 M7、M9 出土有开元通宝等特征，再根据"北京地区唐墓形制由弧长方形、弧方形到唐末圆形主体形制变化"[⑨] 的变化规律，判断这 6 座墓的时代为唐代中晚期。至于 M5 盗洞遗留具有辽代文化特征的瓷罐 M5：01，或指向 M5 的被盗年代在辽代以后。

M1、M3、M4 为竖穴土坑双人合葬墓，头向东北，墓葬形制符合北京地区明清墓葬特征。M1 出土陶罐 M1 ：1 形制与丽泽墓地 M44、M74、M199、M202⑩ 和单店养老产业示范基地 M3、M4⑪ 等清代墓葬出土同类器几乎相同。M4 出土陶罐 M4 ：1 形制与通州田家府 M1、M10、M13、M22⑫ 等清代墓葬出土同类器相近，结合 M1 出土有乾隆通宝，M3、M4 出土有康熙通宝等特征判断这三座墓葬时代为清代早中期。这三座墓规模不大、随葬品不多，判断墓主人为一般平民。

这 9 座墓葬的发掘，为研究通州地区唐代、清代墓葬形制、丧葬习俗及经济文化提供了新的实物资料。

发掘：刘凤亮　曾庆铅

绘图：曾庆铅

摄影：刘凤亮

执笔：刘凤亮　曾庆铅

注释

① ⑧ 北京市文物研究所：《北京亦庄考古发掘报告（2003—2005 年）》，科学出版社，2009 年。

② ④ 北京市文物研究所：《北京亦庄 X10 号地》，科学出版社，2010 年。

③ ⑤ 北京市文物研究所：《密云大唐庄：白河流域古代墓葬发掘报告》，上海古籍出版社，2010 年。

⑥ 北京市文物研究所：《十二平方公里南区 N20 地块唐、明墓葬发掘简报》，《北京文博文丛》2017 年第 3 辑。

⑦ 北京市文物研究所：《北京通州水南村唐代墓葬及窑址发掘简报》，载北京市文物研究所编《北京文物与考古》（第 8 辑），北京出版社，2021 年。

⑨ 刘耀辉：《试论北京地区唐墓》，《北京文博》1998 年第 4 期。

⑩ 北京市文物研究所：《丽泽墓地——丽泽金融商务区园区规划绿地工程发掘报告》，科学出版社，2016 年。

⑪ 北京市文物研究所：《单店与黑庄户——朝阳区考古发掘报告集》，上海古籍出版社，2021 年。

⑫ 北京市文物研究所：《通州田家府——通州文化旅游区 A8、E1、E6 地块考古发掘报告》，上海古籍出版社，2020 年。

大兴区十二村辽金墓葬发掘报告

    大兴区西红门镇 1 号地土地一级开发项目 DX04-0102-6011 地块位于大兴区的北部、西红门镇的南部，其西邻欣荣南大街、南邻福兴路，中心地理位置坐标为北纬 39.79017077°，东经 116.35518438°（图一、图二）。为配合项目建设，2021 年 3 月 4 日至 3 月 20 日，北京市考古研究院（原北京市文物研究所）对该区域内的文化遗迹进行了考古发掘，共发掘辽金时期墓葬 5 座。

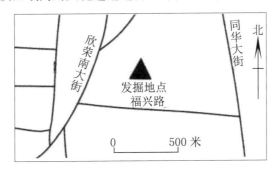

图一　发掘地点位置示意图

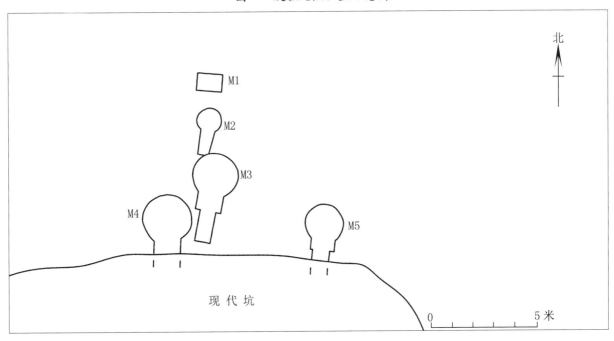

图二　总平面图

一、墓葬形制

（一）M1

1. 形制、结构

位于发掘区的北部，南邻 M2。为长方形单室砖墓。开口于②层下，墓口距地表深 0.7 米。墓向为 106°。墓圹东西长 1.84 米、南北宽 1.24 米，墓底距墓口深 0.6 米。用砖均为泥质青灰色，素面，规格有 40 厘米 ×18 厘米 ×6 厘米、34 厘米 ×18 厘米 ×6 厘米两种（图三；彩版三三，1）。

墓室平面呈长方形，顶部破坏不存。内部长 0.86 米、宽 0.57 ~ 0.6 米。墓室砖墙以一顺一丁砌法砌成，残高 0.42 米。墓底铺砖一层，以平砖顺铺。墓内填黄褐色花土，土质较松，包含有碎砖块等物。

墓室西部砖砌方形器物台，以两顺一丁砌法垒砌。长 0.54 米、宽 0.36 米、残高 0.42 米。

2. 葬式、葬具

墓底正中部见烧骨渣。

3. 随葬器物

随葬有瓷碗、瓷盘、铜钱。瓷碗、瓷盘出土于墓室西部，铜钱出土于墓室填土中。

瓷碗 1 件，M1：1，口部残。敞口，折沿，弧腹，圈足，挖足过肩，器表装饰数周弦纹。白胎，白釉，外釉不及底部。口径 21.6 厘米、高 7 厘米、底径 7.8 厘米、厚 0.5 厘米（图四，1；彩版三六，1）。

瓷盘 1 件，M1：2，五出葵口，弧腹，圈足，挖足过肩，腹部饰弦纹。白胎，白釉，胎质夹颗粒，釉色莹润光泽。口径 16.2 厘米、高 4.1 厘米、底径 5.6 厘米、厚 0.3 厘米（图四，2；彩版三五，2）。

铜钱 3 枚，M1：3，均为圆钱方穿，正、背面有郭。M1：3-1，正面为"祥符元宝"，真书，旋读；背面无字。直径 2.5 厘米（图五，1）。M1：3-2，残，正面为"开元通宝"，隶书，对读；背面无字。直径 2.4 厘米（图五，2）。M1：3-3，正面为"宣和通宝"，篆书，对读；背面无字。直径 2.3 厘米。（图五，3）。

（二）M2

1. 形制、结构

位于发掘区的中部，北邻 M1、南邻 M3。为圆形单室砖墓。开口于②层下，墓道被 M3 打破，墓口距地表深 0.7 米。墓向为 200°。墓圹南北全长 3.38 米、东西宽 1.8 米，墓底距墓口深 1 米。用砖均为泥质青砖，素面，规格为 38 厘米 ×18 厘米 ×6 厘米（图六；彩版三三，2）。

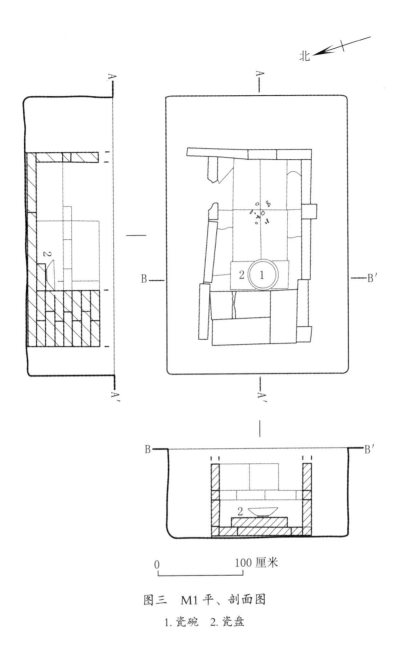

图三　M1平、剖面图
1. 瓷碗　2. 瓷盘

　　墓道位于墓圹的南部。平面为长方形，阶梯底，最深处与墓底平。长1.56米、宽0.8～1米、深0～1.7米，坡长1.8米。墓道残存三级台阶，台阶壁直，面平。自上而下第一级宽0.3米、高0.3米；第二级宽0.31米、高0.29米；第三级宽0.29米、高0.31米。内填黄褐色花土，土质较硬，较纯净。

　　墓门连接墓道与墓室。顶已坍塌，仅残留两壁各一层平砖。内部宽0.52米、进深0.38米。

　　墓室位于墓圹北端。平面近圆形，顶部坍塌。外部长1.8米、宽1.75米、深1.7米；内部长1.2米、宽1.16米。周壁砖墙用残砖以两顺一丁砌法叠砌，残高0.12～0.36米。墓底未铺砖。

2. 葬式、葬具

　　墓室北部设半圆形棺床，床内填黄褐色花土，床面铺砖一层，用青砖纵横相间平铺。棺床宽0.6米、残高0.34米。

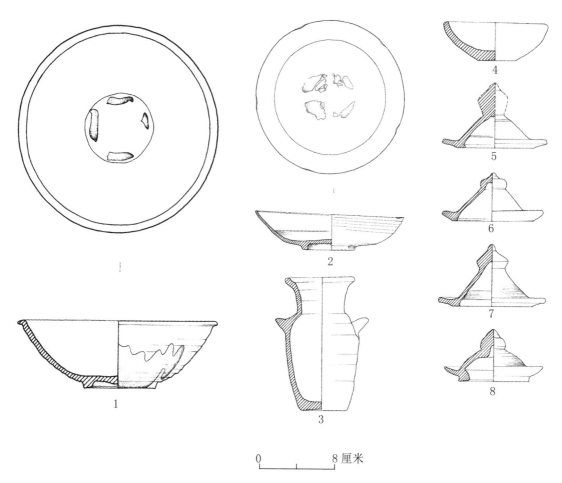

0   8厘米

图四　M1 ～ M4 出土器物

1、2.瓷碗（M1：1、M1：2）3.陶持壶（M3：1）4.陶碗（M3：2）

5 ～ 8.陶器盖（M3：1、M4：1、M3：6、M2：4）

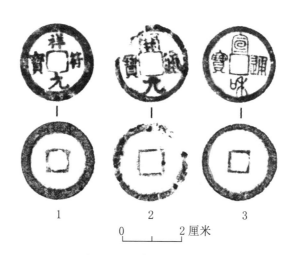

0   2厘米

图五　M1 出土铜钱拓片

1.祥符元宝（M1：3-1）2.开元通宝（M1：3-2）3.宣和通宝

（M1：3-3）

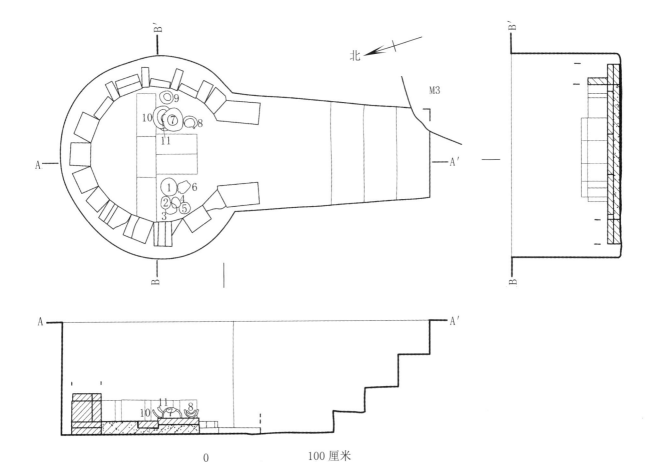

图六 M2 平、剖面图

1、10.陶勺 2.陶鏊 3、7、8.陶盆 4、11.陶器盖 5.三足盘 6.三足盆 9.陶釜

3. 随葬器物

出土陶器18件，铜钱2枚。陶器有鏊、三足盘、三足盆、勺、釜、碗、罐、盆、器盖。碗、罐、2件器盖和1件釜出土时为残片，出土于墓室填土中，其余器物出土于墓室底部。

陶勺 2件。M2：1，泥质黄陶，内壁施红色彩绘，口部有一个缺口。敛口，口一侧附一把手，弧腹，平底略上凹，内壁饰旋纹。口径14.5厘米、底径5.2厘米、厚0.5厘米（图七，6；彩版三六，2）。M2：10，泥质褐陶，内壁施红色彩绘，敞口，一侧附一把手，把手处残缺，圆尖唇，弧腹，平底略上凹。内壁饰旋纹。口径12.4厘米、高4.3厘米、底径6.2厘米（图八，2；彩版三七，3）。

陶鏊 1件。M2：2，泥质灰陶，圆形平顶，腹下斜出三个扁平足，足口外折形成厚唇，外壁饰弦纹。口径13.1厘米、高4.4厘米、底径9.6厘米、厚0.5厘米（图七，3；彩版三六，3）。

陶盆 3件。M2：3，残，泥质灰陶，敞口，斜折沿，圆唇，斜弧腹内收，平底，腹部饰弦纹。口径18.2厘米、高7厘米、底径9.2厘米、厚0.6厘米（图七，1；彩版三六，4）。M2：7，泥质褐陶，敞口，平沿，尖圆唇，弧腹，平底，器表饰弦纹。口径17.6厘米、高5.5厘米、底径8.5厘米、厚0.4厘米（图八，1；彩版三六，8）。M2：8，残，泥质灰陶，敞口，平沿，圆尖唇，弧腹，平底略内凹，器表饰弦纹。口径18厘米、高6.7厘米、底径9.4厘米、厚0.4厘米（图七，8；彩版三七，1）。

陶器盖4件。M2：4，泥质褐陶，珠形钮，钮顶凸起，盖沿上翘，盖口内缩，外壁饰弦纹。口径7.2厘米、高4.9厘米、腹径10.3厘米（图四，8；彩版三六，5）。M2：11，泥质灰陶，珠形钮，钮顶凸起，盖沿上翘，盖口内缩，外壁饰弦纹。口径7.6厘米、高5.8厘米、腹径11厘米（图八，4；彩版三七，4）。M2：12，泥质黄褐陶，珠形钮，钮顶凸起，顶部残，平沿，盖口内缩，外壁饰弦纹。口径7.1厘米、残高4.9厘米、腹径10.2厘米（图七，9；彩版三七，5）。M2：14，残，泥质灰陶，珠形钮，钮顶凸起，盖沿上翘，盖口内缩，外壁饰弦纹。口径7.5厘米、高5.4厘米、腹径10.4厘米（图八，5；彩版三七，7）。

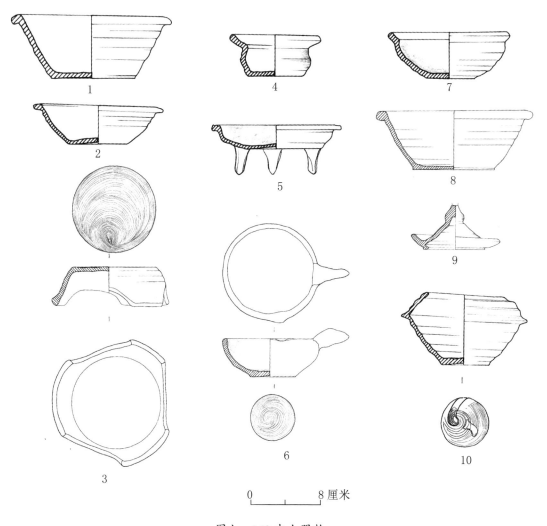

0   8厘米

图七 M2 出土器物

1、8.陶盆（M2：3、M2：8）2、7.陶碗（M2：15、M2：13）3.陶鏊（M2：2）4、10.陶釜（M2：9、M2：16）5.陶三足盘（M2：5）6.陶勺（M2：1）9.陶器盖（M2：12）

陶三足盘1件。M2：5，泥质褐陶，内壁施红色彩绘，敞口，折沿，弧腹，平底，下承三锥形足，沿上饰两圈凹弦纹，底部饰螺旋纹。口径14.6厘米、高5.4厘米、厚0.4厘米（图七，5；彩版三六，6）。

陶三足盆1件。M2：6，泥质褐陶，内壁施红色彩绘，敞口，圆唇，弧腹，平底，三足。器物腹部饰弦纹。口径14.6厘米、高7.4厘米、厚0.4～0.6厘米（图八，3；彩版三六，7）。

陶釜2件。M2：9，泥质灰陶，敞口，束颈，圆唇，鼓腹，平底，器表饰弦纹。口径10.4厘米、高4.6厘米、底径6.2厘米、厚0.4厘米（图七，4；彩版三七，2）。M2：16，泥质灰陶，敛口，鼓腹，中沿外展，下腹斜收，平底，外壁饰弦纹。口径8.8厘米、腹径14.4厘米、底径5.5厘米、厚0.4厘米（图七，10；彩版三八，1）。

陶碗2件。M2：13，泥质灰陶，内壁施红色彩绘，敞口，圆唇，弧腹，平底。外壁饰弦纹。口径13.7厘米、高5.1厘米、底径5.2厘米、厚0.5厘米（图七，7；彩版三七，6）。M2：15，泥质灰陶，敞口，折沿，方唇，弧腹，平底略上收。外壁饰弦纹。口径14.8厘米、高4.4厘米、底径6.6厘米、厚0.4厘米（图七，2；彩版三七，8）。

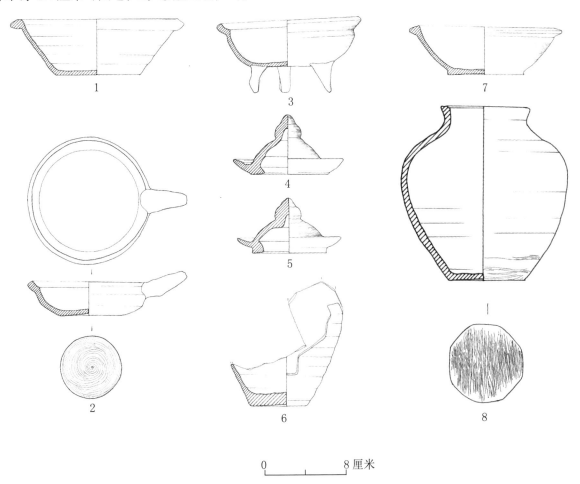

0 ——————— 8厘米

图八　M2、M4 出土器物

1、7.陶盆（M2：7、M4：3）　2.陶勺（M2：10）　3.陶三足盆（M2：6）

4、5.陶器盖（M2：11、M2：14）　6、8.陶罐（M2：17、M2：18）

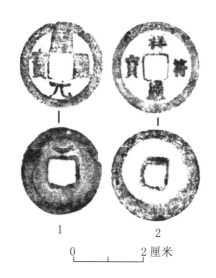

图九　M2 出土铜钱拓片
1. 开元通宝（M2：19-1）2. 祥符通宝（M2：19-2）

陶罐 2 件。M2：17，泥质灰陶，上部残，鼓腹，下腹斜收，外壁饰弦纹。残高 12.1 厘米、底径 12.7 厘米（图八，6）。M2：18，泥质灰陶，侈口，束颈，圆肩，鼓腹，平底微内凹。器表装饰弦纹，内底饰戳印纹。口径 9 厘米、高 17 厘米、腹径 17 厘米、底径 7.6 厘米、厚 0.6 厘米（图八，8；彩版三八，2）。

铜钱 2 枚。M2：19，均为圆钱方穿，正、背面有郭。M2：19-1，正面为"开元通宝"，隶书，对读；背面穿上饰月纹。直径 2.1 厘米（图九，1）。M2：19-2，正面为"祥符通宝"，楷书，旋读；背面无字。直径 2.2 厘米（图九，2）。

（三）M3

1. 形制、结构

位于发掘区的中部，东邻 M5、北邻 M2、西邻 M4。为圆形单室砖墓。开口于②层下，打破 M2，墓口距地表深 0.4～0.5 米。墓向为 202°。由墓道、墓门、墓室三部分组成。墓圹南北长 5.88 米、东西宽 3.06 米，墓底距墓口深 1.84 米。用砖均为泥质青砖，单平面模印沟纹，规格有 38 厘米 ×18 厘米 ×6 厘米、36 厘米 ×16 厘米 ×6 厘米两种（图一〇；彩版三四，1）。

墓道位于墓圹南端。平面呈长方形，阶梯底，底最深处与墓底平。长 2.8 米、宽 1.06～1.74 米、最深处 2.34 米，坡长 2.2 米。墓底残存台阶 6 级，台阶面平，壁直。自上而下第一级宽 0.3 米、高 0.2 米；第二级宽 0.34 米、高 0.2 米；第三级宽 0.36 米、高 0.16 米；第四级宽 0.4 米、高 0.2 米；第五级宽 0.24 米、高 0.14 米；第六级宽 0.42 米、高 0.26 米。填土为褐色花土，土质较硬，较纯净。

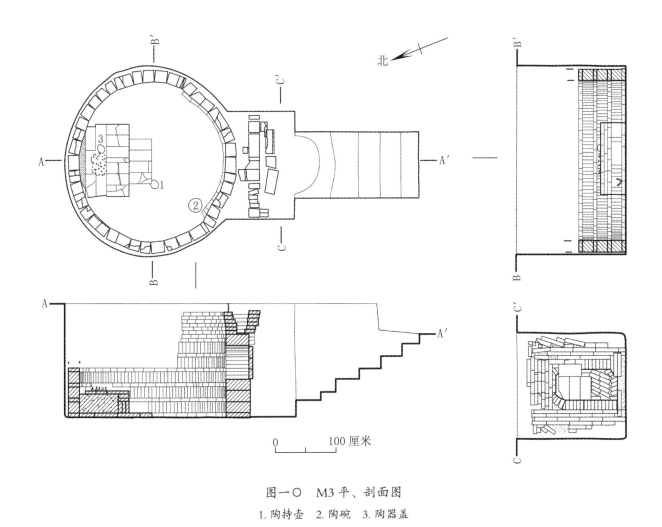

图一〇　M3 平、剖面图
1. 陶持壶　2. 陶碗　3. 陶器盖

墓门连接墓道与墓室。拱形券。内部宽 0.5 米、进深 0.38 米，室高 1.14 米。两壁砖墙以平砖错缝叠砌至 1 米，再上条砖起拱券，券上以平砖错缝砌出门楼，门楼残高 0.36 米。封门墙下部三层以"人"字形砌法垒砌，上部用侧砖立砌封堵。

墓室位于墓圹北端。平面近圆形，穹隆顶，顶部坍塌，外部长 2.58 米、宽 2.68 米、深 2.34 米；内部长 2.38 米、宽 2.24 米。周壁砖墙以一顺一丁叠砌至 1.24 米，再上以平砖内收叠涩内收起券，残高 0.78 ~ 1.68 米。墓室底未铺砖。

2. 葬式、葬具

墓室北部砖砌长方形棺床，床底用青砖平铺一层，床边壁以两顺一丁砌法垒砌，床面铺砖一层，用青砖纵横平铺。棺床长 1.14 米、宽 0.74 米、高 0.42 米。棺床上部存碎烧骨。

3. 随葬器物

共 7 件，包括陶持壶、陶碗、陶盆、白瓷碗、天然卵石、陶器盖。陶持壶、陶碗和 1 件陶器盖出土于墓室底部，其余器物出土时为残片，出土于墓室填土中。

陶持壶 1 件。M3：1，泥质灰陶，外壁及瓶口有红色彩绘灰陶，彩绘多已脱落，喇叭口，圆唇，高束颈，圆肩，鼓腹，腹最大径近肩部，肩、腹部附一乳丁状假流，假流对侧附持柄，柄残缺，下部斜收，平底内凹。口径7.3厘米、高13.3厘米、腹径9.8厘米、底径4.8厘米（图四，3；彩版三八，3）。

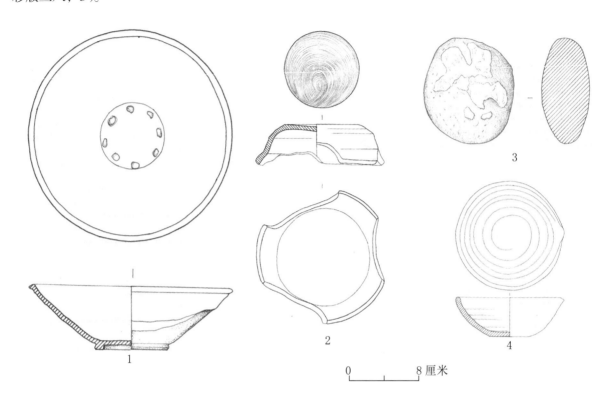

图一一　M3、M4出土器物

1.白瓷碗（M3：4） 2.陶鏊（M4：2） 3.天然卵石（M3：7） 4.陶匜（M3：5）

陶碗1件。M3：2，泥质灰陶，敞口，弧腹，平底。口径11厘米、高4厘米、底径3.9厘米、厚0.6～0.9厘米（图四，4；彩版三八，4）。

陶器盖2件。M3：3，泥质黄褐陶，钮残缺，盖沿上翘，盖口内缩，外壁饰弦纹。口径11厘米、残高6.7厘米、厚0.4～1.8厘米（图四，5；彩版三八，5）。M3：6，泥质灰陶，珠形钮，钮顶凸起，小钮表面有红色彩绘，盖沿上翘，盖口内缩，器表饰弦纹。口径11.2厘米、高6.4厘米、厚0.4～1.6厘米（图四，7；彩版三九，2）。

陶匜1件。M3：5，泥质灰陶，敞口，弧腹，平底，外壁饰弦纹，内壁饰旋纹。口径12.2厘米、高4.3厘米、底径4.5厘米、厚0.5厘米（图一一，2；彩版三九，1）。

白瓷碗1件。M3：4，敞口，尖唇，弧腹，圈足。灰胎，白釉，外釉不及底部。口径23.6厘米、高7.3厘米、底径8.2厘米、厚0.6厘米（图一一，1；彩版三八，6）。

天然卵石1件。M3：7，卵石，扁圆形，长11.6厘米、宽10.2厘米、厚5.5厘米（图一一，4；彩版三九，3）。

（四）M4

1. 形制、结构

位于发掘区的西部，东邻 M3。为圆形单室砖墓。开口于②层下，墓道被现代坑打破，墓口距地表深 0.2 ~ 0.3 米。墓向为 192°。由墓道、墓门、墓室三部分组成。墓圹南北残长 3.02 米、东西宽 2.76 米，墓底距墓口深 1.4 米。用砖均为泥质青砖，素面，规格为 38 厘米 ×18 厘米 ×6 厘米（图一二；彩版三四，2）。

墓道被现代沟破坏，不存。

墓门连接墓道、墓室。顶坍塌。内部宽 1.06 米、进深 0.38 米。两壁以平砖错缝叠砌，残高 0.42 米。封门墙以三顺一丁垒砌，墙外又用侧砖封堵，残高 0.4 米。

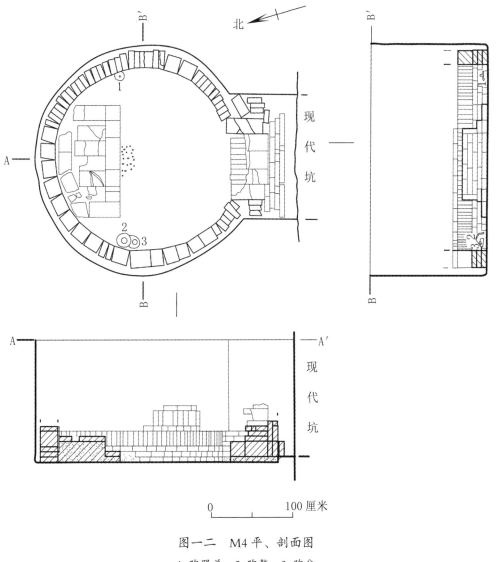

图一二　M4 平、剖面图

1. 陶器盖　2. 陶鳌　3. 陶盆

墓室位于墓圹北端，南连墓门。平面近圆形，顶部坍塌。外部长 2.76 米、宽 2.32 米，内部长 2.16 米、宽 2.14 米。周壁砖墙下部三层以平砖顺砌，再上以一顺一丁垒砌，残高 0.18～0.66 米。墓底未铺砖。

2. 葬具、葬式

墓室北部砖砌长方形棺床，床边壁以一顺一丁垒砌，床内填黄褐色花土，床面铺砖一层，用青砖纵横平铺。棺床长 1.32 米、宽 0.76 米、高 0.24 米。棺床南侧存碎骨渣。

3. 随葬器物

墓室底部出土陶壶盖、陶鏊、陶盆。

陶器盖 1 件。M4：1，泥质灰陶，珠形钮，钮顶凸起，小钮表面有红色彩绘，盖沿上翘，盖口内缩。口径 8.6 厘米、高 5 厘米（图四，6；彩版三九，4）。

陶鏊 1 件。M4：2，泥质灰陶，圆形顶平，斜腹外侈，下腹斜出三长方形足，外壁施少量红色彩绘，红彩多已脱落，外壁饰数周弦纹。口径 4.5 厘米、高 4.5 厘米、底径 8.3 厘米（图一一，3；彩版三九，5）。

陶盆 1 件。M4：3，泥质灰陶，敞口，折沿，圆尖唇，斜弧腹，平底略内凹，器表饰弦纹。口径 15.4 厘米、高 4.8 厘米、底径 7.8 厘米、厚 0.4～0.6 厘米（图八，7；彩版三九，6）。

（五）M5

1. 形制、结构

位于发掘区的东部，西邻 M3。开口于②层下，墓道被现代坑打破，墓口距地表深 0.5～0.9 米。墓向为 198°。由墓道、墓门、墓室三部分组成。开口南北残长 4.4 米、东西宽 2.64 米，墓底距墓口深 1 米。用砖均为泥质青砖，素面，规格为 38 厘米 ×18 厘米 ×6 厘米（图一三；彩版三五，1）。

墓道位于墓圹的南部。平面为长方形，阶梯底，底最深处与墓室底平。残长 0.7 米、宽 1.2 米、最深处 1.9 米，底坡残长 0.9 米。墓道底残存台阶 2 级，台阶直壁，面平，自上而下，第一级宽 0.38 米、高 0.2 米，第二级宽 0.28 米、高 0.25 米。填土为黄褐色花土，土质较硬，较纯净。

墓门连接墓道与墓室。顶已坍塌。内部长 0.6 米、进深 0.8 米。两壁砖墙以平砖错缝叠砌，残高 0.48～0.42 米。封门墙以平砖错缝叠砌，墙外又用立砖封堵，残高 0.42 米。

墓室位于墓圹的北端。平面近圆形，顶部已坍塌。外部长 2.64 米、宽 2.3 米；内部长 2.06 米、宽 2.04 米。周壁砖墙以一顺一丁砌法垒砌，残高 0.48～0.54 米。底未铺砖。

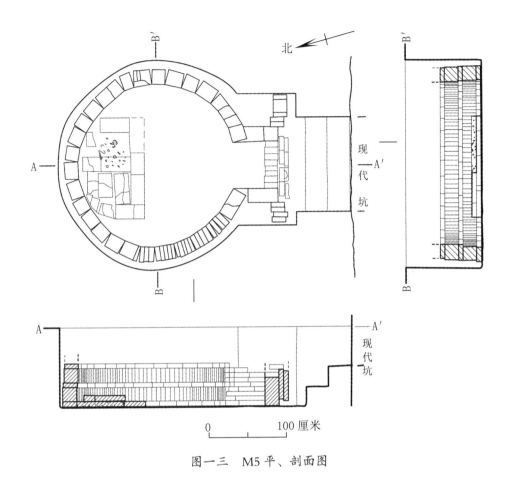

图一三　M5 平、剖面图

2. 葬式、葬具

墓室北部砖砌长方形棺床，床边壁以平砖顺砌，床内填黄褐色花土，床面用整砖或残砖平铺一层，棺床长 1.28 米、宽 0.86 米、残高 0.06 ~ 0.12 米。棺床上部存少量烧骨。

3. 随葬器物

墓葬被盗扰，未发现随葬器物。

二、结语

M2 ~ M5 为圆形单室砖室墓，墓葬形制与大唐庄[①]、龙泉务[②]、亦庄[③]、北程庄[④]等地辽代墓葬形制相近，是辽金时期特有的墓葬形制。M2 ~ M5 随葬有陶器、瓷器、铜钱等物。陶器均为日常使用器明器，有盆、罐、釜、鏊、持壶、勺等，陶罐盖均为塔式形状，瓷器为碗、盘等，与北京地区辽代末期墓葬器物组合、形制相似。例如 M2、M4 出土陶塔式器盖形制与龙泉务[⑤]M16、M2 等墓出土器盖相近，出土陶盆 M2 ：14 形制与龙泉务 M16 ：12[⑥]相近，出土陶釜 M2 ：16 与龙泉务

M21：5⑦相近，出土三足盘 M2：5 与龙泉务 M22：18⑧、亦庄 80 号地 M19：2⑨相近等；M3 出土持壶 M3：1 与龙泉务 M24：7⑩相近，出土陶盆 M3：5 与龙泉务 M24：9⑪相近，出土瓷碗 M3：4 与龙泉务 M19：4⑫相近等。由此判断 M2 ~ M5 时代为辽代末期。

M1 为长方形单室砖墓，火葬烧骨，墓葬形制及葬俗符合北京地区辽金墓葬文化特征。出土瓷碗 M1：1 形制与龙泉务出土瓷碗 M22：15⑬相近，出土五出葵口盘形制与龙泉务出土瓷盘 M26：4⑭相近，龙泉务 M26、M22 时代定为辽代晚期或金代。结合 M1 出土有上限为宋徽宗时期（1119 ~ 1125）铸造的宣和通宝等特征，判断 M1 时代可能已至金代。

五座墓葬出土器物皆为汉人常用的陶质明器或日常使用瓷器，没有出土契丹族常用器物，说明这些墓葬可能是汉人墓葬，同时也反映出墓主人"事死如事生"的观念。M2 ~ M5 墓葬形制、葬俗相近，方向基本相同，时代较近，平面排列有序，判断这四座墓葬应为同一家族墓。这五座墓葬规模不大，结构相对简陋，随葬品也较少，由此判断墓主人应为普通平民。

发掘：刘凤亮 曾庆铅 马伯陶

绘图：曾庆铅

摄影：刘凤亮

执笔：刘凤亮

注释

① 北京市文物研究所：《密云大唐庄白河流域古代墓葬发掘报告》，上海古籍出版社，2010 年。

②⑤⑥⑦⑧⑩⑪⑫⑬⑭ 北京市文物研究所：《北京龙泉务辽金墓葬发掘报告》，科学出版社，2009 年。

③⑨ 北京市文物研究所：《北京亦庄考古发掘报告》，科学出版社，2009 年。

④ 北京市文物研究所：《大兴北程庄墓地：北魏、唐、辽、金、清代墓地发掘报告》，科学出版社，2010 年。

顺义区顺平路金代、清代墓葬发掘报告

为了配合顺义新城第 5 街区 05-02-15-2 地块项目开发的顺利进行，北京市考古研究院（原北京市文物研究所）于 2015 年 9 月 11 日至 9 月 14 日对该地块进行了考古发掘。发掘区位于顺平路南侧、顺泰路西侧（图一）。

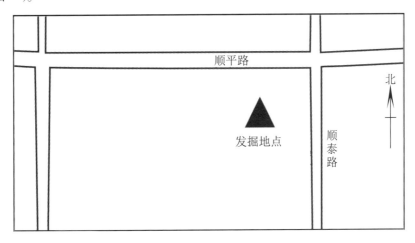

图一　发掘地点位置示意图

此次共发掘古代墓葬 13 座（附表一），出土各类器物共 32 件（不含铜钱），根据遗迹的形制结构和随葬器物推测 1 座墓葬年代为金代、11 座墓葬年代为清代，另有 1 座墓葬被东西向下水管打破，故无存。实际发掘面积共计 115 平方米。

一、墓葬及遗物

除 M14 为券顶砖室墓外，其余均为竖穴土坑墓；竖穴土坑墓可分为搬迁墓、单人葬墓、双人合葬墓三种类型（表一）。

表一 墓葬分类表

分类	竖穴土坑墓					券顶砖室墓
	搬迁墓		单人葬墓		双人合葬墓	
	A 型	B 型	A 型	B 型		
数量（座）	1	1	1	7	1	1

（一）券顶砖室墓

共 1 座，为 M14。

M14 位于发掘区东部，方向为 15°。开口于②层下，墓口距地表深 0.6 米。墓口长 1.75 米、宽 1.55 米；墓底长 1.1 米、宽 1.3 米、距墓口深度为 1.2 ~ 1.3 米。

火葬，双人双棺（瓷罐葬）。瓷罐口径约 0.15 米，腹径 0.35 米，高约 0.2 米；墓砖长 0.35 米、宽 0.18 米、厚 0.05 米。人骨保存较差，头向、面向不详，东棺为女性，西棺为男性，年龄均不详。

随葬器物共 11 件，包括瓷罐、瓷碗、瓷瓶、陶盆、铜簪、石饰品；另有铜钱 30 枚。根据形制结构、开口层位、出土随葬品判断墓葬年代为金代。

瓷罐，2 件，1 残 1 整。M14：1，直口，短颈，圆肩，深鼓腹，平底，矮圈足，颈肩处饰有对称双耳。黄白胎，外壁施酱黑色釉，施釉未及底，腹部下半部及圈足无釉。口径 20 厘米、腹径 28 厘米、底径 11.6 厘米、通高 26 厘米、圈足厚 0.4 ~ 1 厘米、圈足高 1.6 厘米（图二，1；彩版四〇，1）。M14：2，出土时已残，直口，短颈。黄白胎，外壁施酱黑色釉。

瓷碗，3 件。M14：4，敞口，深腹下斜收，平底，矮圈足。黄白胎、致密，素面。内壁施满釉，外壁施釉至圈足上，圈足无釉。釉色青蓝，莹润光亮，釉层较薄。口径 19.9 厘米、腹径 17.1 厘米、底径 6.9 厘米、通高 8.1 厘米、底内径 5.45 厘米、圈足厚 0.75 厘米、圈足高 0.7 厘米（图二，2；彩版四〇，2）。M14：9，敞口，深腹下斜收，平底，矮圈足。黄白胎、致密，素面。内壁施满釉，外壁施釉至圈足上，圈足无釉，釉色青白，莹润光亮，釉层较薄。口径 18.7 厘米、腹径 19.1 厘米、底径 6.6 厘米、通高 8.6 厘米、圈足厚 1.15 厘米、圈足外高 1.3 厘米、圈足内高 0.5 厘米（图二，3；彩版四〇，3）。M14：10，敞口，深腹下斜收，平底，矮圈足。黄白胎、致密，素面。内壁施满釉，外壁施釉至圈足上，圈足无釉。釉色青蓝，光亮微泛黄，釉层厚，存在挂釉现象。口径 14.85 厘米、腹径 14.9 厘米、底径 5.5 厘米、通高 7.15 厘米、底内径 3.95 厘米、圈足外高 1.4 厘米、圈足内高 0.5 厘米（图二，4；彩版四〇，4）。

瓷瓶，1 件。M14：11，直口，重唇、方圆唇，短束颈，溜肩，直腹下弧收，平底，颈肩处饰有对称双耳。黄白胎，未施釉。口径 5.7 厘米、唇径 7.8 厘米、腹径 15.45 厘米、底径 5.75 厘米、通高 31.9 厘米、耳长 3.1 厘米、耳宽 1.5 ~ 1.75 厘米、耳厚 0.2 ~ 1.55 厘米（图二，5；彩版四三，5）。

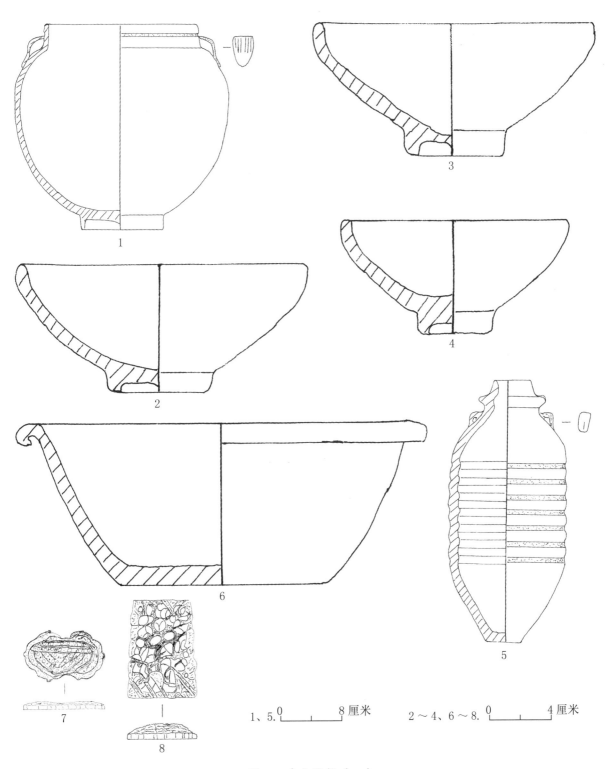

1、5. 0 ———— 8 厘米　　　2～4、6～8. 0 ——— 4 厘米

图二　出土器物（一）

1.瓷罐（M14：1）2～4.瓷碗（M14：4、M14：9、M14：10）5.瓷瓶（M14：11）6.陶盆（M14：12）

7、8.石饰品（M14：5、M14：6）

陶盆，1 件。M14：12，泥质灰褐色陶，敞口，方唇，深腹下弧收，平底。腹部和底部均素面。口径 26.7 厘米、腹径 21.3 厘米、底径 13.35 厘米、通高 10.15 厘米（图二，6；彩版四〇，8）。

铜簪，2 件，1 残 1 整。标本 M14：7-1，体呈细长方形、尾部收束；首近如意状，上镶有三个卷纹样式。通长 14.1 厘米、首宽 2.55 厘米、首厚 0.2～0.6 厘米，重 7.7 克（图三，13；彩版四〇，7）。

石饰品，2 件。M14：5，略呈长条形，为两朵花对称相连，镂空呈花瓣盛开状。长 5.1 厘米、宽 1.85～2.9 厘米、厚 0.2～0.5 厘米，重 8.2 克（图二，7；彩版四〇，5）。M14：6，梯形，镂空浮雕花叶纹，长 6 厘米、宽 3.75～4.45 厘米、厚 0.15～1 厘米，重 8.2 克（图二，8；彩版四〇，6）。

铜钱，30 枚。其中 1 枚为宋钱熙宁元宝，其余均锈蚀严重，无法辨认。标本 M14：3，方孔圆钱，正、背面有圆郭，正面铸字为对读。正面铸"熙宁元宝"，楷书；光背。钱径 2.25 厘米、穿径 0.9 厘米、币厚 0.15 厘米、外郭厚 0.15 厘米（图五，1）。

（二）竖穴土坑墓

1. 搬迁墓

共 2 座，为 M1、M7。根据平面形制可分为两型。A 型平面呈梯形，为 M1。B 型平面呈长方形，为 M7。

（1）M1

位于发掘区中南部，方向为 120°。开口于②层下，墓口距地表深 0.5 米。墓圹长 2.26 米、宽 1～1.24 米。存有棺痕。棺长 1.7 米、宽 0.36～0.52 米。人骨保存较差，头向、面向不详，墓主性别、年龄不详。随葬器物有铜钱 1 枚，位于东端中部。根据形制结构、开口层位、出土随葬品判断墓葬年代为清代。

铜钱，1 枚。M1：1，方孔圆钱，正、背面有圆郭，锈蚀严重、钱文难辨。钱径 1.65 厘米、穿径 0.55 厘米、币厚 0.1 厘米、外郭厚 0.1 厘米。

（2）M7

位于发掘区东北部，开口于②层下，墓口距地表深 0.6 米。墓圹长 2.1 米、宽 1 米、深 1.1 米。人骨保存较差，葬具无存，墓主性别、年龄不详。未发现随葬器物。根据形制结构、开口层位判断墓葬年代为清代。

2. 单人葬墓

共 8 座，根据平面形制可分为两型。A 型平面呈梯形，为 M4。B 型平面呈长方形，为 M2、M3、M6、M8、M9、M11、M13。

（1）M4

位于发掘区南部，方向为 60°。开口于②层下，墓口距地表深 0.5 米。墓圹长 2.2 米、宽 0.8～1

米、深 0.3 米。存有棺痕。棺长 1.85 米、宽 0.45 ~ 0.68 米、残高 0.1 米。人骨保存较好，仰身直肢葬，头骨略有移位，头向北，面向下。经判断墓主人为女性，年龄不详。随葬器物有银簪、银押发、银钗，位于头骨处；铜钱位于人骨下肢右侧。根据形制结构、开口层位、出土随葬品判断墓葬年代为清代。

银钗，1 件。M4：1-1，首平面呈新月形，镂雕花纹。通长 7 厘米、首宽 0.1 ~ 1.7 厘米、首厚 0.1 ~ 0.15 厘米，重 10 克（图三，3；彩版四一，1）。

银押发，1 件。M4：1-2，呈弓形，中部收束，两端较宽呈叶状，正面錾刻缠枝花卉纹，内面錾刻"恒丰"二字。通长 9.1 厘米、宽 0.45 ~ 0.9 厘米、厚 0.1 厘米，重 6.4 克（图三，16；彩版四一，7）。

银簪，2 件。M4：1-3，残。体呈圆锥形，首正面为浮雕花瓣样式，背面右侧錾刻有"长陆"二字、左侧錾刻有"足纹"二字。通长 7.8 厘米、首长 2.35 厘米、首宽 1.75 厘米、首厚 0.1 ~ 0.3 厘米，重 5.2 克（图三，4；彩版四一，2）。M4：1-4，体呈圆锥形，首为葵花形，截面呈"凸"形，中部为圆形凸起，内铸"福"字。通长 12.2 厘米、首宽 2.5 厘米、首厚 0.1 厘米，重 6 克（图三，12；彩版四一，3）。

铜钱，1 枚。M4：2，方孔圆钱，正、背面有圆郭。正面铸"光绪通宝"，楷书，对读；背面穿左右为满文"宝源"二字，纪局名。钱径 2.25 厘米、穿径 0.55 厘米、币厚 0.15 厘米、外郭厚 0.25 厘米（图四，11）。

（2）M2

位于发掘区南中部，方向为 0°。开口于②层下，墓口距地表深 0.5 米。墓圹长 2.4 米、宽 1.1 米、深 0.5 米。存有棺痕，呈梯形。棺长约 1.84 米、宽 0.5 ~ 0.6 米、残高 0.1 ~ 0.15 米。人骨保存较差，仰身直肢葬，头向北，面向上，人骨零乱，下肢骨、盆骨移位，墓主人性别、年龄不详。随葬器物有银簪，位于头骨处；另有铜钱 6 枚。根据形制结构、开口层位、出土随葬品判断墓葬年代为清代。

银簪，3 件，1 残 2 整。标本 M2：1-1，体呈圆锥形，首为葵花形，截面呈"凸"形，中部为圆形凸起，内铸"福"字。通长 8.1 厘米、首宽 2 厘米、首厚 0.3 厘米，重 3.7 克（图三，1；彩版四一，5）。标本 M2：1-3，体呈圆锥状，首为镂空球形。通长 10.6 厘米、首长 1.7 厘米、首直径 1.6 厘米，重 4.3 克（图三，5；彩版四一，4）。

铜钱，6 枚。均方孔圆钱，正、背面有圆郭，正面铸字为楷书、对读。标本 M2：2-1，正面铸"咸丰通宝"；背面穿左右为满文"宝泉"，纪局名。钱径 2.2 厘米、穿径 0.5 厘米、币厚 0.1 厘米、外郭厚 0.25 厘米（图五，10）。标本 M2：2-2，正面铸"嘉庆通宝"，楷书；背面穿左右铸满文"宝泉"，纪局名。钱径 2.3 厘米、穿径 0.6 厘米、币厚 0.15 厘米、外郭厚 0.2 厘米（图五，5）。标本 M2：2-3，正面铸"光绪通宝"；背面穿左右为满文"宝泉"，纪局名。钱径 2.3 厘米、穿径 0.5 厘米、币厚 0.1 厘米、外郭厚 0.3 厘米（图五，12）。

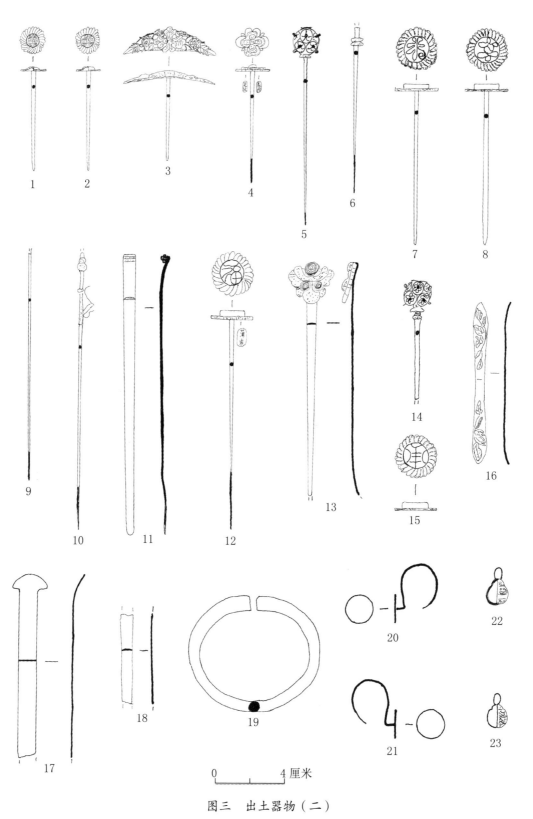

图三 出土器物（二）

1、2、4～10、12、14、15.银簪（M2：1-1、M2：1-2、M4：1-3、M2：1-3、M10：1-4、M10：1-1、M10：1-2、M10：1-3、M9：1-1、M4：1-4、M9：1-3、M9：1-4）3.银钗（M4：1-1）11.铜扁方（M8：1）13.铜簪（M14：7-1）16.银押发（M4：1-2）17、18.银扁方（M9：1-2、M14：7-2）19.银手环（M10：3）20、21.银耳环（M10：2-1、M10：2-2）22、23.铜扣（M10：4-1、M10：4-2）

（3）M3

位于发掘区中南部，方向为0°。开口于②层下，墓口距地表深0.5米。墓圹长2.5米、宽1米、深0.8米。木棺保存较好，呈梯形。长2.3米、宽0.6米、残高0.4米、厚约0.08～0.1米。人骨保存较差，仰身直肢葬，头向北，面向下，人骨零乱。经判断墓主人为男性，年龄不详。随葬器物有铜钱，位于下肢部。根据形制结构、开口层位、出土随葬品判断墓葬年代为清代。

铜钱，2枚。方孔圆钱，正、背面有圆郭，正面铸字为楷书、对读。M3∶1-1，正面铸"咸丰通宝"；背面穿左右为满文"宝泉"，纪局名。钱径2.2厘米、穿径0.5厘米、币厚0.1厘米、外郭厚0.25厘米（图四，10）。M3∶1-2，正面铸"宣统通宝"；背面穿左右有字，漫漶不清。钱径1.9厘米、穿径0.45厘米、币厚0.1厘米、外郭厚0.15厘米（图四，14）。

（4）M6

位于发掘区东北部，方向为0°。开口于②层下，墓口距地表深1米。墓圹长2.1米、宽1.04米、深1米。存有棺痕，呈梯形。长1.9米、宽0.4～0.52米、残高0.1～0.12米。人骨保存较好，仰身直肢葬，头向北，面向东，墓主人性别、年龄不详。随葬器物有铜钱，位于下肢部。根据形制结构、开口层位、出土随葬品判断墓葬年代为清代。

铜钱，5枚。方孔圆钱，正、背面有圆郭，正面铸字为楷书、对读。标本M6∶1-1，正面铸"嘉庆通宝"；背面穿左右为满文"宝源"，纪局名。钱径2.35厘米、穿径0.55厘米、币厚0.1厘米、外郭厚0.35厘米（图五，6）。标本M6∶1-2，正面铸"乾隆通宝"；背面穿左右为满文"宝泉"二字，纪局名。钱径2.35厘米、穿径0.55厘米、币厚0.1厘米、外郭厚0.3厘米（图四，1）。

（5）M8

位于发掘区东北部，方向为0°。开口于②层下，墓口距地表深0.6米。墓圹长2.3米、宽1米、深1米。存有棺痕，呈梯形。长1.7米、宽0.4～0.5米、残高0.1～0.13米。人骨保存较好，仰身直肢葬，头向北，面向西。经判断墓主人为女性，年龄不详。随葬器物有扁方，位于头骨处。根据形制结构、开口层位、出土随葬品判断墓葬年代为清代。

铜扁方，1件。M8∶1，首卷曲，体扁平，上宽下窄，素面。全长15.65厘米、厚0.1～0.15厘米、首宽0.3～0.35厘米、体宽0.4～0.9厘米，重8.3克（图三，11；彩版四二，1）。

（6）M9

位于发掘区中部，方向为60°。开口于②层下，墓口距地表深0.5米。墓圹长2.5米、宽1.4米、深1.3米。存有棺痕，呈梯形。长1.9米、宽0.44～0.58米、残高0.12米。人骨保存较好，仰身直肢葬，头向东北，面向下。经判断墓主人为女性，年龄不详。随葬器物有银簪、银扁方，均残缺，位于头骨处；铜钱位于人骨周边。根据形制结构、开口层位、出土随葬品判断墓葬年代为清代。

银簪，3件。M9∶1-1，体呈圆锥状，首已残。通长14.6厘米、首残长2.4厘米、首宽1.1厘米，重4.6克（图三，10；彩版四二，2）。M9∶1-3，体呈圆锥状，首为球形，镂空饰花朵，花心凸起。残长6.6厘米、首宽1.9厘米，重5.9克（图三，14；彩版四二，4）。M9∶1-4，首体分离，体呈圆锥状，首为葵花形，截面呈"凸"形，中部为圆形凸起，内铸"寿"字；通长6.45厘米、首宽2.7厘米、首厚0.35厘米，重6克（图三，15；彩版四二，5）。

银扁方，1件。M9：1-2，尾部残，首呈半球状，素面。残长6.6厘米，重4.4克（图三，17；彩版四二，3）。

铜钱，60枚。方孔圆钱，正、背面有圆郭，正面铸字为楷书、对读。标本M9：2-1，正面铸"道光通宝"；背面穿左右为满文"宝泉"，纪局名。钱径1.25厘米、穿径0.5厘米、币厚0.15厘米、外郭厚0.3厘米（图四，4）。标本M9：2-2，正面铸字"乾隆通宝"，楷书，对读；背穿左右为满文"宝泉"，纪局名。钱径2.4厘米、穿径0.65厘米、币厚0.15厘米、外郭厚0.3厘米（图五，2）。标本M9：2-3，正面铸"咸丰通宝"；背面穿左右为满文"宝泉"，纪局名。钱径2厘米、穿径0.55厘米、币厚0.15厘米、外郭厚0.15厘米（图四，9）。标本M9：2-4，正面铸"嘉庆通宝"；背面穿左右为满文"宝泉"，纪局名。钱径2.25厘米、穿径0.5厘米、币厚0.15厘米、外郭厚0.35厘米（图五，7）。

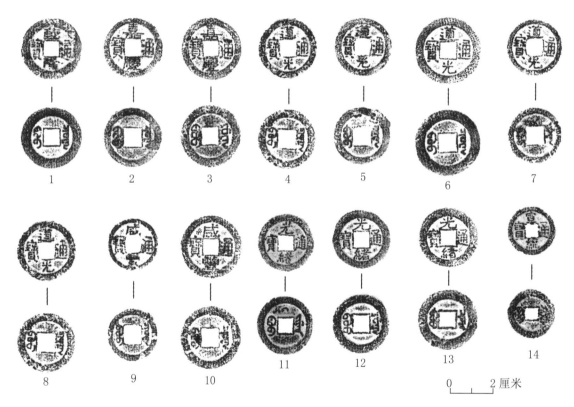

图四　出土铜钱拓片（一）

1.乾隆通宝（M6：5）　2、3.嘉庆通宝（M10：5-1、M10：6-1）　4～8.道光通宝（M9：2-1、M10：5-2、M11：1-1、M11：1-2、M10：6-5）　9、10.咸丰通宝（M9：2-3、M3：1-1）　11～13.光绪通宝（M4：2、M10：6-2、M11：1-3）　14.宣统通宝（M3：1-2）

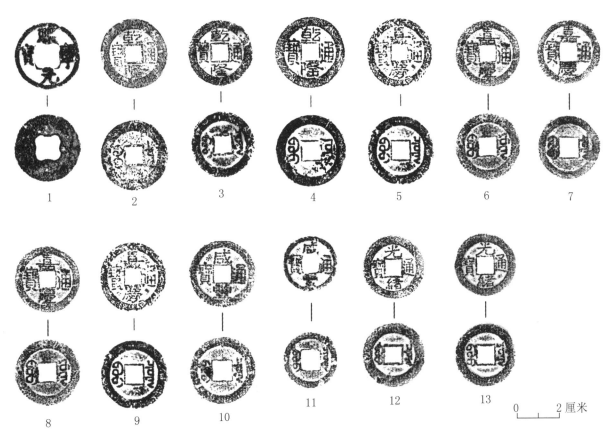

图五　出土铜钱拓片（二）

1. 熙宁元宝（M14：3）2 ～ 4. 乾隆通宝（M9：2-2、M10：6-3、M11：1-4）5 ～ 9 嘉庆通宝（M2：2-2、M6：1-1、M9：2-4、M11：1-5、M11：1-6）10、11. 咸丰通宝（M2：2-1、M10：6-4）12、13. 光绪通宝（M2：2-3、M11：1-7）

（7）M11

位于发掘区中部，方向为70°。开口于②层下。墓圹长 2.5 米、宽 0.9 ～ 1.1 米、深 0.4 米。木棺保存较好，呈梯形。长 1.8 米、宽 0.45 ～ 0.5 米、残高 0.1 ～ 0.13 米。人骨保存较好，仰身直肢葬，头向东北，面向上，性别、年龄不详。随葬器物有铜钱，完整，位于人骨上肢、下肢处。根据形制结构、开口层位、出土随葬品判断墓葬年代为清代。

铜钱，10 枚。方孔圆钱，正、背面有圆郭，正面铸字为楷书、对读。标本 M11：1-1，正面铸"道光通宝"；背面穿左右为满文"宝泉"，纪局名。钱径 2.5 厘米、穿径 0.6 厘米、币厚 0.1 厘米、外郭厚 0.3 厘米（图四，6）。标本 M11：1-2，正面铸"道光通宝"；背面穿左右为满文"宝源"，纪局名。钱径 2.3 厘米、穿径 0.6 厘米、币厚 0.15 厘米、外郭厚 0.25 厘米（图四，7）。标本 M11：1-3，正面铸"光绪通宝"；背面穿左右为满文"宝泉"，纪局名。钱径 2.3 厘米、穿径 0.5 厘米、币厚 0.1 厘米、外郭厚 0.3 厘米（图四，13）。标本 M11：1-4，正面铸"乾隆通宝"，楷书，对读；背面穿左右铸满文"宝泉"，纪局名。钱径 2.2 厘米、穿径 0.6 厘米、币厚 0.15 厘米、外郭厚 0.25 厘米（图五，3）。标本 M11：1-5，正面铸"嘉庆通宝"；背面穿左右为满文"宝源"，纪局名。钱径 2.35 厘米、穿径 0.55 厘米、币厚 0.1 厘米、外郭厚 0.35 厘米（图五，8）。标本 M11：1-6，正面铸"嘉庆通宝"，楷书；背面穿左右铸满文"宝泉"，纪局名。钱径 2.3 厘米、穿径 0.6 厘米、币厚 0.15 厘米、外郭厚 0.2 厘米（图五，9）。标本 M11：1-7，正面铸"光绪通宝"；背面穿左右为满文"宝源"，纪局名。钱径 2.25 厘米、穿径 0.5 厘米、币厚 0.15 厘米、外郭厚 0.35 厘米（图五，13）。

（8）M13

位于发掘区西南部，方向为 60°。开口于②层下，墓口距地表深 0.15 米。墓圹长 1.7 米、宽 0.6 米、深 0.2 米。被一东西向现代沟打破。存有棺痕，呈梯形。长 1.3 米、宽 0.5 米、残高 0.1～0.13 米。人骨保存较差，仰身直肢葬，头向东北，面向不详，人骨零乱，性别、年龄不详。未发现随葬器物。根据形制结构、开口层位判断墓葬年代为清代。

3. 双人合葬墓

共 1 座，为 M10。

M10 位于发掘区中部，方向为 60°。开口于②层下，墓口距地表深 0.6 米。平面呈梯形，墓圹长 2.3 米、宽 1.5～1.7 米、深 0.8～1 米。棺木均已朽，呈梯形。东棺长 1.8 米、宽 0.54～0.62 米、残高 0.1～0.13 米。棺内骨架保存较差，部分肢骨缺失移位。头向北，面向东南，为男性。葬式为仰身直肢葬。西棺长 1.8 米、宽 0.4～0.55 米、残高 0.08～0.12 米。棺内骨架保存较差，部分肢骨缺失移位。头向北，面向西北，为女性。葬式为仰身直肢葬。内填花土，较疏松。随葬器物共 9 件，均发现于西棺。在该棺的北部发现银簪、银耳环、银手环、铜扣；另有铜钱。根据形制结构、开口层位、出土随葬品判断为清代夫妻合葬墓。

银簪，4 件，2 残 2 整。M10：1-1，体呈圆锥状；首为葵花形，截面呈"凸"形，中部为圆形凸起，内铸"福"字。通长 8.65 厘米、首宽 2.4 厘米、首厚 0.5 厘米，重 8.6 克（图三，7；彩版四二，6）。M10：1-2，体呈圆锥状；首为葵花形，截面呈"凸"形，中部为圆形凸起，内铸"寿"字。通长 8.2 厘米、首宽 2.5 厘米、首厚 0.5 厘米，重 8.6 克（图三，8；彩版四二，7）。M10：1-3，体呈圆锥状，首已残。通长 8.85 厘米、首残长 1.4 厘米、首宽 1.2 厘米，重 3.2 克（图三，9；彩版四二，8）。M10：1-4，体呈圆锥状，首缺失。残长 12.5 厘米，重 1.8 克（图三，6；彩版四三，1）。

银耳环，2 件。M10：2，形制大小相同，皆呈"S"形，一端弯曲为钩，坠为圆饼形，素面。圆饼直径 1.55 厘米、通长 2.8 厘米，重 2.8 克（图三，20、21；彩版四三，2）。

银手环，1 件。M10：3，呈马蹄形，截面呈圆形；通体素面。环径 7.6 厘米、宽 0.7 厘米，重 34.5 克（图三，18；彩版四三，3）。

铜扣，2 件。形制大小相同。M10：4，首呈球形，锈蚀严重，纹饰无法识别。首直径 1.45 厘米、全长 2.1 厘米，重 3.8 克（图三，22、23；彩版四三，4）。

铜钱，30 枚。方孔圆钱，正、背面有圆郭，正面铸字为楷书、对读。标本 M10：5-1，正面铸"嘉庆通宝"；背面穿左右为满文"宝泉"，纪局名。钱径 2.25 厘米、穿径 0.5 厘米、币厚 0.15 厘米、外郭厚 0.35 厘米（图四，2）。标本 M10 ： 5-2，正面铸"道光通宝"；背面穿左右为满文"宝泉"，纪局名。钱径 2.25 厘米、穿径 0.6 厘米、币厚 0.1 厘米、外郭厚 0.3 厘米（图四，5）。标本 M10 ： 6-1，正面铸"嘉庆通宝"；背面穿左右为满文"宝源"，纪局名。钱径 2.35 厘米、穿径 0.55 厘米、币厚 0.1 厘米、外郭厚 0.35 厘米（图四，3）。标本 M10 ： 6-2，正面铸"光绪通宝"；背面穿左右为满文"宝源"，纪局名。钱径 2.25 厘米、穿径 0.5 厘米、币厚 0.15 厘米、外郭厚 0.35 厘米（图四，12）。M10 ： 6-3，正面铸"乾隆通宝"，楷书；背面穿左右铸满文"宝源"，纪局名。钱径 2.4 厘米、穿径 0.6 厘米、币厚 0.15 厘米、外郭厚 0.3 厘米（图五，4）。M10 ： 6-4，正面铸"咸丰通宝"；背面穿左右为满文"宝泉"，纪局名。钱径 2 厘米、穿径 0.55 厘米、币厚 0.15 厘米、外郭厚 0.15 厘米（图五，11）。

（三）其他

M5 被东西向下水管打破，故无存。

二、结语

这批墓葬均为小型墓葬，规格等级较低，应为普通平民墓葬。出土器物方面，银簪 M4 ： 1-4、M10 ： 1-1 与京平高速公路 M20 ： 3[①] 器型相似；银钗 M2 ： 1-3、M9 ： 1-3 与昌平张营遗址北区墓葬 M86 ： 4、M92 ： 5[②] 器型相似；银簪 M4 ： 1-1 与昌平张营遗址北区墓葬 M26 ： 4[③] 器型相似；银耳环 M10 ： 2-1、M10 ： 2-2 与昌平张营遗址北区墓葬 M93 ： 6、M8 ： 3[④] 器型相似；银手环 M10 ： 3 与昌平张营遗址北区墓葬 M92 ： 19[⑤]、延庆县东王化营 M9 ： 2[⑥] 器型相似。对上述古代墓葬的发掘，妥善保护了这一地区的地下文物，对于研究该地区社会经济发展状况具有一定意义，也为了解该地区金代、清代时期墓葬的形制、结构、特点提供了线索。出土的文物为进一步了解该地区当时社会发展状况、丧葬习俗提供了珍贵的实物资料。

发掘：张智勇

拓片：黄星

照相：黄星

绘图：齐相福

执笔：李竹

注释

① 北京市文物研究所：《京平高速公路工程考古发掘》，载北京市文物研究所编《北京考古》（第二辑），北京燕山出版社，2008 年，第 408 页。

② 北京市文物研究所：《昌平张营遗址北区墓葬发掘报告》，载北京市文物研究所编《北京考古》（第二辑），北京燕山出版社，2008 年，第 279、329 页。

③ 北京市文物研究所：《昌平张营遗址北区墓葬发掘报告》，载北京市文物研究所编《北京考古》（第二辑），北京燕山出版社，2008 年，第 187 页。

④ 北京市文物研究所：《昌平张营遗址北区墓葬发掘报告》，载北京市文物研究所编《北京考古》（第二辑），北京燕山出版社，2008 年，第 198、208 页。

⑤ 北京市文物研究所：《昌平张营遗址北区墓葬发掘报告》，载北京市文物研究所编《北京考古》（第二辑），北京燕山出版社，2008 年，第 331 页。

⑥ 北京市文物研究所：《延庆县东王化营窑址、墓葬发掘报告》，载北京市文物研究所编《北京考古》（第二辑），北京燕山出版社，2008 年，第 140 页。

附表一　墓葬登记表　　　　　　　　　　　　单位：米

墓号	方向	墓圹（长 × 宽 × 深）	墓口距地表深	棺数	葬式	人骨保存情况	头向及面向	性别	随葬品（件）	备注
M1	120°	2.26 × 1 × 1.24	0.5	单棺	不详	保存较差	不详	不详	铜钱 1	
M2	0°	2.40 × 1.1 × 0.5	0.5	单棺	仰身直肢葬	人骨零乱，下肢骨、盆骨移位	头向北，面向上	不详	银簪 3、铜钱 6	
M3	0°	2.5 × 1 × 0.8	0.5	单棺	仰身屈肢葬	保存较差	头向北，面向下	男性	铜钱 2	
M4	60°	2.45 ×（0.8 ~ 1）× 0.3	0.5	单棺	仰身直肢葬	保存较好，头骨略有移位	头向北，面向下	女性	银簪 2、银押发 1、银钗 1、铜钱 1	
M5										被东西向下水管打破，故无存。
M6	0°	2.1 × 1.04 × 1	1	单棺	侧身直肢葬	保存较好	头向北，面向东	不详	铜钱 5	
M7		2.1 × 1 × 1.1	0.6	单棺	不详	保存较差	不详			
M8	0°	2.3 × 1 × 1	0.6	单棺	仰身直肢葬	保存较好	头向北，面向西	女性	铜扁方 1 件	
M9	60°	2.5 × 1.4 × 1.3	0.5	单棺	仰身直肢葬	保存较好	头向东北，面向下	女性	银簪 3、银扁方 1、铜钱 60	
M10	60°	2.3 ×（1.5 ~ 1.7）×（0.8 ~ 1）	0.6	双棺	皆为仰身直肢葬	皆保存较差	男性头向北，面向东南，女性头向北，面向西北	不详	银簪 4、银耳环 2、银手环 1、铜扣 2、铜钱 30	
M11	70°	2.5 × 0.9 × 0.4		单棺	仰身直肢葬	保存较好	头向东北，面向上	不详	铜钱 10	
M13	60°	1.3 × 0.6 × 0.2	0.15	单棺	仰身直肢葬	保存较差	头向东北	不详	无	
M14	15°	1.75 × 1.55 ×（1.2 ~ 1.3）	0.6	双棺	火葬（瓷罐葬）	保存较差	不详	东棺女性，西棺男性	瓷罐 2、瓷碗 3、瓷瓶 1、陶盆 1、铜簪 2、石饰品 2、铜钱 30	

附表二 铜钱统计表　　　　　　　　　　　　　单位：厘米

单位	编号	种类	钱径	穿径	郭厚	备注
M1	M1：1	锈蚀严重、钱文难辨	1.65	0.55	0.1	
M2	M2：2-1	咸丰通宝	2.2	0.5	0.25	背面穿左右为满文"宝泉"，纪局名
	M2：2-2	嘉庆通宝	2.3	0.6	0.2	背面穿左右为满文"宝泉"，纪局名
	M2：2-3	光绪通宝	2.3	0.5	0.3	背面穿左右为满文"宝泉"，纪局名
M3	M3：1-1	咸丰通宝	2.2	0.5	0.25	背面穿左右为满文"宝泉"，纪局名
	M3：1-2	宣统通宝	1.9	0.45	0.15	背面穿左右有字，漫漶不清
M4	M4：2	光绪通宝	2.25	0.55	0.25	背面穿左右为满文"宝源"二字，纪局名
M6	M6：1-1	嘉庆通宝	2.35	0.55	0.35	背面穿左右为满文"宝源"二字，纪局名
	M6：1-2	乾隆通宝	2.35	0.55	0.3	背面穿左右为满文"宝泉"二字，纪局名
M9	M9：2-1	道光通宝	1.25	0.5	0.3	背面穿左右为满文"宝泉"，纪局名
	M9：2-2	乾隆通宝	2.4	0.65	0.3	背面穿左右为满文"宝泉"，纪局名
	M9：2-3	咸丰通宝	2	0.55	0.15	背面穿左右为满文"宝泉"，纪局名
	M9：2-4	嘉庆通宝	2.25	0.5	0.35	背面穿左右为满文"宝泉"，纪局名
M10	M10：5-1	嘉庆通宝	2.25	0.5	0.35	背面穿左右为满文"宝泉"，纪局名
	M10：5-2	道光通宝	2.25	0.6	0.3	背面穿左右为满文"宝泉"，纪局名
	M10：6-1	嘉庆通宝	2.35	0.55	0.35	背面穿左右为满文"宝源"，纪局名
	M10：6-2	光绪通宝	2.25	0.5	0.35	背面穿左右为满文"宝源"，纪局名
	M10：6-3	乾隆通宝	2.4	0.6	0.3	背面穿左右为满文"宝源"，纪局名
	M10：6-4	咸丰通宝	2	0.55	0.15	背面穿左右为满文"宝泉"，纪局名
M11	M11：1-1	道光通宝	2.5	0.6	0.3	背面穿左右为满文"宝泉"，纪局名
	M11：1-2	道光通宝	2.3	0.6	0.25	背面穿左右为满文"宝源"，纪局名
	M11：1-3	光绪通宝	2.3	0.5	0.3	背面穿左右为满文"宝泉"，纪局名
	M11：1-4	乾隆通宝	2.2	0.6	0.25	背面穿左右为满文"宝泉"，纪局名
	M11：1-5	嘉庆通宝	2.35	0.55	0.35	背面穿左右为满文"宝源"，纪局名
	M11：1-6	嘉庆通宝	2.3	0.6	0.2	背面穿左右为满文"宝泉"，纪局名
	M11：1-7	光绪通宝	2.25	0.5	0.35	背面穿左右为满文"宝源"，纪局名
M14	M14：3	熙宁元宝	2.4	0.65	0.25	光背

平谷区天井村元代、清代墓葬发掘报告

平谷区马昌营镇天井村墓葬位于天井路以西、密三路以东（图一），地理坐标为东经117°00′43.825″、北纬40°06′0.308″。2016年5月至6月，为配合平谷区健康产业园项目的建设，北京市考古研究院（原北京市文物研究所）对项目地块内探明的遗迹进行了发掘，共发掘古代墓葬42座（图二）。

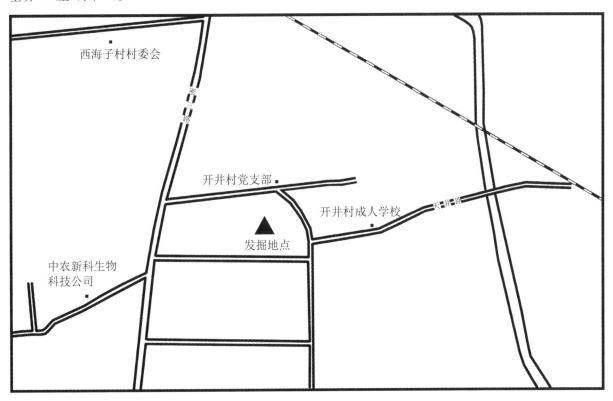

图一　发掘地点位置示意图

一、地层堆积

项目占地区域地势较平坦，地层堆积较为单一，可分为三层，不同区域薄厚不一。

第①层：耕土层，厚10～20厘米，呈灰褐色，土质疏松，包含有植物根系。

第②层：扰土层，厚 20 ~ 40 厘米，呈黄褐色，土质较疏松，包含植物根系及少量陶渣。

第③层：砂质黏土层，厚 40 ~ 60 厘米，呈浅黄色，土质较纯净。

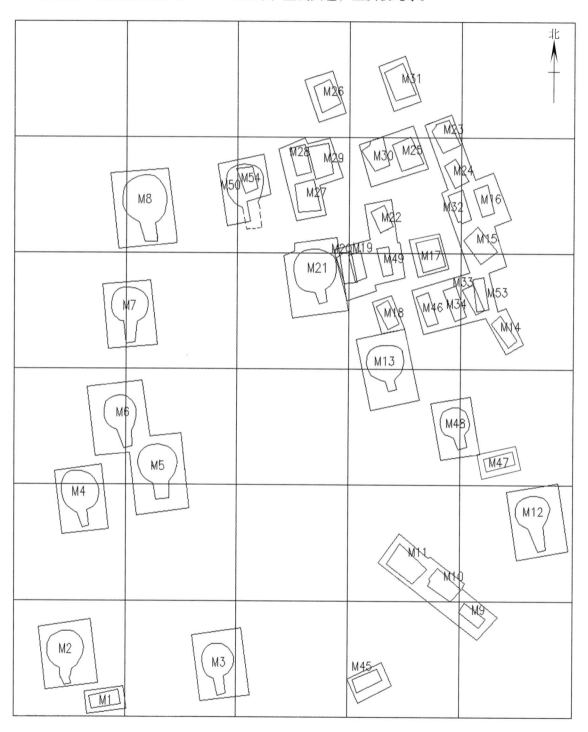

图二　墓葬分布图

二、元代墓葬

元代墓葬共发现 13 座，其中包含 12 座圆形带墓道砖室墓和 1 座竖穴土圹墓。

（一）圆形带墓道砖室墓

1.M2

位于发掘区西南部，方向为 350°，为圆形带墓道砖室墓。开口于②层下，墓口距地表深 0.45 米，墓底距地表深 1.33 米。墓圹全长 4.6 米，由墓道和墓室组成。墓道位于墓室南部正中，平面呈长方形，长 1.5 米、宽 0.7 ~ 1 米，顶部无存，底部为斜坡状向下延伸。墓室位于墓道北侧，平面近圆形，直径约 3.1 米，顶部无存，底部平坦。因破坏严重，墓壁砖石无存，墓内未发现棺、骨及随葬器物，仅在填土内发现部分残砖（图三）。

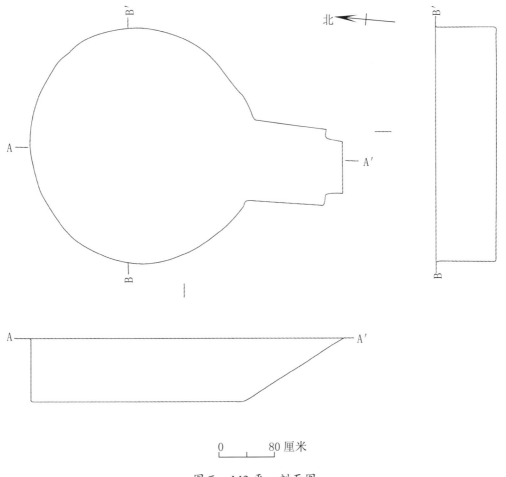

0 _____ 80 厘米

图三　M2 平、剖面图

2.M3

位于发掘区西南部，方向为350°，为圆形带墓道砖室墓。开口于②层下，墓口距地表深0.45米，墓底距地表深1.29米。墓圹全长4.4米，由墓道和墓室组成。墓道位于墓室南部正中，平面呈长方形，长1.3米、宽0.86～1米，顶部无存，底部为斜坡状向下延伸。墓室位于墓道北侧，平面近圆形，直径约3.08米，顶部无存，底部平坦。因破坏严重，墓壁砖石无存，墓内未发现棺、骨及随葬器物，仅在填土内发现部分残砖（图四）。

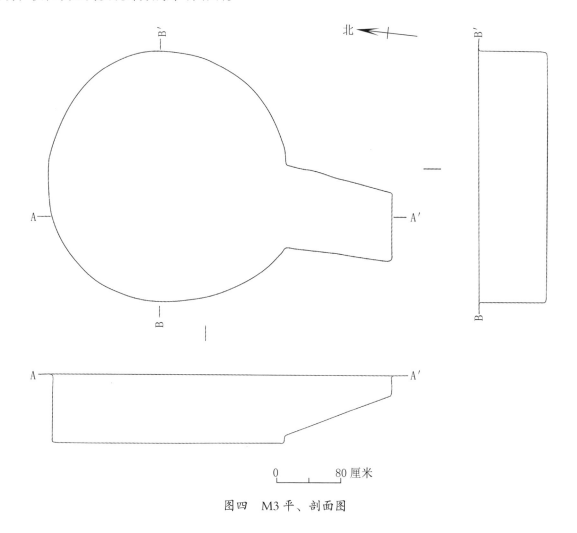

图四　M3平、剖面图

3.M4

位于发掘区西南部，方向为350°，为圆形带墓道砖室墓。开口于②层下，墓口距地表深0.6米，墓底距地表深1.42米。墓圹全长4.45米，由墓道和墓室组成。墓道位于墓室南部正中，平面呈长方形，长1.3米、宽0.78～1米，顶部无存，底部为斜坡状向下延伸。墓门东侧残存2层墓门砖，残高10厘米，与墓室东壁墓砖咬合相接，砖长36厘米、宽17厘米、厚6厘米。墓室位于墓道北侧，平面近圆形，直径约3.15米，顶部无存，东壁下部残存2～6层错缝平砌的素面砖，砖长36.5厘米、宽 18 厘米、厚 5.5 厘米。墓底平坦。墓内未发现棺、骨。填土内包含残砖及少量随葬器物，包括双系瓷罐、钧釉碗口沿（图五）。

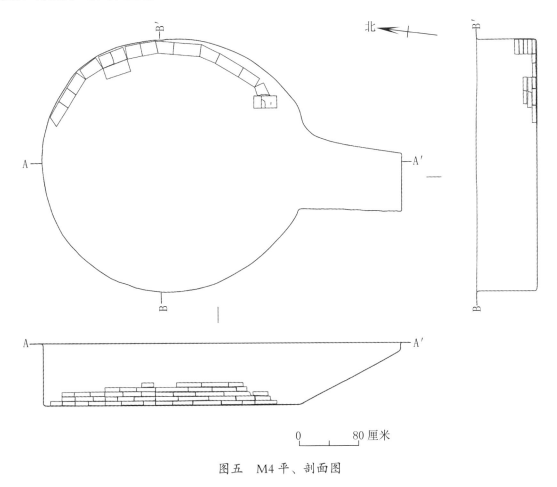

图五　M4 平、剖面图

双系瓷罐 1 件。M4 ∶ 1，直口，圆唇，矮领，斜肩，圆鼓腹，圈足。领与肩处有两对称叶形系，叶上有筋脉。米黄色粗胎，外壁口部及上腹部施黑釉，下腹部及圈足无釉。内壁全部施黑釉，可见轮旋痕迹。口径 18.5 厘米、腹径 21.6 厘米、底径 10 厘米、高 17 厘米（图九，1）。

钧釉碗口沿 1 件。M4 ∶ 2，直口，圆唇，底部已残，内外施青釉，口部脱釉。残长 3.4 厘米、残宽 2.8 厘米。

4.M5

位于 M4 东侧，方向为 350°，为圆形带墓道砖室墓。开口于②层下，墓口距地表深 0.6 米，墓底距地表深 1.37 米。墓圹全长 4.45 米，由墓道和墓室组成。墓道位于墓室南部正中，平面呈长方形，长 1.3 米、宽 0.78 ～ 1 米，顶部无存，底部为斜坡状向下延伸。墓门位于墓道和墓室之间，宽 0.79 米，两壁残存整砖叠砌的素面砖，东壁现存 10 层，高 0.45 米，与墓室砌砖互无叠压，呈角对角相接；西壁现存 4 层，高 0.18 米。砖长 35 厘米、宽 16 厘米、厚 4.5 厘米。墓室位于墓道北侧，平面近圆形，直径约 3.15 米，顶部无存。墓室北侧、东侧和东南侧底部均残存整砖单层错缝平砌的直壁，呈不规则六角形连接样式，北壁现存 6 ~ 9 层青砖，长 2.68 米、高 27 ~ 45 厘米；东壁现存 2 ~ 3 层青砖，长 1.64 米、高 9 ~ 13.5 厘米；东南壁现存 5 ~ 8 层青砖，长 1.46 米、高 25 ~ 40 厘米。所用青砖均为素面，规格包括两种，一种长 35.5 厘米、宽 17 厘米、厚 4 ~ 5 厘米，另一种长 34.5 厘米、宽 16.5 厘米、厚 4.5 厘米。墓底平坦，未见砌砖。墓内未发现棺、骨。填土内包含残砖及少量随葬器物，包括双系瓷罐、钧釉碗（图六；彩版四四，1）。

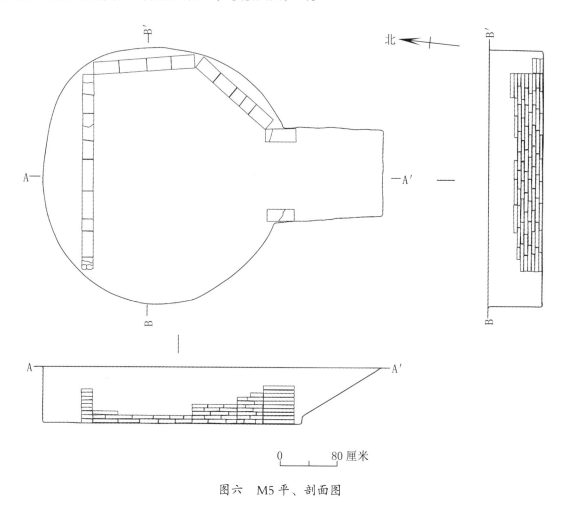

图六　M5 平、剖面图

双系瓷罐 1 件。M5：1，直口，圆唇，矮领，斜肩，圆鼓腹，罐底无存。领与肩处有两对称叶形系，叶上有筋脉。米黄色粗胎，外壁口部及上腹部施黑釉，下腹部无釉。内壁全部施黑釉，可见轮旋痕迹。口径 16 厘米、残高 14 厘米（图九，2）。

钧釉碗 2 件。M5：2，敞口，圆唇，底部已残。外壁上部施双层釉，下层黑釉，上层青釉，有较多气泡痕，口部呈黑色，下部未施釉，内壁全部施双层釉。残长 7.5 厘米、残宽 6.5 厘米。M5：3，敞口，口部已残，斜腹，圈足，碗底中心可见乳突。外壁上部施青釉，下部未施釉，内壁全部施青釉。底径 6 厘米、残高 3.4 厘米（图九，3）。

5.M6

位于 M5 西北侧，方向为 350°，为圆形带墓道砖室墓。开口于②层下，墓口距地表深 0.55 米，墓底距地表深 1.95 米。墓圹全长 4.65 米，由墓道和墓室组成。墓道位于墓室南部正中，平面呈长方形，长 1.8 米、宽 0.9 米，顶部无存，底部为斜坡状向下延伸。墓室位于墓道北侧，平面近圆形，直径约 2.85 米，顶部无存，墓底北侧为半圆形棺床，东西长 3.12 米、南北宽 1.2 米、高 0.2 米。墓内未发现棺、骨。填土内包含残砖及随葬器物，包括瓷碗、瓷瓶、陶罐（图七）。

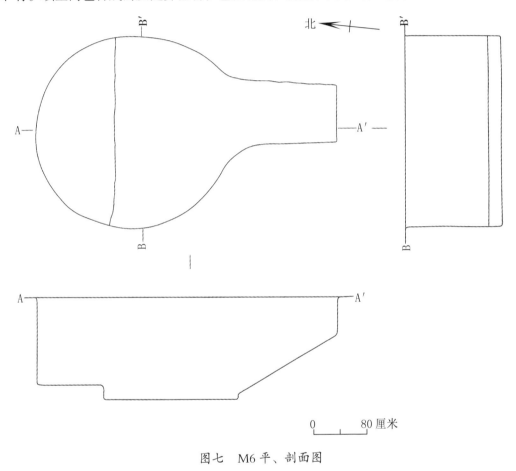

图七　M6 平、剖面图

瓷碗 3 件，形制相同。敞口，圆唇，斜腹，矮圈足。外壁及足部施酱釉，内壁及口部施白釉。M6：1，口径 21 厘米、底径 6.4 厘米、高 7.2 厘米（图九，5）。M6：2，口径 22 厘米、高 8.2 厘米（图九，6；彩版四五，1）。M6：3，口径 14.3 厘米、底径 4.4 厘米、高 5.4 厘米（图九，7）。

瓷瓶 1 件。M6：4，缸胎，上部残，长弧腹，高脚，平底。腹部饰数周凹弦纹。外壁上部施酱绿色釉，底部和内壁未施釉。底径 6 厘米、残高 8.4 厘米（图九，4）。

陶罐 1 件。M6：5，泥质灰陶，侈口，圆唇，斜肩，鼓腹，罐底无存。肩部作桥形耳。口径 19 厘米、残高 8.8 厘米（图九，8）。

6.M7

位于 M6 北侧，方向为 355°，为圆形带墓道砖室墓。开口于②层下，墓口距地表深 0.6 米，墓底距地表深 2 米。墓圹全长 4.9 米，由墓道和墓室组成。墓道位于墓室南部正中，平面呈长方形，长 2 米、宽 0.75 ～ 1 米，顶部无存，底部为斜坡状向下延伸。墓室位于墓道北侧，平面近圆形，直径约 2.9 米，顶部无存，墓底北侧为半圆形棺床，东西长 2.86 米、南北宽 1.7 米、高 0.25 米。墓内未发现棺、骨。填土内包含残砖及随葬器物，包括双系瓷罐、陶罐、瓷瓶（图八）。

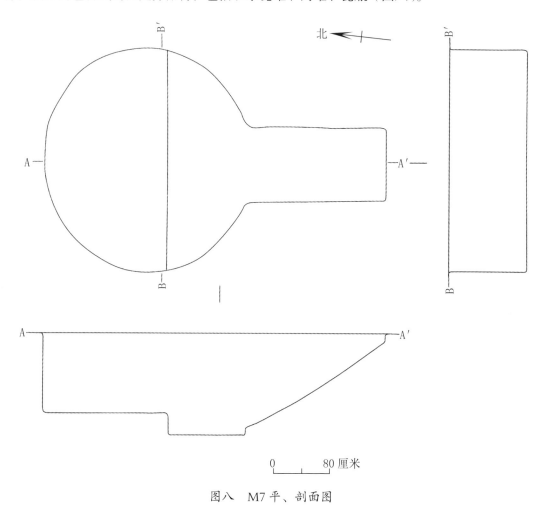

图八 M7 平、剖面图

双系瓷罐 2 件。M7：1，直口，方圆唇，高领，斜肩，圆鼓腹，圈足。领与肩处有两对称叶形系，叶上有筋脉。米黄色粗胎，外壁口部及上腹部施黑釉，下腹部及圈足无釉，内壁除口部无釉，全部施黑釉，可见轮制痕迹。口径 22 厘米、底径 12 厘米、高约 29 厘米（图一九，2）。M7：2，直口，圆唇，矮领，斜肩，圆鼓腹，圈足。领与肩处有耳，已残。米黄色粗胎，外壁部施黑釉，下腹部及圈足无釉，内壁除口部无釉，全部施黑釉，可见轮制痕迹。口径 15 厘米、底径 9 厘米、高约 21 厘米（图九，9）。

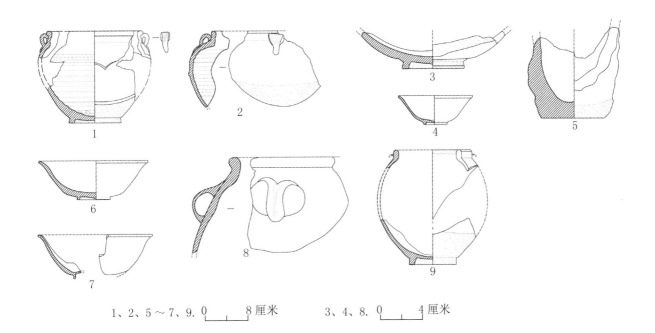

1、2、5～7、9. 0 ____ 8厘米　　　　3、4、8. 0 ____ 4厘米

图九　出土陶器、瓷器（一）

1、2、9. 双系瓷罐（M4：1、M5：1、M7：2）3. 钧釉碗（M5：3）5. 瓷瓶（M6：4）4、6、7. 瓷碗（M6：3、M6：1、M6：2）8. 陶罐（M6：5）

陶罐1件。M7：5，泥质灰陶，矮领，侈口，斜肩，下部残。口径20厘米、残高6厘米（图一一，2）。

瓷瓶2件。M7：3，缸胎，敛口，斜平沿，方唇，束颈，溜肩，长弧腹，底部无存。腹部饰数周凹弦纹。外壁施酱绿色釉，内壁未施釉。外口径6.2厘米、内口径3.8厘米、残高26厘米（图一五，4）。M7：4，缸胎，敛口，斜平沿，方唇，束颈，溜肩，底部无存。腹部饰数周凹弦纹。内外壁均施黑釉。外口径6.2厘米、内口径3.8厘米、残高14厘米（图一一，1）。

7.M8

位于M7东北侧，方向为350°，为圆形带墓道砖室墓。开口于②层下，墓口距地表深0.75米，墓底距地表深2.3米。墓圹全长5.66米，由墓道和墓室组成。墓道位于墓室南部正中，平面呈长方形，长1.86米、宽1.15～1.25米，顶部无存，底部为斜坡状向下延伸。墓门位于墓道与墓室之间，由墓室壁砖断开形成，两侧无壁砖，宽0.64米，中间填有封门砖，为素面长条形残砖无规律叠压砌成，残高0.4米。用砖残长15～25厘米、宽17厘米、厚6厘米。墓室位于墓道北侧，平面近圆形，直径约3.8米，顶部无存，墓底北侧为半圆形棺床，东西长3.1米、南北宽1.7米、高0.3米，前砌单层立砖包边，为素面整砖，长40厘米、宽17厘米、厚6厘米。墓室南侧底部残存部分墓壁，东侧残高0.45米，西侧残高0.5米，底层砌平砖，其上为立砖平砖交替砌筑，均为素面残砖，残长15～19厘米、宽17厘米、厚6厘米。墓内未发现棺、骨。填土内包含残砖及部分随葬器物，包括钧釉瓷碗、铁灯盏、瓷碟。墓道口底部发现瓷罐，墓室棺床边有瓷碗和铜镜（图一〇；彩版四四，2）。

钧釉瓷碗1件。M8：1，直口，圆唇，弧腹，圈足。外壁上部施青釉，底部和足部未施釉，内部通体施青釉，釉质不甚光亮，略呈开片效果。碗底中心微凸。口径9.6厘米、底径2.9厘米、高5.2厘米（图一一，3；彩版四五，2）。

瓷碗1件。M8：3，敞口，圆唇，斜腹，矮圈足。外壁及足部施酱釉，内壁及口部施白釉。口径22厘米、底径6.2厘米、高8厘米（图一一，4；彩版四五，3）。

铜镜1件。M8：2，圆形，镜面平，半球形钮，圆形穿孔。镜缘宽平，素面。内饰神仙故事图，上部为祥云楼阁、仙人骑凤，中下部为仙人宴饮图样。直径11.6厘米、缘宽0.6厘米、缘厚0.6厘

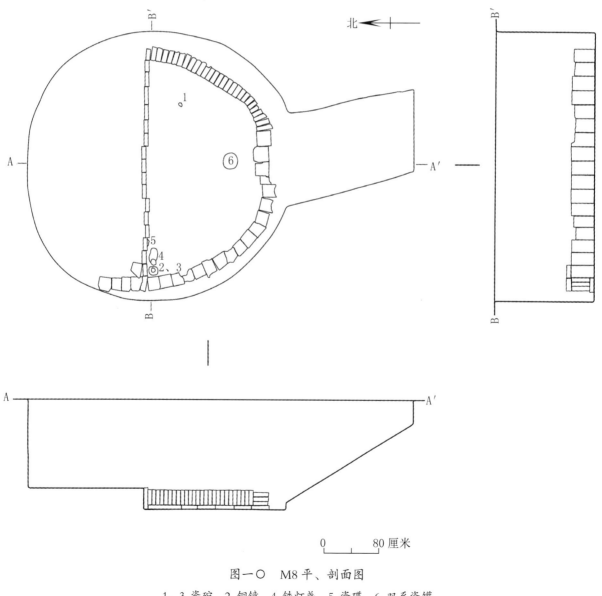

图一〇 M8平、剖面图

1、3.瓷碗 2.铜镜 4.铁灯盏 5.瓷碟 6.双系瓷罐

米、钮高 0.7 厘米（图一九，3；彩版四六，5）。

铁灯盏 1 件。M8 : 4，盏部略呈圆形，敞口，平底。柄部呈如意云状。通体锈蚀严重。口径 11 厘米、底径 3.5 厘米、通高 4 厘米（图一一，5；彩版四六，1）。

双系瓷罐 1 件。M8 : 5，直口，圆唇，高领，斜肩，圆鼓腹，圈足。领与肩处有两对称叶形系，叶上有筋脉。米黄色粗胎，外壁口部及上腹部施黑釉，下腹部及圈足无釉，内壁全部施黑釉，可见轮制痕迹。口径 14.3 厘米、腹径 18 厘米、底径 8 厘米、高 15 厘米（图一四，1；彩版四五，4）。

瓷碟 1 件。M8 : 6，敞口，圆唇，斜腹，矮圈足。外壁及足部施酱釉，内壁及口部施白釉。口径 17 厘米、底径 5.5 厘米、高 2.8 厘米（图一四，2）。

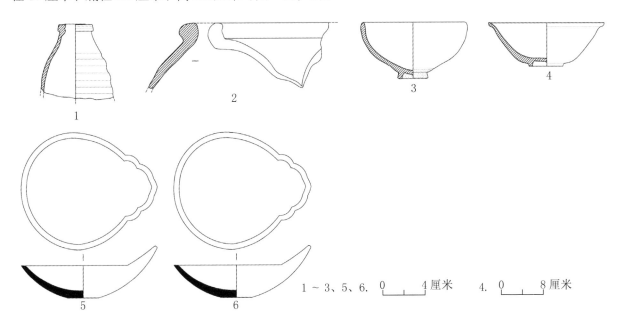

1 ~ 3、5、6.　0 _____ 4 厘米　　4.　0 _____ 8 厘米

图一一　出土器物（一）

1. 瓷瓶（M7 : 4）　2. 陶罐（M7 : 5）　3. 钧釉碗（M8 : 1）　4. 瓷碗（M8 : 3）
5、6. 铁灯盏（M8 : 4、M50 : 2）

8. M12

位于发掘区东南部，方向为 350°，为圆形带墓道砖室墓。开口于②层下，墓口距地表深 0.7 米，墓底距地表深 1.5 米。墓圹全长 4.57 米，由墓道和墓室组成。墓道位于墓室南部正中，平面呈梯形，长 1.6 米、宽 0.85 ~ 1.1 米，顶部无存，底部为斜坡状向下延伸。墓门位于墓道与墓室之间，宽 0.84 米，底部两侧残留 1 ~ 4 层壁砖，错缝平砌，和墓室相互叠压咬合，残高 0.05 ~ 0.2 米。墓室位于墓道北侧，平面近圆形，直径约 3 米，顶部无存，北侧及东西侧墓壁底部残余 2 ~ 5 层错缝平砌青砖，残高 0.1 ~ 0.35 米，有素面砖和沟纹砖两种，均为残砖，残长 15 ~ 22 厘米、宽 17 厘米、厚 6 厘米。墓底平坦。墓内未发现棺、骨，填土内包含残砖及部分随葬器物（图一二）。

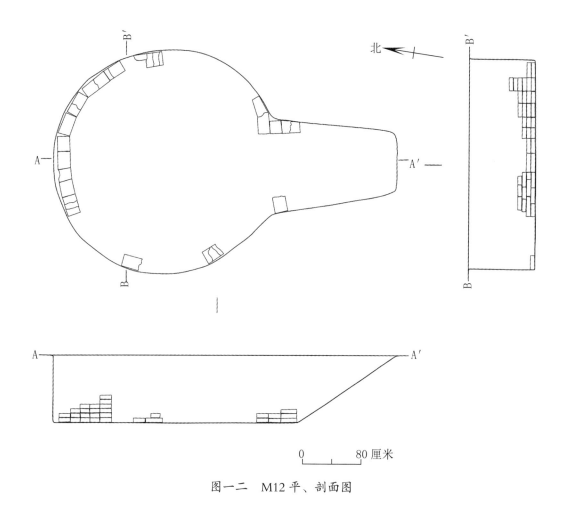

图一二 M12 平、剖面图

　　随葬品为瓷罐 1 件。M12 : 1，仅存底部，圆鼓腹，圈足。外壁上部施黑釉，下部及足部未施釉，内壁全部施黑釉，可见轮制痕迹。底径 11 厘米、残高 14.5 厘米（图一四，3）。

　　9.M13

　　位于发掘区中部偏东，方向为 350°，为圆形带墓道砖室墓。开口于②层下，墓口距地表深 1.05 米，墓底距地表深 1.3 米。墓圹全长 3.6 米，由墓道和墓室组成。墓道位于墓室南部正中，平面呈长方形，长 0.5 米、宽 0.65 米，顶部无存，底部为斜坡状向下延伸。墓室位于墓道北侧，平面近圆形，直径约 3.1 米，顶部无存，墓底平坦。墓内未发现棺、骨。填土内包含残砖及部分随葬器物，包括白地黑花瓷碗、瓷碟、陶罐、瓷瓶（图一三）。

　　白地黑花瓷碗 1 件。M13 : 2，敞口，圆唇，弧腹，圈足，底微凸。米黄色粗胎，外壁上部施白釉，下部及足部未施釉，内壁通体白釉。内壁口沿下方绘两道暗红色弦纹，碗底绘暗红色草书。口径 20 厘米、底径 7.4 厘米、高 9 厘米（图一五，1；彩版四五，5）。

　　瓷碟 2 件。敞口、圆唇，矮圈足。外壁通体施黑釉，口部无釉，内壁通体施白釉。M13 : 1，口径 16 厘米、底径 4.6 厘米、高 3.4 厘米（图一四，5）。M13 : 5，口径 17 厘米、底径 6 厘米、高 3.7 厘米（图一四，7）。

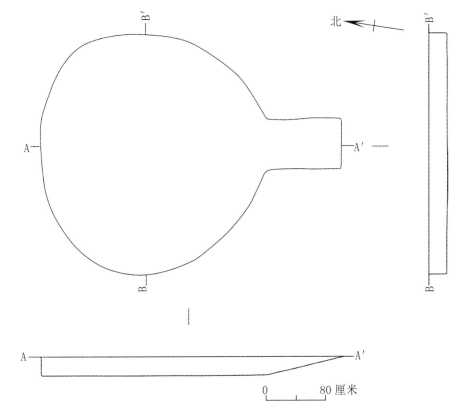

图一三 M13平、剖面图

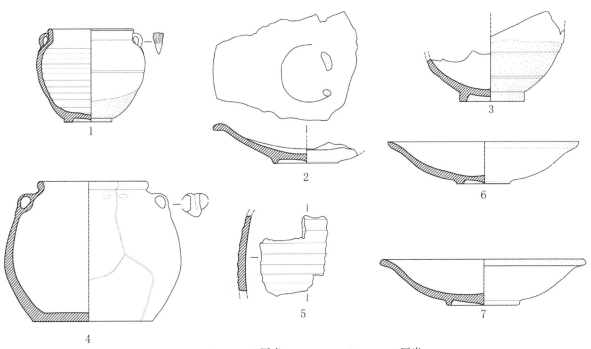

图一四 出土陶器、瓷器

1. 双系瓷罐（M8：5） 2、6、7. 瓷碟（M8：6、M13：1、M13：5） 3. 瓷罐（M12：1）
4. 陶罐（M45：2） 5. 瓷瓶（M13：3）

陶罐 1 件。M13：4，泥质灰陶，侈口，卷沿，斜肩，鼓腹，腹部以下残。肩部刻划斜线，斜线相交呈菱格纹。口径 17 厘米、残高 7.9 厘米（图一五，2）。

瓷瓶 1 件。M13：3，缸胎，仅存腹部残片，外壁施多道弦纹。外壁及内壁上部施酱绿色釉，内壁下部未施釉。残高 14 厘米（图一四，6）。

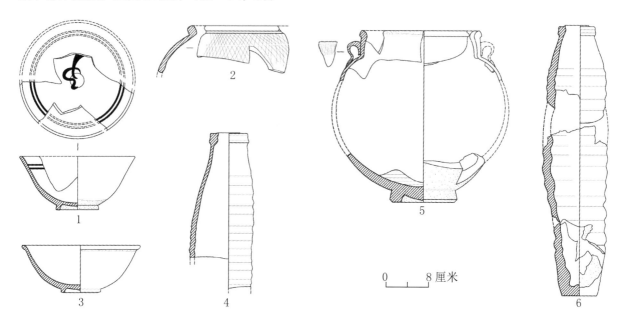

图一五　出土陶器、瓷器（二）

1. 白地黑花瓷碗（M13：2）　2. 陶罐（M13：4）　3. 瓷碗（M45：1）　4、6. 瓷瓶（M7：3、M21：2）

5. 双系瓷罐（M21：1）

10.M21

位于 M20 西侧，方向为 350°，为圆形带墓道砖室墓。开口于②层下，墓口距地表深 0.7 米，墓底距地表深 1.25 米。墓圹全长 4.7 米，由墓道和墓室组成。墓道位于墓室南部正中，平面呈长方形，长 1.1 米、宽 0.85 米，顶部无存，底部为斜坡状向下延伸。墓室位于墓道北侧，平面近圆形，直径约 3.6 米，顶部无存，墓底北侧为半圆形棺床，东西长 3.6 米、宽 2.05 米、高 0.15 米。西南侧墓壁底部现存单层平砖，均为素面残砖，砖长 12～20 厘米、宽 17 厘米、厚 6 厘米。墓底西侧局部保留素面整砖铺底，砖长 36 厘米、宽 18 厘米、厚 6 厘米；另有一块子母残砖，两边有突起的榫头，长 30 厘米、宽 20.5 厘米、厚 5.5 厘米。墓内未发现棺、骨。填土内包含残砖及部分随葬器物，包括双系瓷罐、瓷瓶、瓷碗（图一六）。

双系瓷罐 1 件。M21：1，直口，方圆唇，高领，斜肩，圆鼓腹，圈足。领与肩处有两对称叶形系，叶上有筋脉。米黄色粗胎，外壁口部及上腹部施黑釉，下腹部及圈足无釉，内壁除口部无釉，全部施黑釉，可见轮制痕迹。口径 21 厘米、底径 11.5 厘米、高约 29 厘米（图一五，5）。

瓷瓶 1 件。M21：2，缸胎，敛口，平沿，方唇，束颈，溜肩，长弧腹，平底。腹部饰数周凹弦纹。外壁上部施黑釉，底部未施釉，内壁通体施酱绿色釉。外口径 6.5 厘米、内口径 4 厘米、残高 45.6 厘米（图一五，6）。

瓷碗 2 件。M21：3，仅存口沿，敞口，圆唇。外壁施黑釉，内壁及口部施白釉，残长 6 厘米、残宽 4 厘米。M21：4，仅存碗底，通体施青釉。圈足。残长 3.8 厘米、残宽 3.4 厘米。

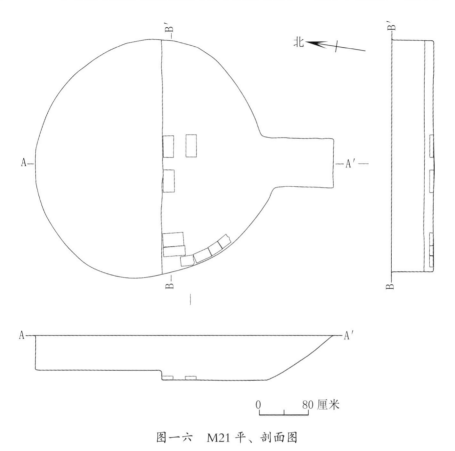

图一六　M21 平、剖面图

11.M48

位于 M47 西北部，方向为 350°，为圆形带墓道砖室墓。开口于②层下，墓口距地表深 0.9 米，墓底距地表深 1.36 米。墓圹全长 2.88 米，由墓道和墓室组成。墓道位于墓室南部正中，平面呈长方形，长 0.95 米、宽 0.5 米，顶部无存，底部为斜坡状向下延伸。墓室位于墓道北侧，平面近圆形，直径约 2.6 米，顶部无存，墓底北侧比南侧高 0.18 米，疑原为棺床，东西长 2.5 米、南北宽 1.6 米。墓室北壁底部残留单层平砖，西壁底部残留单层立砖，均为素面残砖，砖长 15 ~ 22 厘米、宽 17 厘米、厚 6 厘米。墓内未发现棺、骨及随葬器物，填土内包含残砖（图一七）。

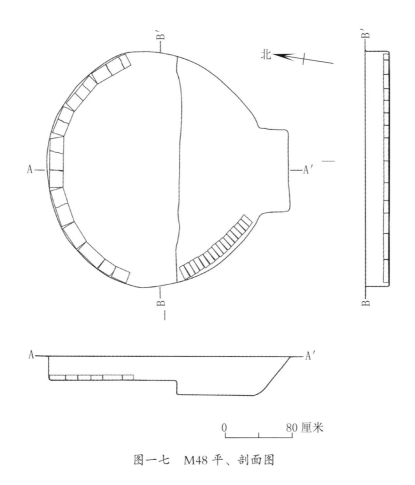

图一七 M48平、剖面图

12.M50

位于发掘区中部偏北，东部被 M54 打破，方向为 350°，为圆形带墓道砖室墓。开口于②层下，墓口距地表深 0.55 米～1.05 米，墓底距地表深 1.3～2.1 米。因树木阻碍，墓葬只揭露了北侧的墓室，南侧墓道未发掘。墓室平面近圆形，直径约 3.5 米，顶部无存，东部被 M54 打破。墓底北侧为半圆形棺床，南北残长 1.5 米、东西残宽 1.3 米、高 0.25 米，前砌单层立砖包边，均为素面整砖，砖长 36 厘米、宽 18 厘米、厚 5 厘米。墓室南侧局部保留砖砌墓壁，西南侧底部砌单层立砖，上交替砌平砖与立砖，残高 43 厘米；东南侧仅保留单层立砖，残高 17 厘米。所用均为素面残砖，残长 16～19 厘米、宽 17 厘米、厚 5 厘米。墓内未发现棺、骨，墓室东南角随葬四系瓷瓶 1 件，棺床边有铁灯盏 1 件（图一八）。

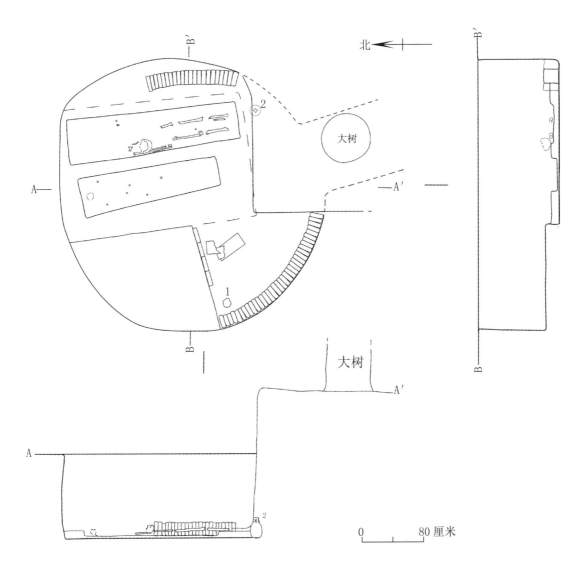

图一八　M50 平、剖面图

1. 铁灯盏　2. 四系瓷瓶

　　四系瓷瓶 1 件。M50：1，喇叭口，圆唇，束颈，溜肩，圆弧腹，圈足。颈肩之间贴附条叶形四系，叶上有筋脉。土黄色胎，器身上半部施白釉，下半部施黑釉，口部绘黑彩，肩部以黑彩绘弦纹两道，上腹部四面分别书写"道""德""清""净"四字。口径 4.6 厘米、腹径 15.6 厘米、底径 8.8 厘米、高 27 厘米（图一九，1；彩版四七，2）。

　　铁灯盏 1 件。M50：2，盏部略呈圆形，敞口，平底。柄部呈如意云状。通体锈蚀严重。口径 11.4 厘米、底径 3.5 厘米、通高 4.5 厘米（图一一，6）。

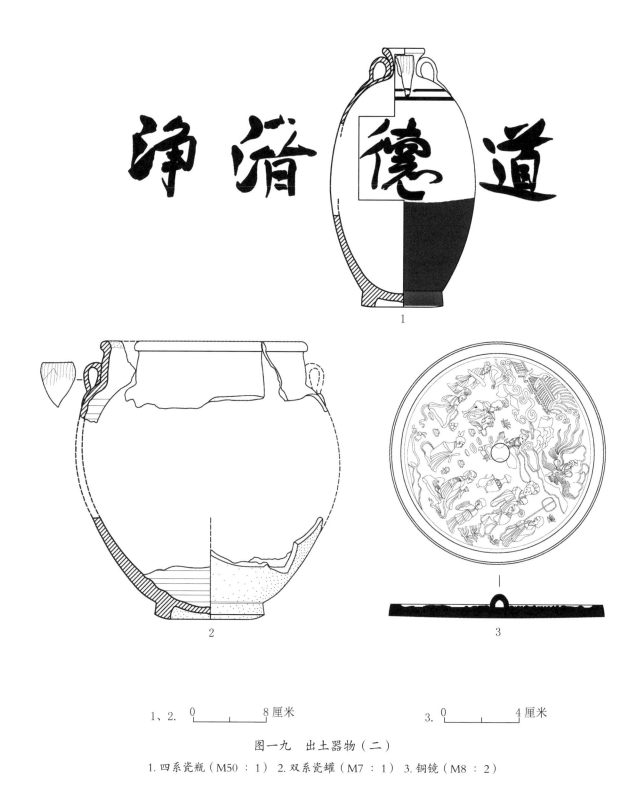

1、2. 0 _____ 8厘米   3. 0 _____ 4厘米

图一九　出土器物（二）

1.四系瓷瓶（M50：1）　2.双系瓷罐（M7：1）　3.铜镜（M8：2）

（二）竖穴土圹墓

M45 位于发掘区东南部，方向为 248°，为竖穴土圹墓。开口于②层下，墓口距地表深 1 米，墓底距地表深 1.2 米。平面呈长方形，墓圹长 2.5 米、宽 1～1.2 米。墓壁为直壁，无明显加工痕迹。

墓底平，东侧垫有四块素面整砖，砖长 39 厘米、宽 17 厘米、厚 6 厘米。墓内填土较松散，未见棺痕。人骨保存较差，上半身无存，性别不详，头向西南，仰身直肢葬（图二〇）。墓室东南角随葬瓷碗和陶罐，瓷碗位于陶罐口部。

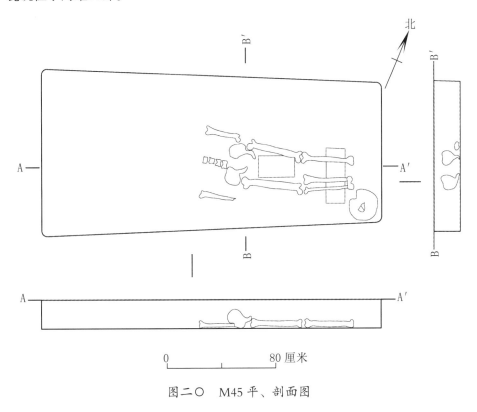

图二〇　M45 平、剖面图

瓷碗 1 件。M45：1，敞口，圆唇，斜腹，矮圈足。外壁施酱釉，足底和碗底无釉，内壁及口部全部施白釉。口径 20.5 厘米、底径 6.8 厘米、高 8 厘米（图一五，3）。

陶罐 1 件。M45：2，泥质灰陶，侈口，圆唇，矮颈，斜肩，鼓腹，平底。肩部作两对称桥形耳，腹部隐约可见弦纹数道，底部可见偏心纹。罐体在使用时破碎并修复，肩部、腹部可见钻孔和铁钉锔修的痕迹，铁钉已锈蚀不见。口径 18.5 厘米、腹径 29.4 厘米、底径 20 厘米、高 22.5 厘米（图一四，4；彩版四五，6）。

三、清代墓葬

清代墓葬共发现 29 座，均为竖穴土圹墓，其中包含 12 座单人葬墓、16 座双人合葬墓和 1 座三人合葬墓。

（一）单人葬墓

1.M1

位于发掘区西南部，方向为260°，为竖穴土圹墓。开口于②层下，墓口距地表深0.3米，墓底距地表深0.9米。平面呈长方形，墓圹东西长2.8米、南北宽1.3米。墓底北部残存有少量平砖铺底，保存状况较差。墓内单棺，木棺已朽，填土中可见木棺痕迹。棺长1.7米、宽0.35米～0.5米、残高0.1米。棺内人骨保存较差，头向西，葬式及性别不详。墓内未见随葬器物（图二一）。

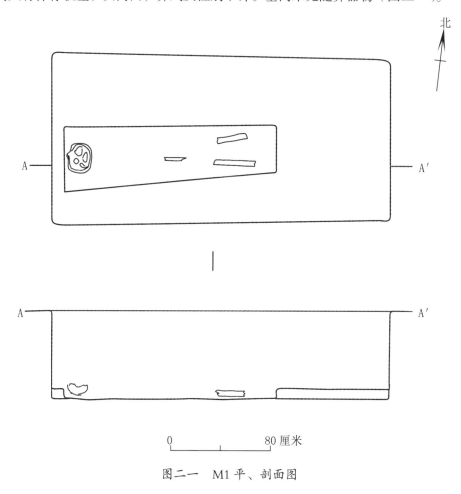

0   80 厘米

图二一 M1 平、剖面图

2.M9

位于发掘区东南部，方向为308°，为竖穴土圹墓。开口于②层下，墓口距地表深0.45米，墓底距地表深1.1米。平面呈长方形，墓圹长2.4米、宽1米。墓壁为直壁，有加工痕迹，墓底较平坦。墓内填土较松散，单棺，木棺已朽，填土中可见木棺痕迹。棺长1.7米、宽0.35米～0.5米、残高0.1米。棺内人骨保存较差，性别不详，头向西北，仰身直肢葬，左肩上有一块灰陶素面板瓦，两腿之间随葬铜钱（图二二）。

铜钱4枚。均为平钱、方穿。标本M9：1，钱面文为"乾隆通宝"，楷书，上下右左对读；背穿左右为满文"宝泉"二字，纪局名。钱径2.4厘米、穿径0.58厘米、厚0.14厘米（图五一，10）。

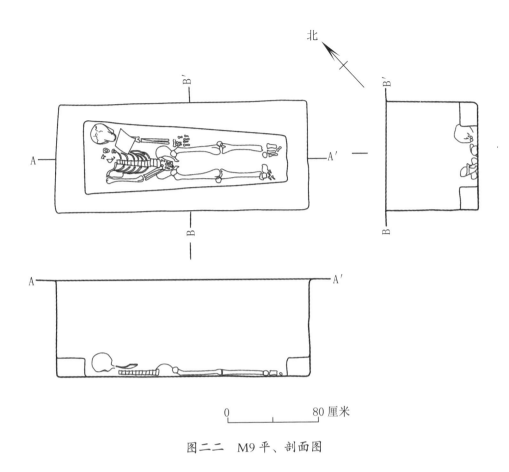

图二二　M9平、剖面图

3.M14

位于发掘区东部，方向为324°，为竖穴土圹墓。开口于②层下，墓口距地表深0.38米，墓底距地表深1.04米。平面呈长方形，墓圹长2.6米、宽1～1.1米。墓壁为直壁，有明显加工痕迹，墓底平。墓内填土较松散，单棺，棺长1.85米、宽0.45～0.6米，残高0.14米。棺内人骨保存较差，性别不详，头向西北，仰身直肢葬，面部扭向右侧，躯干中部盖有一块灰陶素面板瓦，肩膀处和腿部随葬铜钱（图二三）。

铜钱5枚。均为平钱、方穿。标本M14：1-1，钱面文为"乾隆通宝"，楷书上下右左对读；背穿左右为满文"宝泉"二字，纪局名。钱径2.4厘米、穿径0.52厘米、厚0.12厘米（图五一，12）。标本M14：1-2，钱面文为"嘉庆通宝"，楷书，上下右左对读；背穿左右为满文"宝泉"二字，纪局名。钱径2.4厘米、穿径0.6厘米、厚0.14厘米（图五二，8）。标本M14：1-3，钱面文为"道光通宝"，楷书，上下右左对读；背穿左右为满文"宝泉"二字，纪局名。钱径2.6厘米、穿径0.55厘米、厚0.16厘米（图五二，12）。

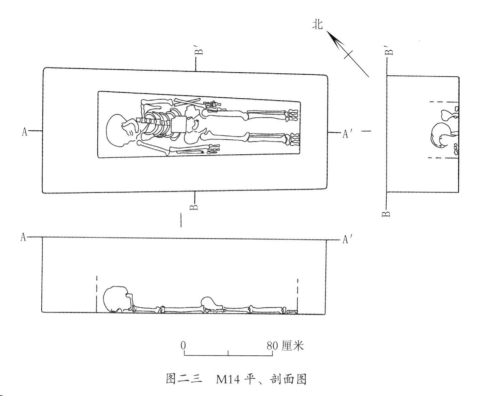

北

0   80 厘米

图二三　M14 平、剖面图

4.M16

位于 M15 北侧，方向为 325°，为竖穴土圹墓。开口于②层下，墓口距地表深 0.45 米，墓底距地表深 1.65 米。平面呈长方形，墓圹长 2.5 米、宽 1.2 ～ 1.3 米。墓壁为直壁，有加工痕迹，墓底平。墓内填土较松散，未见棺、骨及随葬器物（图二四）。

5.M18

位于发掘区东北部，方向为 334°，为竖穴土圹墓。开口于②层下，墓口距地表深 0.35 米，墓底距地表深 0.95 米。平面呈长方形，墓圹长 2.3 米、宽 1.1 ～ 1.14 米。墓壁为直壁，有加工痕迹，墓底平。墓内填土较松散，单棺，木棺已朽，填土中有木棺痕。棺长 1.9 米、宽 0.5 ～ 0.54 米、残高 0.14 米。棺内人骨保存较差，性别不详，头向西北，仰身直肢葬。棺内未见随葬器物（图二五）。

6.M19

位于发掘区中部偏东，方向为 334°，为竖穴土圹墓。开口于②层下，墓口距地表深 0.3 米，墓底距地表深 0.6 米。平面呈长方形，墓圹长 2.4 米、宽 1 ～ 1.1 米。墓壁为直壁，有加工痕迹，墓底平。墓内填土较松散，单棺，木棺已朽，填土中有木棺痕。棺长 1.9 米、宽 0.5 米、残高 0.12 米。棺内人骨保存较差，头向西北，性别不详，葬式不详，头骨左侧有一块灰陶板瓦。棺内随葬铜钱（图二六）。

铜钱 1 枚。平钱、方穿。M19 ∶ 1，钱面文为 "道光通宝"，楷书，上下右左对读；背穿左右为满文 "宝泉" 二字，纪局名。钱径 2.25 厘米、穿径 0.58 厘米、厚 0.16 厘米（图五三，1）。

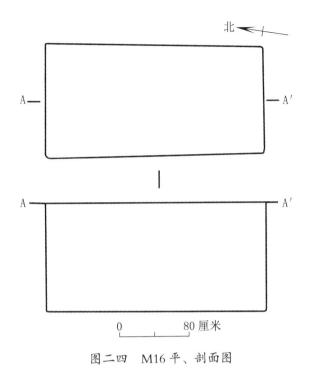

图二四　M16平、剖面图

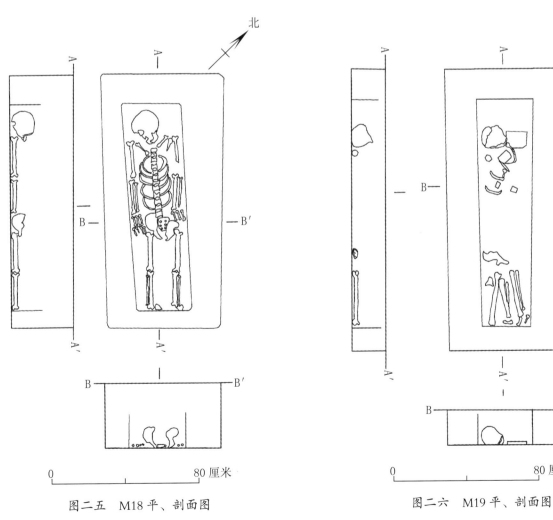

图二五　M18平、剖面图　　　　　　　　　　图二六　M19平、剖面图

7.M33

位于发掘区东北部，方向为335°，为竖穴土圹墓。开口于②层下，墓口距地表深0.35米，墓底距地表深1.21米。平面呈长方形，墓圹长2.6米、宽0.8～1.2米。墓壁为直壁，有加工痕迹，墓底平。墓内填土较松散，单棺，木棺已朽，填土中有木棺痕。棺长1.9米、宽0.45～0.56米、残高0.12米。棺内人骨保存较差，性别不详，头向西北，仰身直肢葬。墓主人颈部和两腿之间随葬铜钱（图二七）。

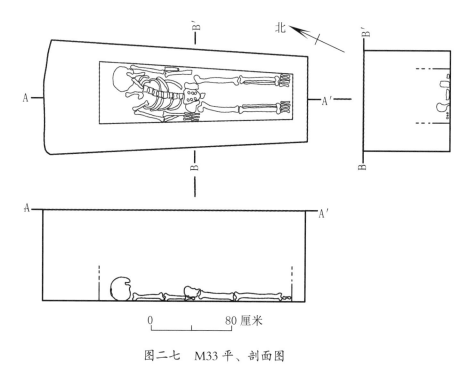

图二七　M33平、剖面图

铜钱3枚。均为平钱、方穿。标本M33：1-1，钱面文为"乾隆通宝"，楷书，上下右左对读；背穿左右为满文"宝泉"二字，纪局名。钱径2.45厘米、穿径0.52厘米、厚0.13厘米（图五二，5）。标本M33：1-2，钱面文为"道光通宝"，楷书，上下右左对读；背穿左右为满文"宝源"二字，纪局名。钱径2.3厘米、穿径0.55厘米、厚0.14厘米（图五三，3）。

8.M34

位于M33西侧，方向为339°，为竖穴土圹墓。开口于②层下，墓口距地表深0.35米，墓底距地表深1.31米。平面呈长方形，墓圹长2.8米、宽1.1～1.2米。墓壁为直壁，有加工痕迹，墓底平。墓内填土较松散，单棺，木棺已朽，填土中有木棺痕。棺长2米、宽0.5～0.6米、残高0.1米。棺内人骨保存较差，墓主人性别不详，头向西北，仰身直肢葬。墓主人头下枕两块灰陶板瓦，右肩部一块灰陶板瓦，胸部、胯部及脚部出土铜钱（图二八）。

铜钱 3 枚。均平钱、方穿。标本 M34∶1，钱面文为"嘉庆通宝"，楷书，上下右左对读；背穿左右为满文"宝源"二字，纪局名。钱径 2.38 厘米、穿径 0.6 厘米、厚 0.15 厘米（图五二，10）。

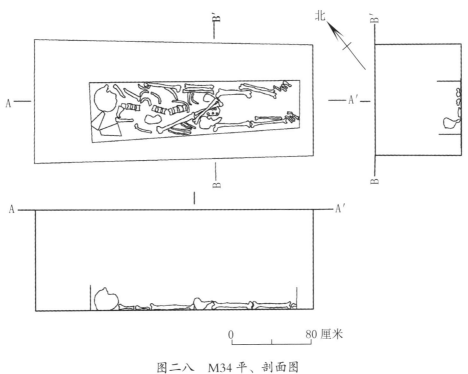

图二八　M34 平、剖面图

9.M46

位于中部偏东，方向为 339°，为竖穴土圹墓。开口于②层下，墓口距地表深 0.3 米，墓底距地表深 1.3 米。平面呈长方形，墓圹长 2.9 米、宽 1.1 ~ 1.6 米。墓壁为直壁，有加工痕迹。墓底平。墓内填土较松散，单棺，木棺已朽，填土中有木棺痕。棺长 2 米、宽 0.5 ~ 0.6 米、残高 0.1 米。棺内人骨保存较差，性别不详，头向西北，骨骼分布较杂乱，疑为二次迁葬。墓主人头部随葬玉烟嘴，腿部两侧随葬铜钱（图二九）。

玉烟嘴 1 件。M46∶2，青色，顶部磨为弧面，中央有圆孔，颈部内收，下部呈圆柱状，中空。残长 3.3 厘米（图五〇，9）。

铜钱 2 枚。均为平钱、方穿。标本 M46∶1，钱面文为"道光通宝"，楷书，上下右左对读；背穿左右为满文"宝泉"二字，纪局名。钱径 2.23 厘米、穿径 0.55 厘米、厚 0.12 厘米（图五三，4）。

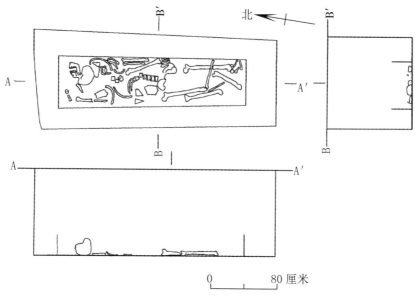

图二九 M46 平、剖面图

10.M47

位于发掘区东部，方向为77°，为竖穴土圹墓。开口于②层下，墓口距地表深0.4米，墓底距地表深1.2米。平面呈长方形，墓圹长2.5米、宽1～1.1米。墓壁为直壁，有加工痕迹。墓底平。墓内填土较松散，未见棺、骨及随葬品（图三〇）。

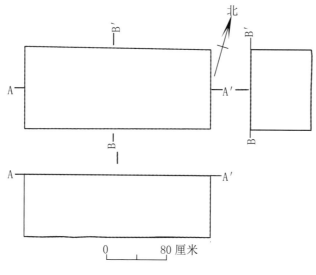

图三〇 M47 平、剖面图

11.M49

位于发掘区中部，方向为348°，为竖穴土圹墓。开口于②层下，墓口距地表深0.45米，墓底距地表深0.75米。平面呈长方形，墓圹长2.4米、宽1～1.2米。墓壁为直壁，无明显加工痕迹。墓底平。墓内填土较松散，单棺，木棺已朽，填土中有木棺痕。棺长1.84米、宽0.5～0.65米、残高0.1

米。棺内骨骼保存较差，性别不详，头向西北，仰身直肢葬。棺内未发现随葬品（图三一）。

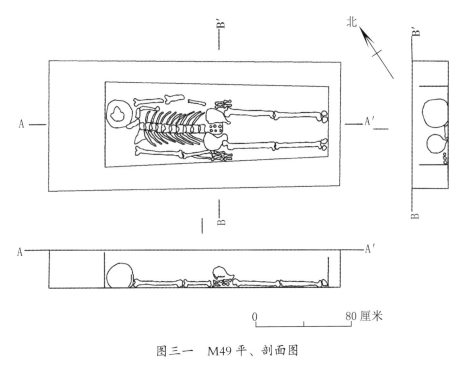

图三一　M49平、剖面图

12.M53

位于发掘区东部，方向为350°，为竖穴土圹墓。开口于②层下，墓口距地表深0.45米，墓底距地表深1.45米。平面呈长方形，墓圹长2.8米、宽1～1.2米。墓壁为直壁，有明显加工痕迹。墓底平。墓内填土较松散，单棺，木棺已朽，填土中有木棺痕。棺长2米、宽0.4～0.6米、残高0.16米。棺内人骨保存较差，性别不详，头向西北，骨骼分布较杂乱，疑为二次迁葬。墓主人头部东侧有两块

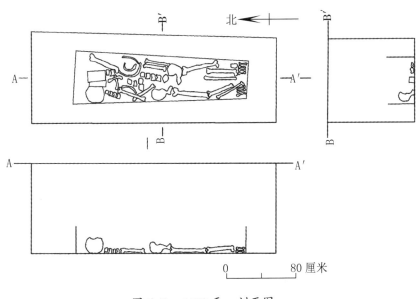

图三二　M53平、剖面图

灰陶板瓦，胸部和腿部随葬铜钱（图三二）。

铜钱5枚。均为平钱、方穿。标本M53：1，钱面文为"道光通宝"，楷书，上下右左对读；背穿左右为满文"宝源"二字，纪局名。钱径2.22厘米、穿径0.55厘米、厚0.14厘米（图五三，5）。

（二）双人合葬墓

1.M10

位于M9西北侧，方向为308°，为竖穴土圹墓。开口于②层下，墓口距地表深0.45米，墓底距地表深1.15米。平面呈不规则长方形，墓圹长2.45～2.9米、宽1.38～1.8米。墓壁为直壁，墓底东深西浅，落差0.3米。墓内填土较松散，双棺，木棺已朽，填土中可见木棺痕迹。东棺长2.02米、宽0.5米、残高0.2米；西棺长1.83米、宽0.47米～0.6米、残高0.13米。棺内人骨保存较好，东棺为男性，西棺为女性，头向西北，仰身直肢葬。西棺人骨头枕一块灰陶板瓦，头部随葬银簪、耳环，躯干处随葬铜扣（图三三）。

银簪2件。M10：1，首作花球状，底托呈片状七瓣花形，花球银丝缠制，球体上下两层分别为五个圆形的五瓣梅，花心处出六瓣花，顶为银丝缠制的菊花造型。体呈圆锥状。首宽2厘米、通长13.5厘米（图四九，1；彩版四六，2）。M10：4，首作葵花状，花瓣以逆时针方向旋转，花心作"福"形缠丝花纹。首宽2.5厘米、通长10.2厘米（图四九，2；彩版四六，3）。

银耳环1件。M10：2，环体呈椭圆形花卉造型，下部为枝叶，上部为花心和花瓣，穿部为圆锥形环状。环体直径2厘米（图五○，8）。

铜扣3枚。标本M10：3，球状，中央一道弦纹，钮部作圆环。直径1.2厘米（图五○，6）。

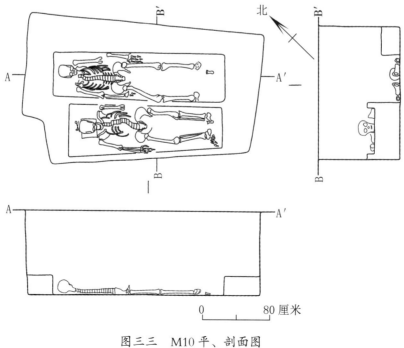

图三三　M10平、剖面图

2.M11

位于 M10 西北侧，方向为 308°，为竖穴土圹墓。开口于②层下，墓口距地表深 0.45 米，墓底距地表深 1.13 米。平面呈不规则长方形，墓圹长 2.95 ~ 3.25 米、宽 1.8 ~ 2.15 米。墓壁为直壁，有加工痕迹。墓内填土较松散，双棺，木棺已朽，填土中可见木棺痕迹。东北棺长 1.8 米、宽 0.5 米 ~ 0.65 米、残高 0.15 米；西南棺长 1.82 米、宽 0.58 米 ~ 0.62 米、残高 0.05 米。棺内人骨保存较好，东北棺为男性，西南棺为女性，头向西北，仰身直肢葬。西南棺人骨头骨下方有青砖一块，砖上有泥质灰陶板瓦一块。东北棺人骨右肩上有泥质灰陶板瓦一块，四周及双腿之间散布较多铜钱（图三四）。

随葬品为铜钱、铜扣。

铜钱 33 枚。均为平钱、方穿。标本 M11：1-1，钱面文为"康熙通宝"，楷书，上下右左对读；背穿左右分别为满、汉"宁"字，纪局名。钱径 2.62 厘米、穿径 0.5 厘米、厚 0.12 厘米（图五一，1）。标本 M11：1-2，钱面文为"乾隆通宝"，楷书，上下右左对读；背穿左右为满文"宝源"二字，纪局名。钱径 2.34 厘米、穿径 0.56 厘米、厚 0.14 厘米（图五一，11）。标本 M11：1-3，钱面文为"嘉庆通宝"，楷书，上下右左对读；背穿左右为满文"宝泉"二字，纪局名。钱径 2.42 厘米、穿径 0.6 厘米、厚 0.12 厘米（图五二，7）。标本 M11：1-4，钱面文为"道光通宝"，楷书，上下右左对读；背穿左右为满文"宝泉"二字，纪局名。钱径 2.32 厘米、穿径 0.58 厘米、厚 0.15 厘米（图五二，11）。

铜扣 4 枚。标本 M11：2，球状，素面，钮部作圆环。直径 0.9 厘米（图五〇，7）。

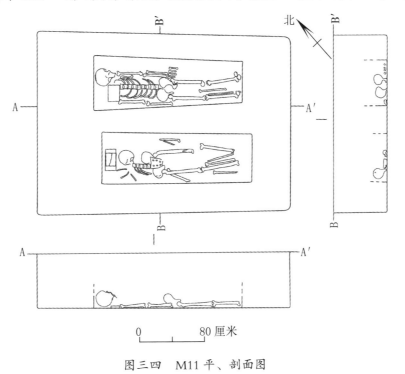

图三四　M11 平、剖面图

3.M15

位于发掘区东北部，方向为 325°，为竖穴土圹墓。开口于②层下，墓口距地表深 0.45 米，墓底距地表深 1.45 米。平面呈长方形，墓圹长 2.7 米、宽 1.7 ~ 1.8 米。墓壁为直壁，有加工痕迹，墓底平。墓内填土较松散，双棺，东棺长 1.8 米、宽 0.4 米 ~ 0.5 米、残高 0.1 米；西棺长 1.44 米、宽 0.3 ~ 0.4 米、残高 0.2 米。棺内人骨保存较差，性别不详，头向西北，仰身直肢葬。东棺头骨左侧有一块灰陶板瓦，肩部和两腿之间随葬铜钱（图三五）。

铜钱 10 枚。均为平钱、方穿。标本 M15：1-1，钱面文为"雍正通宝"，楷书，上下右左对读；背穿左右为满文"宝泉"二字，纪局名。钱径 2.58 厘米、穿径 0.52 厘米、厚 0.16 厘米（图五一，5）。标本 M15：1-2，钱面文为"道光通宝"，楷书，上下右左对读；背穿左右为满文"宝泉"二字，纪局名。钱径 2.26 厘米、穿径 0.52 厘米、厚 0.18 厘米（图五一，13）。标本 M15：1-3，钱面文为"道光通宝"，楷书，上下右左对读；背穿左右为满文"宝泉"二字，纪局名。钱径 2.35 厘米、穿径 0.55 厘米、厚 0.18 厘米（图五一，14）。

4.M20

位于 M19 西侧，方向为 347°，为竖穴土圹墓。开口于②层下，墓口距地表深 0.37 米，墓底距地表深 1.41 米。平面呈长方形，墓圹长 2.7 米、宽 1.7 ~ 1.8 米。墓壁为直壁，有加工痕迹，墓底平。墓内填土较松散，双棺，东棺长 2.2 米、宽 0.5 ~ 0.6 米、残高 0.08 米；西棺长 2 米、宽 0.4 ~ 0.5 米、

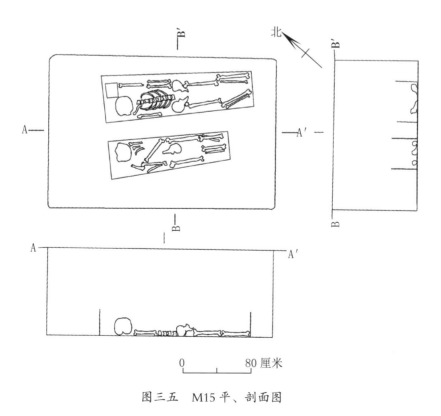

图三五　M15 平、剖面图

残高 0.1 米。棺内人骨保存较差，性别不详，头向西北，西棺为仰身直肢葬，东棺葬式不详。西棺头骨下部有一块灰陶板瓦，头部随葬有铜簪，大腿之间随葬铜钱（图三六）。

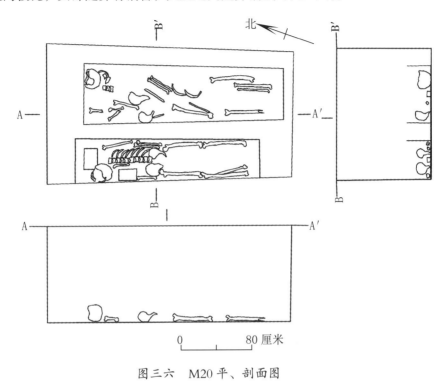

图三六　M20 平、剖面图

铜簪 1 件。M20 : 2，首无存，体呈圆锥状，残长 9.5 厘米。

铜钱 5 枚。均平钱、方穿。标本 M20 : 1-1，钱面文为"康熙通宝"，楷书，上下右左对读；背穿左右为满文"宝源"二字，纪局名。钱径 2.52 厘米、穿径 0.52 厘米、厚 0.12 厘米（图五一，2）。标本 M20 : 1-2，钱面文为"乾隆通宝"，楷书，上下右左对读；背穿左右为满文"宝泉"二字，纪局名。钱径 2.42 厘米、穿径 0.58 厘米、厚 0.14 厘米（图五一，13）。

5.M22

位于发掘区东北部，方向为 335°，为竖穴土圹墓。开口于②层下，墓口距地表深 0.45 米，墓底距地表深 0.95 米。平面呈长方形，墓圹长 2.1 米、宽 1.2 米。墓壁为直壁，有加工痕迹，墓底平。墓内填土较松散，双棺，东棺长 1.35 米、宽 0.4 ~ 0.5 米、残高 0.1 米；西棺长 1.26 米、宽 0.3 ~ 0.4 米、残高 0.1 米。棺内人骨保存较差，东棺为女性，西棺为男性，头向西北，仰身直肢葬。西棺人骨胸部盖有一块灰陶板瓦，头部随葬铜钱（图三七）。

铜钱 2 枚。均平钱、方穿。标本 M22 : 1，西棺出土。钱面文为"乾隆通宝"，楷书，上下右左对读；背穿左右为满文"宝泉"二字，纪局名。钱径 2.34 厘米、穿径 0.56 厘米、厚 0.12 厘米（图五一，15）。

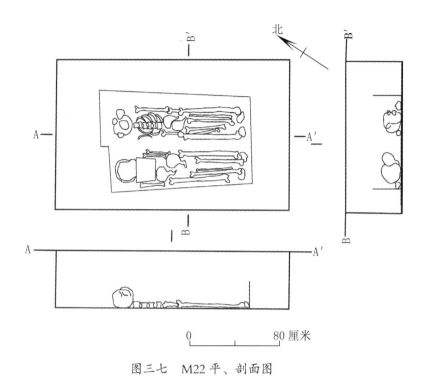

北

0   80 厘米

图三七 M22 平、剖面图

6.M23

位于发掘区东北部，方向为333°，为竖穴土圹墓。开口于②层下，墓口距地表深0.3米，墓底距地表深1.1米。平面呈长方形，墓圹长2.5米、宽1.6～1.8米。墓壁为直壁，有加工痕迹，墓底平。墓内填土较松散，双棺，木棺已朽，填土中有木棺痕。东棺长1.9米、宽0.5～0.6米、残高0.2米；西棺长1.7米、宽0.35～0.5米、残高0.18米。棺内人骨保存较差，东棺为男性，西棺为女性，头向西北，仰身直肢葬。东棺人骨右肩上盖一块灰陶板瓦，头部和胯部随葬铜钱。西棺人骨头下枕一块灰陶板瓦，头部随葬铜扁方，头部和胯部随葬铜钱（图三八）。

铜钱6枚。均为平钱、方穿。标本M23：1-1，钱面文为"康熙通宝"，楷书，上下右左对读，背穿左右为满文"宝源"二字，纪局名。钱径2.78厘米、穿径0.56厘米、厚0.09厘米（图五一，3）。标本M23：1-2，钱面文为"雍正通宝"，楷书，上下右左对读，背穿左右为满文"宝源"二字，纪局名。钱径2.6厘米、穿径0.6厘米、厚0.14厘米（图五一，6）。标本M23：1-3，钱面文为"乾隆通宝"，楷书，上下右左对读，背穿左右为满文"宝泉"二字，纪局名。钱径2.3厘米、穿径0.58厘米、厚0.11厘米（图五一，14）。

铜扁方1件。M23：2，首卷曲，侧面呈十字花形。体扁平，上宽下窄。通长7.4厘米、宽0.42～0.84厘米（图五〇，11）。

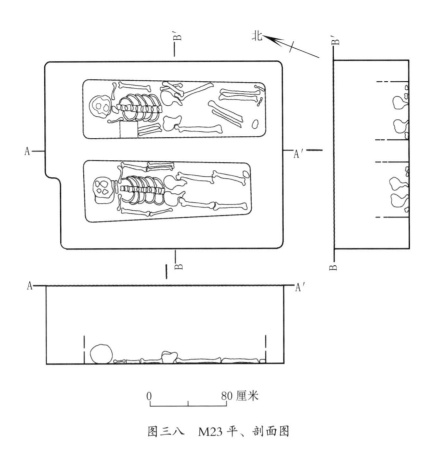

图三八 M23 平、剖面图

7.M24

位于 M23 南侧，方向为 332°，为竖穴土圹墓。开口于②层下，墓口距地表深 0.4 米，墓底距地表深 1.32 米。平面呈不规则长方形，墓圹长 2.23 米、宽 1.26 米。墓壁为直壁，有加工痕迹，墓底平。墓内填土较松散，双棺，木棺已朽，填土中有木棺痕。东棺长 1.88 米、宽 0.33 ~ 0.47 米、残高 0.16 米；西棺长 1.77 米、宽 0.4 ~ 0.55 米、残高 0.16 米。棺内人骨保存较好，东棺为男性，西棺为女性，头向西北，仰身直肢葬。西棺人骨右肩上有一块灰陶板瓦。棺内未见随葬品（图三九）。

8.M25

位于发掘区东北部，方向为 333°，为竖穴土圹墓。开口于②层下，墓口距地表深 0.4 米，墓底距地表深 1.48 米。平面呈长方形，墓圹长 2.5 米、宽 1.8 ~ 1.9 米。墓壁为直壁，有加工痕迹，墓底平。墓内填土较松散，双棺，木棺已朽，填土中有木棺痕。东棺长 1.8 米、宽 0.4 ~ 0.45 米、残高 0.18 米；西棺长 1.8 米、宽 0.4 ~ 0.5 米、残高 0.02 米。棺内人骨保存较差，性别不详，头向西北，仰身直肢葬。西棺人骨头部随葬铜簪，胯部和脚部随葬铜钱。东棺人骨右肩盖一块灰陶板瓦（图四○）。

铜钱 6 枚。均为平钱、方穿。标本 M25：1-1，钱面文为"雍正通宝"，楷书，上下右左对读，背穿左右为满文"宝泉"二字，纪局名。钱径 2.48 厘米、穿径 0.54 厘米、厚 0.14 厘米（图五一，7）。标本 M25：1-2，钱面文为"乾隆通宝"，楷书，上下右左对读，背穿左右为满文"宝泉"二字，纪局名。钱径 2.4 厘米、穿径 0.55 厘米、厚 0.12 厘米（图五二，1）。

铜簪1件。M25：2，首无存，体扁平，残长3.5厘米、宽0.3厘米。

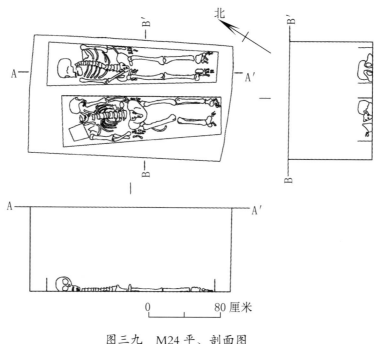

图三九　M24平、剖面图

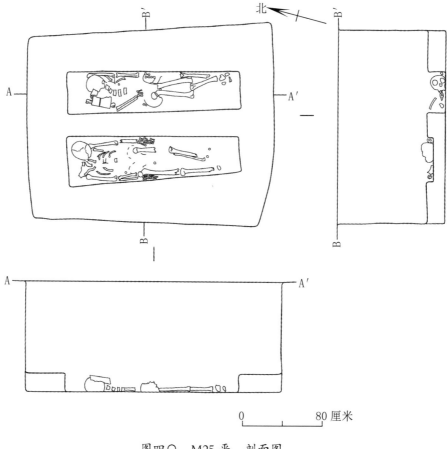

图四〇　M25平、剖面图

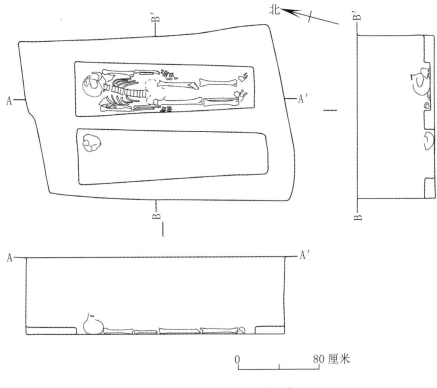

0   80 厘米

图四一 M26 平、剖面图

9.M26

位于发掘区东北部，方向为337°，为竖穴土圹墓。开口于②层下，墓口距地表深0.4米，墓底距地表深1.18米。平面呈不规则长方形，墓圹长2.5～2.9米、宽1.6～1.8米。墓壁为直壁，有加工痕迹，墓底平。墓内填土较松散，双棺，木棺已朽，填土中有木棺痕。东棺长1.75米、宽0.38～0.55米、残高0.2米；西棺长1.8米、宽0.4～0.5米、残高0.14米。棺内人骨保存较差，性别不详，头向西北，东棺仰身直肢葬，西棺葬式不详。棺内未见随葬品（图四一）。

10.M27

位于发掘区东北部，方向为348°，为竖穴土圹墓。开口于②层下，墓口距地表深0.4米，墓底距地表深1.44米。平面呈长方形，墓圹长2.5米、宽1.8～1.9米。墓壁为直壁，有加工痕迹，墓底平。墓内填土较松散，双棺，木棺已朽，填土中有木棺痕。东棺长1.9米、宽0.5～0.6米、残高0.14米；西棺长1.8米、宽0.4～0.5米、残高0.3米。棺内人骨保存较差，性别不详，头向西北，仰身直肢葬。西棺人骨头部随葬银簪，东棺人骨头下枕一块灰陶板瓦（图四二）。

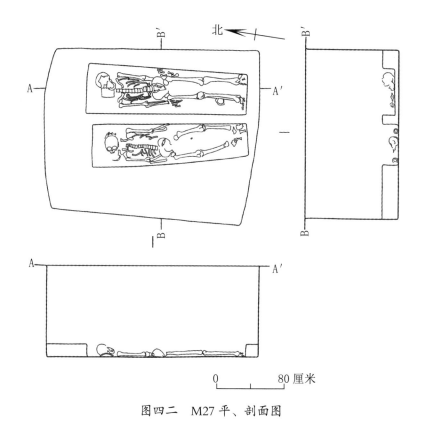

图四二　M27 平、剖面图

银簪 3 件。M27：1，首作花球状，底托为银丝缠制的菊花造型，花球银丝缠制，球体上下两层各五个圆形的六瓣梅花，花心呈乳突状，花球顶部尖瓣绽开。体呈圆锥状，近首处凸起。首宽1.5 厘米、残长 5.5 厘米（图五○，10）。M27：2，首作菊花状，底托银片，上嵌银丝缠制的菊花造型，花瓣单层，花心作"福"形缠丝花纹。体呈圆锥状。首宽 2.3 厘米、残长 5.8 厘米（图五○，4）。M27：3 与 M27：2 造型相同，残长 2.3 厘米。（图五○，5；彩版四六，4）。

11.M28

位于发掘区中部偏北，方向为 347°，为竖穴土圹墓。开口于②层下，墓口距地表深 0.45 米，墓底距地表深 1.23 米。平面呈长方形，墓圹长 2.3 米、宽 1.23 ~ 1.43 米。墓壁为直壁，有加工痕迹，墓底平。墓内填土较松散，双棺，木棺已朽，填土中有木棺痕。东棺长 1.96 米、宽 0.42 米 ~ 0.52米、残高 0.1 米；西棺长 1.83 米、宽 0.54 ~ 0.67 米、残高 0.18 米。棺内人骨保存较差，东棺为男性，西棺为女性，头向西北，仰身直肢葬。东棺人骨左肩盖一块灰陶板瓦，西棺人骨头部随葬铜簪，膝部之间随葬铜钱（图四三）。

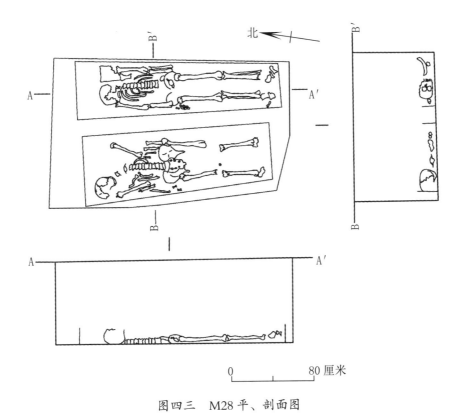

北

0　　　　　　80厘米

图四三　M28平、剖面图

铜钱2枚。均为平钱、方穿。M28：1-1，钱面文为"康熙通宝"，楷书，上下右左对读；背穿左右为满文"宝泉"二字，纪局名。钱径2.6厘米、穿径0.58厘米、厚0.12厘米（图五一，4）。M28：1-2，钱面文为"雍正通宝"，楷书，上下右左对读；背穿左右为满文"宝泉"二字，纪局名。钱径2.58厘米、穿径0.54厘米、厚0.14厘米（图五一，8）。

铜簪1件。M28：2，首作空心葵花状，四周为花瓣，花心凸起"福"字，已残。底面三孔。体呈圆锥状。首宽2.3厘米、通长11厘米（图四九，5）。

12.M29

位于M28东侧，方向为348°，为竖穴土圹墓。开口于②层下，墓口距地表深0.45米，墓底距地表深1.77米。平面呈长方形，墓圹长2.65米、宽1.63～2.1米。墓壁为直壁，有加工痕迹，西壁被M28打破。墓底平。墓内填土较松散，双棺，木棺已朽，填土中有木棺痕。东棺长1.76米、宽0.36～0.6米、残高0.2米；西棺长1.62米、宽0.44～0.54米、残高0.1米。棺内人骨保存较差，东棺为男性，西棺为女性，头向西北，仰身直肢葬。东棺人骨头上盖一块灰陶板瓦，手部、胯部和两腿之间随葬铜钱。西棺人骨头部随葬银簪，胸部随葬铜钱（图四四）。

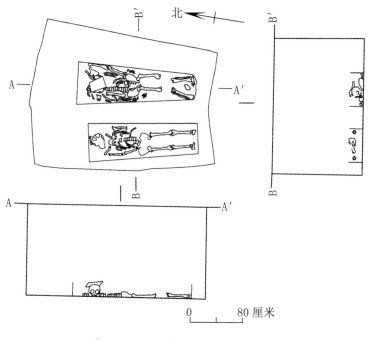

图四四 M29 平、剖面图

铜钱 8 枚。均为平钱、方穿。标本 M29：1，钱面文为"乾隆通宝"，楷书，上下右左对读；背穿左右为满文"宝泉"二字，纪局名。钱径 2.43 厘米、穿径 0.5 厘米、厚 0.18 厘米（图五二，2）。

银簪 2 件。M29：2，首无存，体呈圆锥状，残长 11.6 厘米。（图四九，3）。M29：3，首作菊花状，底托银片，上嵌银丝缠制的菊花造型，花瓣内外两层，花心作"福"形缠丝花纹。体呈圆锥状，已残。首宽 2 厘米、长 12 厘米（图四九，4；彩版四七，1）。

13.M30

位于发掘区东北部，方向为 334°，为竖穴土圹墓。开口于②层下，墓口距地表深 0.38 米，墓底距地表深 1.38 米。平面呈不规则长方形，墓圹长 2.6 米、宽 1.2 ~ 1.8 米。墓壁为直壁，有加工痕迹。墓底平。墓内填土较松散，双棺，木棺已朽，填土中有木棺痕。东棺长 1.9 米、宽 0.4 ~ 0.5 米、残高 0.2 米；西棺长 1.7 米、宽 0.4 ~ 0.45 米、残高 0.2 米。棺内人骨保存较差，性别不详，头向西北，仰身直肢葬。东棺人骨手部和胯部随葬铜钱。西棺人骨头下枕一块灰陶板瓦（图四五）。

铜钱 6 枚。均为平钱、方穿。标本 M30：1，钱面文为"乾隆通宝"，楷书，上下右左对读；背穿左右为满文"宝源"二字，纪局名。钱径 2.54 厘米、穿径 0.58 厘米、厚 0.11 厘米（图五二，3）。

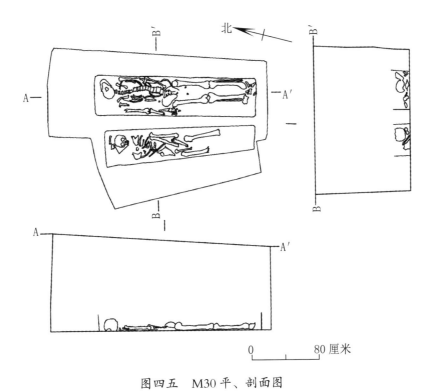

图四五　M30 平、剖面图

14.M31

位于发掘区东北部，方向为337°，为竖穴土圹墓。开口于②层下，墓口距地表深0.35米，墓底距地表深1.25米。平面呈长方形，墓圹长2.9米、宽1.7～1.8米。墓壁为直壁，有加工痕迹。墓底平。墓内填土较松散，双棺，木棺已朽，填土中有木棺痕。东棺长1.7米、宽0.4～0.58米、残高0.14米，西棺长1.7米、宽0.4～0.5米、残高0.12米。棺内人骨保存较差，性别不详，头向西北，仰身直肢葬。东棺人骨头顶有一块灰陶板瓦。西棺人骨头部随葬铜钱（图四六）。

铜钱2枚。均为平钱、方穿。标本M31：1，钱面文为"道光通宝"，楷书，上下右左对读；背穿左右为满文"宝泉"二字，纪局名。钱径2.58厘米、穿径0.65厘米、厚0.16厘米（图五三，2）。

15.M32

位于发掘区东北部，方向为339°，为竖穴土圹墓。开口于②层下，墓口距地表深0.3米，墓底距地表深1.3米。平面呈长方形，墓圹长2.46～2.68米、宽1.35～1.48米。墓壁为直壁，有加工痕迹，墓底平。墓内填土较松散，双棺，木棺已朽，填土中有木棺痕。东棺长1.8米、宽0.45～0.6米、残高0.3米，西棺长1.85米、宽0.4米～0.5米、残高0.2米。棺内人骨保存较差，东棺为男性，西棺为女性，头向西北，仰身直肢葬。东棺人骨两腿之间随葬铜钱。西棺人骨头上部有两块灰陶板瓦，胸部上盖一块灰陶板瓦，头部随葬银簪（图四七）。

银簪1件。M32：1，首呈连环禅杖状，顶端为葫芦造型。体呈圆锥形，近首处凸起。通长17.2厘米（图四九，5）。

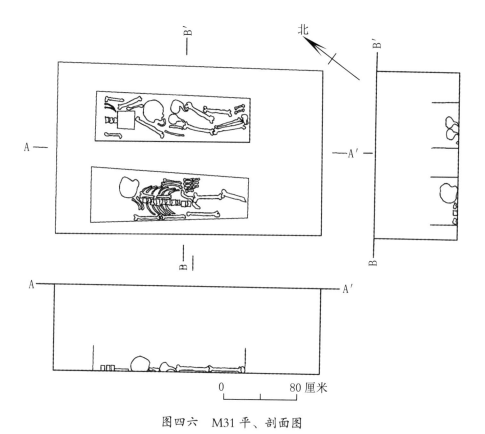

图四六　M31 平、剖面图

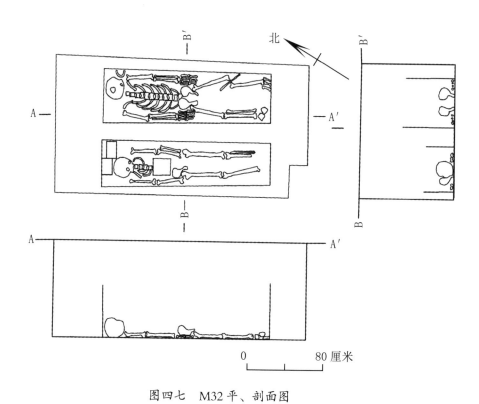

图四七　M32 平、剖面图

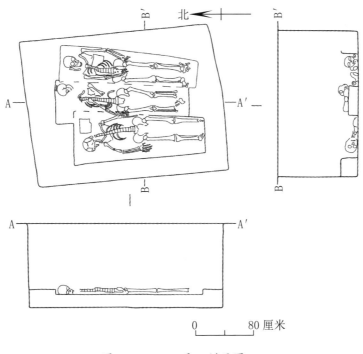

图四八　M17 平、剖面图

铜钱 3 枚。均为平钱、方穿。标本 M32 : 2，钱面文为"乾隆通宝"，楷体，上下右左对读；背穿左右为满文"宝源"二字，纪局名。钱径 2.5 厘米、穿径 0.6 厘米、厚 0.12 厘米（图五二，4）。

16.M54

位于发掘区中部偏北，打破 M50，方向为 345°，为竖穴土圹墓。开口于②层下，墓口距地表深 0.45 米，墓底距地表深 1.9 米。平面呈长方形，墓圹长 2.25 ~ 2.45 米、宽 1.6 米。墓壁为直壁。墓底平。墓内填土较松散，双棺，木棺已朽，填土中有木棺痕。东棺长 2.18 米、宽 0.45 米 ~ 0.56 米、残高 0.1 米，西棺长 1.76 米、宽 0.36 米 ~ 0.5 米、残高 0.1 米。棺内人骨保存较差，性别不详，头向西北，葬式不详。西棺随葬铜钱（图一八）。

铜钱 10 枚。均为平钱、方穿。标本 M54 : 1-1，钱面文为"雍正通宝"，楷书，上下右左对读；背穿左右为满文"宝源"二字，纪局名。钱径 2.62 厘米、穿径 0.56 厘米、厚 0.12 厘米（图五一，9）。标本 M54 : 1-2，钱面文为"乾隆通宝"，楷书，上下右左对读；背穿左右为满文"宝源"二字，纪局名。钱径 2.62 厘米、穿径 0.54 厘米、厚 0.14 厘米（图五二，6）。

（三）三人合葬墓

M17 位于发掘区东北部，方向为 344°，为竖穴土圹墓。开口于①层下，墓口距地表深 0.45 米，墓底距地表深 1.55 米。平面呈长方形，墓圹长 2.64 米、宽 1.93 米。墓壁为直壁，有加工痕迹，墓底平。墓内填土较松散，三棺，木棺已朽，填土中有木棺痕。东棺长 1.85 米、宽 0.36 米 ~ 0.48 米、残高 0.12 米, 中棺长 1.82 米、宽 0.5 ~ 0.56 米、残高 0.1 米, 西棺长 1.78 米、宽 0.46 ~ 0.7 米、残高 0.1 米。棺内人骨保存较好, 东棺为男性, 中棺为女性, 西棺为女性, 头向西北, 仰身直肢葬。东棺人骨左胸部盖有一块灰陶板瓦, 肩部随葬铜钱。西棺人骨头部左侧有灰陶板瓦, 头部随葬银簪, 头部和胯部随葬铜钱。

银簪 3 件。M17 : 1, 首作花球状, 底托为银丝缠制的菊花造型, 花球银丝缠制, 球体下层现存四个圆形的五瓣梅, 花心呈乳突状, 花球顶部残。体呈圆锥状, 近首处凸起。首宽 1.5 厘米、残长 7.5 厘米 (图五〇, 1)。M17 : 2, 首作菊花状, 底托银片, 上嵌银丝缠制的菊花造型, 花瓣内外两层, 花心作 "福" 形缠丝花纹。体呈圆锥状, 已残。首宽 2 厘米、残长 4 厘米 (图五〇, 2)。M17 : 3 与 M17 : 2 造型相同, 保存较完整, 长 5.2 厘米。(图五〇, 3)。

铜钱 6 枚。均为平钱、方穿。标本 M17 : 4-1, 钱面文为 "嘉庆通宝", 楷体, 上下右左对读; 背穿左右为满文 "宝泉" 二字, 纪局名。钱径 2.52 厘米、穿径 0.58 厘米、厚 0.14 厘米 (图五二, 9)。标本 M17 : 4-2, 钱面文为 "道光通宝", 楷体, 上下右左对读; 背穿左右为满文 "宝泉" 二字, 纪局名钱径 2.3 厘米、穿径 0.52 厘米、厚 0.16 厘米 (图五二, 15)。

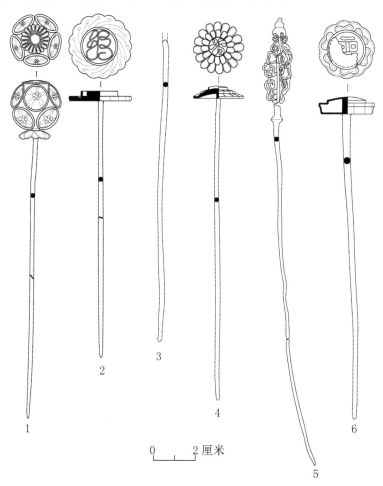

图四九　出土银簪、铜簪

1 ~ 5. 银簪 (M10 : 1、M10 : 4、M29 : 2、M29 : 3、M32 : 1) 6. 铜簪 (M28 : 2)

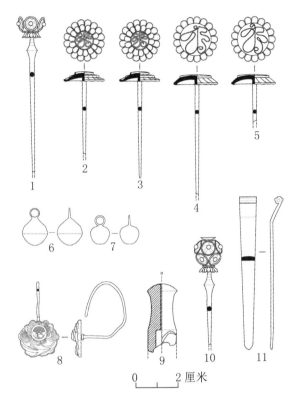

图五〇　出土器物（三）

1～5、10.银簪（M17：1、M17：2、M17：3、M27：2、M27：3、M27：1）6、7.铜扣（M10：3、M11：2）8.银耳环（M10：2）9.玉烟嘴（M46：2）11.铜扁方（M23：2）

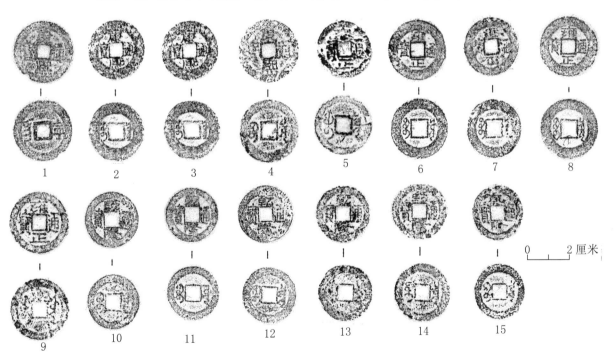

图五一　出土铜钱拓片（一）

1～4.康熙通宝（M11：1-1、M20：1-1、M23：1-1、M28：1-1）5～9.雍正通宝（M15：1-1、M23：1-2、M25：1-1、M28：1-2、M54：1-1）10～15.乾隆通宝（M9：1、M11：1-2、M14：1-1、M20：1-2、M23：1-3、M22：1）

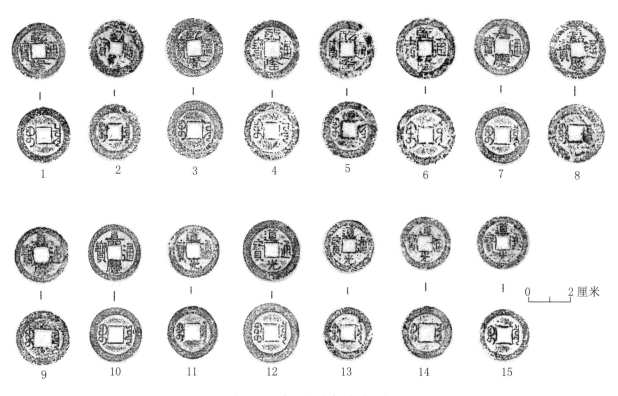

图五二 出土铜钱拓片（二）

1～6.乾隆通宝（M25：1-2、M29：1、M30：1、M32：2、M33：1-1、M54：1-2）7～10.嘉庆通宝
（M11：1-3、M14：1-2、M17：4-1、M34：1）11～15.道光通宝（M11：1-4、M14：1-3、M15：1-2、
M15：1-3、M17：4-2）

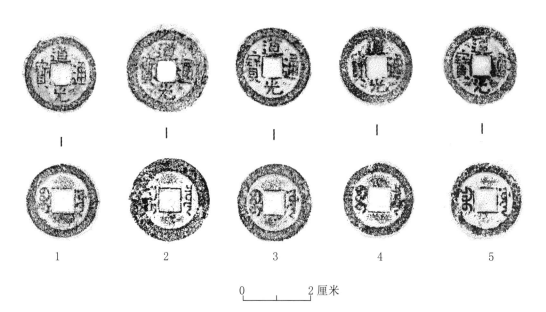

图五三 出土铜钱拓片（三）

1～5.道光通宝（M19：1、M31：1、M33：1-2、M46：1、M53：1）

四、结语

此次发掘的墓葬数量丰富，主要可区分为元代和清代两个时期。

元代墓葬以带墓道的圆形砖室墓为主，顶部全部无存，部分保留砖砌墓壁和半圆形棺床，其形制在北京地区尤其是平谷地区较为常见，如京平高速公路[①]和河北村[②]发掘出土的元代墓葬形制和随葬品与此次发掘墓葬均十分相似。墓葬的形制、规模和朝向较为统一，分布呈现出较强的规律性，其中位于顶部的 M8 与 M50 规模最大，形制基本一致，且分别出土了造型尺寸一致的铁灯盏，具有很强的关联性。其余墓葬规模略小，呈八字形向东南、西南两侧排列，之间距离相仿，显然是经过严格布置的结果，且墓内出土器物十分相似，应为一组布局较为严整的家族墓群。另外，值得注意的是，M5 墓底采用了不规则六角形平面的做法，在本次发现的元代墓葬中较为特殊，其所在位置也打破了上述墓群的分布规律，可能暗示此墓主人的特殊身份。

除圆形砖室墓外，M45 为一座长方形竖穴土圹元代墓葬，根据墓底出土青砖的做法判断可能为竖穴土圹砖室墓。此墓朝向西南，不带墓道，与大兴礼贤苑南村发现的元墓[③]做法十分相似，其顶部做法可能为券顶。此类元墓在丰台南苑[④]、朝阳南豆各庄[⑤]亦有发现。

清代墓葬均为竖穴土圹墓，以双人合葬墓数量最多，其次为单人葬和三人合葬墓，形制做法十分统一。出土器物以墓主人随身佩戴的发簪和铜钱为主，在北京发现的清代墓葬中十分常见。根据墓内骨骼保存状况和墓内出土的铜钱，这些墓葬的年代可由清代中期延续至晚期，可见此处墓地具有较强的连续性。此外，墓群整体朝向规模较为相似，分布也十分集中，不排除原为家族墓地的可能。同时，除少数打破元代墓葬外，清代墓葬基本集中分布在元代墓群的东北侧，推测这些墓葬在下葬时，元代家族墓地上可能仍有墓园标识。

发掘：张利芳　郗桉宏

绘图：安喜林

摄影：王宇新　王佳音

执笔：王佳音

注释

① 于璞、韩鸿业：《京平高速公路工程考古发掘报告》，载北京市文物研究所编《北京考古》（第二辑），北京燕山出版社，2008 年，第 368 ~ 411 页。

② 孙勐：《北京考古史（元代卷）》，上海古籍出版社，2012 年，第 90 ~ 97 页。

③ 北京市文物研究所：《北京大兴礼贤苑南村元墓发掘简报》，载北京市文物研究所编《北京文物与考古》（第 8 辑），北京出版社，2021 年，第 68 ~ 79 页。

④ 黄秀纯、雷少雨：《北京地区发现的元代墓葬》，载北京市文物研究所编《北京文物与考古》（第二辑），北京燕山出版社，1991 年，第 219 ~ 248 页。

⑤ 北京市文物研究所:《北京地区发现两座元代墓葬》，载北京市文物研究所编《北京文物与考古》(第三辑)，1992 年，第 219 ~ 223 页。

密云区鼓楼西区明清城墙遗址发掘报告

2019 年 3 月 29 日至 10 月 23 日，为配合北京市密云区中医医院迁址新建项目建设，北京市考古研究院（原北京市文物研究所）在其用地范围内开展了考古发掘。发掘区位于密云区鼓楼西区南部，西为密关路（S205）、东邻鼓楼北大街、南为密云区政府、北邻密云区鼓楼西区定向安置房项目地块（图一）。地理坐标点：东经 116°50′33.684″，北纬 40°22′41.412″。该项目区域属白河东岸台地，西距白河东岸 160 米。此次考古发掘的总面积为 5600 平方米，分两期连续进行，其中第二期发掘面积 4570 平方米。第二期发掘位于该项目区域内的西部，主要清理出城墙遗址（编号 2019BMZCQ1）一处（图二）。

图一　发掘地点位置示意图

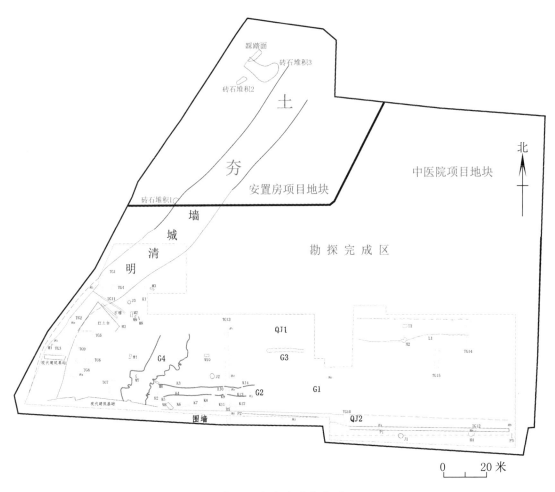

图二　遗迹平面分布图

一、城墙遗迹概况

城墙的墙体已遭严重破坏，现存主要为三个立面，即东、西、南三面。以现存的三个立面为剖面，可以了解城墙的夯筑结构、夯层厚度等情况。

西侧剖面保存状况相对较好，有较为完整的地层保留（图三）。第①层为灰褐色现代渣土层，厚1.1～3.4米，城墙夯土均开口于此层下；第②层为红褐色土层，应为原生土，厚0.2～1.7米；第③层为黄褐色砂土层，也为原生土层，厚0～1.5米。

城墙夯土开口于①层下，残存高度0.45～3.6米，南北残存长度49.7米。

CQ1西①层，灰褐色，夯层南北长33.3米、厚0.02～0.13米，致密，内含少量卵石、碎陶片等。CQ1西②层，灰褐色，夯层南北长15.43米、厚0.02～0.24米，致密，内含少量卵石、碎陶片等。CQ1西③层，灰褐色，夯层南北长35.68米、厚0.02～0.24米，致密，内含少量卵石等。CQ1西④层，灰褐色，夯层南北长10.6米、厚0.01～0.19米，致密，内含少量卵石、碎陶片等。CQ1西⑤层，

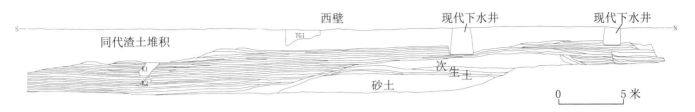

图三　城墙遗迹 CQ1 西壁剖面图

灰褐色，夯层南北长 24.85 米、厚 0.03 ～ 0.23 米，内含少量卵石、碎陶片等。CQ1 西⑥层，灰褐色，夯层南北长 29.22 米、厚 0.02 ～ 0.18 米，致密，内含少量卵石、碎陶片等。CQ1 西⑦层，灰褐色，夯层南北长 8.61 米、厚 0.02 ～ 0.19 米，致密，内含少量卵石、碎陶片等。CQ1 西⑧层，灰褐色，夯层南北长 21.3 米、厚 0.02 ～ 0.16 米，致密，内含少量卵石、碎陶片等。CQ1 西⑨层，灰褐色，夯层南北长 8.28 米、厚 0.02 ～ 0.20 米，致密，内含少量卵石、碎陶片等。CQ1 西 ⑩ 层，灰褐色，夯层南北长 14.7 米、厚 0.17 米，致密，内含少量小石子等。CQ1 西 ⑪ 层，灰褐色，夯层南北长 10.3 米、厚 0.16 米，致密，纯净。CQ1 西 ⑫ 层，灰褐色，夯层南北长 25.2 米、厚 0.17 米，致密，内含少量灰青色颗粒土块。CQ1 西 ⑬ 层，灰褐色，夯层南北长 24.9 米、厚 0.19 米，致密，内含少量木灰点、小石子等。CQ1 西 ⑭ 层，浅灰褐色，夯层南北长 24.6 米、厚 0.19 米，致密，内含少量木灰点、小石子等。CQ1 西 ⑮ 层，浅灰褐色，夯层南北长 23.7 米、厚 0.22 米，致密，内含少量青灰块、灰陶碎片等。CQ1 西 ⑯ 层，浅灰褐色，夯层南北长 23.6 米、厚 0.24 米，致密，内含少量木灰点、灰陶碎片等。CQ1 西 ⑰ 层，浅灰褐色，夯层南北长 22.2 米、厚 0.17 米，致密，内含少量颗粒状红土等。CQ1 西 ⑱ 层，浅灰褐色，夯层南北长 8.5 米、厚 0.16 米，致密，内含少量小石子、黄褐色淤土等。CQ1 西 ⑲ 层，浅灰褐色，夯层南北长 9.6 米、厚 0.23 米，致密，纯净。CQ1 西 ⑳ 层，浅灰褐色，夯层南北长 21.2 米、厚 0.07 ～ 0.26 米，致密，夹杂少量黄褐色淤土等。CQ1 西 ㉑ 层，灰褐色，夯层南北长 19.6 米、厚 0.17 米，致密，内含少量小石子、灰陶碎片等。CQ1 西 ㉒ 层，浅灰褐色，夯层南北长 17.8 米、厚 0.23 米，致密，纯净。CQ1 西 ㉓ 层，浅灰褐色，夯层南北长 20.6 米、厚 0.23 米，致密，纯净。CQ1 西 ㉔ 层，浅灰褐色，夯层南北长 7.9 米、厚 0.13 米，致密，纯净。CQ1 西 ㉕ 层，浅灰褐色，夯层南北长 1 米、厚 0.05 米，致密，纯净。

从西侧剖面可以看出，在剖面的中部和偏北部，夯土层下叠压着一层红褐色土，纯净，没有包含物。上口长 16.2 米、底长 32.29 米，距现存城墙面北端深 1.1 米、中部深 0.95 米、南端深 3.36 米。分为 5 层，厚 0 ～ 1.73 米。红褐土层下为黄砂土层。黄砂土层由北向南厚 13.5 ～ 30.4 米，距现存城墙面 1.97 ～ 3.18 米，纯净，没有包含物。

东侧剖面的城墙夯土可分 15 层（图四；彩版四八，1、2）。CQ1 东①层，灰褐色，夯层南北长 3.5 米、厚 0.01 ～ 0.15 米，致密，内含少量碎石块、碎陶片等。CQ1 东②层，灰褐色，夯层南北长 4 米、厚 0.02 ～ 0.12 米，致密，内含少量碎石块、碎陶片等。CQ1 东③层，灰褐色，夯层南北长 4.4 米、

厚 0.01 ~ 0.17 米，较致密，内含少量碎石块、灰陶颗粒等。CQ1 东④层，灰褐色，夯层南北长 7.55
米、厚 0.02 ~ 0.17 米，致密，内含少量卵石块、碎陶片等。CQ1 东⑤层，灰褐色，夯层南北长 7.55
米、厚 0.04 ~ 0.12 米，致密，内含少量碎石块、灰陶颗粒等。CQ1 东⑥层，灰褐色，夯层南北长 7.53
米、厚 0.05 ~ 0.16 米，致密，内含少量卵石块、碎陶片等。CQ1 东⑦层，灰褐色，夯层南北长 7.51
米、厚 0.09 ~ 0.21 米，致密，内含少量卵石块、灰陶颗粒等。CQ1 东⑧层，灰褐色，夯层南北长 4.63
米、厚 0.05 ~ 0.15 米，致密，内含少量卵石块、碎陶片等。CQ1 东⑨层，灰褐色，夯层南北长 7.45
米、厚 0.09 ~ 0.2 米，致密，内含少量卵石块、碎陶片等。CQ1 东⑩层，灰褐色，夯层南北长 7.2 米、
厚 0.01 ~ 0.03 米，致密，内含少量卵石块、碎陶片等。CQ1 东 ⑪ 层，灰褐色，夯层南北长 4.22 米、
厚 0.01 ~ 0.13 米，致密，内含少量卵石块、碎陶片等。CQ1 东 ⑫ 层，灰褐色，夯层南北长 2.68 米、
厚 0.01 ~ 0.09 米，致密，内含少量卵石块、碎陶片等。CQ1 东 ⑬ 层，灰褐色，夯层南北长 7.1 米、
厚 0.06 ~ 0.2 米，致密，内含少量卵石块、碎陶片等。CQ1 东 ⑭ 层，灰褐色，夯层南北长 7.01 米、
厚 0.06 ~ 0.19 米，致密，内含少量卵石块、碎陶片等。CQ1 东 ⑮ 层，灰褐色，夯层南北长 5.6 米、
厚 0.02 ~ 0.1 米，致密，内含少量卵石块、碎陶片等。

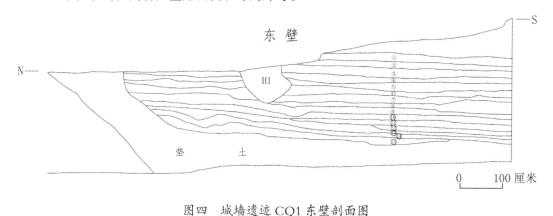

图四　城墙遗迹 CQ1 东壁剖面图

　　夯土底部叠压红褐色土层，较致密，北部呈斜状，底部较平。长 9 米、深 0.33 ~ 1.15 米，内有
少量卵石块。

　　南侧剖面长 9.1 米、高 2.7 米，其上为厚 0.72 ~ 1.2 米的现代渣土。CQ1 南①层，灰褐色，东西
残长 0.82 米、厚 0.02 ~ 0.11 米，致密，内含少量卵石块、碎陶片等。CQ1 南②层，灰褐色，东西
残长 1.72 米、厚 0.01 ~ 0.13 米，致密，内含少量卵石块、碎陶颗粒等。CQ1 南③层，灰褐色，东
西残长 5.3 米、厚 0.05 ~ 0.14 米，致密，内含少量卵石块、碎陶片等。CQ1 南④层，灰褐色，东
西残长 5.45 米、厚 0.08 ~ 0.13 米，致密，内含少量卵石块、碎陶片等。CQ1 南⑤层，灰褐色，东
西长 5.72 米、厚 0.07 ~ 0.12 米，致密，内含少量碎陶颗粒等。CQ1 南⑥层，灰褐色，东西长 5.98
米、厚 0.07 ~ 0.14 米，致密，内含少量卵石块、碎陶片等。CQ1 南⑦层，灰褐色，东西长 10.2 米、
厚 0.04 ~ 0.14 米，致密，内含少量卵石块、碎陶片等。CQ1 南⑧层，灰褐色，东西长 10.2 米、厚
0.08 ~ 0.15 米，致密，内含少量灰陶颗粒等。CQ1 南⑨层，灰褐色，东西长 10.2 米、厚 0.04 ~ 0.12

米，致密，内含少量卵石块等。CQ1 南⑩层，灰褐色，东西长 10.2 米、厚 0.12 ~ 0.21 米，致密，纯净。CQ1 南 ⑪ 层，灰褐色，东西长 10.2 米、厚 0.07 ~ 0.15 米，致密，内含少量卵石块、碎陶片等。CQ1 南 ⑫ 层，灰褐色，东西长 10.2 米、厚 0.08 ~ 0.13 米，致密，内含少量卵石块、灰陶颗粒等。CQ1 南 ⑬ 层，灰褐色，东西长 10.2 米、厚 0.09 ~ 0.13 米，致密，内含少量卵石块等。CQ1 南 ⑭ 层，灰褐色，东西长 10.2 米、厚 0.06 ~ 0.12 米，致密，内含少量卵石块、灰陶颗粒等。CQ1 南 ⑮ 层，灰褐色，东西长 10.2 米、厚 0.07 ~ 0.11 米，致密，内含少量卵石块、灰陶颗粒等。CQ1 南 ⑯ 层，灰褐色，东西长 10.2 米、厚 0.07 ~ 0.13 米，致密，内含少量卵石块等。CQ1 南 ⑰ 层，灰褐色，东西长 10.2 米、厚 0.08 ~ 0.15 米，致密，内含少量卵石块、灰陶颗粒等。CQ1 南 ⑱ 层，灰褐色，东西长 7.32 米、厚 0.02 ~ 0.12 米，致密，内含少量卵石块、灰陶颗粒等。CQ1 南 ⑲ 层，灰褐色，东西长 9.75 米、厚 0.02 ~ 0.14 米，致密，内含少量卵石块、灰陶片。CQ1 南 ⑳ 层，灰褐色，东西长 4 米、厚 0.02 ~ 0.1 米，致密，内含少量卵石块、灰陶片等（彩版四九，1、2）。

夯土底部有一层红色土，较致密，东高西低，东西长 5.9 米、厚 0.02 ~ 0.29 米，纯净，没有包含物，应为原生土。

二、探沟发掘概况

为了了解和认识城墙遗址的具体情况，布设并发掘了 4 条探沟。

（一）2019BMZTG1

2019BMZCQ1 为南北方向，其西部为大量渣土覆盖，布设探沟 2019BMZTG1，其目的在于通过解剖明确 2019BMZCQ1 西边线的具体位置或保存情况、夯筑结构、夯层厚度等情况。

该探沟南北横跨 T0509 西北部和 T0510 西南部，南邻 2019BMZTG4。平面呈长方形，南北向，南北长 3.5 米、东西宽 1.1 米。开口距现地表深 2.4 米，底距现地表深 5.2 米（彩版五〇，1、2；彩版五一，1、2）。

该探沟顶部堆积较厚，均为现代建筑垃圾，建设时已被揭取 2 米厚的渣土。从探沟的南部剖面来看，地层堆积可分为一层，现详述如下：第①层，现代渣土层，厚 0.4 米，灰褐色，土质疏松，内含大量建筑垃圾。堆积起伏较大，斜向分布整个探沟。

在第①层下发现 2019BMZCQ1 城墙夯土，黄褐色，残存高度 2.2 ~ 2.6 米，内含少量卵石块、碎陶片等。残存夯土可分为 17 层，现分述如下：CQ1 ①层：黄褐色，厚 0.04 ~ 0.16 米，致密，内含少量碎陶片等。CQ1 ②层：黄褐色，厚 0.06 ~ 0.1 米，致密，内含少量碎陶片等。CQ1 ③层：黄褐色，厚 0.12 ~ 0.16 米，致密，内含少量碎瓷片等。CQ1 ④层：黄褐色，厚 0.12 ~ 0.15 米，致密，内含少量碎陶片等。CQ1 ⑤层：黄褐色，厚 0.08 ~ 0.1 米，致密，内含少量碎陶片等。CQ1 ⑥层：黄褐色，厚 0.09 ~ 0.1 米，致密，内含少量碎瓷片、陶片等。CQ1 ⑦层：黄褐色，厚 0.2 ~ 0.21 米，致密，内含少量碎陶片等。CQ1 ⑧层：黄褐色，厚 0.14 ~ 0.26 米，致密，内含少量碎陶片等。CQ1 ⑨层：黄褐色，厚 0.02 ~ 0.18 米，致密，内含少量碎陶片、小卵石子等。CQ1 ⑩层：黄褐色，厚 0.15 ~ 0.2 米，致密，内含少量碎陶片、小卵石子等。CQ1⑪ 层：黄褐色，厚 0.05 ~ 0.08 米，致密，内含少量碎陶片等。CQ1⑫ 层：黄褐色，厚 0.08 ~ 0.18 米，致密，内含少量碎陶片等。CQ1⑬层：黄褐色，厚 0.04 ~ 0.2 米，致密，内含少量碎陶片、小卵石子等。CQ1⑭ 层：黄褐色，厚 0.12 ~ 0.28 米，致密，内含少量碎陶片等。CQ1⑮ 层：黄褐色，厚 0.15 ~ 0.2 米，致密，内含少量碎陶片、小卵石子等。CQ1⑯ 层：黄褐色，厚 0.15 ~ 0.23 米，致密，内含少量碎陶片、小卵石子等。CQ1⑰ 层：黄褐色，厚 0.12 ~ 0.15 米，致密，内含少量碎陶片、小卵石子等。CQ1⑰ 层下仍为夯土，因考虑到夯土城墙的西侧为现状围墙和密关路（S205），未再向下继续进行发掘。

（二）2019BMZTG2

布设 2019BMZTG2 其目的在于通过解剖确定 2019BMZCQ1 东、西边线的具体位置和现存状况、夯筑结构、夯层厚度等情况。该探沟由西南向东北横跨 T0105、T0205、T0206、T0306、T0207、T0307、T0407、T0308、T0408、T0409 等 10 个探方，东邻 2019BMZTG9，为利用现状取土坑所做探沟，不甚规整，刮出西、东、南 3 个剖面。平面呈近长方形，西南 – 东北向，南北长 42 ~ 50 米、东西宽 2.3 ~ 8.3 米。

（三）2019BMZTG3

布设 2019BMZTG3，其目的在于通过解剖搞清楚 2019BMZCQ1 西边线的具体位置和保存情况、夯筑结构、夯层厚度等情况。2019BMZTG3 由南向北横跨 T0205 北部和 T0206 南部，北邻 2019BMZTG2。平面呈长方形，东西长 7.6 米、南北宽 1 米。开口距现地表深 4.5 米，底距现地表深 7.2 米，探沟深 2.7 米（彩版五二，1、2；彩版五三，1）。

该探沟顶部堆积较厚，均为现代建筑垃圾，建设时已揭取 4.2 米厚的渣土。从探沟的南部剖面来看，地层堆积可分为两层，现分述如下：第①层：渣土层，厚 0.3 米，灰褐色，土质疏松，内含大量现代建筑垃圾。堆积较均匀，水平延伸，分布整个探沟。第②层：淤土层，厚 2.3 ~ 2.7 米，红褐色，土质较硬，内含少量碎陶片等。堆积有起伏，水平延伸，分布整个探沟。

探沟西部①层下发现 2019BMZCQ1 夯土层，黄褐色，厚 0.48 ~ 0.55 米，致密，内含少量碎陶颗粒。堆积起伏，分布于探沟西、北、南壁上。可分为 4 层，现分述如下：CQ1 ①层，厚 0.07 ~ 0.11 米，黄褐色，致密，内含少量碎陶颗粒等；CQ1 ②层，厚 0.11 ~ 0.18 米，黄褐色，致密，内含少量碎陶颗粒等；CQ1 ③层，厚 0.1 ~ 0.14 米，黄褐色，致密，内含少量泥质灰陶碎片等；CQ1 ④层，厚 0.14 ~ 0.3 米，黄褐色，致密，内含少量泥质灰陶碎片等。探沟西部②层下发现一处灰坑，挂于探沟南壁，临时编号 H1，灰褐色，内含少量灰陶颗粒，未进一步进行发掘。

标本 TG3：1，茶叶末釉残片，应为器物（鸡腿瓶）底部。圆形，平底，略外突。茶叶末釉。内底和外壁上部施釉，外底无釉。灰黄色厚缸胎，质地坚实，内夹少量白色砂粒。底径 8.5 厘米、残高 3.1 ~ 5.7 厘米（图五，1）。

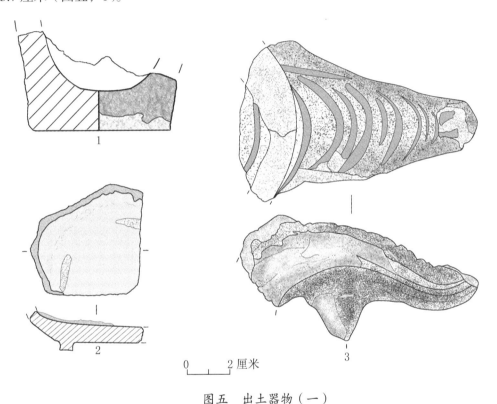

图五　出土器物（一）

1. 茶叶末釉残片（TG3：1）　2. 白釉瓷片（TG3：2）　3. 建筑构件残块（TG3：3）

标本 TG3：2，白釉瓷片，应为器物底部。矮圈足。白釉发黄。内底施釉，圈足及外底无釉。灰色胎，较厚，质地坚实。内底残留两处长条形支垫痕。残径 6.4 ~ 8.3 厘米、残高 1.3 ~ 2.2 厘米（图五，2）。

标本 TG3：3，建筑构件残块，泥质灰陶，呈舌形，上面有平行的弧线纹数道，两侧各有一道凹弦纹。残长 2.9 ~ 9.6 厘米、残宽 14.1 ~ 14.8 厘米、厚 1.6 ~ 3.2 厘米（图五，3）。

（四）2019BMZTG4

2019BMZCQ1 为南北向，其西部为大量渣土覆盖，东部亦仅刮出平面，布设 2019BMZTG4，其目的在于通过解剖搞清楚 2019BMZCQ1 东、西边线的具体位置和现存状况、夯筑结构、夯层厚度等情况。该探沟由西北向东南横跨 T0409、T0509、T0508、T0608、T0607 等 5 个探方，西南邻 2019BMZTG2、西北邻 2019BMZTG1。平面呈长方形，西北 – 东南方向，东西长 25 米、南北宽 2 米，垂直于 2019BMZCQ1。开口距现地表深 0.6 米，底距现地表深 1.5 ~ 4.2 米，探沟深 0.9 ~ 3.6 米（图六；彩版五四，2；彩版五三）。

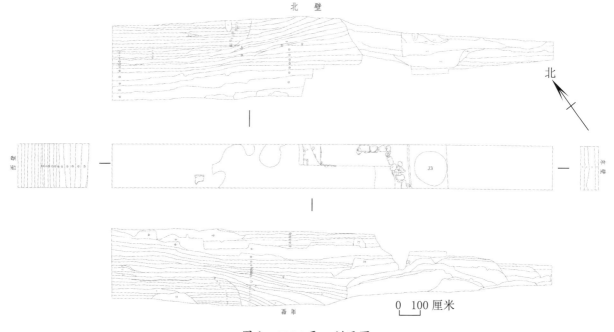

图六　TG4 平、剖面图

该探沟顶部堆积较厚，均为现代建筑垃圾，已被建设时揭取 2.3 米厚的渣土。从探沟的北部剖面来看，地层堆积可分为三层，现分述如下：第①层：渣土层，厚 0.5 ~ 0.7 米，灰褐色，土质疏松，内含大量现代建筑垃圾。堆积较均匀，水平延伸，分布整个探沟。第②层：红褐土层，厚 0.7 ~ 0.9 米，灰褐色泛红，土质较硬，内含少量碎陶片。堆积起伏，分布于探沟东部。第③层：砂土层，厚 0.3 ~ 0.5 米，未清理至底，黄褐色，土质疏松，纯净。堆积有起伏，水平延伸，分布整个探沟。

在第①层下发现 2019BMZCQ1 城墙夯土，厚 0.85 ~ 3.4 米，黄褐色，致密，内含少量碎陶片等。

探沟北壁剖面现存城墙Ⅰ、Ⅱ两段夯土，其中东段被探沟内 H1 破坏较为严重，西段夯土保存较好。

Ⅰ段夯土共分为 20 层夯土，其中 CQ1 Ⅰ②~ CQ1 Ⅰ④层缺失。CQ1 Ⅰ①层，残存两段，黄褐色，夯层西段长 3.1 米、东段长 3 米、厚 0.2 ~ 0.4 米，较致密，夹杂黄土块等。CQ1 Ⅰ②层、CQ1 Ⅰ③层、CQ1 Ⅰ④层缺失。CQ1 Ⅰ⑤层，黄褐色，夯层长 2.75 米、厚 0.55 ~ 0.75 米，致密，夹杂黄土块、灰土块等。CQ1 Ⅰ⑥层，黄褐色，夯层长 2.46 米、厚 0.3 ~ 0.4 米，致密，夹杂黄土块、零星灰土块等。CQ1 Ⅰ⑦层，残存两段，黄褐色，夯层西段长 4.18 米、东段长 2.68 米、厚 0.1 ~ 0.29 米，致密，夹杂灰土块、细沙、灰陶碎片等。CQ1 Ⅰ⑧层，黄褐色，夯层长 6.42 米、厚 0.07 ~ 0.22 米，致密，夹杂黄土块、灰陶碎片等。CQ1 Ⅰ ⑨层，黄褐色，夯层长 5.59 米、厚 0.12 ~ 0.25 米，致密，夹杂黄土块、灰陶碎片等。CQ1 Ⅰ ⑩层，黄褐色，夯层长 11.5 米、厚 0.11 ~ 0.26 米，致密，夹杂黄土块、含小石子、细沙、灰陶碎片等。CQ1 Ⅰ ⑪ 层，浅灰褐色，夯层长 5.85 米、厚 0.05 ~ 0.23 米，致密，夹杂黄土块、青沙、灰陶碎片等。CQ1 Ⅰ ⑫ 层，浅灰褐色，夯层长 11.95 米、厚 0.13 ~ 0.36 米，致密，夹杂黄土块、卵石、木炭粒、灰陶碎片、瓷片等。CQ1 Ⅰ ⑬层，浅灰褐色，夯层长 4.6 米、厚 0.12 ~ 0.18 米，致密，夹杂黄土块、灰陶碎片等。CQ1 Ⅰ ⑭层，浅灰褐色，夯层长 3.34 米、厚 0.03 ~ 0.35 米，致密，内含灰陶碎片等。CQ1 Ⅰ ⑮层，浅灰褐色，夯层长 7.68 米、厚 0.1 ~ 0.26 米，致密，内含白瓷片等。CQ1 Ⅰ ⑯层，浅灰褐色，夯层长 5.2 米、厚 0.11 ~ 0.28 米，致密，夹杂卵石等。CQ1 Ⅰ ⑰ 层，灰褐色，夯层长 12.7 米、厚 0.1 ~ 0.37 米，致密，夹杂黄土块、卵石、灰陶碎片等。CQ1 Ⅰ ⑱ 层，灰褐色，夯层长 12.65 米、厚 0.08 ~ 0.38 米，致密，夹杂卵石、白瓷片、灰陶碎片等。CQ1 Ⅰ ⑲ 层，灰褐色，夯层长 12.5 米、厚 0.11 ~ 0.42 米，致密，夹杂黄土块、卵石、细绳纹砖、瓷片、灰陶碎片等。CQ1 Ⅰ ⑳ 层，灰褐色，夯层长 10.1 米、厚 0.18 ~ 0.45 米，致密，夹杂卵石、灰陶碎片等。CQ1 Ⅰ ㉑ 层，灰褐色，夯层长 10.1 米、厚 0.34 ~ 0.6 米，致密，夹杂卵石等。CQ1 Ⅰ ㉒ 层，灰褐色，夯层长 10.1 米、厚 0.32 ~ 0.58 米，致密，夹杂卵石等。CQ1 Ⅰ ㉓ 层，残存两段，灰褐色，夯层西段长 5 米、东段长 3.5 米、厚 0.1 ~ 0.48 米，致密，夹杂卵石等。

Ⅱ阶段夯土共分为 11 层，位于剖面西部分，叠压于 Ⅰ 阶段夯土层之上。CQ1 Ⅱ①层，灰褐色，夯层长 4.95 米、厚 0 ~ 0.24 米，较致密，夹杂黄土块等。CQ1 Ⅱ②层，灰褐色，夯层长 7.01 米、厚 0.06 ~ 0.18 米，较致密，夹杂黄土块、灰陶碎片等。CQ1 Ⅱ③层，灰褐色，夯层长 7 米、厚 0.02 ~ 0.16 米，较致密，夹杂黄土块、灰陶碎片等。CQ1 Ⅱ④层，浅灰褐色，夯层长 6.98 米、厚 0.1 ~ 0.26 米，致密，夹杂黄土块、灰陶碎片等。CQ1 Ⅱ⑤层，黄褐色，夯层长 3.4 米、厚 0.12 ~ 0.22 米，致密，夹杂黄土块、灰土块等。CQ1 Ⅱ⑥层，黄褐色，夯层长 4.42 米、厚 0.13 ~ 0.21 米，致密，夹杂黄土块、零星灰土块等。CQ1 Ⅱ⑦层，黄褐色，夯层长 3.25 米、厚 0.02 ~ 0.16 米，致密，夹杂灰土块、细沙、灰陶碎片等。CQ1 Ⅱ⑧层，黄褐色，夯层长 6.88 米、厚 0.18 ~ 0.24 米，致密，夹杂黄土块、灰陶碎片等。CQ1 Ⅱ⑨层，黄褐色，夯层长 6.68 米、厚 0.16 ~ 0.22 米，致密，夹杂黄土块、灰陶碎片等。CQ1 Ⅱ⑩层，黄褐色，夯层长 6.5 米、厚 0.2 ~ 0.23 米，致密，夹杂黄土块、含小石子、细沙、灰陶碎片等。CQ1 Ⅱ ⑪ 层，浅灰褐色，夯层长 6.25 米、厚 0.04 ~ 0.16 米，致密，夹杂黄土块、灰陶碎片等。

剖面东部夯层下有 5 层垫土。垫土①层，灰褐色，泛红，长 0.63 米、厚 0.24 ~ 0.25 米，较致密，夹杂黄土块、细沙、卵石、少量灰陶片等。垫土②层，浅灰褐色，长 2.7 米、厚 0.1 ~ 0.34 米，致密，内含较多卵石、少量粗绳纹砖块、灰陶片等。垫土③层，灰褐色，长 4.25 米、厚 0.1 ~ 0.42 米，致密，内含较多卵石、少量粗绳纹砖块、灰陶片等。垫土④层，灰褐色，长 4.6 米、厚 0.2 ~ 0.29 米，致密，内含较多卵石、少量粗绳纹砖块、灰陶片等。垫土⑤层，灰褐色，长 3.84 米、厚 0.03 ~ 0.21 米，致密，纯净。

探沟南壁剖面现存城墙Ⅰ、Ⅱ两段夯土，其中东段被探沟内 H1 破坏较为严重，西段夯土保存较好。

Ⅰ段夯土共分为 24 层夯土，夯层较为完整。CQ1Ⅰ①层，黄褐色，夯层长 0.92 米、厚 0 ～ 0.34 米，较致密，夹杂黄土块等。CQ1Ⅰ②层，黄褐色，夯层长 1.25 米、厚 0.12 ～ 0.17 米，较致密，夹杂黄土块、灰陶碎片等。CQ1Ⅰ③层，黄褐色，夯层长 1.59 米、厚 0.13 ～ 0.19 米，较致密，夹杂黄土块、灰陶碎片等。CQ1Ⅰ④层，黄褐色，夯层长 2 米、厚 0.14 ～ 0.2 米，较致密，夹杂黄土块、灰陶碎片等。CQ1Ⅰ⑤层，黄褐色，夯层长 0.92 米、厚 0 ～ 0.25 米，致密，夹杂灰土块等。CQ1Ⅰ⑥层，黄褐色，夯层长 3.34 米、厚 0.18 ～ 0.34 米，致密，夹杂零星灰土块等。CQ1Ⅰ⑦层，残存两段，黄褐色，夯层西段长 1.42 米、东段长 1.63 米、厚 0.1 ～ 0.18 米，致密，夹杂灰土块、灰陶碎片等。CQ1Ⅰ⑧层，黄褐色，夯层长 10.5 米、厚 0.08 ～ 0.5 米，致密，夹杂黄土块、灰陶碎片等。CQ1Ⅰ⑨层，残存两段，黄褐色，夯层东段长 4.85 米、西段长 1.5 米、厚 0 ～ 0.45 米，致密，夹杂黄土块、灰陶碎片等。CQ1Ⅰ⑩层，残存两段，黄褐色，夯层东段长 2 米，西段长 1.2 米、厚 0 ～ 0.21 米，致密，夹杂黄土块、细沙、灰陶碎片等。CQ1Ⅰ⑪层，浅灰褐色，夯层长 11.1 米、厚 0.06 ～ 0.34 米，致密，夹杂黄土块、青沙、灰陶碎片等。CQ1Ⅰ⑫层，浅灰褐色，夯层长 8.7 米、厚 0 ～ 0.26 米，致密，夹杂黄土块、卵石、灰陶碎片等。CQ1Ⅰ⑬层，浅灰褐色，夯层长 5.4 米、厚 0.08 ～ 0.16 米，致密，夹杂黄土块、灰陶碎片等。CQ1Ⅰ⑭层，浅灰褐色，夯层长 5.7 米、厚 0.06 ～ 0.2 米，致密，内含灰陶碎片等。CQ1Ⅰ⑮层，残存两段，浅灰褐色，夯层东段长 4.5 米、西段长 3.4 米、厚 0.1 ～ 0.42 米，致密，内含灰陶碎片等。CQ1Ⅰ⑯层，浅灰褐色，夯层长 9.7 米、厚 0 ～ 0.55 米，致密，夹杂卵石等。CQ1Ⅰ⑰层，灰褐色，夯层长 11.76 米、厚 0.1 ～ 0.4 米，致密，夹杂黄土块、卵石、灰陶碎片等。CQ1Ⅰ⑱层，灰褐色，夯层长 11.8 米、厚 0.06 ～ 0.38 米，致密，夹杂卵石、白瓷片、灰陶碎片等。CQ1Ⅰ⑲层，灰褐色，夯层长 11.8 米、厚 0.08 ～ 0.26 米，致密，夹杂黄土块、卵石、灰陶碎片等。CQ1Ⅰ⑳层，灰褐色，夯层长 13.8 米、厚 0.04 ～ 0.38 米，致密，夹杂卵石、灰陶碎片等。CQ1Ⅰ㉑层，灰褐色，夯层长 3.7 米、厚 0.28 ～ 0.32 米，致密，夹杂卵石等。CQ1Ⅰ㉒层，灰褐色，夯层长 2.2 米、厚 0.16 ～ 0.41 米，致密，夹杂卵石。CQ1Ⅰ㉓层，灰褐色，夯层长 11.7 米、厚 0.04 ～ 0.75 米，致密，夹杂卵石。CQ1Ⅰ㉔A 层，灰褐色，夯层长 5 米、厚 0.03 ～ 0.21 米，致密，夹杂卵石。CQ1Ⅰ㉔B 层，灰褐色，夯层长 8.7 米、厚 0.12 ～ 0.4 米，致密，夹杂卵石。CQ1Ⅰ㉔C 层，灰褐色，夯层长 7 米、厚 0.03 ～ 0.1 米，致密，夹杂卵石。CQ1Ⅰ㉔D 层，灰褐色，夯层长 6.6 米、厚 0.11 ～ 0.25 米，致密，夹杂卵石。CQ1Ⅰ㉔E 层，灰褐色，夯层长 6.5 米、厚 0.04 ～ 0.59 米，致密，夹杂卵石。CQ1Ⅰ㉔F 层，灰褐色，夯层长 6.84 米、厚 0 ～ 0.22 米，致密，夹杂卵石。

Ⅱ段夯土共分为 11 层，位于剖面西部分，叠压于Ⅰ阶段夯土层之上。CQ1Ⅱ①层，灰褐色泛红，长 1.84 米、厚 0.06 ～ 0.09 米，致密，夹杂黄土块等。CQ1Ⅱ②层，灰褐色，长 1.92 米、厚 0.06 ～ 0.09 米，致密，夹杂黄土块、木灰点、灰陶碎片等。CQ1Ⅱ③层，残存两段，灰褐色，东段长 1.96 米、西段长 2.1 米、厚 0.14 ～ 0.18 米，致密，夹杂卵石块、木灰点、灰陶碎片等。CQ1 Ⅱ④层，残存两段，浅灰褐色，东段长 2.5 米、西段长 1.8 米、厚 0.09 ～ 0.12 米，致密，夹杂黄土块、灰点、灰陶碎片等。CQ1 Ⅱ⑤层，黄褐色，长 2.7 米、厚 0.07 ～ 0.14 米，致密，夹杂黄土块等。CQ1 Ⅱ⑥层，浅灰褐色，长 3.2 米、厚 0.12 ～ 0.24 米，致密，夹杂黄土块、卵石块、木灰点、灰陶碎片等。CQ1 Ⅱ⑦层，黄褐色，长 3.75 米、厚 0 ～ 0.32 米，致密，夹杂木灰点、含沙等。CQ1 Ⅱ⑧层，黄褐色，长 6.2 米、厚 0.12 ～ 0.26 米，致密，夹杂黄土块、木灰点、灰陶碎片等。CQ1 Ⅱ⑨层，黄褐色，长 5.95 米、厚 0.16 ～ 0.24 米，致密，夹杂黄土块、木灰点、含沙。CQ1 Ⅱ⑩层，黄褐色，长 5.82 米、厚 0.12 ～ 0.28 米，致密，夹杂黄土块、木灰点、碎砖块、灰陶碎片等。CQ1 Ⅱ⑪层，浅灰褐色，长 5.6 米、厚 0.12 ～ 0.22 米，致密，夹杂木灰点、灰陶碎片等。

南壁剖面东部的夯层下有 3 层垫土。垫土①层，灰褐色，泛红，长 0.59 米、厚 0.28 ～ 0.34 米，较致密，夹杂黄土块、细沙、卵石，少量灰陶片等。垫土②层，浅灰褐色，长 0.98 米、厚 0.3 ～ 0.4 米，致密，内含较多卵石、少量粗绳纹砖块、灰陶片等。垫土③层，灰褐色，长 1.18 米、厚 0.2 ～ 0.31 米，致密，内含较多卵石、灰陶片等。

探沟西壁剖面现存城墙 Ⅰ、Ⅱ 两阶段夯土。Ⅰ段夯土可分为 13 层。CQ1 Ⅰ①～ CQ1 Ⅰ⑥层缺失。CQ1 Ⅰ⑦层，黄褐色，夯层长 2 米、厚 0.08 ～ 0.12 米，致密，夹杂灰土块、灰陶碎片等。CQ1 Ⅰ⑧层，黄褐色，夯层长 2 米、厚 0.04 ～ 0.1 米，致密，夹杂黄土块、灰陶碎片等。CQ1 Ⅰ⑨层，黄褐色，夯层长 2 米、厚 0.14 ～ 0.17 米，致密，夹杂黄土块、灰陶碎片等。CQ1 Ⅰ⑩层，黄褐色，夯层长 2 米、厚 0.08 ～ 0.12 米，致密，夹杂黄土块、细沙、灰陶碎片等。CQ1 Ⅰ⑪层缺失。CQ1 Ⅰ⑫层，浅灰褐色，夯层长 2 米、厚 0.16 ～ 0.21 米，致密，夹杂黄土块、卵石、灰陶碎片等。CQ1 Ⅰ⑬层、CQ1 Ⅰ⑭层缺失。CQ1 Ⅰ⑮层，浅灰褐色，夯层长 2 米、厚 0.12 ～ 0.17 米，致密，内含灰陶碎片等。CQ1 Ⅰ⑯层缺失。CQ1 Ⅰ⑰层，灰褐色，夯层长 2 米、厚 0.15 ～ 0.2 米，致密，夹杂黄土块、卵石、灰陶碎片等。CQ1 Ⅰ⑱层，灰褐色，夯层长 2 米、厚 0.2 ～ 0.32 米，致密，夹杂卵石、白瓷片、灰陶碎片等。CQ1 Ⅰ⑲层，灰褐色，夯层长 2 米、厚 0.18 ～ 0.32 米，致密，夹杂黄土块、卵石、灰陶碎片等。CQ1 Ⅰ⑳层，灰褐色，夯层长 2 米、厚 0.22 ～ 0.27 米，致密，夹杂卵石、灰陶碎片等。CQ1 Ⅰ㉑层，灰褐色，夯层长 2 米、厚 0.28 ～ 0.32 米，致密，夹杂卵石等。CQ1 Ⅰ㉒层，灰褐色，夯层长 2 米、厚 0.3 ～ 0.35 米，致密，夹杂卵石等。CQ1 Ⅰ㉓层，灰褐色，夯层长 2 米、厚 0.04 ～ 0.06 米，致密，夹杂卵石等。

Ⅱ段夯土共分为 7 层，靠压于 Ⅰ阶段夯土层之上。CQ1 Ⅱ①层、CQ1 Ⅱ②层缺失。CQ1 Ⅱ③层，灰褐色，长 2 米、厚 0.18 米，致密，夹杂卵石块、木灰点、灰陶碎片等。CQ1 Ⅱ④层，浅灰褐色，长 2 米、厚 0.15 米，致密，夹杂黄土块、灰点、灰陶碎片等。CQ1 Ⅱ⑤层缺失。CQ1 Ⅱ⑥层，浅灰褐色，长 2 米、厚 0.17 米，致密，夹杂黄土块、卵石块、木灰点、灰陶碎片等。CQ1 Ⅱ⑦层缺失。CQ1 Ⅱ⑧层，黄褐色，长 2 米、厚 0.26 ～ 0.28 米，致密，夹杂黄土块、木灰点、灰陶碎片等。CQ1 Ⅱ⑨层，黄褐色，长 2 米、厚 0.15 米，致密，夹杂黄土块、木灰点、沙粒等。CQ1 Ⅱ⑩层，黄褐色，长 2 米、厚 0.17 米，致密，夹杂黄土块、木灰点、碎砖块、灰陶碎片。CQ1 Ⅱ ⑪ 层，浅灰褐色，长 2 米、厚 0.12 ~ 0.13 米，致密，夹杂木灰点、灰陶碎片等。

探沟东壁剖面破坏严重，现存 4 层垫土。垫土①层，黄褐色，夯层长 2 米、厚 0.16 ~ 0.18 米，较致密，夹杂黄土块。垫土②层，黄褐色，夯层长 2 米、厚 0.4 ~ 0.42 米，较致密，夹杂黄土块、灰陶碎片等。垫土③层，黄褐色，夯层长 2 米、厚 0.26 ~ 0.3 米，较致密，夹杂黄土块、灰陶碎片等。垫土④层，黄褐色，夯层长 2 米、厚 0.18 ~ 0.2 米，较致密，夹杂黄土块、灰陶碎片等。

出土遗物主要为陶器、瓷器和建筑构件等。

花卉纹瓦当 1 件，标本 TG4：1。泥质灰陶。上部残缺。当面应为圆形。当心饰模印花卉图案，纹饰清晰。枝叶细长，动感较强，枝叶间以五个圆钉纹表示花蕊。当心边缘有一周圆钉纹。背面较平整，可见残留的直线纹。直径 13.4 厘米、图案直径 9.4 厘米、边轮宽 1.8 ~ 2.1 厘米，边轮厚 1.2 ~ 1.4 厘米、当心厚 2.2 ~ 2.3 厘米（图七，1）。

泥塑头像 1 件，标本 TG4：2。泥质灰陶。残缺较严重。头上的花冠残缺。面容清晰，长圆形，中空。残高 6.3 厘米、残宽 2.5 ~ 6.6 厘米、残厚 2.5 ~ 3.7 厘米（图七，2；彩版五五，1）。

兽面纹瓦当 1 件，标本 TG4：3。泥质灰陶。上部略残缺。当面应为圆形。当心饰模印高浮雕兽面纹，纹饰较清晰，立体感强。兽面凸出当面，高额短角，双眉斜竖，怒目圆睁，鼻呈三角状，下为八字形浓须，大嘴扁宽张开，显露出上排牙齿。兽面周围饰上卷的卷云状鬃毛。背面较平整，可见残留的与筒瓦粘接的痕迹。直径 12.8 厘米、兽面直径 8.1 厘米、边轮宽 1.8 ~ 2.1 厘米，边轮厚 1.1 ~ 1.3 厘米、当心厚 4.9 ~ 5.1 厘米（图七，3；彩版五五，2）。

白釉瓷碗 1 件，标本 TG4：4。出自第 19 层夯土内。残，可修复。侈口，圆唇，弧腹，矮圈足。内壁划花。白釉，薄胎，坚实细致。复原口径 9.1 厘米、圈足直径 2.7 厘米、通高 3.6 厘米（图七，4）。

陶器残片 1 件，标本 TG4：5。出自第 21 层夯土内。泥质灰陶。侈口，圆唇。无纹饰。残长 8.7 ~ 23.1 厘米、残高 10.6 ~ 12.9 厘米（图八，1）。

陶器残片 1 件，标本 TG4：6。出自第 22 层夯土内。泥质灰陶。口微敛，圆唇。无纹饰。残长 11.7 ~ 17.8 厘米、残高 3.3 ~ 8.3 厘米（图八，2）。

板瓦残片 1 件，标本 TG4：7。出自第 24 层夯土内。檐面与瓦身厚度相同，上下为连续的波浪形按压纹，中间为近似菱形的戳印纹。背面有布纹。残宽 15.3 厘米、残长 4.7 ~ 9.4 厘米（图八，3）。

三、初步认识

1. 根据夯土的结构、宽度与走向等情况，初步推断 2019BMZCQ1 为城墙遗迹。根据该城墙遗迹的夯土厚度、工艺、包含物及其与周围遗迹的叠压打破关系，初步推断 2019BMZCQ1 属于明清时期。

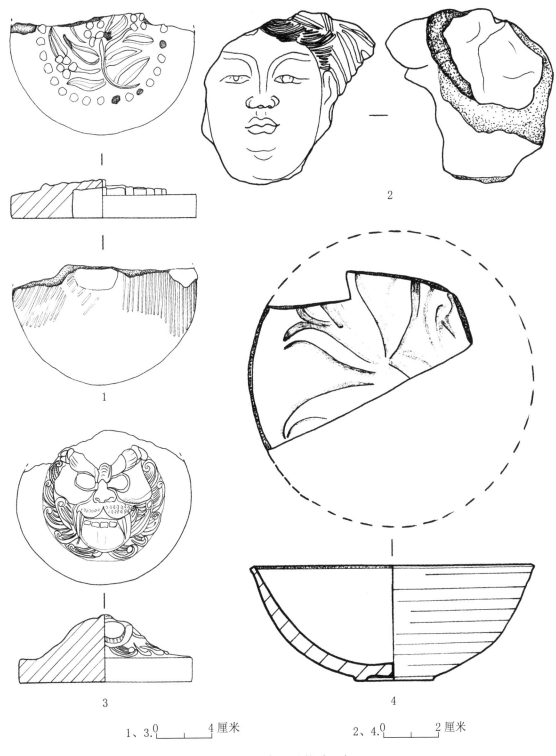

图七　出土器物（二）
1.花卉纹瓦当（TG4：1）　2.泥塑头像（TG4：2）　3.兽面纹瓦当（TG4：3）
4.白釉瓷碗（TG4：4）

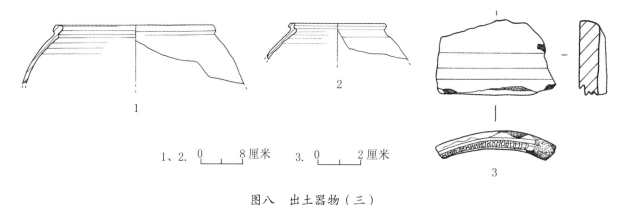

图八 出土器物（三）
1、2.陶器残片（TG4：5、TG4：6） 3.板瓦（TG4：7）

2. 根据《昌平山水记》记载："洪武初改密云县……城周九里二百三十八步，三门……万历四年，于城东复筑一城，周六里一百九十八步，是曰新城，两端连之，总督府居其中，三门。"① 《日下旧闻考》记载："旧城创于洪武年，设三门，周围九里十三步，新城筑于万历四年，在旧城之东，设三门，周围一千一百七十九丈。新旧城两端相连，总督府居其中。"② 民国《密云县志》记载："背倚冶山，面临黍谷，白河抱其西北，潮河夹其东南。旧城明洪武十一年建，周九里十三步，高三丈五尺，阔二丈八尺。城形西北微狭，置东、西、南凡三门。池深二丈，阔一丈五尺。新城距旧城东五十步，夹道界之，明万历四年建。周六里一百九十八步，高三丈五尺，阔二丈。城形正方，置东、西、南凡三门。池深、阔如旧制……前清康熙中，旧城西北隅为白河泛滥所圮。五十二年，奉仁庙特旨重修。五十六年，工竣，并于城西筑石子堤一道，长八百零三丈。六十一年，大雨大水，至坏护堤坝百丈有奇坍塌，土牛城墙沉陷三百十六丈八尺……光绪年间，旧城垣北面又圮。"③

3. 根据文献记载，密云县城始建于明代，清代有过重修。明代建城，先建的为旧城，位于西部；后建的为新城，位于东部。根据此次发掘出的城墙遗迹的走向、形态和位置等，初步判断属于旧城的西北段。从发掘的情况看，特别是在 TG4 的城墙底部夯土内出土的包含物中有数量较多的辽金时期器物，不排除此次清理的这段明清时期城墙遗迹是在辽金时期城墙基址上修建的。从这一点上还可以进一步探讨，明清时期城墙的哪些部分是在辽金时期城墙基址上修建而成的？或者说二者在哪些区域或者位置是有重叠关系的？还需要今后的发掘予以关注。

发掘：巴增田 席忠民

绘图：黄星 封世雄

摄影：王宇新

执笔：孙勐 刘浩洋 周宇

注释

① ［清］顾炎武著：《昌平山水记》，北京出版社，1962 年，第 25 页。

② ［清］于敏中等编纂：《日下旧闻考·密云县一》卷一百四十，北京古籍出版社，第 2252 页。

③ ［民国］臧理臣等纂：（民国）《密云县志》卷二，北平京华书局，1914 年。

昌平区张各庄清代墓葬发掘报告

2023 年 3 月 1 日至 6 日，北京市考古研究院在昌平区中关村科技园区昌平园东区六期土地一级开发项目占地范围内，对前期考古勘探发现的 4 座清代墓葬开展了配合性考古发掘工作。

发掘区域位于昌平区南邵镇张各庄村北，北临文案路、南临京密引水渠、东邻中安路、西为北郡嘉源幼儿园，发掘面积 38 平方米（图一、图二）。

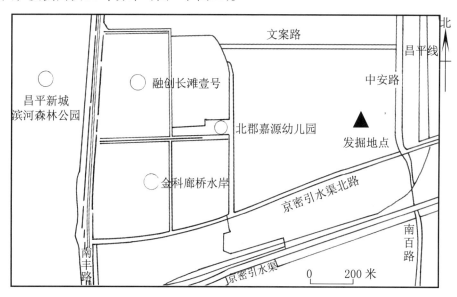

图一 发掘地点位置示意图

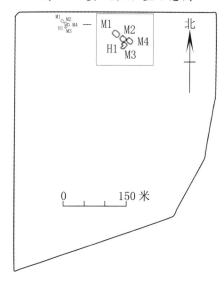

图二 墓葬分布图

一、地层堆积

发掘区域地势较为平坦，地层堆积较为单一，自上而下可分为两层。

第①层：渣土层，厚 1.5 ~ 2 米，呈褐色，土质较软，结构较疏松，内含植物根系及塑料袋、砖块等现代垃圾。

第②层：近代层，厚 0.3 ~ 0.5 米，呈灰褐色，土质较软，结构较疏松，内含砖块、植物根系等。该层下为黄色黏土，较纯净，内含沙粒、水锈等。

二、清代墓葬

共计 4 座，为 M1 ~ M4，形制均为长方形竖穴土圹双人合葬墓，开口于②层下，向下打破生土。

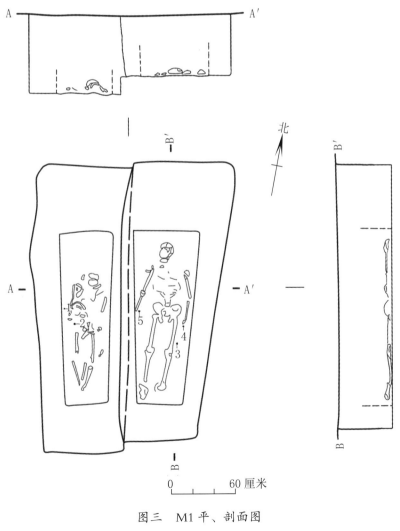

图三　M1 平、剖面图

1. 银指环　2 ~ 4. 铜钱　5. 铜扣

根据墓内各棺打破关系推断，均为西棺早于东棺下葬。

（一）M1

位于发掘区域的西北部，略偏西北 – 东南向。墓口距地表深 1.9 米，墓深 0.64 ~ 0.8 米。墓圹南北长 2.7 ~ 2.8 米、东西宽 1.6 ~ 1.95 米。四壁较规整，底部不平，西深东浅。内填黄褐色花土，土质较疏松（图三；彩版五六，1）。

墓内置东西双棺，西棺平面呈长方形，南北长 1.8 米、宽 0.6 ~ 0.5 米、残高 0.2 ~ 0.3 米。棺内人骨保存较差，局部骨架移位，部分人骨缺失，葬式为仰身直肢葬。人骨架残长 1.5 米、肩宽 0.33 米、胯宽 0.3 米，根据体质人类学推测，其性别应为女性。随葬银指环 1 件、铜钱 1 件，均锈蚀严重。东棺平面近长方形，南北长 1.8 米、宽 0.5 ~ 0.74 米、残高 0.14 米。棺内骨架保存较完整，葬式为仰身直肢葬。骨架残长 1.85 米、肩宽 0.41 米、胯宽 0.32 米。根据体质人类学推测为男性。随葬铜扣 1 件、铜钱 2 枚。

银戒指 1 件。M1：1，平面呈圆环形，为长条状银片打制而成。首錾刻一组花朵纹，尾錾刻缠枝花卉纹。纹饰采用透雕、阳雕相结合雕刻方式。直径 2.3 ~ 2.4 厘米、宽 1.2 ~ 1.3 厘米、厚 0.1 ~ 0.3 厘米（图四，1）。

0 ____ 1 厘米

图四　M1 出土器物

1. 铜扣（M1：5） 2. 银戒指（M1：1）

铜扣 1 件。M1 ： 5，顶部为一圆形穿系，下部为铜扣主体，两者结合处阴刻一圈线纹。主体表面阳雕花卉纹。铜扣直径 1.4 厘米、系径 0.5 厘米、通高 1.9 厘米（图四，2）。

宣统通宝 1 枚。M1 ： 2，圆形，方穿，正、背面外郭缘较宽。正面铸"宣统通宝"四字，楷书，对读；背穿左右为满文"宝泉"，纪局名。郭径 1.96 厘米、穿径 0.34 厘米、厚 0.11 厘米，重 1.8 克（图一一，1）。

乾隆通宝 1 枚。M1 ： 3，圆形，方穿，正、背面外郭缘较宽。正面铸"乾隆通宝"四字，楷书，对读；背穿左右为满文"宝苏"，纪局名。郭径 2.5 厘米、穿径 0.52 厘米、厚 0.098 厘米，重 2.7 克（图一一，2）。

嘉庆通宝 1 枚。M1 ： 4，圆形，方穿，正、背面外郭缘较宽。正面铸"嘉庆通宝"四字，楷书，对读；背穿左右为满文"宝泉"，纪局名。郭径 2.45 厘米、穿径 0.54 厘米、厚 0.1 厘米，重 3.1 克（图一一，3）。

（二）M2

位于 M1 南侧。西北 - 东南向。墓口距地表深 2 米，墓深 0.93 ～ 1.25 米。墓圹南北长 2.55 ～ 2.7 米、东西宽 1.6 ～ 1.75 米。四壁较规整，底部不平，西浅东深。内填黄褐色花土，土质较疏松（图五；彩版五六，2）。

内置东西双棺，西棺南北长 1.8 米、宽 0.5 ～ 0.55 米、残高 0.23 米。棺内人骨保存较差，局部骨架移位，部分人骨缺失，葬式应为仰身直肢葬。人骨架残长 1.42 米、肩宽 0.29 米、胯宽 0.27 米。根据体质类型学推测为女性。随葬耳环 2 件、镶宝石银簪 1 件、福寿银簪 2 件、铜扣 3 件及铜钱 3 枚。东棺南北长 1.9 米、宽 0.45 ～ 0.6 米、残高 0.57 米。棺内人骨保存较完整，局部骨架移位，葬式应为仰身直肢葬。骨架残长 1.41 米、肩宽 0.28 米、胯宽 0.27 米。根据体质类型学推测为男性。随葬铜扣 2 件、铜钱 3 枚。

银戒指 2 件。M2 ： 1，为形制相同的一组器物。平面呈圆环形，为长条状银丝打造而成，银丝一端较宽，一端呈尖状。首錾刻一组花卉纹，采用透雕、阳雕相结合方式雕刻而成。直径 2.3 ～ 2.6 厘米、横截面宽 0.6 厘米、首径 1.2 ～ 1.3 厘米（图六，1）。

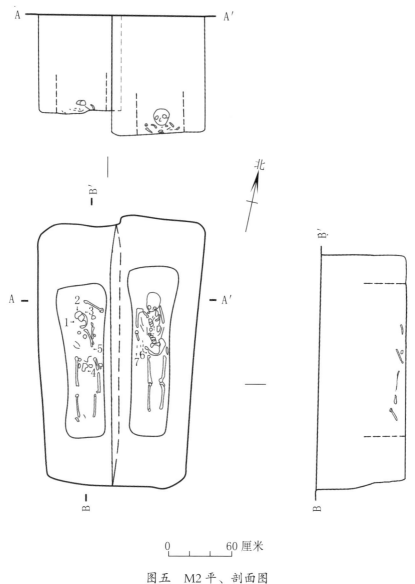

图五　M2 平、剖面图

1. 银戒指　2. 镶宝石银簪　3. 银簪　4、6. 铜钱　5、7. 铜扣

　　镶宝石银簪 1 件。M2：2，首雕刻一组椭圆形花卉，花蕊处镶嵌红色宝石一枚，花卉采用线雕、阳雕方式雕刻出花瓣、花叶纹饰。尾细长，末端呈尖状。通长 9.4 厘米、首长 2.6 厘米、首宽 1.95 厘米、首高 0.9 厘米、尾长 8.5 厘米（图六，2）。

　　银簪 2 件。M2：3，尾略变形弯曲，为形制基本相同的一组器物。首平面呈圆形，为菊花纹状，中心花蕊呈圆形，四壁较薄，M2：3-1 内为福字纹，M2：3-2 内为寿字纹，花瓣采用阳雕方式雕刻而成。尾细长，末端呈尖状。M2：3-1 首径 2.4 厘米、首高 0.6 厘米、尾长 8.4 厘米、通长 9 厘米。M2：3-2 首径 2.4 厘米、首高 0.55 厘米、尾长 8.7 厘米、通长 9.25 厘米（图六，3）。

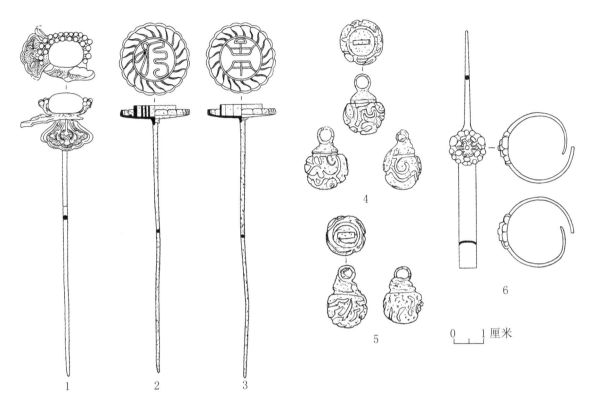

图六 M2 出土器物

1. 镶宝石银簪（M2：2） 2、3. 银簪（M2：3-1、M2：3-2） 4、5. 铜扣（M2：5、M2：7） 6. 银戒指（M2：1）

铜扣5件。M2：5，3件，为形制规格相同的同类器物。顶部为一圆形穿系，下部为铜扣主体，两者结合处阴刻一圈线纹。主体表面阳雕花卉纹。铜扣直径1.2～1.4厘米、穿系径0.45～0.55厘米、通高1.8～1.9厘米（图六，4）。M2：7-1和M2：7-2，2件，为形制规格基本相同的同类器物。表面均有锈蚀，其中M2：7-2穿与主体之间有后期修补痕迹。顶部为一圆形穿系，下部为铜扣主体，两者结合处阴刻一圈线纹。主体表面阳雕花卉纹。铜扣直径1.3厘米，穿系径0.55厘米、通高1.9～2厘米（图六，5）。

光绪通宝6枚。M2：4，5枚，形制规格基本相同。圆形，方穿，正、背面外郭缘较宽。正面铸"光绪通宝"四字，楷书，对读；背穿左右为满文"宝泉"，纪局名。郭径1.9厘米、穿径0.43厘米、厚0.11厘米，重1.7克（图一一，4）。M2：6-2，1枚。圆形，方穿，正、背面外郭缘较宽。正面铸"光绪通宝"四字，楷书，对读；背穿左右为满文"宝泉"，纪局名。郭径2.3厘米、穿径0.5厘米、厚0.12厘米，重2.9克（图一一，6）。

乾隆通宝1枚。M2：6-1，圆形，方穿，正、背面外郭缘较宽。正面铸"乾隆通宝"四字，楷书，对读；背穿左右为满文"宝泉"，纪局名。郭径2.32厘米、穿径0.5厘米、厚0.15厘米，重3.7克（图一一，5）。

嘉庆通宝1枚。M2：6-3，圆形，方穿，正、背面外郭缘较宽。正面铸"光绪通宝"四字，楷书，对读；背穿左右为满文"宝源"，纪局名。郭径 2.4 厘米、穿径 0.58 厘米、厚 0.12 厘米，重 3.3 克（图一一，7）。

（三）M3

位于 M2 西南侧，西北 – 东南向。墓口距地表深 2 米，墓深 0.58 ~ 0.62 米。墓圹南北长 2.65 ~ 2.8 米、东西宽 1.7 ~ 1.75 米。墓葬西侧为一椭圆形盗洞破坏。四壁较规整，底部不平，西侧略深于东侧。墓内填黄褐色花土，土质较疏松（图七；彩版五六，3）。

墓内置东西双棺。西棺南北长 1.9 米、宽 0.5 ~ 0.7 米、残高 0.32 米。棺内人骨保存较完整，葬式为侧身直肢葬。人骨残长 1.24 米、肩宽 0.23 米、胯宽 0.21 米。根据体质人类学推测为女性。随葬金耳环 1 件、银手镯 1 件。东棺南北长 1.9 米、宽 0.5 ~ 0.6 米、残高 0.4 米。棺内人骨保存较完整，葬式为仰身直肢葬。骨架残长 1.4 米、肩宽 0.28 米、胯宽 0.31 米。根据体质人类学推测为男性。未见随葬品。

金耳环 1 件。M3 ：1，平面呈马蹄形，为长条状金质长条打制而成。金条一端横截面呈圆形，一端呈窄片状，两端交接处以片状一端嵌入圆形一端处理。耳环直径 1.16 ~ 1.25 厘米、厚 0.12 厘米（图八，1）。

银手镯 1 件。M3 ：2，平面呈圆形，为两段银丝相互缠绕打制而成。手镯素面无纹。直径 6.2 ~ 6.7 厘米、银丝横截面宽 0.15 厘米（图八，2）。

（四）M4

位于 M2 东南侧，西北 – 东南向。墓口距地表深 1.9 米，墓深 0.47 ~ 0.53 米。墓圹南北长 2.45 米、东西宽 1.55 ~ 1.8 米。四壁较规整，墓底不平，西侧略深于东侧。墓坑内填黄褐色花土，土质较疏松（图九；彩版五六，4）。

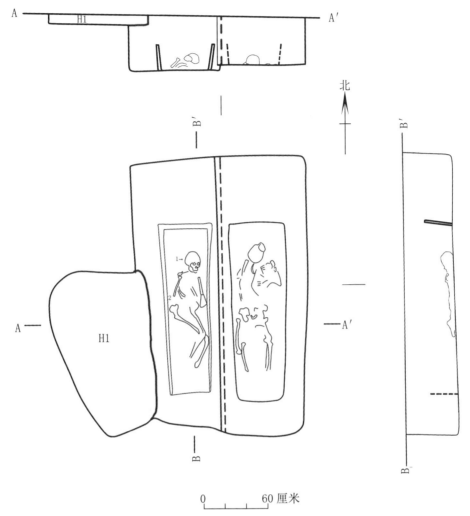

0   60 厘米

图七　M3 平、剖面图

1. 金耳环　2. 银手镯

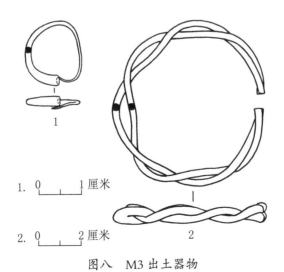

1. 0   1 厘米

2. 0   2 厘米

图八　M3 出土器物

1. 金耳环（M3：1）　2. 银手镯（M3：2）

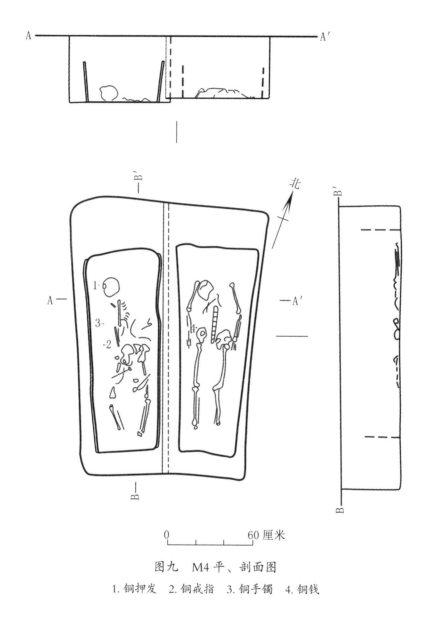

图九　M4 平、剖面图

1.铜押发　2.铜戒指　3.铜手镯　4.铜钱

　　内置东西双棺。西棺南北长 1.9 米、宽 0.55 ～ 0.75 米、残高 0.37 米。棺内人骨保存较完整，局部骨架移位，葬式为仰身直肢葬。人骨残长 1.24 米、肩宽 0.27 米、胯宽 0.22 米，根据体质人类学推测，为女性。随葬铜鎏金押发 1 件、铜戒指 1 件、铜手镯 1 件。东棺南北长 1.9 米、宽 0.55 ～ 0.75米、残高 0.34 米。棺内骨架保存较完整，葬式为仰身直肢葬。骨架残长 1.28 米、肩宽 0.29 米、胯宽0.24 米。根据体质人类学推测为男性。随葬铜钱 2 枚。

　　铜押发 1 件。M4 ∶ 1，平面呈两端宽中间细窄长条状，末端呈尖状。正面两端各阴刻一组折枝花叶纹。背面两端各阴刻一组花卉纹，中间阴刻椭圆形单框单行二字楷书"元丰"款识。通长 7.4 厘米、厚 0.18 厘米、两端各宽 7.3 厘米、中间宽 4.5 厘米（图一〇，1）。

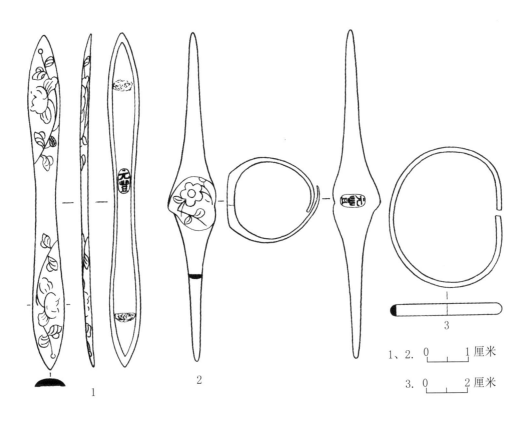

图一〇　M4 出土器物

1. 铜押发（M4 ： 1）　2. 铜戒指（M4 ： 2）　3. 铜手镯（M4 ： 3）

铜戒指 1 件。M4 ： 2，平面呈圆环状，为银质长条打制而成。首呈圆形，凸出于两侧，正面阴刻折枝花卉纹，背面阴刻椭圆形单框单行二字楷书"元丰"款识。两端呈长条状，至末端呈尖状。直径 1.9 ~ 2.1 厘米、通长 7.3 厘米、首径 1.1 厘米（图一〇，2）。

铜手镯 1 件。M4 ： 3，平面呈马蹄形，为铜质长条打制而成，前后两端相互靠近，但不接触。手镯表面光素无纹。直径 5.2 ~ 6.23 厘米、宽 0.54 厘米、厚 0.26 厘米（图一〇，3）。

五铢钱 1 枚。M4 ： 4-1，圆形，方穿，正、背面外郭缘较窄，内郭缘较宽。正面穿左右铸"五铢"二字，篆书；背面素面。郭径 2.6 厘米、穿径 0.93 厘米、厚 0.12 厘米，重 2.8 克（图一一，8）。

光绪通宝 1 枚。M4 ： 4-2，圆形，方穿，正背面外郭缘较宽。正面铸"光绪通宝"四字，楷书，对读；背面漫漶不清。郭径 2.4 厘米、穿径 0.55 厘米、厚 0.09 厘米，重 2.3 克（图一一，9）。

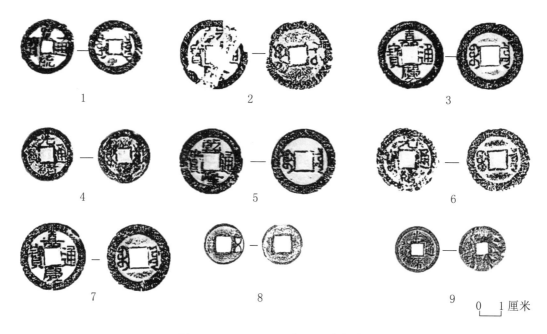

图一一　M1～M4出土铜钱拓片

1.宣统通宝（M1：2）　2、5.乾隆通宝（M1：3、M2：6-1）　3、7.嘉庆通宝（M1：4、M2：6-3）

4、6、9.光绪通宝（M2：4、M2：6-2、M4：4-2）　8.五铢钱（M4：4-1）

三、结语

此次发掘的4座清代墓葬，是清代十分典型的长方形竖穴土圹双人合葬墓，与大兴采育西组团M3、M4，黄村双高花园M1、M3、M4，康庄安置房M1、M2[①]，通州区西集镇清代墓葬M1[②]、昌平区朱辛庄M8～M12[③]等清代墓葬形制基本相同。根据墓内出土器物性别特征及体质人类学分析，推断这批墓葬全部为夫妻合葬墓。墓葬间排列有序，基本呈"一"字形排列，且除M3未出土铜钱外，其余三座墓葬内均以清光绪通宝、乾隆通宝、嘉庆通宝最多，其次为宣统通宝和五铢钱，故推断这4座墓葬应为同一家族墓葬，年代为清末，即清光绪和宣统时期。

出土器物的质地主要为铜、银、金三种，不见陶、瓷类质地器物，器型以铜扣、银簪为主，其次为金耳环、银耳环、银指环、铜戒指和铜手镯，其中银簪的形制特征最为典型，与北京其他地区清代墓葬出土的银簪形制特征基本一致，如银簪M2：3-1和M2：3-2分别与2015年北京昌平朱辛庄新区二期清代墓葬M8：7出土的福字银簪[④]和2014年海淀区东升乡小营村清代墓葬M5：2[⑤]出土的寿字银簪器型一致，而该墓年代为清光绪时期，故为这两件银簪的制作年代提供了依据，即不晚于清光绪时期。而金耳环、银指环、银耳环、铜戒指和铜手镯北京其他地区清代墓葬中亦有发现，形制特征与此也基本一致。

据光绪《昌平外志》记载，南邵地区源于南邵村，南邵村成村于元代，因邵姓人居多，因而当时名邵家庄，是南邵地区建村最早的村落⑥。明洪武四年（1371）六月戊申，开国大将徐达"以沙漠遗民三万二千八百余户屯田北平，置屯二百五十四，开地千三百四十三顷"。而在昌平则设置二十六屯，三千八百一十一户⑦。洪武二十四年（1391），全县设 4 乡、9 社、8 屯、18 军屯、2 坊、162 村、17 店⑧，此时普通屯与军屯合在一起正好为二十六屯，与洪武四年所置屯相符，南邵即在其中⑨。明隆庆《昌平州志》中又见州治东一十五里南邵屯⑩。清康熙《昌平州志》卷六《军屯下》记载："在州治东十五里为南哨屯⑪"，清光绪《昌平州志》卷四《土地记第三下》又详细记载："南邵村采访册：距城八里。东至萧家庄半里，南至张各庄四里，西至州城八里，北至张家营一里。东南至纪家窑三里，西南至济阳屯五里，东北至张家庄一里，西北至东山口八里⑫"。但与此同时，光绪《昌平州志》记载昌平州境内还有一处南邵新庄，应是当时人口增长过快而部分南邵村民迁建于此，而且这个南邵新庄到后来的民国乃至现在均不见记录，而因推断这应该是清末时短暂出现的一处村落。到了民国时期，昌平县城东依旧尚存南邵村⑬。由此可知，南邵自元代成村起至今一脉相承，并未中断，只是在村名上略有不同，即康熙时更南邵为南哨，到光绪时又复为南邵。而且根据史料记载，此次发掘的四座清代晚期墓葬应处于南邵村与张各庄村之间。

关于南邵村寺庙的分布，清光绪《昌平州志》卷九《伽蓝记第十一》记载："法云寺，在南邵村，明永乐年建，宣德年重修。"⑭该卷又记载："黄山寺，在州治东，古名寺。明永乐十四年迁于南邵村，殿宇极其宏丽。"⑮关于南邵村明清墓葬的分布，据光绪《昌平州志》卷十《冢墓记第十二》记载，清代昌平州城东八里南邵村有湖北巡抚徐化成墓⑯。2022 年，我院曾在昌平南邵景兴街以南、中安路以西、创安路以东范围内发掘明清时期遗迹 35 处，其中明清家族墓葬 31 座、灰坑 4 座，根据墓葬形制特征及器物类型，推断该墓葬群应为一处明后期及至清初家族墓。从年代上看，该墓葬群似乎与徐化成墓有关。该发掘区域距本次发掘区域 480 余米，距南邵地铁站 660 余米，应处于明清南邵村南部。目前暂未找到史料中清晚期墓葬分布的记载，因而推测本次发掘的四座清代晚期墓葬应为清末南邵村一户村民的家族墓葬。

发掘：杨睿

执笔：曹孟昕　孙浩然　杨睿

注释

① 北京市文物研究所编著：《大兴古墓葬考古发掘报告集》，科学出版社，2020 年，第 271 页。

② 北京市文物研究所：《北京市通州区西集镇明清墓葬发掘简报》，《北京文博文丛》2018 年第 3 辑。

③④ 北京市文物研究所：《北京市昌平区朱辛庄明清墓葬发掘简报》，《北京文博文丛》2018 年第 3 辑。

⑤ 北京市文物研究所：《海淀区东升乡小营村汉代、清代墓葬发掘简报》，《北京文博文丛》2014 年第 3 辑。

⑥ ［清］麻兆庆：光绪《昌平外志》卷一，《中国地方志集成·北京府县志辑》第 4 册，上海书店出版社影印本，2002 年，第 604 ~ 605 页。

⑦ 《明太祖实录》，"中央研究院"历史语言研究所影印本，1962年，第1246～1247页。

⑧⑨⑩ 昌平县志编纂委员会、李德余主编：《昌平县志》，北京出版社，2003年，第45页。

⑪ 康熙《昌平州志》卷六，《中国地方志集成·北京府县志辑》第4册，上海书店出版社影印本，2002年，第47页。

⑫ ［清］缪荃孙、刘万源等著：光绪《昌平州志》卷九《土地记第三下》，北京古籍出版社，1989年，第92～93页。

⑬ 昌平县志编纂委员会、李德余主编：《昌平县志》引1948年《昌平县辖自然村名称录》，北京出版社，2003年。

⑭ ［清］缪荃孙、刘万源等著：光绪《昌平州志》卷九《伽蓝记第十一》，北京古籍出版社，1989年，第323页。

⑮ ［清］缪荃孙、刘万源等著：光绪《昌平州志》卷九《伽蓝记第十一》，北京古籍出版社，1989年，第325页。

⑯ ［清］缪荃孙、刘万源等著：光绪《昌平州志》卷十《冢墓记第十二》，北京古籍出版社，1989年，第343页。

朝阳区高碑店清代墓葬和窑址发掘报告

　　为了配合高碑店再生水厂工程项目的建设，北京市考古研究院（原北京市文物研究所）于2011年10月21日至10月31日对该项目用地范围内的古代墓葬及古代窑址进行了考古发掘。发掘区位于朝阳区南部，东为东五环路、南邻广渠快速路、西为高碑店路（图一）。此次共发掘古代墓葬5座、古代窑址2座，发掘面积共计180平方米。

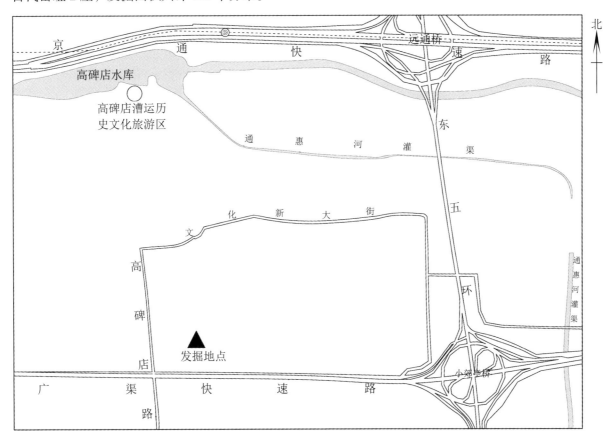

图一　发掘地点位置示意图

一、墓葬形制

发掘区内地势平坦，地层堆积较简单，可分为2层。叙述如下：第①层：现代回填土层，厚0 ~ 0.2米，土色为灰黑色，土质较疏松，内含大量现代建筑垃圾。第②层：近现代土层，厚0.2 ~ 0.3米，土色为黄褐色，土质较黏，结构较为紧密，内含少量植物根系、青花瓷片、砖块等。②层以下为原生土。此次发掘的5座古代墓葬，均为长方形竖穴土圹墓，开口于②层下，向下打破原生土层。

（一）M1

为竖穴土圹墓，东西方向。平面为长方形，墓口距地表深0.5米，墓底距墓口深0.8 ~ 0.9米。墓圹东西长2.5 ~ 2.6米、南北宽2米，内填五花土，土质较硬实。墓坑内置双棺，南北并排。北棺棺木已朽，残长1.8米、宽0.54 ~ 6米、残存高度0.1米。棺内人骨架保存较乱，头骨位于西部，面向东，仰身直肢葬，为女性。南棺棺木保存状况较好，残长1.9米、宽0.6 ~ 0.8米、残存高度0.1米、残厚0.04 ~ 0.06米。棺内人骨架保存状况较好，头骨位于西部，面向西，仰身直肢葬，为男性。出土的随葬器物为釉陶罐2件（图二）。

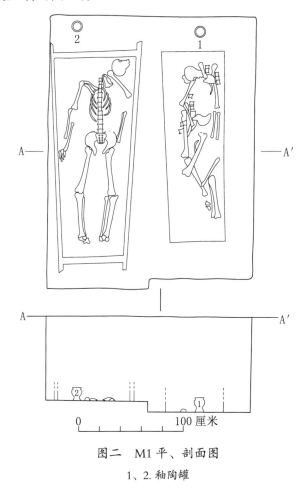

图二 M1平、剖面图

1、2. 釉陶罐

（二）M2

为竖穴土圹墓，南北方向。平面为长方形，墓口距地表深 0.5 米，墓底距墓口深 0.4 米。墓圹南北长 2.4 米、东西宽 1.2 米，内填五花土，土质较松软。墓坑内置单棺，棺木已朽，残长 1.8 米、宽 0.5 ~ 0.6 米、残存高度 0.1 米。棺内人骨架保存状况较差，头骨位于北部，面向东，仰身直肢葬，为女性。人骨脚部的左右两侧各有一块青砖。未发现随葬器物（图三）。

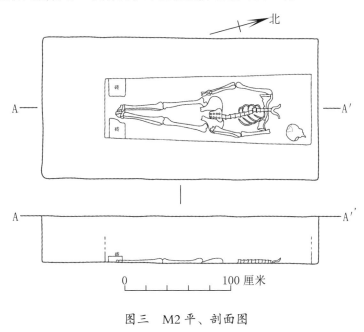

图三　M2 平、剖面图

（二）M3

为竖穴土圹墓，南北方向。平面呈长方形，墓口距地表深 0.5 米，墓底距墓口深 0.4 米。墓圹南北长 2.3 米、东西宽 1.1 米，内填五花土，土质较硬实。墓坑内置单棺，棺木已朽，残长 1.8 米、宽 0.5 ~ 0.6 米、残存高度 0.1 米。棺内人骨架保存状况较好，头骨位于北部，面向西，仰身直肢葬，为女性。出土的随葬器物为釉陶罐 1 件（图四）。

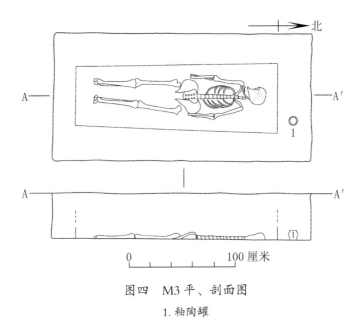

图四 M3 平、剖面图
1. 釉陶罐

（三）M4

为竖穴土圹墓，东西方向。平面呈长方形，墓口距地表深 0.5 米，墓底距墓口深 1.6 米。墓圹东西长 2.3 米、南北宽 0.9 米，内填五花土，土质较硬实。墓坑内置单棺，棺木已朽，残长 1.8 米、宽 0.5 ~ 0.6 米、残存高度 0.1 米。棺内人骨架保存状况较差，头骨位于东部，面向不详，侧身直肢葬，为男性。未发现随葬器物（图五）。

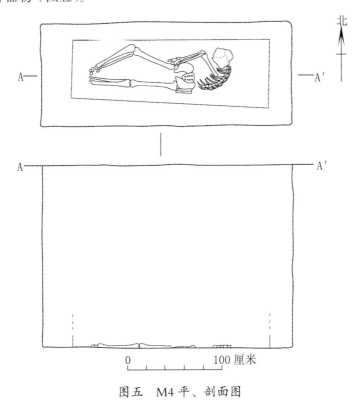

图五 M4 平、剖面图

（四）M5

为竖穴土圹墓，东西方向。平面呈长方形，墓口距地表深 0.5 米，墓底距墓口深 1.2 ~ 1.6 米。东西长 2.3 ~ 2.7 米、南北宽 2 ~ 2.4 米，内填五花土，土质较松软。内置双棺，棺木已朽。北棺长 1.8 米、宽 0.5 ~ 0.6 米、残存高度 0.1 米。棺内人骨架保存状况较好，头骨位于东部，面向北，仰身直肢葬，为女性。南棺残长 1.9 米、宽 0.6 ~ 0.7 米、残存高度 0.1 米，棺内人骨架保存状况较好，头骨位于东部，面向西，仰身直肢葬，为男性。在墓室北部下深 1.2 米有生土台一个，东西长 2.3 米、南北宽 0.2 ~ 0.4 米。随葬器物有黑釉瓷罐 2 件（图六）。

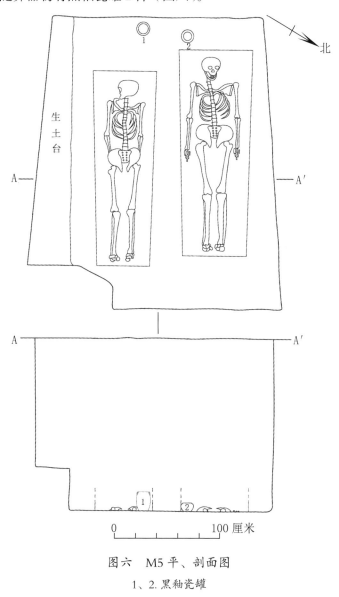

图六　M5 平、剖面图

1、2. 黑釉瓷罐

二、随葬器物

随葬器物主要为釉陶罐 3 件、黑釉瓷罐 2 件。

釉陶罐 3 件。M1：1，侈口，宽平沿，短束颈，平肩，鼓腹，最大腹径偏于上部，腹部向下内收，大平底。器物内、外腹壁均施浅黄色釉，内、外底均无釉。釉薄，剥落现象较为明显。浅黄色胎，胎质较细腻，胎体较厚。口径 9.7 厘米、腹径 11.3 厘米、底径 8.4 厘米、通高 14.2 厘米（图七，1；彩版五七，1）。M1：2，侈口，宽平沿，短束颈，平折肩，鼓腹，最大腹径偏于上部，腹部向下内收，大平底。器物内、外腹壁均施浅黄色釉，内、外底均无釉。釉薄，剥落现象较为明显。黄色胎，胎质较细腻，胎体较厚。口径 9.2 厘米、腹径 10.6 厘米、底径 9.3 厘米、通高 14 厘米（图七，2；彩版五七，2）。M3：1，侈口，宽沿，圆唇，短直颈，斜肩，折腹，最大腹径偏于上部，腹部向下斜直内收，大平底。口沿至外腹壁上部施酱色釉，其余部分均无釉。釉较薄，剥落现象较为明显。浅黄色胎，胎质较细腻，胎体较厚。口径 9.2 厘米、腹径 12 厘米、底径 8.4 厘米、通高 12 厘米（图七，3；彩版五七，3）。

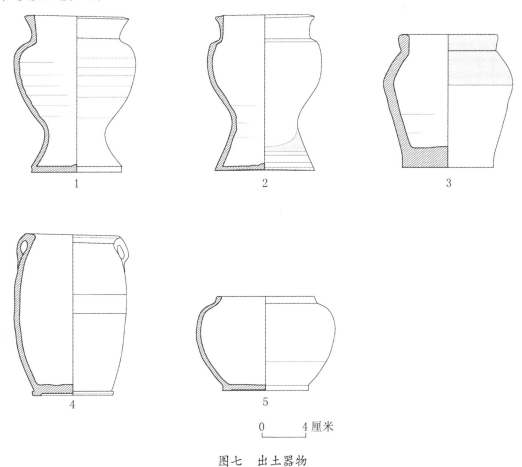

0   4 厘米

图七　出土器物

1 ~ 3.釉陶罐（M1：1、M1：2、M3：1）　4、5.黑釉瓷罐（M5：1、M5：2）

黑釉瓷罐 2 件。M5：1，侈口，折沿，尖圆唇，短束颈，弧状深腹，中部略外鼓，矮圈足。口沿下至腹上部有对称的半圆形双系。器物外壁下部和底部未施釉，其余部分均施黑色釉。釉较厚。黄色胎，胎质较细腻，胎体较厚。口径 8.9 厘米、腹径 10.5 厘米、圈足直径 7.4 厘米、通高 14.5 厘米（图七，4；彩版五七，4）。M5：2，敛口，圆唇，短斜颈，圆肩鼓腹，最大腹径偏于上部，腹部向下内收矮圈足。口沿、器物外壁下部和底部未施釉，其余部分均施黑色釉。釉较厚。白色胎，胎质细腻，胎体较厚。口径 9.2 厘米、腹径 13 厘米、圈足直径 8 厘米、通高 8.5 厘米（图七，5；彩版五七，5）。

三、窑址形制

此次发掘两座古代窑址（Y1、Y2），窑室平面均呈椭圆形。两座窑址共用一个操作间，整体保存状况较差，均为东西方向，由操作间、出灰道、火膛、窑室、烟道等部分组成（图八）。

Y1 窑口距地表深 0.4 ～ 0.6 米，东西长 8.32 米、南北宽 2.84 ～ 3.75 米。顶部及窑门已被破坏，由操作间、出灰道、火膛、窑室、烟道等部分组成。

操作间位于出灰道的东部，平面呈近似长方形，东西长 3.06 米、南北宽 8.78 米（与 Y2 共用一个操作间），距地表深 0.4 ～ 0.6 米，内填红烧土、砖块等，土质较松软。

出灰道位于操作间的西部，火膛的东部平面呈长方形，上部火门已被破坏。出灰道东西残长 0.88 米、南北残宽 0.16 ～ 0.2 米、深 0.46 ～ 1.02 米，内填草木灰、红烧土等。该出灰道是用青砖错缝平铺砌筑。

火膛位于出灰道的西部、窑室的东部，平面呈半圆形，南北长 2.7 米、东西宽 1.3 米、深 0.8 ～ 1.1 米，底部距窑口深 1.86 米、距地表深 2.46 米，在火膛四周用砖错缝砌筑，底层用 4 ～ 6 层平砖错缝砌筑，中间为一平一竖砖错缝砌筑，上部为两层平砖错缝砌筑。在砖面有 0.01 米厚的烧结面，呈青灰色，大部分已脱落。底部残留有 0.3 ～ 0.4 米厚的黑灰。青砖规格为 0.34 米 × 0.16 米 × 0.06 米。

窑室位于火膛的西部，平面呈半圆形，东西长 2.3 米、南北宽 2.8 ～ 3.75 米。窑室顶部仅残留底部，周壁残留烧结面厚 0.06 米。内填杂土等，土质较松。在窑床的西部残留有烟道的痕迹，窑床经火烧呈青灰色，床面较坚硬。床面距窑口深 0.52 ～ 0.75 米、距地表深 0.92 ～ 1.35 米。

烟道位于窑室的西部，共分三个，上部均被破坏，仅残存底部火烧痕迹。烟道①位于窑室的西北角，南北长 0.9 米、东西宽 0.48 米。烟道②位于窑室的中部，南北长 0.94 米、东西宽 0.56 米。烟道③位于窑室的西南角，南北长 0.66 米、东西宽 0.48 米。

Y2 窑口距地表深 0.4 ～ 0.6 米。顶部及窑门已被破坏，东西总长 8.02 米、南北宽 2.9 米。由操作间、出灰道、火膛、窑室、烟道等部分组成，分别叙述如下：

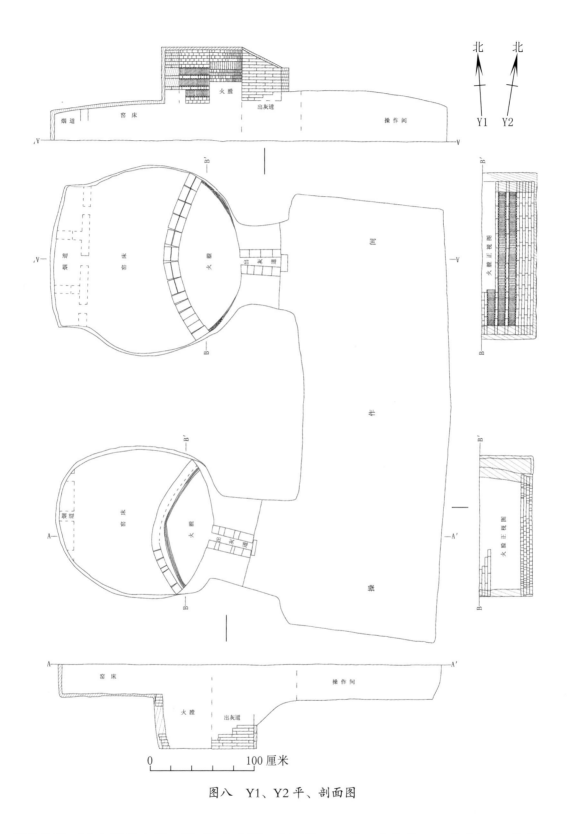

图八 Y1、Y2 平、剖面图

　　操作间位于出灰道的东部，平面呈长方形，东西长 3.05 米、南北宽 8.78 米（与 Y1 共用一个操作间），距地表深 0.4 ~ 0.6 米，内填红烧土、砖块等，土质较松软。

　　出灰道位于操作间的西部，火膛的东部平面呈长方形，上部火门已被破坏。出灰道东西残长 0.9

米、南北残宽 0.16 米、深 0.18 ~ 0.48 米，内填草木灰、红烧土等。该出灰道是用青砖错缝平铺砌筑。青砖规格为 0.3 米 × 0.15 米 × 0.04 米。

火膛位于出灰道的西部、窑室的东部，形状呈半圆形，南北长 2.28 米、东西宽 1.8 米、深 1.1 米，底部距窑口深 1.7 米、距地表深 2.3 米。在火膛西壁用平砖错缝砌筑，残留底部四层和上部四层，在砖面有 0.01 米厚的烧结面，大部分已脱落。底部有 0.02 米的黑灰。青砖规格为 0.34 米 × 0.17 米 × 0.06 米。

窑室位于火膛的西部，平面呈半圆形，东西长 2.1 米、南北宽 2.9 米。窑室顶部仅残留底部，周壁残留烧结面厚 0.06 米。内填杂土等，土质较松。在窑床的西部残留有烟道的痕迹，窑床经火烧呈青灰色，床面较坚硬。床面距窑口深 0.6 米、距地表深 1 米。

烟道位于窑室的西部，共有三个，上部均被破坏，仅残存底部火烧痕迹。烟道①位于窑室的西北角，南北长 0.16 米、东西宽 0.1 ~ 0.16 米，与烟道②相距 0.6 米。烟道②位于窑室的中部，南北长 0.94 米、东西宽 0.56 米，与烟道③相距 0.6 米。烟道③位于窑室的西南角，长 0.16 米、宽 0.12 米。

四、小结

此次发掘的墓葬数量较少，从其空间距离和分布上看较为集中。墓葬的方向并不一致，其中东西方向的墓葬 2 座，分别为 M1 和 M5；南北方向的墓葬 3 座，分别为 M2 ~ M4。根据墓内人骨的数量，可以分为单人葬和双人合葬墓，其中单人葬墓 3 座，分别为 M2 ~ M4；双人合葬墓 2 座，分别为 M1 和 M5。随葬器物不多，均为比较典型的釉陶罐和黑釉瓷罐。从器物的形制和胎釉来看，属于清代早期和清代晚期。因此，此次发掘的墓葬均为清代墓葬。

窑址规模较大，整体结构较复杂，为双窑室共用一个操作间。从开口层位、具体构成和青砖形制来看，应为同一时间段修建而成。从窑室的平面形制来看，窑床前部和烟道部分有较为明显的区别，因此分为 Y1 和 Y2。推测有两种情况，第一种情况是 Y1 和 Y2 为同一个时间点修建，同时开始使用，Y1 和 Y2 窑室平面形制的差别，很可能与烧制不同器物有关。第二种情况是 Y1 和 Y2 为同一时间段修建而成，但是在具体修建的时间点上存在先后顺序的不同，具体的使用时间上也就存在着差异。Y1 和 Y2 的开口层位与清代墓葬相同，窑内所用的青砖也均为清代青砖，因此推断为清代窑址。

发掘：孙勐　黄星

绘图：黄星

照相：黄星

执笔：孙勐　黄星　刘红艳

朝阳区驼房营路清代墓葬发掘报告

朝阳区亮马住宅小区（J 地块）土地储备项目位于朝阳区西部，东邻驼房营路、南邻丁香园、西邻酒仙桥路、北邻万红路（图一）。2018 年 11 月 16 日至 12 月 7 日，为配合基本建设，北京市考古研究院（原北京市文物研究所）对朝阳区亮马住宅小区（J 地块）土地储备项目开展了考古发掘工作，发掘面积 245 平方米，发掘清代墓葬 29 座。

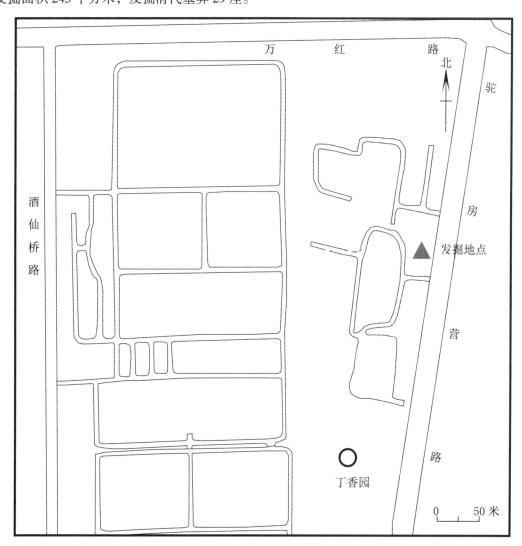

图一　发掘地点位置示意图

一、墓葬

共发掘清代墓葬 28 座，皆开口于①层下，分为竖穴土坑墓和砖室墓。竖穴土坑墓 27 座，为 M1 ~ M6、M8 ~ M20、M22 ~ M29，分为单人葬墓、双人合葬墓、三人合葬墓、四人合葬墓及搬迁墓；砖室墓 1 座，为 M21（图二）。

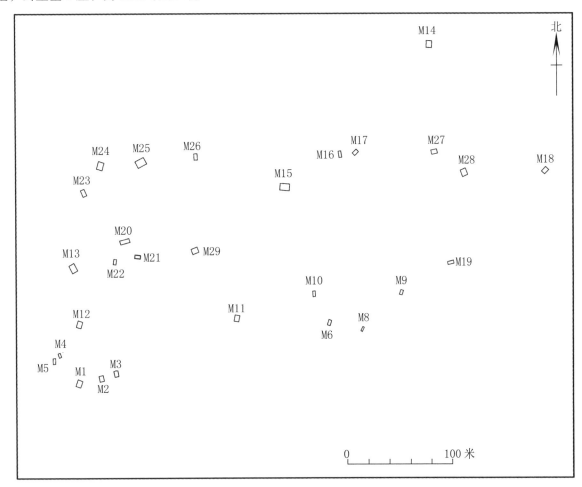

图二　墓葬分布图

（一）竖穴土坑墓

1. 单人葬墓

共 6 座，为 M5、M9、M20、M22、M23、M26。

（1）M5

位于发掘区西南部，北邻 M4。方向为 6°。平面呈长方形，墓壁竖直，底较平，墓口距地表深 1.2 米。墓圹长 2.36 米、宽 0.96 米、深 1.18 米（图三；彩版五八，1）。

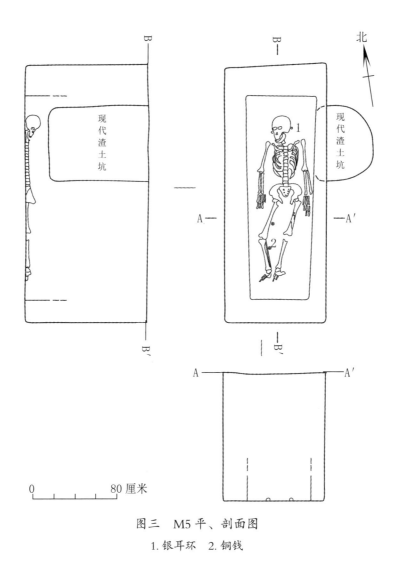

图三 M5 平、剖面图

1.银耳环 2.铜钱

葬具为木棺，已朽，平面近梯形，长 1.86 米、宽 0.56 ~ 0.67 米、残高 0.24 米。棺内人骨仰身屈肢葬，保存一般，部分肢骨缺失移位，头向北，面向上，性别女。随葬银耳环 1 对 2 件，位于头骨东侧；铜钱 3 枚，位于小腿骨之间。

（2）M9

位于发掘区东部，西南邻 M7。北部被现代坑打破。方向为 171°。平面呈梯形，墓壁竖直，底较平，墓口距地表深 1.3 米。墓圹长 2.98 米、宽 1.04 ~ 1.12 米、深 1.18 米（图四；彩版五八，2）。

葬具为木棺，已朽，平面近长方形，长 2.08 米、宽 0.66 米、残高 0.24 米。棺内人骨仰身直肢葬，保存一般，部分肢骨缺失移位，头向南，面向东北，性别男。未发现随葬品。

（3）M20

位于发掘区西部，南邻 M22。方向为 278°。平面呈梯形，墓壁竖直，底较平，墓口距地表深 1.3 米。墓圹长 2.6 米、宽 1.04 ~ 1.56 米、深 1.08 米（图五；彩版五八，3）。

葬具为木棺，已朽，平面近梯形，长 1.86 米、宽 0.5 ~ 0.68 米、残高 0.36 米。棺内人骨仰身直

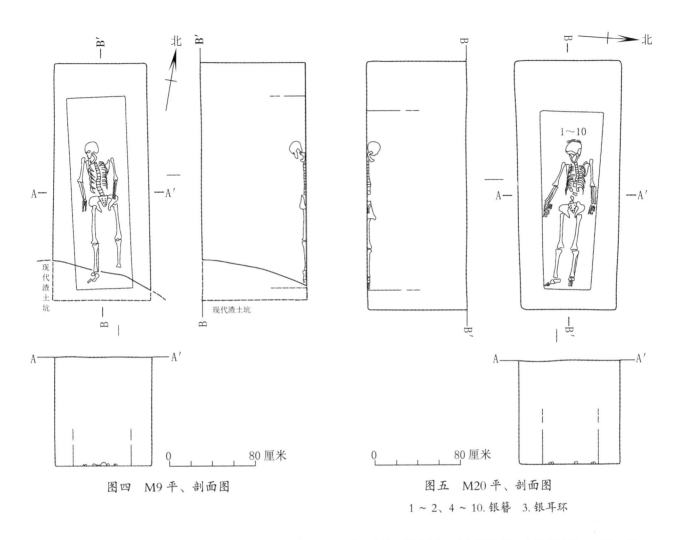

图四 M9平、剖面图　　图五 M20平、剖面图

1～2、4～10.银簪　3.银耳环

肢葬，保存一般，部分肢骨缺失移位，头向西，面向不详，性别女。随葬银簪、银耳环共10件，位于头骨北侧。

（4）M22

位于发掘区西部，北邻M20。方向为351°。平面呈长方形，墓壁竖直，底较平，墓口距地表深1.4米。墓圹长2.5米、宽1.24米、深0.76米（图六；彩版五八，4）。

葬具为木棺，已朽，平面近梯形，长1.8米、宽0.54～0.6米、残高0.12米。棺内人骨仰身直肢葬，保存一般，部分肢骨缺失移位，头向北，面向东，性别男。随葬银耳环2对，位于头骨东侧。

（5）M23

位于发掘区西部偏北，北邻M24。方向为198°。平面呈长方形，墓壁竖直，底较平，墓口距地表深1.35米。墓圹长2.76米、宽1.28米、深0.9米（图七；彩版五九，1）。

葬具为木棺，已朽，平面近梯形，长1.93米、宽0.53～0.65米、残高0.2米。棺内人骨仰身屈肢葬，保存一般，部分肢骨缺失移位，头向南，面向东，性别女。随葬铜钱5枚，位于大腿骨西侧及盆骨东侧。

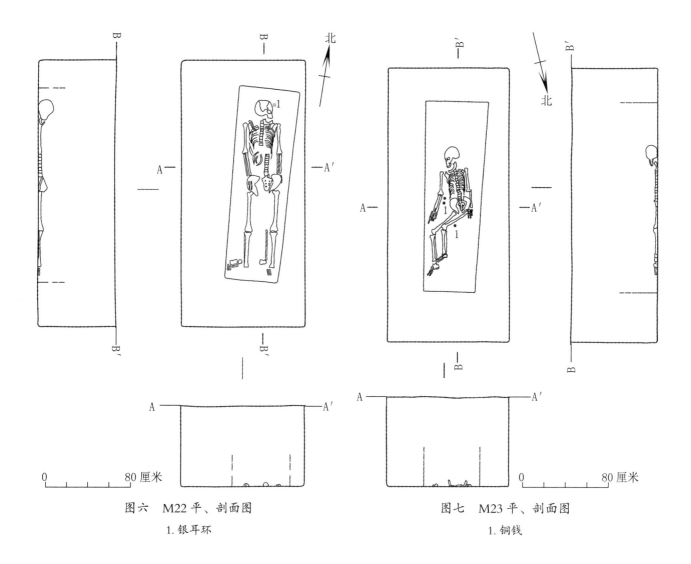

图六　M22 平、剖面图
1. 银耳环

图七　M23 平、剖面图
1. 铜钱

（6）M26

位于发掘区西部偏中，西邻 M25。方向为 92°。平面呈梯形，墓壁竖直，底较平，墓口距地表深 1.25 米。墓圹长 2.58 米、宽 1.24 ~ 1.32 米、深 0.8 米（图八；彩版五九，2）。

葬具为木棺，已朽，平面近梯形，长 2.2 米、宽 0.44 ~ 0.58 米、残高 0.28 米。棺内人骨仰身屈肢葬，保存一般，部分肢骨缺失移位，头向东，面向上，性别男。随葬铜钱 2 枚，位于头骨东侧。

2. 双人合葬墓

共 12 座，为 M1 ~ M3、M11 ~ M14、M17、M18、M24、M28、M29。

（1）M1

位于发掘区西南部，东邻 M2。方向为 149°。平面近梯形，墓壁竖直，底较平，墓口距地表深 1.25 米。墓圹长 2.78 ~ 2.96 米、宽 2.34 ~ 2.44 米、深 0.54 ~ 0.58 米。双人合葬，存在先后埋葬顺序。东侧墓穴打破西侧墓穴（图九；彩版六一，1）。

东侧墓穴平面呈长方形，长 2.78 ~ 2.95 米、宽 0.36 ~ 1.33 米、深 1.54 米。葬具为木棺，平面

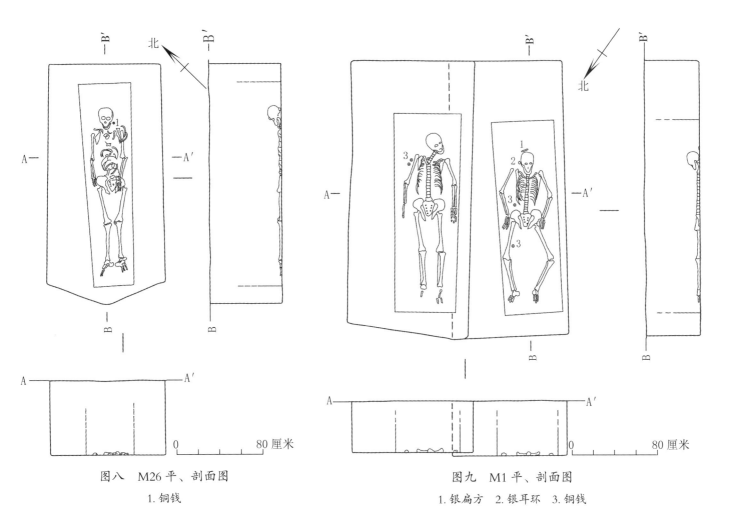

图八　M26 平、剖面图

1. 铜钱

图九　M1 平、剖面图

1. 银扁方　2. 银耳环　3. 铜钱

呈梯形，长 2.1 米、宽 0.66 ~ 0.74 米、残高 0.26 米。棺内人骨仰身直肢葬，头向南，面向北，性别男。随葬铜钱 3 枚，位于右臂肱骨东侧。

西侧墓穴平面呈梯形，长 2.96 米、宽 1.26 ~ 1.3 米、深 0.58 米。葬具为木棺，平面呈梯形，长 2.08 米、宽 0.65 ~ 0.7 米、残高 0.3 米。棺内人骨仰身直肢葬，头向南，面向北，性别女。随葬银扁方 1 件，位于头骨南侧；银耳环 1 件，位于头骨东侧。

（2）M2

位于发掘区西南部，东北邻 M3。方向为 19°。平面呈长方形，墓壁竖直，底较平，墓口距地表深 1.1 米。墓圹长 2.4 ~ 2.76 米、宽 1.88 ~ 1.98 米、深 1.1 ~ 1.2 米。双人合葬，存在先后埋葬顺序。东侧墓穴打破西侧墓穴（图一〇；彩版六一，2）。

东侧墓穴平面呈长方形，长 2.76 米、宽 0.8 米、深 1.1 米。葬具为木棺，平面呈梯形，长 2.04 米、宽 0.4 ~ 0.71 米、残高 0.22 ~ 0.55 米。棺内人骨仰身直肢葬，头向北，面向上，性别男。未见随葬品。

西侧墓穴平面呈长方形，长 2.4 米、宽 1.88 ~ 1.98 米、深 1.2 米。葬具为木棺，平面呈梯形，长 1.98 米、宽 0.48 ~ 0.62 米、残高 0.34 米。棺内人骨仰身直肢葬，头向北，面向南，性别女。随葬铜

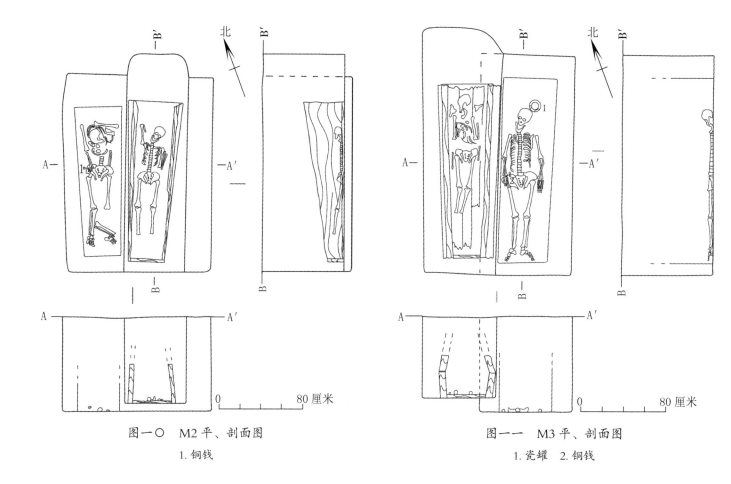

图一〇　M2 平、剖面图
1. 铜钱

图一一　M3 平、剖面图
1. 瓷罐　2. 铜钱

钱 2 枚，位于右手指骨旁。

（3）M3

位于发掘区西南部，西南邻 M2。方向为 18°。平面呈梯形，墓壁竖直，底较平，墓口距地表深 1.1 米。墓圹长 2.52 ~ 2.86 米、宽 1.76 ~ 1.84 米、深 0.94 ~ 1.1 米。双人合葬，存在先后埋葬顺序。西侧墓穴打破东侧墓穴（图一一；彩版六一，3）。

东侧墓穴平面呈长方形，长 2.52 米、宽 1.12 米、深 1.1 米。葬具为木棺，平面呈梯形，长 2.1 米、宽 0.58 ~ 0.64 米、残高 0.52 米。棺内人骨仰身直肢葬，头向北，面向上，性别男。随葬瓷罐 1 件，位于头骨北侧；铜钱 1 枚，位于盆骨上。

西侧墓穴平面近梯形，长 2.86 米、宽 0.85 ~ 0.96 米、深 0.94 米。葬具为木棺，平面呈梯形，长 2 米、宽 0.58 ~ 0.75 米、残高 0.5 米。棺内人骨仰身直肢葬，头向北，面向西，性别不详。未见随葬品。

（4）M11

位于发掘区南部偏西，东邻 M10。方向为 347°。平面呈梯形，墓壁竖直，底较平，墓口距地表深 1.3 米。墓圹长 2.48 ~ 2.62 米、宽 1.8 ~ 1.96 米、深 0.62 ~ 0.92 米。双人合葬，存在先后埋葬顺序。东侧墓穴打破西侧墓穴（图一二；彩版六一，4）。

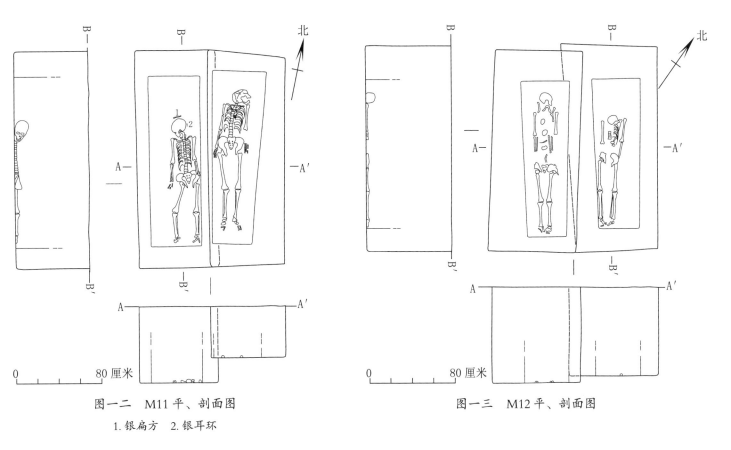

图一二　M11 平、剖面图

1. 银扁方　2. 银耳环

图一三　M12 平、剖面图

东侧墓穴平面近梯形，长 2.48 ~ 2.6 米、宽 0.92 ~ 0.95 米、深 0.62 米。葬具为木棺，平面呈梯形，长 2.07 米、宽 0.49 ~ 0.67 米、残高 0.12 米。棺内人骨仰身直肢葬，头向北，面向东，性别男。未见随葬品。

西侧墓穴平面呈长方形，长 2.62 米、宽 0.99 米、深 0.92 米。葬具为木棺，平面近长方形，长 2.05 米、宽 0.63 米、残高 0.42 米。棺内人骨仰身直肢葬，头向北，面向西，性别女。随葬银扁方 1 件、银耳环 1 对 2 件，均位于头骨处。

（5）M12

位于发掘区西南部，西南邻 M4。方向为 320°。平面近长方形，墓壁竖直，底较平，墓口距地表深 1.4 米。墓圹长 2.74 ~ 2.82 米、宽 2.3 ~ 2.4 米、深 1.2 ~ 1.3 米。双人合葬，存在先后埋葬顺序。西侧墓穴打破东侧墓穴（图一三；彩版六一，5）。

东侧墓穴平面近梯形，长 2.82 米、宽 1.14 ~ 1.25 米、深 1.2 米。葬具为木棺，平面呈梯形，长 2.03 米、宽 0.57 ~ 0.68 米、残高 0.26 米。棺内人骨仰身直肢葬，头向、面向不详，性别女。未见随葬品。

西侧墓穴平面呈长方形，长 2.74 米、宽 1.26 米、深 1.3 米。葬具为木棺，平面近梯形，长 2.12 米、宽 0.55 ~ 0.68 米、残高 0.36 米。棺内人骨仰身直肢葬，头向北，面向东，性别男。未见随葬品。

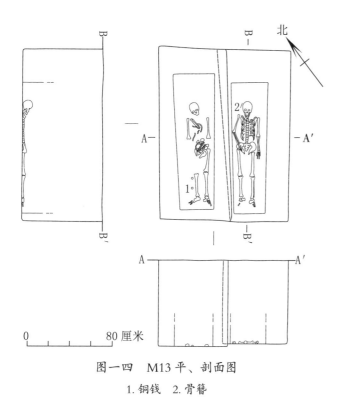

图一四　M13平、剖面图

1.铜钱　2.骨簪

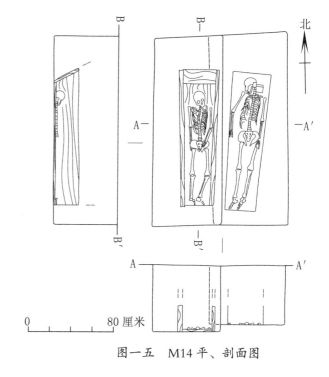

图一五　M14平、剖面图

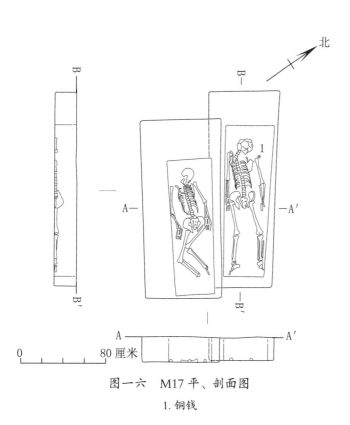

图一六　M17平、剖面图

1.铜钱

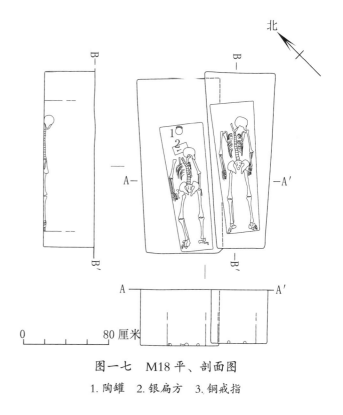

图一七　M18平、剖面图

1.陶罐　2.银扁方　3.铜戒指

（6）M13

位于发掘区西部，南邻 M12。方向为 41°。平面呈梯形，墓壁竖直，底较平，墓口距地表深 1.6 米。墓圹长 2.52 ~ 2.56 米、宽 1.99 ~ 2.04 米、深 1.24 ~ 1.28 米。双人合葬，存在先后埋葬顺序。西侧墓穴打破东侧墓穴（图一四；彩版六一，6）。

东侧墓穴平面近梯形，长 2.52 米、宽 0.9 ~ 1.14 米、深 0.28 米。葬具为木棺，平面呈梯形，长 1.93 米、宽 0.49 ~ 0.58 米、残高 0.26 米。棺内人骨仰身直肢葬，头向北，面向上，性别女。随葬骨簪 1 件，位于头骨处。

西侧墓穴平面近梯形，长 2.56 米、宽 1.04 ~ 1.1 米、深 1.28 米。葬具为木棺，平面近梯形，长 1.99 米、宽 0.52 ~ 0.64 米、残高 0.32 米。棺内人骨仰身直肢葬，头向北，面向上，性别男。随葬铜币 1 枚，位于右小腿骨西侧。

（7）M14

位于发掘区东北部，南邻 M12。方向为 359°。平面呈梯形，墓壁竖直，底较平，墓口距地表深 1.6 米。墓圹长 2.52 ~ 2.62 米、宽 1.82 ~ 1.92 米、深 0.8 ~ 0.9 米。双人合葬，存在先后埋葬顺序。西侧墓穴打破东侧墓穴（图一五；彩版六二，1）。

东侧墓穴平面近梯形，长 2.62 米、宽 1.04 ~ 1.1 米、深 0.8 米。葬具为木棺，平面呈梯形，长 1.86 米、宽 0.42 ~ 0.52 米、残高 0.26 米。棺内人骨仰身直肢葬，头向北，面向西，性别男。未见随葬品。

西侧墓穴平面近长方形，长 2.52 米、宽 0.95 米、深 0.9 米。葬具为木棺，平面近梯形，长 1.82 米、宽 0.45 ~ 0.56 米、残高 0.36 米。棺内人骨仰身直肢葬，头向北，面向上，性别女。未见随葬品。

（8）M17

位于发掘区东部偏北，西邻 M16。方向为 295°。平面呈梯形，墓壁竖直，底较平，墓口距地表深 1.8 米。墓圹长 2.16 ~ 2.34 米、宽 1.6 ~ 1.74 米、深 0.28 ~ 0.3 米。双人合葬，存在先后埋葬顺序。南侧墓穴打破北侧墓穴（图一六；彩版六二，2）。

南侧墓穴平面近梯形，长 2.16 米、宽 0.96 ~ 1.02 米、深 0.3 米。葬具为木棺，平面呈梯形，长 1.64 米、宽 0.47 ~ 0.57 米、残高 0.24 米。棺内人骨仰身直肢葬，头向西，面向北，性别女。未见随葬品。

北侧墓穴平面近梯形，长 2.34 米、宽 0.8 ~ 0.9 米、深 0.28 米。葬具为木棺，平面近梯形，长 1.82 米、宽 0.44 ~ 0.62 米、残高 0.22 米。棺内人骨仰身直肢葬，头向西，面向不详，性别男。随葬铜钱 1 枚，位于左臂西侧。

（9）M18

位于发掘区东部，西邻 M28。方向为 230°。平面呈梯形，墓壁竖直，底较平，墓口距地表深 1.4 米。墓圹长 2.56 米、宽 1.8 ~ 2.08 米、深 0.78 ~ 0.82 米。双人合葬，存在先后埋葬顺序。东侧墓穴打破西侧墓穴（图一七；彩版六二，3）。

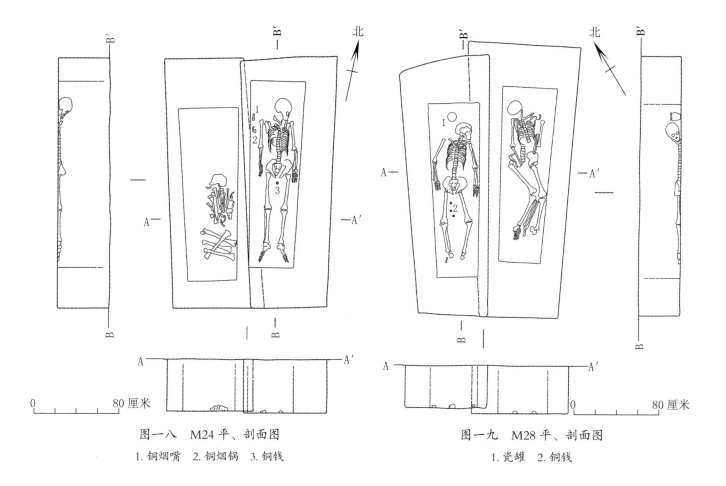

图一八　M24 平、剖面图

1. 铜烟嘴　2. 铜烟锅　3. 铜钱

图一九　M28 平、剖面图

1. 瓷罐　2. 铜钱

西侧墓穴平面近梯形，长 2.56 米、宽 1.16～1.26 米、深 0.82 米。葬具为木棺，平面呈梯形，长 1.84 米、宽 0.47～0.65 米、残高 0.3 米。棺内人骨仰身直肢葬，头枕青砖 1 块，头向西，面向西，性别女。随葬陶罐 1 件，位于棺内东北处；银扁方 1 件，位于头枕青砖上；铜戒指 2 件，位于右手指骨处。

东侧墓穴平面近梯形，长 2.56 米、宽 0.74～1.08 米、深 0.78 米。葬具为木棺，平面近梯形，长 1.9 米、宽 0.49～0.67 米、残高 0.26 米。棺内人骨仰身屈肢葬，头向西，面向西，性别男。未见随葬品。

（10）M24

位于发掘区西北部，东邻 M25。方向为 347°。平面呈梯形，墓壁竖直，底较平，墓口距地表深 1.4 米。墓圹长 2.68～2.72 米、宽 1.76～1.94 米、深 0.56～0.58 米。双人合葬，存在先后埋葬顺序。东侧墓穴打破西侧墓穴（图一八；彩版六二，4）。

东侧墓穴平面近梯形，长 2.72 米、宽 0.88～0.96 米、深 0.58 米。葬具为木棺，平面呈梯形，长 2.01 米、宽 0.5～0.63 米、残高 0.34 米。棺内人骨仰身直肢葬，头向北，面向东，性别男。随葬铜烟锅 1 件、铜烟嘴 1 件，均位于右臂肱骨处；铜钱 2 枚，位于大腿骨之间。

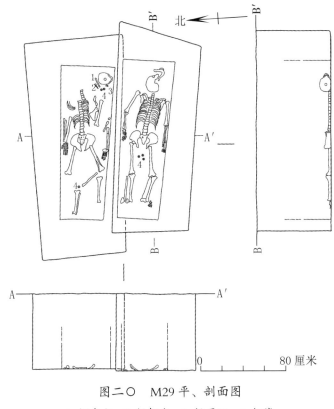

图二〇　M29 平、剖面图

1.铜扁方　2.银押发　3.银耳环　4.铜钱

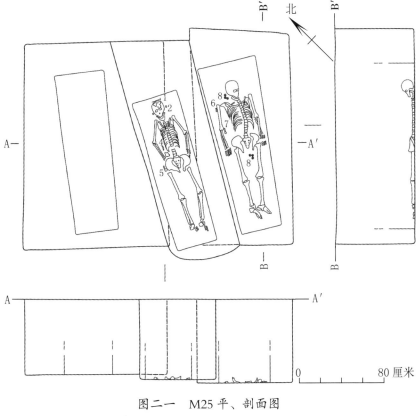

图二一　M25 平、剖面图

1.银扁方　2.银耳环　3.铜头饰　4.银三事　5、6.铜烟锅　7.玉烟嘴　8.铜钱西侧墓穴平面近梯形，长 2.68 米、宽 0.89 ~ 1.02 米、深 0.56 米。葬具为木棺，平面近梯形，长 1.86 米、宽 0.56 ~ 0.67 米、残高 0.32 米。棺内人骨杂乱摆放，葬式不详，头向不详，面向西，性别女。推测为二次葬。未见随葬品。

（11）M28

位于发掘区东北部，西北邻 M27。方向为 31°。平面呈梯形，墓壁竖直，底较平，墓口距地表深 1.4 米。墓圹长 2.57 ~ 2.94 米、宽 1.56 ~ 2 米、深 0.46 ~ 0.52 米。双人合葬，存在先后埋葬顺序。西侧墓穴打破东侧墓穴（图一九；彩版六二，5）。

东侧墓穴平面近梯形，长 2.94 米、宽 0.87 ~ 1.24 米、深 0.52 米。葬具为木棺，平面呈梯形，长 1.89 米、宽 0.46 ~ 0.62 米、残高 0.28 米。棺内人骨仰身屈肢葬，头向北，面向西，性别男。未见随葬品。

西侧墓穴平面近梯形，长 2.57 ~ 2.82 米、宽 0.79 ~ 1 米、深 0.46 米。葬具为木棺，平面近梯形，长 1.86 米、宽 0.47 ~ 0.58 米、残高 0.22 米。棺内人骨仰身直肢葬，头向北，面向东，性别女。随葬瓷罐 1 件，位于头骨北侧；铜钱 3 枚，位于大腿骨之间。

（12）M29

位于发掘区中部偏西，西邻 M21。方向为 263°。平面呈梯形，墓壁竖直，底较平，墓口距地表深 1.6 米。墓圹长 2.2 ~ 2.6 米、宽 1.8 ~ 2.18 米、深 0.9 ~ 0.92 米。双人合葬，存在先后埋葬顺序。南侧墓穴打破北侧墓穴（图二〇；彩版六二，6）。

南侧墓穴平面近梯形，长 2.2 ~ 2.52 米、宽 0.95 ~ 1.04 米、深 0.92 米。葬具为木棺，平面呈梯形，长 1.89 米、宽 0.52 ~ 0.66 米、残高 0.34 米。棺内人骨仰身直肢葬，头向西，面向东，性别男。随葬铜钱 3 枚，位于大腿骨之间。

北侧墓穴平面近梯形，长 2.6 米、宽 1.04 ~ 1.23 米、深 0.9 米。葬具为木棺，平面近梯形，长 1.84 米、宽 0.54 ~ 0.66 米、残高 0.32 米。棺内人骨肢骨移位，葬式不详，头向东，面向下，性别女。随葬铜扁方 1 件、银押发 1 件、银耳环 3 个 1 件，均位于头骨处；铜钱 4 枚，位于右大腿骨及头骨处。

3. 三人合葬墓

1 座，为 M25。

位于发掘区西北部，西邻 M24。方向为 46°。平面呈梯形，墓壁竖直，底较平，墓口距地表深 1.25 米。墓圹长 3.24 ~ 3.32 米、宽 2.4 ~ 2.56 米、深 0.88 ~ 0.98 米。三人合葬，存在先后埋葬顺序。中间墓穴分别打破东、西两侧墓穴（图二一；彩版六三，1）。

东侧墓穴平面近梯形，长 2.45 ~ 2.54 米、宽 1.11 ~ 1.21 米、深 0.98 米。葬具为木棺，平面呈梯形，长 2 米、宽 0.49 ~ 0.72 米、残高 0.32 米。棺内人骨仰身直肢葬，头向北，面向上，性别男。随葬铜烟锅 1 件，位于右臂肱骨东侧；玉烟嘴 1 件，位于右臂肱骨西侧；铜钱 6 枚，分别位于大腿骨之间及头骨西侧。

中间墓穴平面近长方形，长 2.56 米、宽 0.92 米、深 0.94 米。葬具为木棺，平面近梯形，长 1.81 米、宽 0.5 ~ 0.58 米、残高 0.28 米。棺内人骨仰身直肢葬，头向北，面向上，性别女。随葬银扁方 1 件、银耳环 1 件、铜头饰 1 件，均位于头骨北侧及东侧；银三事 1 件，位于胸骨西侧；铜烟锅 1 件，位于右手手骨处。

西侧墓穴平面呈长方形，长 2.4 米、宽 1.7 米、深 0.88 米。葬具为木棺，平面呈梯形，长 1.88 米、宽 0.51 ~ 0.6 米、残高 0.22 米。棺内未见人骨。未见随葬品。

4. 四人合葬墓

1 座，为 M15。

位于发掘区中部偏北，东北邻 M16。方向为 351°。平面呈梯形，墓壁竖直，底较平，墓口距地表深 1.25 米。墓圹长 4 ~ 4.1 米、宽 2.56 ~ 2.74 米、深 0.88 ~ 0.94 米。四人合葬，存在先后埋葬顺序，由西向东依次编为 1 号墓穴、2 号墓穴、3 号墓穴、4 号墓穴。2 号墓穴和 4 号墓穴分别打破 3 号墓穴，1 号墓穴打破 2 号墓穴（图二二；彩版六三，2）。

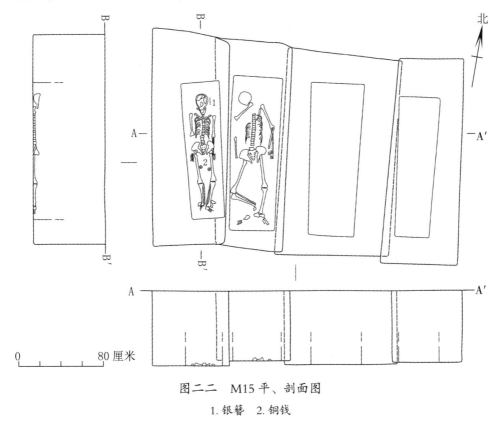

图二二　M15 平、剖面图
1. 银簪　2. 铜钱

1 号墓穴平面近梯形，长 2.48 ~ 2.74 米、宽 0.94 ~ 1 米、深 1.04 米。葬具为木棺，平面呈梯形，长 1.7 米、宽 0.42 ~ 0.5 米、残高 0.24 米。棺内人骨仰身直肢葬，头骨已破坏，头向、面向不详，性别女。随葬银簪 1 件，位于头骨东侧；铜钱 2 枚，位于大腿骨之间。

2 号墓穴平面近梯形，长 2.6 米、宽 0.9 ~ 1.04 米、深 0.88 米。葬具为木棺，平面呈梯形，长

1.93 米、宽 0.59 ~ 0.66 米、残高 0.16 米。棺内人骨仰身直肢葬，头骨已破坏，头向不详、面向北，性别不详。未见随葬品。

3 号墓穴平面近梯形，长 2.46 ~ 2.6 米、宽 1.28 ~ 1.3 米、深 0.92 米。葬具为木棺，平面呈梯形，长 1.9 米、宽 0.59 ~ 0.69 米、残高 0.22 米。棺内未见人骨。未见随葬品。

4 号墓穴平面近梯形，长 2.58 米、宽 0.85 ~ 1.02 米、深 0.9 米。葬具为木棺，平面呈梯形，长 1.76 米、宽 0.44 ~ 0.56 米、残高 0.2 米。棺内未见人骨。未见随葬品。

5. 搬迁墓

共 7 座，为 M4、M6、M8、M10、M16、M19、M27。

（1）M4

位于发掘区西南部，南邻 M5。方向为 40°。平面呈梯形，墓壁竖直，底较平，墓口距地表深 1.2 米。墓圹长 2.62 米、宽 1.2 ~ 1.28 米、深 0.74 米。葬具为木棺，平面呈梯形，长 1.84 米、宽 0.58 ~ 0.67 米、残高 0.24 米。棺内未见人骨。未见随葬品（图二三；彩版五九，3）。

（2）M6

位于发掘区南部，东邻 M8。方向为 326°。平面呈长方形，墓壁竖直，底较平，墓口距地

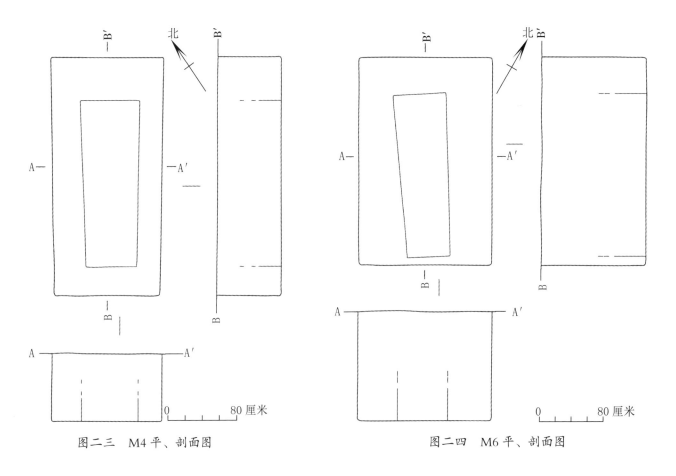

图二三　M4 平、剖面图　　　　　　　　　　图二四　M6 平、剖面图

表深 1.25 米。墓圹长 2.52 米、宽 1.68 米、深 1.32 米。葬具为木棺，平面呈梯形，长 1.96 米、宽 0.53 ～ 0.56 米、残高 0.4 米。棺内未见人骨。未见随葬品（图二四；彩版五九，4）。

（3）M8

位于发掘区南部，东邻 M7。方向为 168°。平面呈长方形，墓壁竖直，底较平，墓口距地表深 1.3 米。墓圹长 2.98 米、宽 1.36 米、深 1.28 米。葬具为木棺，平面呈梯形，长 2.17 米、宽 0.74 ～ 0.9 米、残高 0.4 米。棺内未见人骨。随葬铜钱 2 枚，位于棺底（图二五；彩版六〇，1）。

（4）M10

位于发掘区中部偏南，南邻 M6。方向为 3°。平面呈长方形，墓壁竖直，底较平，墓口距地表深 1.5 米。墓圹长 2.5 米、宽 1 米、深 1 米。葬具为木棺，平面呈梯形，长 1.93 米、宽 0.56 ～ 0.66 米、残高 0.28 米。棺内未见人骨。随葬陶罐 1 件，位于棺外西北角（图二六；彩版六〇，2）。

（5）M16

位于发掘区北部，东邻 M17。方向为 11°。平面呈长方形，墓壁竖直，底较平，墓口距地表深 1.7 米。墓圹长 3.4 米、宽 1 米、深 1 米。葬具为木棺，平面呈梯形，长 1.93 米、宽 0.56 ～ 0.66 米、残高 0.28 米。棺内未见人骨。未见随葬品（图二七；彩版六〇，3）。

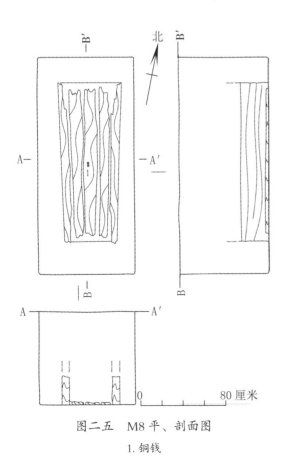

图二五　M8 平、剖面图
1. 铜钱

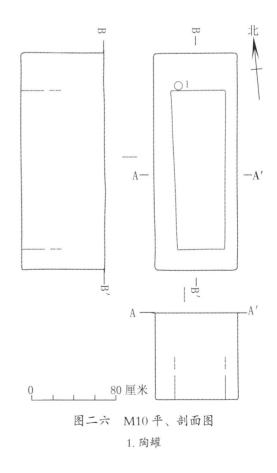

图二六　M10 平、剖面图
1. 陶罐

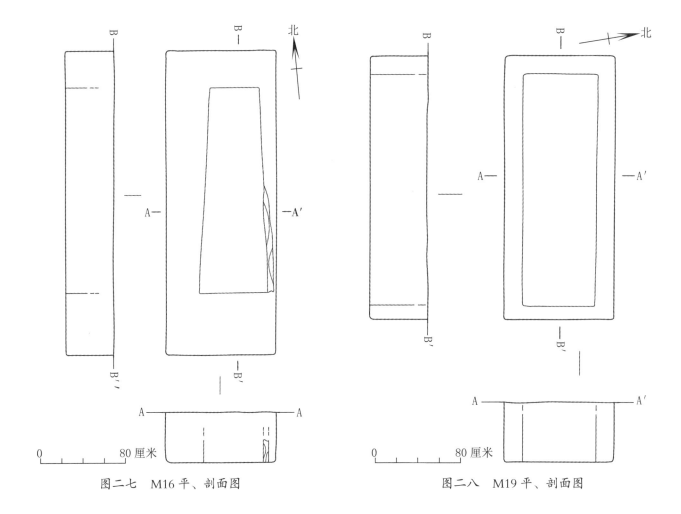

图二七　M16 平、剖面图　　　　　　　　　　图二八　M19 平、剖面图

（6）M19

位于发掘区东部，西南邻 M9。方向为 95°。平面呈长方形，墓壁竖直，底较平，墓口距地表深 1.4 米。墓圹长 2.2 米、宽 0.96 米、深 0.5 米。葬具为木棺，平面呈梯形，长 1.95 米、宽 0.63～0.66 米、残高 0.4 米。棺内未见人骨。未见随葬品（图二八；彩版六〇，4）。

（7）M27

位于发掘区东北部，东南邻 M28。方向为 95°。平面呈梯形，墓壁竖直，底较平，墓口距地表深 1.25 米。墓圹长 2.68～2.94 米、宽 2.04～2.24 米、深 0.64～0.68 米。双人合葬，存在先后埋葬顺序。北侧墓穴打破南侧墓穴（图二九；彩版六三，3）。

北侧墓穴平面近梯形，长 2.86～2.94 米、宽 0.97～1.02 米、深 0.68 米。葬具为木棺，平面呈梯形，长 2 米、宽 0.5～0.62 米、残高 0.44 米。棺内未见人骨。未见随葬品。

南侧墓穴平面近梯形，长 2.68～2.86 米、宽 1.16～1.3 米、深 0.64 米。葬具为木棺，平面近梯形，长 2.05 米、宽 0.51～0.66 米、残高 0.4 米。棺内未见人骨。随葬铜钱 1 枚，位于棺底。

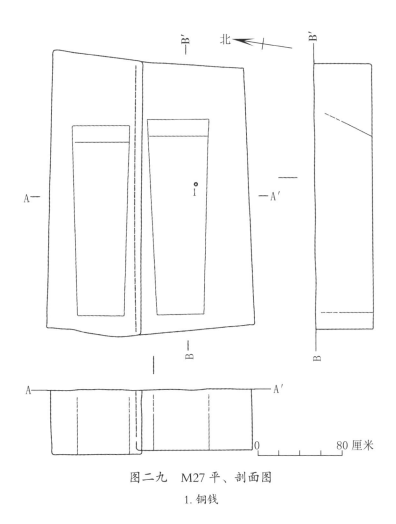

图二九 M27 平、剖面图
1. 铜钱

（二）砖室墓

1 座，为 M21。

位于发掘区西部，西邻 M20。方向为 267°。平面呈长方形，墓壁竖直，底较平，墓口距地表深 1.1 米。墓圹长 2.28 米、宽 1.34 米、深 1.02 米（图三〇；彩版六三，4）。

砖砌单室，平面呈长方形，长 1.65 米、宽 0.6 米、高 0.85 米。墓壁为平砖错缝垒砌而成，高 0.6 米，用砖规格为 0.3 米 ×0.15 米 ×0.06 米。叠涩顶，高 0.25 米，顶部用两种规格的方砖平铺，规格分别为 0.53 米 ×0.53 米 ×0.08 米、0.37 米 ×0.39 米 ×0.06 米。墓底用两层青砖墁地，错缝平铺而成，厚 0.12 米。葬具为 2 件带盖黑釉瓷罐，罐内置骨灰。未见随葬品。

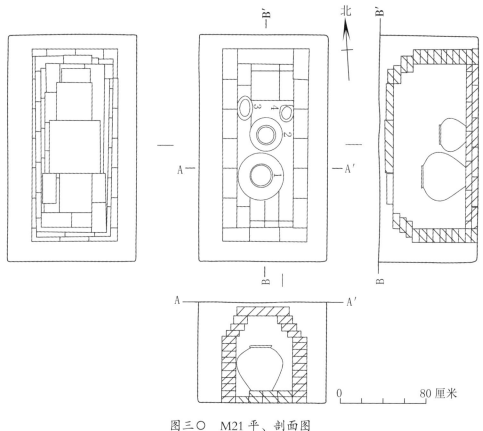

图三〇　M21 平、剖面图
1、2.瓷罐（葬具）　3、4.罐盖（葬具）

二、遗物

共出土随葬品 55 件，包括陶罐、瓷罐、银簪、银扁方、银押发、银耳环、银三事、铜簪、铜扁方、铜手镯、铜戒指、铜烟锅、铜头饰、铜钱、骨簪、玉烟嘴等。

陶罐 1 件。M18：1，尖圆唇、敞口，矮颈，肩微鼓，弧腹，平底。轮制，器身有明显轮旋痕迹。素面。口径 9.1 厘米、肩径 11.1 厘米、底径 6.3 厘米、高 9.7 厘米（图三一，1；彩版六四，1）。

瓷罐 3 件。M3：1，方唇、口微敛，矮颈，圆弧腹，内圈足。颈、肩饰四道弦纹，弦纹中间饰一周几何纹，腹部饰缠枝莲纹，近底部饰两道弦纹。口径 8.7 厘米、腹径 15.1 厘米、底径 10.3 厘米、高 14.2 厘米（图三一，2；彩版六四，2）。M10：1，敞口、方唇，高领，鼓腹，下腹曲收，底部外撇，平底。外壁施姜黄色釉。轮制、素面。口径 9 厘米、肩径 11.1 厘米、底径 8.3 厘米、高 14.2 厘米（图三一，3；彩版六四，3）。M28：1，厚圆唇、敞口，短颈，溜肩，斜弧腹，平底。胎质较粗糙。口沿及肩部施酱黄釉，其余部分露灰胎。肩部有支钉痕迹。素面。口径 9.9 厘米、肩径 10.4 厘米、底径 7.4 厘米、高 11.6 厘米（图三一，4；彩版六四，4）。

银簪 10 件。M15：1，首为菱形、"8"形对称缠绕而成，表面鎏金。体细直，呈长条形，尾端尖锐。首长 8.9 厘米、宽 2.8 厘米、残长 19 厘米（图三一，5；彩版六四，5）。M20：1，首为龙头形，体呈扁条锥状，末端近三角形。通体鎏金。通长 11.1 厘米（图三一，6；彩版六四，6）。M20：2，首为龙头形，体呈扁条锥状，末端近三角形。通体鎏金。通长 11.1 厘米（图三一，7；彩版六五，5）。M20：4，首为耳挖，颈部较细，饰六道凸弦纹。体为锥形，上端扁平。通长 12 厘米（图三一，8；彩版六五，6）。M20：5，首为耳挖，颈部较细，饰四道凸弦纹。体为锥形，上端扁平。通长 11.5 厘米（图三一，9；彩版六五，7）。M20：6，首为莲花形，颈部饰六道凸弦纹，其下有一周凸棱。体为锥形。通长 9.5 厘米（图三一，10；彩版六五，1）。M20：7，首为莲花形，颈部饰六道凸弦纹，其下有一周凸棱。体为锥形。通长 9.5 厘米（图三一，11；彩版六五，2）。M20：8，首为葵花形，共 25 瓣。可分两层。上层直径 0.8 厘米，用银丝缠绕成圆环；下层直径 1.3 厘米。体为圆锥体，尾尖。首高 0.3 厘米、通长 8.9 厘米（图三一，12；彩版六五，3）。M20：9，首为小圆球，体为圆锥体，尾尖。通长 5.6 厘米（图三一，13；彩版六六，4）。M20：10，首为耳挖，颈部较细，饰少量花纹。体呈条形，上端较扁。通长 11.5 厘米（图三一，14；彩版六五，1）。

银耳环 6 件。M1：2，环体呈圆环形，展开后中部铸有略凸起的花瓣。一侧截面为长方形，一侧呈圆锥形。接口不齐。直径 1.7 厘米、宽 0.2 ~ 1.2 厘米（图三二，1；彩版六六，2）。M5：1，耳环一对，形制、大小基本相同。呈圆环状。两端形态一致，均呈圆形，略带尖。素面。接口较齐整。直径 1.5 厘米（图三二，2；彩版六六，3）。M11：2，耳环一对，形制、大小基本相同。呈圆环状。作龙首张嘴衔尾状。表面鎏金。素面。接口齐整。直径 1.75 厘米（图三二，3；彩版六九，1）。M20：3，耳环两对，形制、大小基本相同。呈圆环状。两端形态一致，均呈圆形，略带尖。表面鎏金。素面。接口较齐整。直径 1.5 厘米（图三二，4；彩版六六，7）。M25：2，呈圆环形，展开后中部铸略凸起的花瓣。一侧截面为长方形，一侧呈圆锥形。接口不齐。直径 1.9 厘米、宽 0.2 ~ 0.9 厘米（图三二，6；彩版六六，4）。M29：3，耳环三个，形制、大小基本相同。呈圆环状。两端形态一致，均呈圆形，略带尖。素面。接口较齐整。直径 1.6 厘米（图三二，14；彩版六六，5）。

银扁方 4 件。M1：1，首卷曲，体呈长方形，尾呈圆弧形。通长 11.6 厘米、宽 2.9 厘米（图三二，9；彩版六六，6）。M11：1，首残缺，体呈长条形，尾呈圆弧形。通长 18.7 厘米、宽 1.4 厘米（图三二，11；彩版六七，1）。M25：1，首残缺，体呈长条形，尾呈圆弧形。素面。通长 16.4 厘米、宽 2.8 厘米（图三二，12；彩版六七，2）。M18：2，首残缺，体呈长条形，尾呈圆弧形。体正面上部刻一圆"寿"纹，下部刻一对展翅蝙蝠纹。通长 10.7 厘米、宽 1.5 厘米（图三二，10；彩版六七，7）。

银押发 1 件。M29：2，体呈长条形，首较尖锐，尾部平整。素面。残长 7.1 厘米、宽 0.4 ~ 1.32 厘米（图三二，17；彩版六七，3）。

银三事 1 件。M25：4，中间为镂空的云纹牌，下端与之相连的为菱形纹牌，牌两侧饰花瓣纹，中部饰六瓣花纹。下为三根环链，左系牙签，上部呈较粗圆柱状，下部呈圆锥状，尾尖，长 5.7 厘

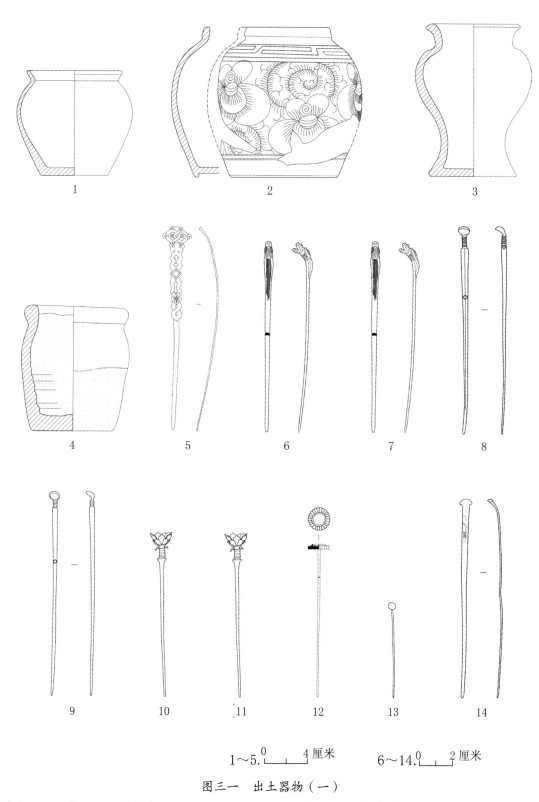

图三一 出土器物（一）

1.陶罐（M18：1） 2～4.瓷罐（M3：1、M10：1、M28：1） 5～14.银簪（M15：1、M20：1、M20：2、
M20：4、M20：5、M20：6、M20：7、M20：8、M20：9、M20：10）

米；中系镊子，锈蚀较严重，长 7.5 厘米；右系牙签，上部为呈较粗圆柱状，下部呈圆锥状，尾尖，长 7.4 厘米。总长 24.3 厘米、宽 3.5 厘米（图三三，1；彩版六九，2）。

铜扁方 1 件。M29 : 1，首残缺，体呈长条形，尾呈圆弧形。素面。通长 16.7 厘米、宽 0.8 ~ 1.2 厘米（图三二，13；彩版六七，4）。

铜头饰 1 件。M25 : 3，残缺较严重，整体呈花瓣状，中部镶一白色宝石，宝石周围饰数颗圆球铜饰。残长 3.3 厘米、残宽 2.8 厘米（图三二，5；彩版六七，5）。

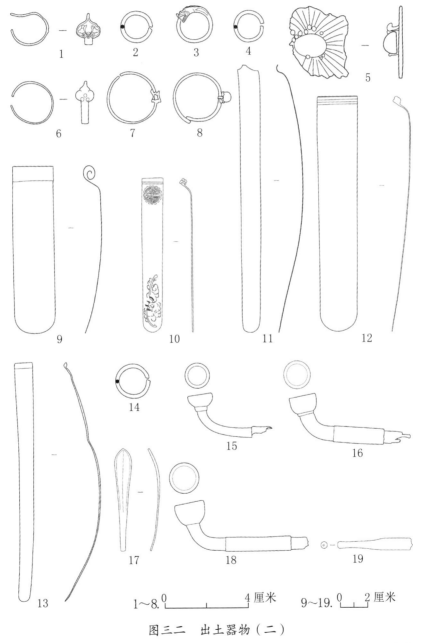

图三二　出土器物（二）

1 ~ 4、6、14.银耳环（M1 : 2、M5 : 1、M11 : 2、M20 : 3、M25 : 2、M29 : 3）5.铜头饰（M25 : 3）7、8.铜戒指（M18 : 3、M18 : 4）9 ~ 12.银扁方（M1 : 1、M18 : 2、M11 : 1、M25 : 1）13.铜扁方（M29 : 1）15、16、18.铜烟锅（M24 : 2、M25 : 5、M25 : 6）17.银押发（M29 : 2）19.铜烟嘴（M24 : 1）

铜烟锅 3 件。M24：2，仅存颈、杆，烟嘴已缺失。杆中空，颈内弯。锅直径 1.7 厘米、残长 6 厘米（图三二，15；彩版六八，1）。M25：5，仅存颈、杆，烟嘴已缺失。杆中空，颈内弯。锅直径 1.9 厘米、残长 8.9 厘米（图三二，16；彩版六八，2）。M25：6，仅存颈、杆，烟嘴已缺失。杆中空，颈内弯。锅直径 2.1 厘米、残长 9.6 厘米（图三二，18；彩版六八，3）。

铜烟嘴 1 件。M24：1，中空。中部较粗，嘴部较细。残长 5.5 厘米（图三二，19；彩版六八，4）。

铜戒指 2 件。M18：3，整体呈圆环状，两端形态一致，均呈圆形，略带尖。接口较齐整。圆环上有铜丝缠绕而成的饰件，锈蚀严重。直径 2.2 厘米（图三二，7；彩版六八，5）。M18：4，整体呈圆环状，两端形态一致，均呈圆形，略带尖。接口较齐整。圆环上有铜丝缠绕而成的饰件，上饰白色料珠 1 颗，料珠上有一圆形穿孔，用铜丝缠绕于圆环上。直径 2.7 厘米（图三二，8；彩版六八，6）。

铜手镯 1 件。M29：4，整体呈圆形，对口略有偏差。素面。直径 6.1 ~ 6.9 厘米（图三三，2；彩版六七，6）。

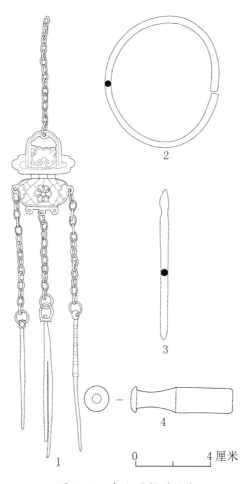

0   4 厘米

图三三　出土器物（三）

1. 银三事（M25：4）　2. 铜手镯（M29：4）　3. 骨簪（M13：2）　4. 玉烟嘴（M25：7）

骨簪1件。M13：2，首呈葫芦状，体细直，为锥形。首刻一周凹弦纹，靠下刻三周凹弦纹，尾端呈尖圆状。通长7.8厘米（图三三，3；彩版六八，6）。

玉烟嘴1件。M25：7，通体白玉，中空。首作蘑菇状，下为管状。两端有孔相通。上孔呈花瓣状，下孔呈圆形。通长5.4厘米（图三三，4；彩版六九，3）。

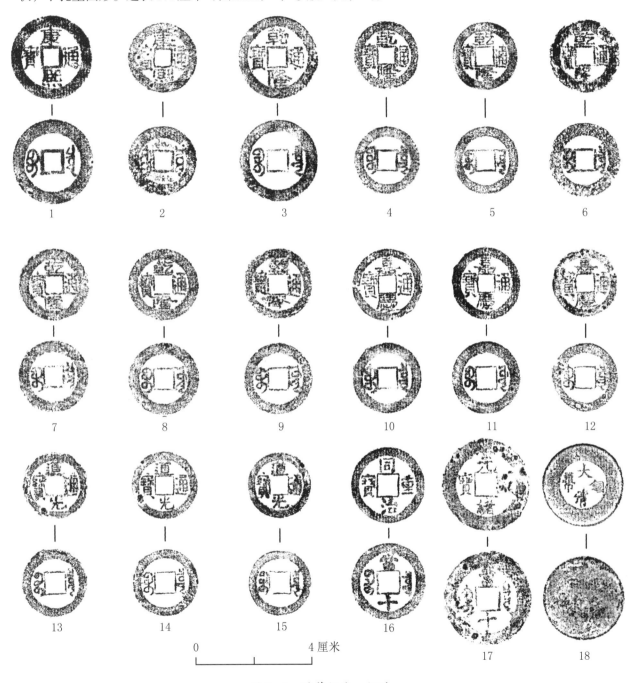

0　　　　4厘米

图三四　随葬铜钱、铜币

1、2.康熙通宝（M17：1、M28：2）3～9.乾隆通宝（M2：1、M5：2、M8：1、M23：1-1、M23：1-2、M24：3-1、M29：5）10～12.嘉庆通宝（M18：5、M24：3-2、M26：1）13～15.道光通宝（M1：3-1、M1：3-2、M18：6）16.同治重宝（M1：3-3）17.光绪元宝（M15：2）18.大清铜币（M13：1）

铜钱有康熙通宝、乾隆通宝、嘉庆通宝、道光通宝、同治重宝、光绪元宝、大清铜币等。

康熙通宝，2枚。均模制、完整、圆形、方穿，正、背面有郭，正面铸"康熙通宝"四字，楷书，对读。M17：1，穿左右为满文"宝泉"，纪局名。直径2.72厘米、穿径0.6厘米、郭厚0.15厘米（图三四，1）。M28：2，背面穿左右为满文"宝泉"，纪局名。直径2.33厘米、穿径0.55厘米、郭厚0.15厘米（图三四，2）。

乾隆通宝，7枚。均模制、完整、圆形、方穿，正、背面有郭，正面铸"乾隆通宝"四字，楷书，对读。M2：1，背面穿左右为满文"宝泉"，纪局名。直径2.67厘米、穿径0.59厘米、郭厚0.15厘米（图三四，3）。M5：2，背面穿左右为满文"宝泉"，纪局名。直径2.21厘米、穿径0.51厘米、郭厚0.15厘米（图三四，4）。M8：1，背面穿左右为满文"宝源"，纪局名。直径2.24厘米、穿径0.61厘米、郭厚0.15厘米（图三四，5）。M23：1-1，背面穿左右为满文"宝泉"，纪局名。直径2.39厘米、穿径0.58厘米、郭厚0.15厘米（图三四，6）。M23：1-2，背面穿左右为满文"宝泉"，纪局名。直径2.41厘米、穿径0.57厘米、郭厚0.15厘米（图三四，7）。M24：3-1，正面有郭，铸"乾隆通宝"四字，楷书，对读；背面有郭，穿左右为满文"宝源"，纪局名。直径2.36厘米、穿径0.6厘米、郭厚0.15厘米（图三四，8）。M29：5，背面穿左右为满文"宝源"，纪局名。直径2.32厘米、穿径0.7厘米、郭厚0.15厘米（图三四，9）。

嘉庆通宝，3枚。均模制、完整、圆形、方穿，正、背面有郭，正面铸"嘉庆通宝"四字，楷书，对读。M18：5，背面穿左右为满文"宝泉"，纪局名。直径2.4厘米、穿径0.59厘米、郭厚0.15厘米（图三四，10）。M24：3-2，背面穿左右为满文"宝源"，纪局名。直径2.36厘米、穿径0.7厘米、郭厚0.15厘米（图三四，11）。M26：1，背面穿左右为满文"宝源"，纪局名。直径2.24厘米、穿径0.67厘米、郭厚0.15厘米（图三四，12）。

道光通宝，3枚。均模制、完整、圆形、方穿，正、背面有郭，正面铸"道光通宝"四字，楷书，对读。M1：3-1，背面穿左右为满文"宝泉"，纪局名。直径2.22厘米、穿径0.67厘米、郭厚0.15厘米（图三四，13）。M1：3-2，背面穿左右为满文"宝泉"，纪局名。直径2.21厘米、穿径0.6厘米、郭厚0.15厘米（图三四，14）。M18：6，背面穿左右为满文"宝泉"，纪局名。直径2.16厘米、穿径0.6厘米、郭厚0.15厘米（图三四，15）。

同治重宝，1枚。模制、完整、圆形、方穿。M1：3-3，正面有郭，铸"同治重宝"四字，楷书，对读；背面有郭，穿上下为"当十"二字，楷书；穿左右为满文"宝泉"，纪局名。直径2.49厘米、穿径0.66厘米、郭厚0.15厘米（图三四，16）。

光绪元宝，1枚。模制、完整、圆形、方穿。M15：2，正面有郭，铸"光绪元宝"四字，楷书，对读；背面有郭，穿上下为"当十"二字，楷书；穿左右为满文"宝泉"，纪局名。直径3.03厘米、穿径0.74厘米、郭厚0.18厘米（图三四，17）。

大清铜币，1枚。模制、完整、圆形、无穿。M13：1，正面无郭，中心铸"大清铜币"四字，楷书，对读；背面无郭，图案不清。直径2.75厘米、厚0.18厘米（图三四，18）。

三、结语

本次共发掘古代墓葬 28 座。墓葬形制包括竖穴土坑墓和砖室墓。竖穴土坑墓分为单人葬墓、双人合葬墓、三人合葬墓、四人合葬墓和搬迁墓。其中 6 座单人葬墓，占比 21%；12 座双人合葬墓，占比 43%；1 座三人合葬墓，占比 3.6%；1 座四人合葬墓，占比 3.6%；7 座搬迁墓，占比 25%。另有 1 座竖穴土圹单室砖墓，占比 3.6%。墓葬以双人合葬墓最多，三人合葬墓、四人合葬墓、砖室墓最少，符合本地区清墓中的常见形制。

葬具多为木棺，仅 M21 为瓮棺。除搬迁墓葬式不明外，大部分为仰身直肢葬，少数为仰身屈肢葬，1 例为火葬。头向以南北向为主，部分为东西向。

墓葬出土随葬品按质地可分为陶、瓷、银、铜、骨、玉等。陶器为灰陶罐；瓷器包括青花瓷罐、黄釉瓷罐、半釉瓷罐等；银小件包括银耳环、银扁方、银簪等；铜小件包括铜手镯、铜扁方、铜头饰、铜烟锅、铜三事、铜烟嘴、铜耳环、铜簪、铜钱等；骨器为骨簪；玉器为玉烟嘴。种类丰富、质地多样。

墓葬均开口于①层下。墓葬形制在北京地区清代墓葬中较为常见。出土的玉烟嘴、铜烟锅、银耳环等，在朝阳区单店养老产业示范基地项目清代墓中均有类似形制发现[1]；出土的龙首衔尾耳环（M11：3），也与通州东石村与北小营村 B1 地块清墓 M15 中出土的耳环形制相同[2]。同时墓葬中出土有康熙通宝、乾隆通宝、道光通宝等清代铜钱。由此推断，本批墓葬年代为清代。

未发现墓志、买地券等有明确文字记载的遗物，且墓葬排列未发现明显规律，因而对大多数墓葬族属较难判断，其中砖室墓 M21 瓮棺内存骨灰的葬具葬式，推测可能为清代满人墓。从墓葬形制和随葬品分析，此批墓葬均属于清代平民墓。

本次发掘为研究该地区清代丧葬习俗、社会发展状况提供了实物资料。

发掘：曹孟昕

绘图：张志伟

摄影：刘晓贺

拓片：古艳兵

执笔：张旭　曹孟昕

注释

① 北京市文物研究所编：《单店与黑庄户：朝阳区考古发掘报告集》，上海古籍出版社，2021 年，第 78 ~ 104 页。
② 北京市考古研究院编：《通州东石村与北小营村》，上海古籍出版社，2022 年，第 37 页。

房山区阜盛大街清代墓葬发掘报告

房山长阳镇阜盛大街清墓发掘区位于房山区长阳镇良乡东路以南、阜盛大街以西（图一）。为配合中国核电工程有限公司中核东方项目建设，2012年5月，北京市考古研究院（原北京市文物研究所）在该项目用地范围内开展考古工作，发掘面积共计308平方米（图二）。

图一　发掘地点位置示意图

一、地层堆积

发掘区地层堆积自上而下分为三层。

第①层：表土层。

第②层：沙质黏土，浅褐色，土质较致密。

第③层：粉质黏土，浅黄褐色，土质较致密。

以下为生土层，呈浅黄色，土质致密。

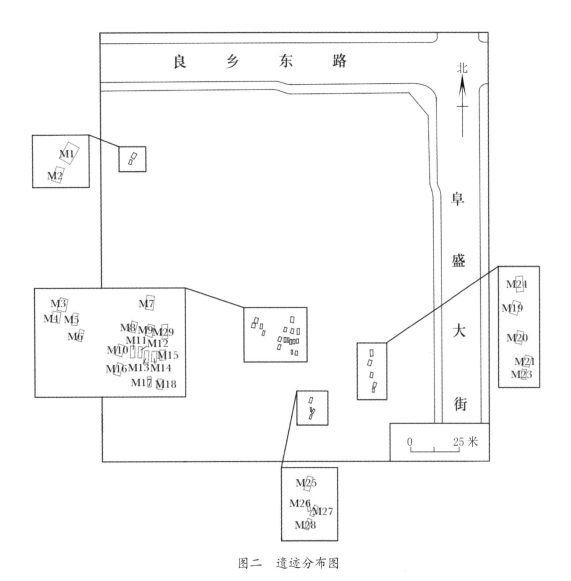

图二　遗迹分布图

二、墓葬

本次发掘墓葬形制均为长方形竖穴土坑墓，葬具均为木棺，按埋葬人数可分为单人葬墓、双人合葬墓、迁葬墓。

（一）单人葬墓

共 12 座。均为竖穴土圹墓，包括 M11 ~ M13、M15、M17 ~ M19、M23、M26 ~ M29。

1.M11

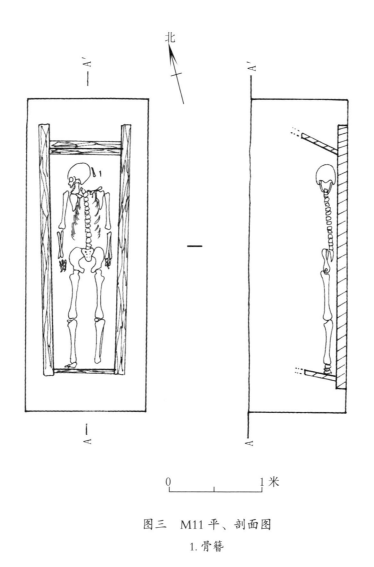

图三　M11 平、剖面图
1. 骨簪

　　位于发掘区的中部，开口于③层下，距地表深 0.8 米，方向为北偏东 15°，东邻 M12。形制为长方形竖穴土圹单人葬墓，长 2.5 米、宽 1 米、深 0.8 米。墓内填花土，土质疏松。部分棺木留存，棺板厚 0.08 米。棺长 1.72 ~ 1.76 米、宽 0.5 ~ 0.6 米、残高 0.25 ~ 0.3 米。棺内人骨较完整，葬式为仰身直肢葬，头向北、面朝西，性别为男，随葬有骨簪（图三）。

　　骨簪 1 件。M11：1，首断缺，体细长、尾收尖，截面为圆角扁长方形。长 9 厘米、径 0.2 ~ 0.4厘米，重 1.7 克（彩版七〇，1）。

2.M12

　　位于发掘区的中部，开口于③层下，距地表深 0.8 米，方向为北偏东 20°，东邻 M13。形制为长方形竖穴土圹单人葬墓，长 2.8 米、宽 0.8 ~ 0.9 米、深 1.5 米。墓内填花土，土质疏松。部分棺木残留，棺板厚 0.1 米。棺长 1.72 ~ 1.8 米、宽 0.4 ~ 0.44 米、残高 0.3 ~ 0.45 米。棺内人骨凌乱，葬式不详，头向北、面向上，性别为男，随葬有银扁方（图四）。

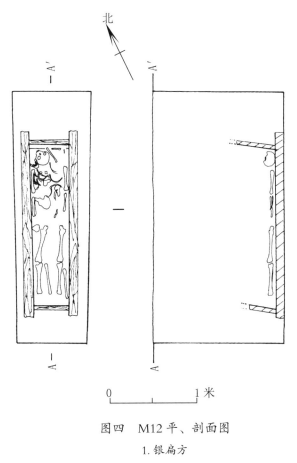

图四　M12 平、剖面图

1. 银扁方

银扁方 1 件。M12 ：1，卷首一字形。锈蚀较为严重，自首至尾錾刻花"寿"字纹、蝴蝶纹，背面铸字锈不可辨。通长 12.6 厘米、宽 1.7 厘米、厚 0.1 厘米，重 16.5 克（图三一，4；彩版七一，1）。

3.M13

位于发掘区的中部，开口于③层下，距地表深 0.8 米，方向为北偏东 10°，东邻 M14。形制为长方形竖穴土圹单人葬墓，长 2.1 米、宽 0.8 米、深 0.3 米。墓内填花土，土质疏松。棺木已朽，长 1.68 米、宽 0.6 米、残高 0.02 米。棺内人骨较完整，葬式为仰身直肢葬，头向北、面向下，性别为男，随葬有陶罐、铜钱（图五）。

陶罐 1 件。M13 ：2，方唇，直口微敛，鼓腹，腰部以下内收，矮圈足。肩部贴塑象鼻形四系，两只残损。外壁肩部以上及内壁口沿以下施酱色釉，其余部分素面露胎。通高 10.9 厘米、口径 9.5 厘米、腹径 9 ~ 11 厘米、底径 7 厘米（图三三，1；彩版七四，1）。

道光通宝 1 枚。M13 ：1，小平钱。正面钱文为"道光通宝"，楷书，直读；背穿左右为满文"宝源"，纪局名。钱径 2.5 厘米、穿径 0.5 厘米、外郭厚 0.3 厘米，重 2.8 克（图三四，1）。

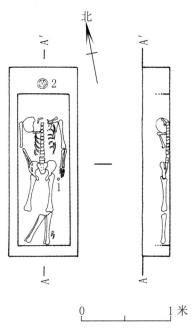

图五 M13 平、剖面图

1. 铜钱　2. 陶罐

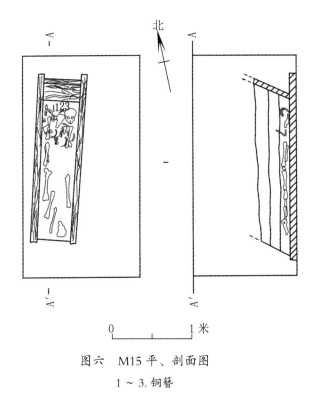

图六 M15 平、剖面图

1 ～ 3. 铜簪

4.M15

位于发掘区的中部，开口于③层下，距地表深 0.8 米，方向为北偏东 10°，西邻 M14。形制为长方形竖穴土圹单人葬墓，长 2.7 米、宽 1.5 米、深 1.3 米。墓内填花土，土质疏松。部分棺木残留，棺板厚 0.06 ~ 0.08 米。棺长 1.7 ~ 1.9 米、宽 0.42 ~ 0.46 米、残高 0.36 ~ 0.46 米。棺内人骨凌乱，葬式不详，头向北、面向上，性别为女，随葬有铜簪（图六）。

铜簪 3 件。M15 : 1，首断缺。体细长，首端有一凸起环托，尾收尖，截面为圆形。长 12 厘米，重 4.1 克（彩版七〇，3）。M15 : 2，首为六面禅杖形，用铜丝缠绕呈如意卷云纹，以葫芦为顶。体细长，首端有一凸起环托，尾收尖，截面为圆形。长 16.8 厘米，重 8.3 克（图三一，1；彩版七七，4）。M15 : 3，仅存首，圆形，呈葵花状，花瓣向逆时针方向旋转，花朵中间有圆与"寿"字纹，掐丝而成。直径 2.7 厘米、厚 0.5 厘米，重 2 克（彩版七〇，5）。

5.M17

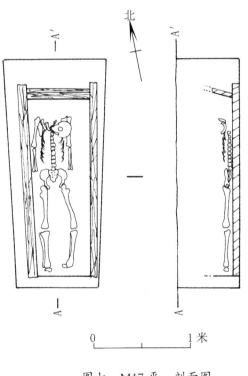

图七　M17 平、剖面图

位于发掘区的中部，开口于②层下，距地表深 0.6 米，方向为北偏东 7°，东邻 M18。形制为长方形竖穴土圹单人葬墓，长 2.3 米、宽 0.85 ~ 1.07 米、深 0.65 米。墓内填花土，土质疏松。部分棺木残留，板厚 0.08 米。棺长 1.76 ~ 1.84 米、宽 0.55 ~ 0.65 米、残高 0.25 米。棺内人骨较完整，葬式为仰身直肢葬，头向北、面向下，性别为男，未发现随葬品（图七）。

6.M18

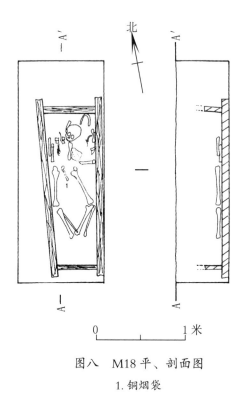

图八　M18 平、剖面图

1.铜烟袋

位于发掘区的中部，开口于②层下，距地表深 0.6 米，方向为北偏东 15°，西邻 M17。形制为长方形竖穴土圹单人葬墓，长 2.45 米、宽 1 米、深 0.6 米。墓内填花土，土质疏松。部分棺木残留，棺板厚 0.08 米。棺长 1.68～1.7 米、宽 0.46～0.6 米、残高 0.2 米。棺内人骨凌乱，葬式不详，头向北、面向上，性别为男，随葬铜烟袋（图八）。

铜烟袋 1 件。M18：1，锈蚀严重，残为四段，尚存烟锅、部分烟杆、烟嘴。烟锅平面为圆形、剖面为漏斗形，底部残损；烟杆木制，呈圆柱状；烟嘴较为完整，同为中空圆柱状，嘴含处渐细呈圆帽状，合重 53.7 克（图三二，9；彩版七二，6）。

7.M19

位于发掘区的东部，开口于②层下，距地表深 0.6 米，方向为北偏东 15°，北邻 M24。形制为长方形竖穴土圹单人葬墓，长 2.4 米、宽 1.55 米、深 1.4 米。墓内填花土，土质疏松。部分棺木残留，棺板厚 0.08 米。棺长 1.8～1.85 米、宽 0.45～0.52 米、残高 0.4～0.5 米。棺内人骨凌乱，葬式不详，头向南、面朝上，性别为男，未发现随葬品（图九）。

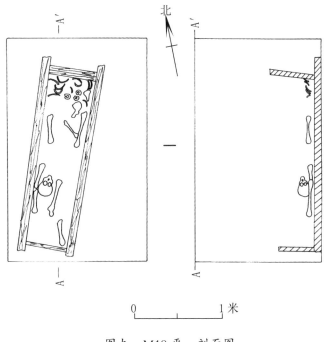

图九　M19 平、剖面图

8.M23

位于发掘区的东部，开口于②层下，距地表深 0.6 米，方向为北偏东 10°，北邻 M21、M22。形制为长方形竖穴土圹单人葬墓，长 2.7 米、宽 1 米、深 0.9 米。墓内填花土，土质疏松。部分棺木残留，棺板厚 0.08 米。棺长 1.8 ~ 1.85 米、宽 0.34 ~ 0.4 米、残高 0.45 ~ 0.54 米。棺内人骨较完整，葬式不详，头向北、面向下，性别为男，随葬有铜耳环、铜钱（图一〇）。

铜耳环 1 件。M23 ：1，圆环状，断为两半。中部雕铸宝相花；上部为直径 0.2 厘米的穿针，素面无纹；下部为宽 0.5 厘米的垂环，锈蚀较为严重，隐约可见铸印花叶纹。合重 2.3 克（图三二，3；彩版七四，3）。

道光通宝 1 枚。M23 ：2，小平钱。正面钱文为"道光通宝"，楷书，直读；背穿左右为满文"宝泉"，纪局名。钱径 2.3 厘米、穿径 0.6 厘米、外郭厚 0.3 厘米，重 2.4 克（图三四，13）。

9.M26

位于发掘区的南部，开口于②层下，距地表深 0.6 米，方向为正北，墓室东南角打破 M27 边缘。形制为长方形竖穴土圹单人葬墓，长 2.3 米、宽 0.9 ~ 0.95 米、深 0.8 米。墓内填花土，土质疏松。部分棺木残留，棺长 1.8 米、宽 0.44 ~ 0.5 米、残高 0.2 米。棺内人骨凌乱，葬式不详，性别为男，未发现随葬品（图一一）。

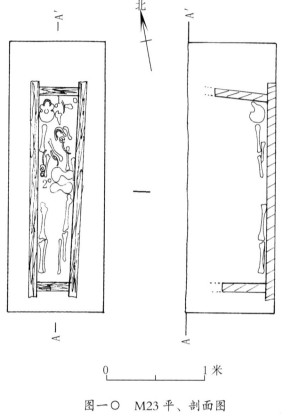

图一〇 M23 平、剖面图

1. 铜耳环 2. 铜钱

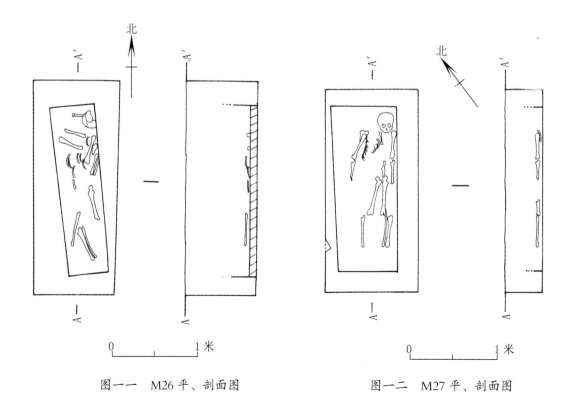

图一一 M26 平、剖面图　　　　　　图一二 M27 平、剖面图

10.M27

位于发掘区的南部，开口于②层下，距地表深 0.6 米，方向为北偏东 40°，墓圹西南侧被 M26 东南角打破。形制为长方形竖穴土圹单人葬墓，长 2.1 米、宽 1 米、深 0.4 米。墓内填花土，土质疏松。棺木已朽，棺长 1.7 米、宽 0.64 ~ 0.7 米、残高 0.1 米。棺内人骨较凌乱，葬式为仰身直肢葬，头向北、面向上，性别为男，未发现随葬品（图一二）。

11.M28

位于发掘区的南部，开口于②层下，距地表深 0.6 米，方向为北偏东 35°，北邻 M27。形制为长方形竖穴土圹单人葬墓，长 2.5 米、宽 0.8 ~ 1 米、深 0.6 米。墓内填花土，土质疏松。部分棺木残留，板厚 0.04 ~ 0.08 米。棺长 1.7 ~ 1.86 米、宽 0.42 ~ 0.5 米、残高 0.22 ~ 0.3 米。棺内人骨凌乱，葬式不详，头向北、面向下，性别为男，未发现随葬品（图一三）。

12.M29

位于发掘区的中部，开口于③层下，距地表深 0.8 米，方向为北偏东 6°，西邻 M9。形制为长方形竖穴土圹单人葬墓，长 2.6 米、宽 1.2 ~ 1.6 米、深 0.9 米。墓内填花土，土质疏松。部分棺木残留，棺板厚 0.08 米。棺长 1.8 米、宽 0.5 ~ 0.7 米、残高 0.25 ~ 0.3 米。棺内人骨凌乱，葬式不详，头向北、面向北，性别为男，未发现随葬品（图一四）。

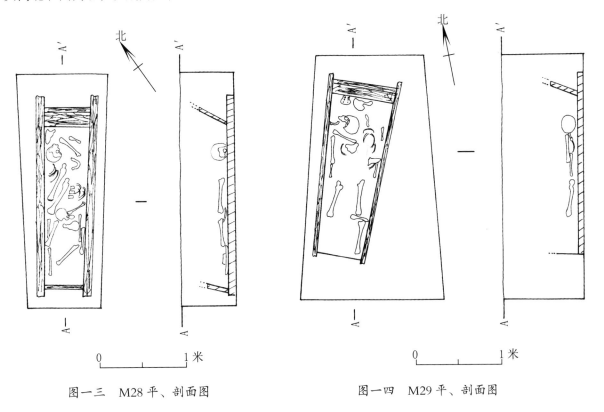

图一三　M28 平、剖面图　　　　　图一四　M29 平、剖面图

（二）双人合葬墓

共 15 座。均为竖穴土圹双人合葬墓，包括 M1 ～ M10、M16、M20、M21、M24、M25。

1.M1

位于发掘区的西北部，开口于②层下，距地表深 0.6 米。方向为北偏东 50°，西南邻 M2。形制为长方形竖穴土圹双人合葬墓，长 2.7 米、宽 1.8 ～ 2.1 米、深 1.3 米，墓内填花土，土质疏松。双棺棺木已朽，仅余棺痕。东棺长 1.88 米、宽 0.5 ～ 0.66 米、残高 0.2 米。棺内人骨较凌乱，葬式为仰身直肢葬，头向北、面向下，性别为男，随葬品有铜钱。西棺长 1.8 米、宽 0.56 ～ 0.7 米、残高 0.2 米。棺内骨架凌乱，葬式不详，头向北、面向下，性别为女，随葬品有银饰片、银戒指、铜镯（图一五）。

银饰片 1 件。M1 ：3，椭圆形薄片，中间拱起，凸面铸印一勾线楷书"寿"字，凹面无纹饰，锈蚀严重。直径约 3 ～ 4 厘米，重 1.7 克。

银戒指 1 件。M1 ：4，状似扳指，戒圈开口，展开面呈长方形。外表雕铸博古纹，锈蚀较为严重。戒面宽 1.5 厘米、戒面厚 0.3 厘米、内径 2.3 厘米，重 8.9 克（图三二，10；彩版七三，7）。

铜镯 1 件。M1 ：2，仅存 1/4 残段。双联铜管中空，内有木胎。表面雕铸花纹，锈蚀较为严重，难以辨识。长 9 厘米、镯面宽 1 厘米，重 9.2 克（图三三，9；彩版七五，1）。

铜钱共 8 枚（附表二）。

乾隆通宝 1 枚。M1 ：1-3，小平钱。正面钱文为"乾隆通宝"，楷书，直读；光背。钱径 2.4 厘米、穿径 0.5 厘米、外郭厚 0.3 厘米，重 2.8 克（图三四，1）。

嘉庆通宝 1 枚。M1 ：1-2，小平钱。正面钱文为"嘉庆通宝"，楷书，直读；背穿左右为满文"宝泉"，纪局名。钱径 2.3 厘米、穿径 0.5 厘米、外郭厚 0.3 厘米，重 3.3 克（图三四，6）。

咸丰通宝 1 枚。M1 ：1-1，小平钱。正面钱文为"咸丰通宝"，楷书，直读；背穿左右为满文"宝泉"，纪局名。钱径 2.4 厘米、穿径 0.5 厘米、外郭厚 0.2 厘米，重 3.9 克（图三四，14）。

其他 3 枚正面钱文锈蚀不清、背面有满文纪"宝泉""宝浙"局两种（图三四，21 ～ 23），另外 2 枚正背皆锈蚀不可辨。

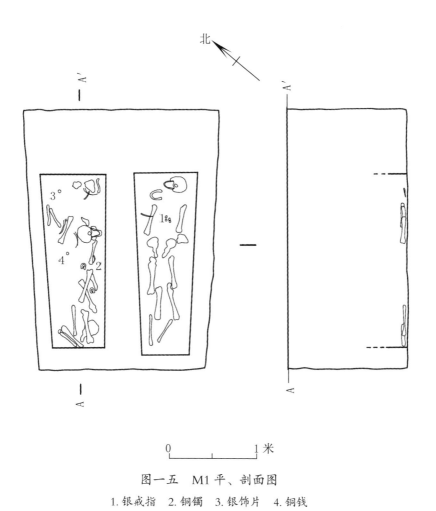

图一五　M1 平、剖面图

1.银戒指　2.铜镯　3.银饰片　4.铜钱

2.M2

位于发掘区的西北部，开口于②层下，距地表深 0.6 米。方向为北偏东 45°，东北邻 M1。形制为长方形竖穴土圹双人合葬墓，长 2.2 米、宽 1.4 米、深 0.7 米，墓内填花土，土质疏松。双棺部分棺木残留。东棺长 1.76～1.86 米、宽 0.45～0.55 米、残高 0.2 米。棺内人骨凌乱，葬式不详，头向北、面向东，性别为男。随葬品有瓷罐，放置在棺外。西棺长 1.8～1.9 米、宽 0.48～0.58 米、残高 0.26 米，棺板厚 0.05 米。棺内人骨较凌乱，头向北、面朝上，葬式为仰身直肢葬，性别为女，随葬品有铜耳环、铜押发、铜镯、铜戒指（图一六）。

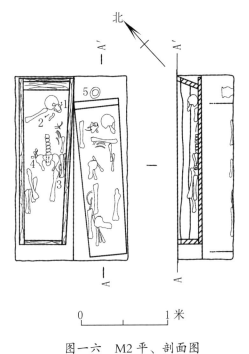

图一六 M2 平、剖面图

1.铜耳环 2.铜押发 3.铜镯 4.铜戒指 5.瓷罐

瓷罐 1 件。M2：5，口、腹径大小相近，平唇鼓肩，颈腰内收，底部略敞。器身外形曲线富于变幻，器表下部施黄绿釉、上部叠施青白釉。胎质地坚硬。通高 14 厘米，罐身最大外径 11 厘米、底径 8.4 厘米（图三三，7；彩版七四，7）。

铜耳环 1 件。M2：1，圆环状。中部模铸团花纹；上部为直径 0.2 厘米的穿针，素面无纹；下部为宽 0.4 厘米的环带。锈蚀较为严重，重 1.8 克（图三三，13；彩版七四，4）。

铜押发 1 件。M2：2。正面呈中间窄、两侧宽、两端尖的杵形，侧面呈两端凸、中间和两侧凹的弓形。整体锈蚀较为严重，表面隐约可见錾刻花草纹。通长 7.3 厘米、宽 5 ~ 7 厘米，重 4.6 克（图三三，10；彩版七二，1）。

铜镯 1 件。M2：3，扁圆环状，锈蚀较为严重，表面无纹饰。周长 21.8 厘米，重 38.1 克（图三三，8；彩版七五，2）。

铜戒指 1 件。M2：4，圆环状，戒圈开口。腐蚀较为严重，表面无纹饰。内径 2 厘米，重 1.3 克（图三三，14；彩版七三，8）。

3.M3

位于发掘区的中部，开口于③层下，距地表深 0.8 米。方向为北偏东 15°，南邻 M4。形制为长方形竖穴土圹双人合葬墓，长 2.4 米、宽 1.55 米、深 1.1 米。墓内填花土，土质疏松。双棺部分棺木残留，棺板厚 0.1 米。东棺长 1.6 米、宽 0.36 ~ 0.4 米、残高 0.3 米。棺内人骨凌乱，葬式不详，头向北，性别为男，未发现随葬品。西棺长 1.7 米、宽 0.5 ~ 0.6 米、残高 0.3 米。棺内仅残留一头骨。

葬式不详，性别应为女性，未发现随葬品（图一七）。

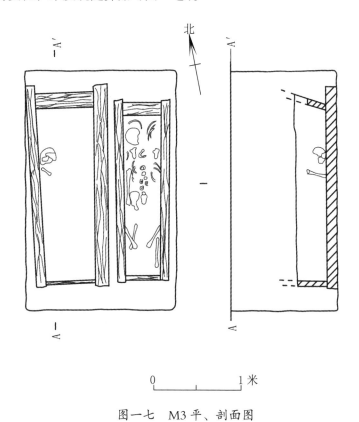

图一七 M3 平、剖面图

4.M4

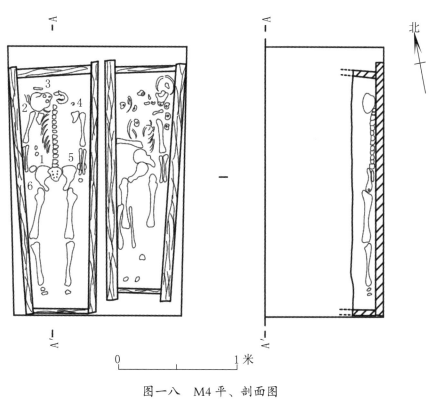

图一八 M4 平、剖面图

1、5.铜镯 2.铜簪 3.银扁方 4.铜耳环 6.铜钱

位于发掘区的中部，开口于③层下，距地表深 0.8 米。方向为北偏东 20°，东北邻 M3。形制为长方形竖穴土圹双人合葬墓，长 2.2 米、宽 1.4 ~ 1.5 米、深 1 米。墓内填花土，土质疏松。双棺部分棺木残留，板厚 0.08 米。东棺长 1.75 米、宽 0.36 ~ 0.52 米、残高 0.2 米。棺内人骨凌乱，葬式为仰身直肢葬，头向北，性别为男，未发现随葬品。西棺长 1.9 米、宽 0.44 ~ 0.6 米、残高 0.2 米。棺内人骨较完整，葬式为仰身直肢葬，头向北、面朝上，性别为女，随葬品有银扁方、铜簪、铜耳环、铜镯、铜钱（图一八）。

银扁方 1 件。M4 : 3，首呈一字形，锈蚀较为严重，表面隐约可见錾刻花叶纹。通长 11 厘米、宽 1.1 厘米、厚 0.1 厘米，重 8.1 克（图三一，3；彩版七一，2）。

铜簪 2 件。M4 : 2-1，首铸为葵花形，花瓣向逆时针方向旋转，花朵中间有圆与花"寿"字纹，掐丝而成；体细长、尾尖锐，截面为圆形。首直径 2.5 厘米、首厚 0.25 厘米、长 13 厘米，重 11.5 克（图三二，5；彩版七三，1）。M4 : 2-2，仅余首，同样铸为葵花形，花瓣相对较小，向逆时针方向旋转，花朵中间有圆与"福"字纹，掐丝而成。直径 2.4 厘米、厚 2.5 厘米（彩版七三，2）。

铜耳环 1 件。M4 : 4，圆环状。中部饰掐丝喇叭花，花朵向下，缀有三个穿环，与昌平沙河墓地 M13 : 3 鎏金铜头花[①] 样式相同。耳环上半为直径 0.1 厘米穿针，素面无纹；下半为宽 0.5 厘米环带，锈蚀较为严重，隐约可见花纹。重 2.2 克。（图三三，16；彩版七四，5）。

铜镯 2 件。M4 : 1，扁圆环状，镯圈开口。锈蚀较为严重，表面铸有花纹，圈口处对称铸印双喜字纹。周长 23.1 厘米，重 38.8 克（图三二，1；彩版七五，3）。M4 : 5，与 M4 : 1 形制、花纹相

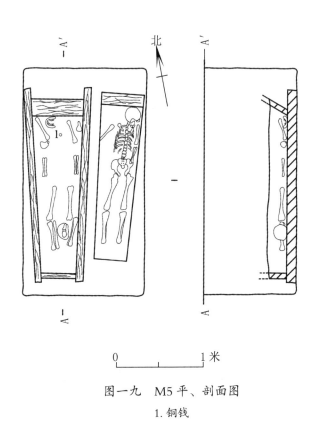

图一九 M5 平、剖面图

1. 铜钱

似，重 39.5 克（彩版七五，3）。

铜钱共 2 枚（附表二）。

乾隆通宝 1 枚。M4：6-2，小平钱。正面钱文为"乾隆通宝"，楷书，直读；背穿左右为满文"宝泉"，纪局名。钱径 2.2 厘米、穿径 0.5 厘米、外郭厚 0.3 厘米，重 3.2 克（图三四，2）。

道光通宝 1 枚。M4：6-1，小平钱。正面钱文为"道光通宝"，楷书，直读；背穿左右为满文"宝泉"，纪局名。钱径 2.2 厘米、穿径 0.5 厘米、外郭厚 0.2 厘米，重 2.9 克（图三四，10）。

5.M5

位于发掘区的中部，开口于③层下，距地表深 0.8 米。方向为北偏东 6°，西北邻 M3。形制为长方形竖穴土圹双人合葬墓，长 2.5 米、宽 1.4 米、深 1.05 米，墓内填花土，土质疏松。双棺部分棺木残留。东棺长 1.72 米、宽 0.38 ~ 0.5 米、残高 0.2 米。棺内人骨较完整，葬式为仰身直肢葬，头向北、面向东，性别为女，未发现随葬品。西棺长 1.74 米、宽 0.43 ~ 0.6 米、残高 0.2 米，棺板厚 0.06 ~ 0.08 米。棺内人骨凌乱，仅残留肢骨，葬式不详，性别应为男性，随葬有铜钱（图一九）。

乾隆通宝 1 枚。M5：1，小平钱。正面钱文为"乾隆通宝"，楷书，直读；背穿左右为满文"宝源"，纪局名。钱径 2.5 厘米、穿径 0.5 厘米、外郭厚 0.3 厘米，重 3 克（图三四，3；附表二）。

6.M6

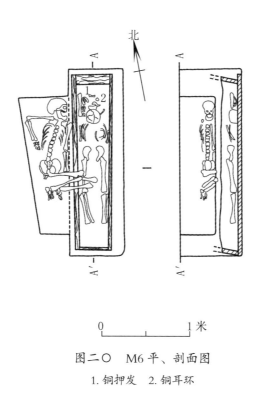

图二〇　M6 平、剖面图
1. 铜押发　2. 铜耳环

位于发掘区的中部，开口于③层下，距地表深 0.8 米。方向为北偏东 10°，西北邻 M5。形制为长方形竖穴土圹双人合葬墓，长 1.75 ~ 2.05 米、宽 0.9 ~ 1.17 米、深 0.7 米，墓内填花土，土质疏松。棺木部分残留。东棺长 1.78 米、宽 0.32 ~ 0.36 米、残高 0.3 米，棺板厚 0.04 米。棺内人骨较凌乱，葬式为仰身直肢葬，头向北、面向上，性别为女，随葬铜押发、铜耳环。西侧无棺木痕迹，人骨架较完整，葬式为侧身屈肢葬，头向北、面向东，性别为男，未发现随葬品（图二〇）。

铜押发 1 件。M6 : 1，仅存 2/3 段。正面呈中间窄、两侧宽、一端尖的半杵形，侧面呈中间和一端凸、两侧凹的半弓形。锈蚀较为严重，隐约可见錾刻花叶纹。残长 6.8 厘米、宽 0.8 ~ 1.1 厘米，重 3.5 克（图三〇，1；彩版七五，7）。

铜耳环 1 件。M6 : 2，圆环状。中部雕铸卷叶纹；上部为直径 0.1 厘米的穿针，素面无纹；下部为宽 0.4 厘米的环带，锈蚀较为严重，隐约可见铸印花纹。重 2.8 克（图三三，15；彩版七四，6）。

7.M7

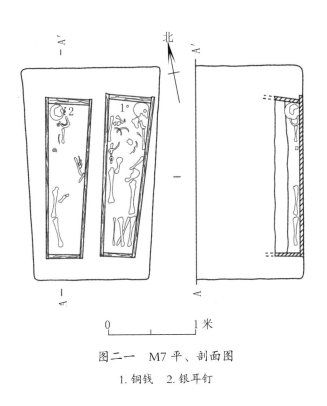

图二一　M7 平、剖面图
1. 铜钱　2. 银耳钉

位于发掘区的中部，开口于③层下，距地表深 0.8 米。方向为北偏东 5°，西南邻 M8。形制为长方形竖穴土圹双人合葬墓，长 2.5 米、宽 1.4 ~ 1.7 米、深 1.3 米，墓内填花土，土质疏松。双棺部分棺木残留，板厚 0.04 米。东棺长 1.8 米、宽 0.36 ~ 0.5 米、残高 0.3 米。棺内人骨较凌乱，葬式为仰身直肢葬，头向北，性别为男，随葬有铜钱。西棺长 1.8 米、宽 0.37 ~ 0.5 米、残高 0.3 米。棺内人骨凌乱，葬式不详，头向北，性别为女，随葬有银耳钉（图二一）。

银耳钉 1 件。M7 : 2，呈弯钩状。钉面为圆形，无纹饰；穿针尖细卷曲，锈蚀较为严重。钉面直径 0.9 厘米，重 0.8 克（图三三，6；彩版七五，5）。

道光通宝 1 枚。M7 : 1，小平钱，正面钱文为"道光通宝"，楷书，直读；背穿左右为满文"宝泉"，纪局名。钱径 2.2 厘米、穿径 0.7 厘米、外郭厚 0.2 厘米，重 2.4 克（图三四，11）。

8.M8

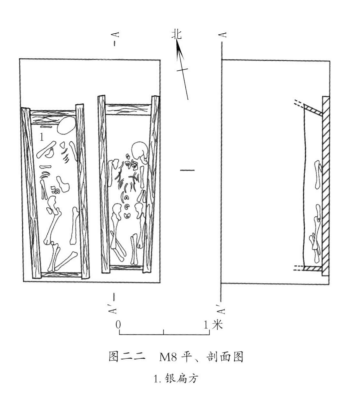

图二二　M8 平、剖面图
1. 银扁方

　　位于发掘区的中部，开口于③层下，距地表深 0.8 米。方向为北偏东 5°，东邻 M9。形制为长方形竖穴土圹双人合葬墓，长 2.4 米、宽 1.5 ~ 1.55 米、深 1.2 米，墓内填花土，土质疏松。双棺部分棺木残留，棺板厚 0.08 米。东棺长 1.62 ~ 1.7 米、宽 0.38 ~ 0.5 米、残高 0.2 米。棺内骨架凌乱，葬式不详，头向北、面向东，性别为男，未发现随葬品。西棺长 1.6 ~ 1.7 米、宽 0.44 ~ 0.5 米、残高 0.2 米。棺内骨架凌乱，葬式不详，头向北、面向下，性别为女，随葬有银扁方（图二二）。

　　银扁方 1 件。M8：1，卷首一字形。锈蚀较为严重，依稀可见自首至尾有贴塑、錾刻团"寿"字纹、梅花纹、鸟雀纹、枝叶纹等，背面铸字，不可辨。通长 16.5 厘米、宽 1.3 厘米、厚 0.1 厘米，重 10.7 克（图三二，7；彩版七一，3）。

9.M9

　　位于发掘区的中部，开口于③层下，距地表深 0.8 米。方向为北偏东 10°，东邻 M29。形制为长方形竖穴土圹双人合葬墓，长 2.4 米、宽 1.6 ~ 1.8 米、深 0.9 米，墓内填花土，土质疏松。双棺部分棺木残留，板厚 0.08 米。东棺长 1.68 ~ 1.8 米、宽 0.5 ~ 0.6 米、残高 0.3 米。棺内人骨凌乱，葬式不详，性别为男，随葬有铜钱。西棺长 1.8 米、宽 0.5 ~ 0.62 米、残高 0.3 米。棺内人骨凌乱，葬式不详，性别为女，随葬有骨簪、银耳钉、铜钱（图二三）。

　　骨簪 1 件。M9：3，首为耳挖勺状，下有两道刻槽，体细长、尾削尖，截面为圆角扁长方形。长 10.8 厘米、直径 0.3 ~ 0.4 厘米，重 1.6 克（图三三，3；彩版七〇，2）。

　　银耳钉 1 对。M9：2-1，呈弯钩状。钉面圆形无纹饰，穿针尖细卷曲，锈蚀较为严重。直径 1.4

厘米，重 1.8 克。M9：2-2，与 M9：2-1 形制、纹饰相同，重 2.4 克（图三三，5；彩版七五，6）。

铜钱共 5 枚（附表二）。

乾隆通宝 1 枚。M9：1-5，小平钱。正面钱文为"乾隆通宝"，楷书，直读；背穿左右为满文"宝泉"，纪局名。钱径 2.3 厘米、穿径 0.6 厘米、外郭厚 0.3 厘米，重 2.7 克（图三四，4）。

嘉庆通宝 1 枚。M9：1-2，小平钱。正面钱文为"嘉庆通宝"，楷书，直读；背穿左右为满文"宝源"，纪局名。钱径 2.3 厘米、穿径 0.6 米、外郭厚 0.2 厘米，重 3.2 克（图三四，6）。

咸丰通宝 1 枚。M9：1-1，小平钱。正面钱文为"咸丰通宝"，楷书，直读；背穿左右为满文"宝泉"，纪局名。钱径 2.2 厘米、穿径 0.6 厘米、外郭厚 0.2 厘米，重 2.8 克（图三四，15）。

同治重宝 1 枚。M9：1-4，大钱。正面钱文为"同治重宝"，楷书，直读；背穿左右为满文"宝泉"，纪局名；背穿上下为楷书"当十"，纪值。钱径 2.2 厘米、穿径 0.7 厘米、外郭厚 0.2 厘米，重 1.8 克（图三四，16）。

光绪通宝 1 枚。M9：1-3，小平钱。正面钱文为"光绪通宝"，楷书，直读；背穿左右为满文"宝源"，纪局名。钱径 2.1 厘米、穿径 0.6 厘米、外郭厚 0.2 厘米，重 2.1 克（图三四，19）。

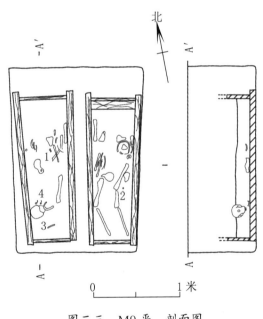

图二三　M9 平、剖面图
1、2.铜钱　3.骨簪　4.银耳钉

10.M10

位于发掘区的中部，开口于③层下，距地表深 0.8 米。方向为北偏东 5°，东邻 M11。形制为长方形竖穴土圹双人合葬墓，长 2.35 米、宽 1.6 ~ 1.7 米、深 0.7 米，墓内填花土，土质疏松。双棺部分棺木残留，板厚 0.08 米。东棺长 1.68 ~ 1.74 米、宽 0.52 ~ 0.6 米、残高 0.2 米。棺内人骨较凌乱，葬式不详，性别为男，未发现随葬品。西棺长 1.74 ~ 1.8 米、宽 0.5 ~ 0.6 米、残高 0.2 米。棺内人骨较凌乱，葬式不详，性别为女，随葬有铜钱（图二四）。

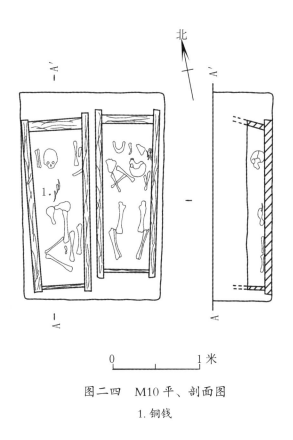

图二四　M10平、剖面图
1. 铜钱

铜钱共2枚（附表二）。

宣统通宝1枚。M10：1-1，小平钱。正面钱文为"宣统通宝"，楷书，直读；背穿左右为满文"宝泉"，纪局名。钱径1.8厘米、穿径0.4厘米、外郭厚0.2厘米，重1.1克（图三四，20）。

另外1枚正面钱文锈蚀不清、背面有满文"宝泉"，纪局名（图三八，2）。

11.M16

位于发掘区的中部，开口于②层下，距地表深0.6米。方向为北偏东20°，北邻M10。形制为长方形竖穴土圹双人合葬墓，长2.8米、宽1.6～1.8米、深0.6米，墓内填花土，土质疏松。双棺部分棺木残留。东棺长1.95米、宽0.5～0.6米、残高0.1米，棺内人骨仅残留头骨及下肢骨，葬式不详，性别为男，未发现随葬品。西棺长1.6～2.04米、宽0.34～0.46米、残高0.2米，板厚0.06～0.08米。棺内人骨凌乱，葬式不详，性别为女，随葬有银扁方、铜钱（图二五）。

银扁方1件。M16：2，首为一字形。锈蚀较为严重，自首至尾錾刻花寿纹、蝙蝠纹等，背面铸字。通长12.7厘米、宽1.5厘米、厚0.1厘米，重11.2克（彩版七一，4）。

嘉庆通宝1枚。M16：1，小平钱。正面钱文为"嘉庆通宝"，楷书，直读；背穿左右为满文"宝泉"，纪局名。钱径2.3厘米、穿径0.6厘米、外郭厚0.3厘米，重3.6克（图三四，8；附表二）。

12.M20

位于发掘区的东部，开口于②层下，距地表深0.6米。方向为北偏东20°，南邻M21。形制为长方形竖穴土圹双人合葬墓，长2.5米、宽1.6～1.75米、深1.1米，墓内填花土，土质疏松。双棺部分棺木残留，板厚 0.08 米。东棺长 1.64 ~ 1.84 米、宽 0.36 ~ 0.52 米、残高 0.2 ~ 0.25 米。棺
内人骨凌乱，葬式不详，性别为男，未发现随葬品。西棺长 1.64 ~ 1.74 米、宽 0.5 ~ 0.6 米、残高
0.2 ~ 0.25 米。棺内人骨凌乱，葬式不详，性别为女，未发现随葬品（图二六）。

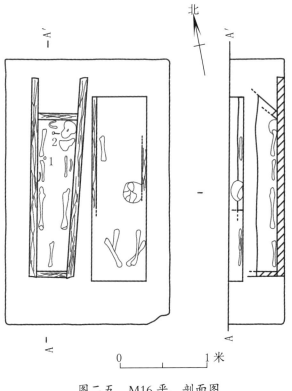

图二五　M16 平、剖面图

1. 铜钱　2. 银扁方

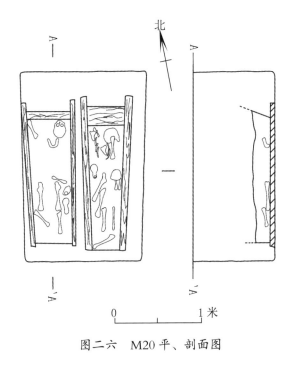

图二六　M20 平、剖面图

13.M21

位于发掘区的东部，开口于②层下，距地表深 0.6 米。方向为北偏东 15°，南邻 M23。形制为长方形竖穴土圹双人合葬墓，长 2.4 米、宽 0.8 米、深 1.4 米，墓内填花土，土质疏松。双棺部分棺木残留。东棺长 1.74 米、宽 0.5 米、残高 0.1 米。棺内人骨较完整，葬式为侧身屈肢葬，头向北、面向东，性别为男，未发现随葬品。西棺长 1.7 ~ 1.8 米、宽 0.5 ~ 0.6 米、残高 0.2 ~ 0.45 米，棺板厚 0.08 米。棺内人骨凌乱，葬式不详，性别为女，随葬有铜簪、铜押发、铜耳环、铜钱（图二七）。

铜簪 3 件。M21：2，首有一穿孔，体细长，尾收尖，截面为扁圆形，表面无纹饰。长 9.2 厘米、直径 0.3 ~ 0.4 厘米，重 6.3 克（图三三，4；彩版七〇，6）。M21：3，首铸为葵花形，花瓣向逆时针方向旋转，花朵中间有圆与"福"字纹，掐丝而成；体细长、尾尖锐，截面为圆形。与 M24：1、M25：1、M25：2 形制、纹饰相同。首直径 2.3 厘米、首厚 1 厘米、长 10.5 厘米，重 5 克（彩版七三，3）。M21：4，首铸为葵花形，花瓣向逆时针方向旋转，花朵中间有圆与花"寿"字纹，掐丝而成；体细长、尾尖锐，截面为圆形。与 M25：3 形制、纹饰相同。首直径 2.5 厘米、首厚 1.4 厘米、长 12.5 厘米，重 7.9 克（彩版七三，4）。

铜押发 1 件。M21：1，正面呈中间窄、两侧宽、两端尖的杵形，侧面呈中间和两端凸、两侧凹的弓形。整体锈蚀较为严重，簪面中间纵向起脊，不见花纹。通长 9 厘米、宽 7 ~ 10 厘米，重 9.6 克（图三三，11；彩版七二，2）。

铜耳环 1 件。M21：5，整体应为圆环状，锈损较为严重，仅存半环，以镂空卷云纹为花瓣、双鱼太极图为花心，与直径 0.2 厘米的穿针相连。重 1.6 克（图三二，4；彩版七五，8）。

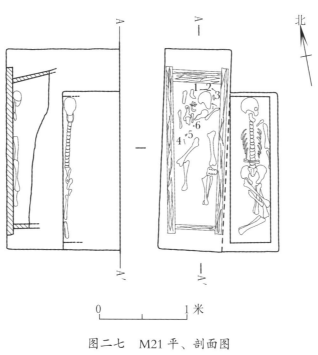

图二七　M21 平、剖面图

1. 铜押发　2 ~ 4. 铜簪　5. 铜耳环　6. 铜钱

乾隆通宝 1 枚。M21：6，小平钱。正面钱文为"乾隆通宝"，楷书，直读；背穿左右为满文"宝源"，纪局名。钱径 2.2 厘米、穿径 0.6 厘米、外郭厚 0.3 厘米，重 2.8 克（图三四，5；附表二）。

14.M24

位于发掘区的东部，开口于②层下，距地表深 0.6 米。方向为北偏东 5°，南邻 M19。形制为长方形竖穴土圹双人合葬墓，长 2.7 米、宽 1.9 ~ 2 米、深 1.5 米，墓内填花土，土质疏松。双棺部分棺木残留，板厚 0.1 米。东棺长 1.58 ~ 1.68 米、宽 0.33 ~ 0.44 米、残高 0.3 ~ 0.45 米。棺内人骨较凌乱，葬式为仰身直肢葬，头向北、面向上，性别为女，随葬品有银扁方、铜簪。西棺长 1.72 ~ 1.8 米、宽 0.3 ~ 0.42 米、残高 0.3 ~ 0.45 米。棺内人骨较完整，葬式为仰身直肢葬，头向北、面向下，性别为男，未发现随葬品（图二八）。

银扁方 1 件。M24：2，首为一字形。锈蚀较为严重，表面不见纹饰。通长 9 厘米、宽 0.5 厘米、厚 0.1 厘米，重 3.9 克（图三三，12；彩版七一，5）。

铜簪 3 件。M24：1，首铸为葵花形，花瓣向逆时针方向旋转，花朵中间有圆与"福"字纹，掐丝而成；体细长、尾尖锐，截面为圆形。首直径 2.2 厘米、首厚 1.7 厘米，长 13 厘米，重 6.1 克（图三二，8；彩版七二，4）。M24：3，首为由 5 个正方形和 8 个三角形组成的镂空多面体。正方形各面中间用铜丝掐成花"寿"字纹；三角形各面中间用铜丝掐成圆弧三角形；各顶点焊接小球装饰；各棱边錾刻成双股编花样式。体细长，尾尖锐，截面为圆形。通长 13 厘米，重 4.9 克（图三一，2；彩版七三，5）。M24：4，仅余簪首，铸为葵花形，花瓣向逆时针方向旋转，花朵中间有圆与"寿"字纹，掐丝而成。与 M4：2 形制、纹饰相同。首直径 2.6 厘米，重 7.7 克。

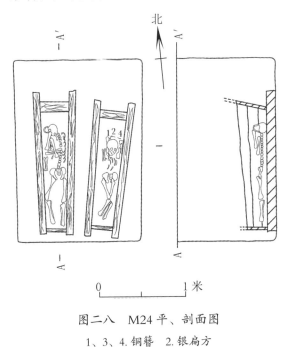

图二八　M24 平、剖面图

1、3、4. 铜簪　2. 银扁方

15.M25

位于发掘区的南部，开口于②层下，距地表深 0.6 米。方向为北偏东 10°，南邻 M26。形制为长方形竖穴土圹双人合葬墓，长 2.5 米、宽 1.9 ~ 2 米、深 1.4 米，墓内填花土，土质疏松。双棺部分棺木残留，板厚 0.08 米。东棺长 1.76 米、宽 0.44 ~ 0.48 米、残高 0.3 ~ 0.4 米。棺内人骨凌乱，葬式不详，头向北、面向西，性别为男，未发现随葬品。西棺长 1.76 米、宽 0.46 ~ 0.58 米、残高 0.3 ~ 0.4 米。棺内人骨凌乱，葬式不详，头向北、面向上，性别为女，随葬有铜簪、铜钱（图二九）。

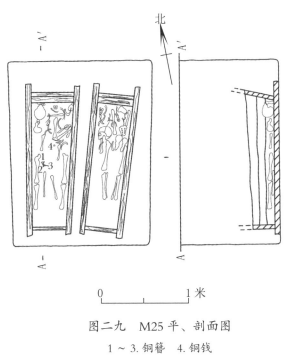

图二九　M25 平、剖面图
1 ~ 3. 铜簪　4. 铜钱

铜簪 3 件。M25 ：1，首铸为葵花形，花瓣向逆时针方向旋转，花朵中间有圆与"福"字纹，掐丝而成。体细长、尾尖锐，簪截面为圆形。首直径 2.4 厘米、首厚 1.8 厘米、长 12 厘米、重 6 克（彩版七三，6）。M25 ：2，首残损，从残留部分看应为铜丝缠绕成如意卷云纹禅杖，锈蚀严重。长 17.5 厘米、重 11.4 克（彩版七二，3）。M25 ：3，首铸为葵花形，花瓣向逆时针方向旋转，花朵中间有圆与"寿"字纹，掐丝而成。体细长、尾尖锐，截面为圆形。首直径 2.2 厘米、首厚 1.7 厘米、长 13 厘米、重 5.8 克（图三二，6；彩版七二，5）。

铜钱共 3 枚（附表二）。

嘉庆通宝 1 枚。M25 ：4-3，小平钱。正面钱文为"嘉庆通宝"，楷书，直读；背穿左右为满文"宝源"，纪局名。钱径 2.2 厘米、穿径 0.6 厘米、外郭厚 0.3 厘米（图三四，9）。

同治重宝 2 枚，大钱。正面钱文为"同治重宝"，楷书，直读；背穿上下为楷书"当十"，纪值。M25 ：4-1，背穿左右为满文"宝泉"，纪局名。钱径 2.6 厘米、穿径 0.7 厘米、外郭厚 0.3 厘米，重 3.9 克（图三四，17）。M25 ：4-2，背穿左右为满文"宝源"，纪局名。钱径 2.7 厘米、穿径 0.8 厘米、外郭厚 0.3 厘米，重 3.6 克（图三四，18）。

（三）迁葬墓

共 1 座，为 M14。

位于发掘区的中部，开口于③层下，距地表深 0.8 米，方向为北偏东 10°，东邻 M15。形制为长方形竖穴土圹墓，长 1.9 ~ 2.4 米、宽 1.3 ~ 1.5 米、深 0.85 米。墓内填花土，土质疏松。部分棺木残留。棺长 1.7 ~ 1.9 米、宽 0.56 ~ 0.64 米、残高 0.3 米。棺内未发现人骨，初步判断为迁葬墓，随葬陶罐（图三〇）。

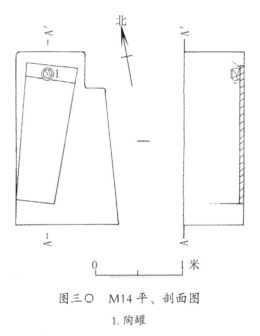

图三〇 M14 平、剖面图

1. 陶罐

陶罐 1 件。M14：1，方唇侈口，矮颈，圆折肩，斜腹，平底。肩部附象鼻形双系，一只残佚。胎为泥质，素面无釉。通高 11 厘米、口径 10 厘米、内径 5.5 ~ 12.5 厘米、底径 7.4 厘米，壁厚约 0.4 厘米（图三三，2；彩版七四，2）。

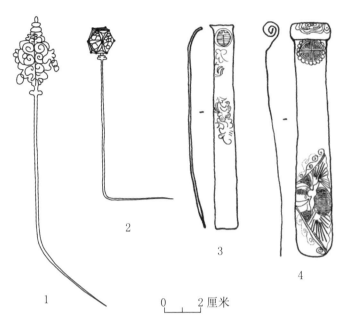

图三一　墓葬随葬器物（一）

1、2.铜簪（M15：2、M24：3）　3、4.银扁方（M4：3、M12：1）

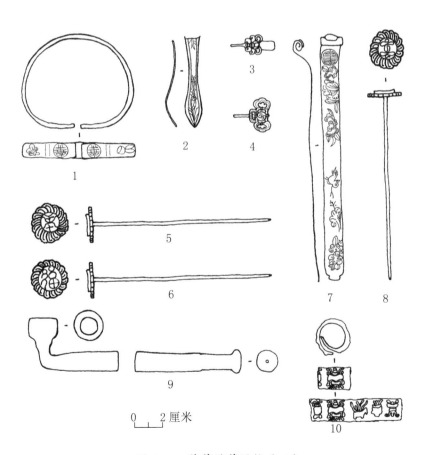

图三二　墓葬随葬器物（二）

1.铜镯（M4：1）2.铜押发（M6：1）3、4.铜耳环（M23：1、M21：5）5、6、8.铜簪（M4：2-1、
M25：3、M24：1）7.银扁方（M8：1）9.铜烟袋（M18：1）10.银戒指（M1：4）

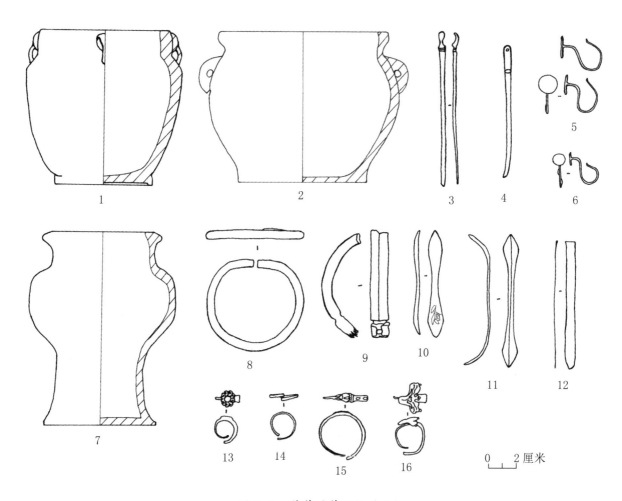

图三三　墓葬随葬器物（三）

1、2. 陶罐（M13：2、M14：1）　3. 骨簪（M9：3）　4. 铜簪（M21：2）　5、6. 银耳钉（M9：2、M7：2）
7. 瓷罐（M2：5）　8、9. 铜镯（M2：3、M1：2）　10、11. 铜押发（M2：2、M21：1）　12. 银扁方（M24：2）
13、15、16. 铜耳环（M2：1、M6：2、M4：4）　14. 铜戒指（M2：4）

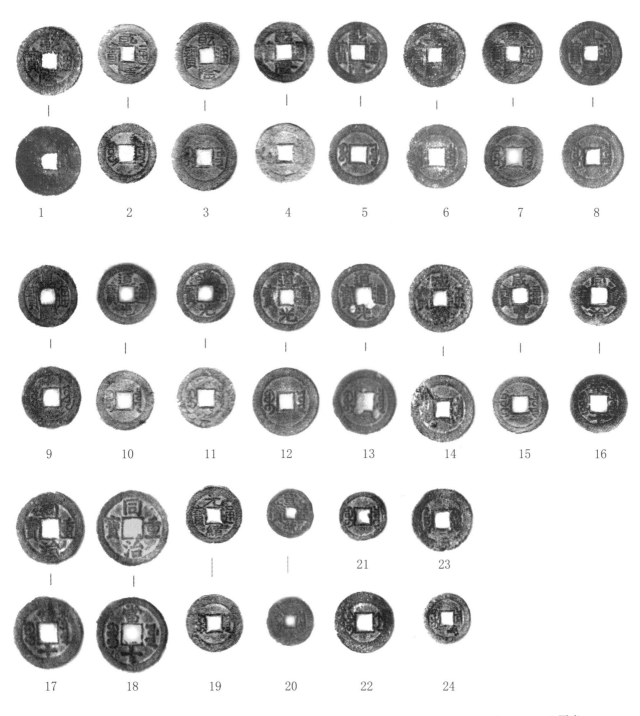

图三四　随葬铜钱拓片

1～5.乾隆通宝（M1：1-3、M4：6-2、M5：1、M9：1-5、M21：6）6～9.嘉庆通宝（M1：1-2、M9：1-2、M16：1、M25：4-3）10～13.道光通宝（M4：6-1、M7：1、M13：1-1、M23：2）14、15.咸丰通宝（M1：1-1、M9：1-1）16～18.同治重宝（M9：1-4、M25：4-1、M25：4-2）19.光绪通宝（M9：1-3）20.宣统通宝（M10：1-1）21～24.背文纪局（M1：1-4、M1：1-5、M1：1-6、M10：1-2）

三、结语

西侧相邻地块曾发现西晋墓 3 座[②]、清代墓 16 座。本次发掘所有墓葬形制、随葬品类型均于北京地区清代墓中常见，如轨道交通大兴线枣园路站清墓[③]、西红门商业综合区一、二、三号地块清墓[④]、北京奥运场馆建设用地清墓[⑤] 等。

根据相对位置关系可将本次发掘的 29 座墓葬分为四组：

Ⅰ组，位于发掘区西北部，包括 M1、M2。两墓处于同一层位，无叠压打破关系，家族墓特征不明显。随葬品中 M1 中出土咸丰通宝说明该墓不早于 1861 年，M2 中出土双尖押发及焰食罐之造型多流行于晚清时期。此两墓应为晚清时期平民墓。

Ⅱ组，位于发掘区中部，可进一步分为东西两区。西区包括 M3 ～ M6，东区包括 M7 ～ M18 及 M29。

西区 4 座墓葬均为双人合葬墓，平面布局呈"品"字形排列，并根据 M4 出土扁方、M6 出土道光通宝，推测该处为一晚清满族家族墓地。

东区 13 座墓葬中双人合葬墓 5 座、单人葬墓 7 座、迁葬墓 1 座，平面布局亦呈"品"字形排列，随葬品有耳挖簪（M9 : 3）、扁方（M8 : 1、M12 : 1、M16 : 1）、铜烟袋（M18 : 1）等，出土铜钱以 M10 宣统通宝最晚，推测该处为一晚清满族家族墓地，使用年代下限或延续至民国初期。且该区北侧三排墓葬与西区 4 座墓葬共处同一地层，朝向一致、相距较近，或与西区为同一家族。

Ⅲ组，位于发掘区东部，包括 M19 ～ M21 及 M23、M24。五座墓处于同一层位、之间无叠压打破关系，平面布局呈南北向直线排列，无家族墓地特征。其中 M19、M21、M23、M24 中随葬有扁方、押发及清代中晚期铜钱，应为晚清时期平民墓；M20 未出土随葬器物，所属年代不详。

Ⅳ组，位于发掘区南部，包括 M25 ～ M28。四座墓处于同一层位、之间无叠压打破关系，平面布局呈南北向直线排列，无家族墓地特征。M25 随葬品较为丰富，随葬宣统通宝已至清末。其它三座墓葬为无随葬品单人葬墓，所属年代不详。

随葬品以女性饰品为主，样式皆较为普通，扁方、押发、耳环、戒指、手镯及焰食罐、烟袋均为北京地区清代墓葬随葬品中所常见类型，相较于奥运场馆建设用地清墓群出土物更为单一。发簪中禅杖簪 M15 : 2、M25 : 2 与黑龙江瑷珲富明阿墓 G3 : 9[⑥] 造型一致，北京昌平张营遗址北区、海淀五棵松篮球馆工程、朝阳奥运一期工程、丰台郑常庄燃气热电工程、门头沟龙泉务村等地也有出土[⑦]。9 件吉字簪花托均为花瓣逆时针旋转的同一类型，可按花瓣与花心圆半径之比分为两式：Ⅰ式为 M4 : 2-2，花心圆半径明显大于花瓣圆半径的二分之一；Ⅱ式为 M4 : 2-1、M15 : 3、M21 : 3、M21 : 4、M24 : 1、4、M25 : 1、M25 : 3 等，花心圆半径近似于花瓣圆半径的二分之一。双联管铜镯 M1 : 2 则只见与昌平张营遗址 M26 : 5[⑧]、郑常庄燃气热电工程 M1 : 3[⑨] 类型相似。

铜钱以户部宝泉局或工部宝源局铸为主要，仅 M1 中见一宝浙局铸钱。

本次发掘未对人骨年龄进行鉴定，从出土发簪带有的"寿"字纹样看，M1、M4、M15、M24、

M25 墓主应为老年。

　　房山广阳镇地区在清代归属良乡县管辖，距北京城西南约 20 千米，距良乡城东不到 4 千米，该处墓葬群西距良乡多宝佛塔 2.9 千米。此次发掘出土随葬器物种类、纹样反映出墓主生活水平较为一般，为研究该地区社会经济发展面貌和晚清民间文化风俗补充了样本。

发掘：尚珩　李红伟

绘图：贺蕾　李红伟

摄影：贺蕾　王宇新

执笔：贺蕾

注释

① 北京市文物研究所：《昌平沙河——汉、西晋、唐、元、明、清代墓葬发掘报告》，科学出版社，2010 年。

② 北京市文物研究所：《北京房山水碾屯西晋墓发掘简报》，《文物》2017 年第 1 期。

③④ 北京市文物研究所编：《小营与西红门——北京大兴考古发掘报告》，上海古籍出版社，2018 年。

⑤ 北京市文物局、北京市文物研究所编：《北京奥运场馆考古发掘报告》，科学出版社，2007 年。

⑥ 姚玉成、李玲：《瑷珲富明阿墓出土的一批清代文物》，《北方文物》1994 年第 4 期。

⑦ 宋大川主编：《北京考古》（第 2 辑），北京燕山出版社，2008 年，第 358 页。

⑧ 宋大川主编：《北京考古》（第 2 辑），北京燕山出版社，2008 年，第 189 页。

⑨ 北京市文物局、北京市文物研究所编：《北京奥运场馆考古发掘报告》，科学出版社，2007 年，第 410 页。

附表一 墓葬登记表（单位：米）

墓号	层位	方向	墓口（长 × 宽 × 深）	墓底（长 × 宽 × 深）	深度	葬具	葬式	人骨保存情况	头向及面向	性别	随葬品	备注
M1	②层下	50°	2.7 ×（1.8 ~ 2.1）× 0.6	2.7 ×（1.8 ~ 2.1）× 1.9	1.3	双棺	不详	较差	东棺头北足南面向下，西棺头向北、面向下	东棺男性，西棺女性	银饰片、银戒指、铜镯各 1 件，铜钱 7 枚	
M2	②层下	45°	2.2 × 1.4 × 0.6	2.2 × 1.4 × 1.3	0.7	双棺	东棺不详，西棺仰身直肢葬	东棺较差，西棺一般	东棺头北足南面向东，西棺头向北、面朝上	东棺男性，西棺女性	瓷罐、铜耳环、铜押发、铜镯、铜戒指各 1 件	
M3	③层下	15°	2.4 × 1.55 × 0.8	2.4 × 1.55 × 1.9	1.1	双棺	不详	较差	东棺头北足南，西棺不详	东棺男性，西棺女性	无	
M4	③层下	20°	2.2 ×（1.4 ~ 1.55）× 0.8	2.2 ×（1.4 ~ 1.55）× 1.8	1	双棺	东棺不详，西棺仰身直肢葬	东棺较差，西棺较好	东棺头北足南，西棺头向北、面朝上	东棺男性，西棺女性	银扁方、铜簪、铜耳环各 1 件，铜镯 2 件，铜钱 2 枚	
M5	③层下	6°	2.5 × 1.4 × 0.8	2.5 × 1.4 × 1.85	1.05	双棺	东棺仰身直肢葬，西棺不详	东棺较好，西棺较差	东棺头北足南面向东，西棺不详	东棺女性，西棺男性	铜钱 1 枚	
M6	③层下	10°	（1.75 ~ 2.05）×（0.9 ~ 1.17）× 0.8	（1.75 ~ 2.05）×（0.9 ~ 1.17）× 1.5	0.7	双棺	东棺不详，西台上侧身屈肢葬	东棺较差，西棺较好	东棺头北足南面向上，西台头北足南面向东	东棺女性，西棺男性	铜簪、铜耳环各 1 件	
M7	③层下	5°	2.5 ×（1.4 ~ 1.7）× 0.8	2.5 ×（1.4 ~ 1.7）× 2.1	1.3	双棺	不详	较差	头北足南，面向不详	东棺男性，西棺女性	银耳钉 1 件，铜钱 1 枚	

续表

墓号	层位	方向	墓口（长 × 宽 × 深）	墓底（长 × 宽 × 深）	深度	葬具	葬式	人骨保存情况	头向及面向	性别	随葬品	备注
M8	③层下	5°	2.4 ×（1.5 ~ 1.55）× 0.8	2.4 ×（1.5 ~ 1.55）× 2	1.2	双棺	不详	较差	东棺头北足南面向东，西棺头北足南面向下	东棺男性，西棺女性	银扁方 1 件	
M9	③层下	10°	2.4 ×（1.6 ~ 1.8）× 0.8	2.4 ×（1.6 ~ 1.8）× 1.7	0.9	双棺	不详	较差	不详	东棺男性，西棺女性	骨簪 1 件，银耳钉 1 对，铜钱 5 枚	
M10	③层下	5°	2.35 ×（1.6 ~ 1.7）× 0.8	2.35 ×（1.6 ~ 1.7）× 1.5	0.7	双棺	不详	较差	不详	东棺男性，西棺女性	铜钱 2 枚	
M11	③层下	15°	2.5 × 1.0 × 0.8	2.5 × 1.0 × 1.6	0.8	单棺	仰身直肢葬	较好	头北足南面向西	男性	骨簪 1 件	
M12	③层下	20°	2.8 ×（0.8 ~ 0.9）× 0.8	2.8 ×（0.8 ~ 0.9）× 2.3	1.5	单棺	不详	较差	头北足南面向上	男性	银扁方 1 件	
M13	③层下	10°	2.1 × 0.8 × 0.8	2.1 × 0.8 × 1.1	0.3	单棺	仰身直肢葬	较好	头北足南面向下	男性	陶罐 1 件，铜钱 1 枚	
M14	③层下	10°	（1.9 ~ 2.4）×（1.3 ~ 1.5）× 0.8	（1.9 ~ 2.4）×（1.3 ~ 1.5）× 1.65	0.85	无	无	无	无	无	陶罐 1 件	迁葬墓
M15	③层下	10°	2.7 × 1.5 × 0.8	2.7 × 1.5 × 2.1	1.3	单棺	不详	较差	头北足南面向上	女性	铜簪 3 件	
M16	②层下	20°	2.8 × 1.8 × 0.6	2.8 × 1.8 × 1.2	0.6	双棺	不详	较差	不详	东棺男性，西棺女性	银扁方 1 件，铜钱 1 枚	
M17	②层下	7°	2.3 ×（0.85 ~ 1.07）× 0.6	2.3 ×（0.85 ~ 1.07）× 1.25	0.65	单棺	仰身直肢葬	较好	头北足南面向下	男性	无	
M18	②层下	15°	2.45 × 1.0 × 0.6	2.45 × 1.0 × 1.2	0.6	单棺	不详	较差	头北足南面向上	男性	铜烟锅 1 件	
M19	②层下	15°	2.4 × 1.55 × 0.6	2.4 × 1.55 × 2	1.4	单棺	不详	较差	头向南、面朝上	男性	无	

续表

墓号	层位	方向	墓口（长 × 宽 × 深）	墓底（长 × 宽 × 深）	深度	葬具	葬式	人骨保存情况	头向及面向	性别	随葬品	备注
M20	②层下	20°	2.5×（1.6～1.75）×0.6	2.5×（1.6～1.75）×1.7	1.1	双棺	不详	较差	不详	东棺男性，西棺女性	无	
M21	②层下	15°	2.4×0.8×0.6	2.4×0.8×2	1.4		不详	较差	头北足南面向东	男性	铜簪3件，铜押发、铜耳环各1件，铜钱1枚	
M22	②层下	20°	1.9×0.8×0.6	1.9×0.8×1.3	0.7		侧身屈肢葬	较好	头北足南面向东	男性		
M23	②层下	10°	2.7×1.0×0.6	2.7×1.0×1.5	0.9	单棺	仰身直肢葬	一般	头北足南面向下	男性	铜耳环1件，铜钱1枚	
M24	②层下	5°	2.7×（1.9～2.0）×0.6	2.7×（1.9～2.0）×2.1	1.5	双棺	仰身直肢葬	较好	东棺头北足南面向上，西棺头北足南面向下	东棺女性，西棺男性	银扁方1件，铜簪3件	
M25	②层下	10°	2.5×（1.9～2.0）×0.6	2.5×（1.9～2.0）×2	1.4	双棺	不详	一般	东棺头北足南面向西，西棺头北足南面向上	东棺男性，西棺女性	铜簪3件，铜钱3枚	
M26	②层下	0°	2.3×（0.9～0.95）×0.6	2.3×（0.9～0.95）×1.4	0.8	单棺	不详	较差	不详	男性	无	
M27	②层下	40°	2.1×1.0×0.6	2.1×1.0×1	0.4	单棺	仰身直肢葬	一般	头北足南面向上	男性	无	
M28	②层下	35°	2.5×（0.8～1.0）×0.6	2.5×（0.8～1.0）×1.2	0.6	单棺	不详	较差	头北足南面向下	男性	无	
M29	③层下	6°	2.6×（1.2～1.6）×0.8	2.6×（1.2～1.6）×1.4	0.6	单棺	不详	较差	头北足南面向北	男性	无	

附表二　铜钱统计表

单位	编号	种类	钱径（厘米）	穿径（厘米）	郭厚（厘米）	重量（克）	备注
M1	1-1	咸丰通宝	2.4	0.5	0.2	3.9	背穿左右为满文"宝泉"
	1-2	嘉庆通宝	2.3	0.5	0.3	3.3	背穿左右为满文"宝泉"
	1-3	乾隆通宝	2.4	0.6	0.3	2.8	
	1-4		1.8	0.6	0.2	1.2	背穿左右为满文"宝泉"
	1-5		2.2	0.6	0.3	2.5	背穿左右为满文"宝浙"
	1-6		2.3	0.6	0.3	2.5	背穿左右为满文"宝泉"
	1-7		1.8	0.5	0.2	1.7	
	1-8		1.9	0.5	0.2	1.1	
M4	6-1	道光通宝	2.2	0.6	0.3	2.9	背穿左右为满文"宝泉"
	6-2	乾隆通宝	2.2	0.5	0.3	3.2	背穿左右为满文"宝泉"
M5	1	乾隆通宝	2.5	0.6	0.3	3	背穿左右为满文"宝源"
M7	1	道光通宝	2.2	0.7	0.2	2.4	背穿左右为满文"宝泉"
M9	1-1	咸丰通宝	2.2	0.6	0.2	2.8	背穿左右为满文"宝泉"
	1-2	嘉庆通宝	2.3	0.6	0.2	3.2	背穿左右为满文"宝源"
	1-3	光绪通宝	2.2	0.6	0.2	2.1	背穿左右为满文"宝源"
	1-4	同治重宝	2.2	0.7	0.3	1.8	大钱。背穿左右为满文"宝泉"，上下为楷书"当十"。
	1-5	乾隆通宝	2.3	0.6	0.3	2.7	背穿左右为满文"宝泉"
M10	1-1	宣统通宝	1.8	0.4	0.2	1.1	背穿左右为满文"宝泉"
	1-2		1.8	0.5	0.2	1.6	背穿左右为满文"宝泉"
M13	1	道光通宝	2.5	0.6	0.3	2.8	背穿左右为满文"宝源"

续表

单位	编号	种类	钱径（厘米）	穿径（厘米）	郭厚（厘米）	重量（克）	备注
M16	1	嘉庆通宝	2.3	0.6	0.3	3.6	背穿左右为满文"宝泉"
M21	6	乾隆通宝	2.2	0.6	0.3	2.8	背穿左右为满文"宝源"
M23	2	道光通宝	2.4	0.6	0.3	2.4	背穿左右为满文"宝泉"
M25	4-1	同治重宝	2.6	0.7	0.3	3.9	大钱。背穿左右为满文"宝泉"，上下为楷书"当十"。
	4-2	同治重宝	2.7	0.8	0.3	3.6	大钱。背穿左右为满文"宝源"，上下为楷书"当十"。
	4-3	嘉庆通宝	2.3	0.6	0.3	2.7	背穿左右为满文"宝源"

海淀区清华东路清代墓葬发掘报告

为配合清华东路 9 号院住宅地项目用地配套工程建设，北京市考古研究院（原北京市文物研究所）通过前期的考古勘探，明确了墓葬的空间分布和大致年代，并在 2014 年 12 月 20 日至 12 月 24 日对用地范围内发现的古代墓葬进行了考古发掘。发掘区位于北京市海淀区清华东路 9 号，项目地块东临小月河，南接清华东路，西、北临中国农业大学（图一）。地理位置为东经 116° 21′ 21.56″，北纬 40° 00′ 2.47″。区域内地势相对平坦，地表植被稀疏，四周均为城市生活区。此次共发掘清代墓葬 12 座（图二），发掘面积共计 120 平方米。

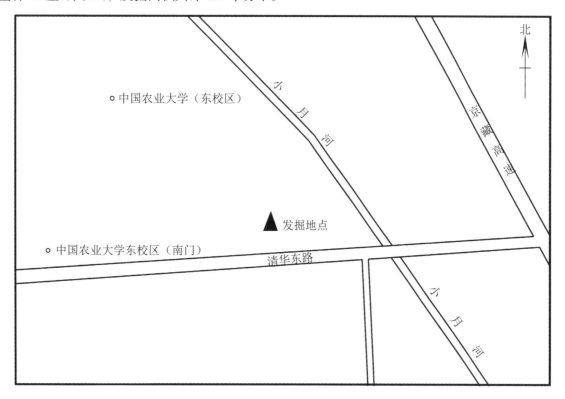

图一　发掘地点位置示意图

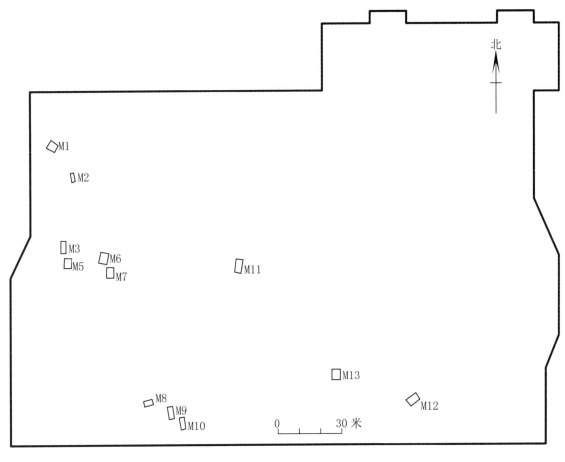

图二　墓葬分布图

一、地层堆积

经考古勘探、发掘发现，这一区域地层分布相对简单，叠压打破关系清晰明了，对我们判断不同开口层位遗迹的时代有重要参考意义。具体情况简述如下：

第①层，浅褐色黏土层，深 0 ～ 0.6 米，土质较疏松，包含少量细沙。

①层下为生土层。

二、墓葬形制

此次共发掘墓葬 12 座，分别为 M1 ～ M3、M5 ～ M13，均为竖穴土圹墓。M12 为竖穴土圹砖券单室墓，其余 11 座墓葬根据墓内葬人数量可分为单人葬墓、双人合葬墓，其中单人葬墓 6 座，双人合葬墓 5 座。共出土各类器物 6 件，另出土铜钱 30 枚。按质地主要有瓷、银、铜。银器为银簪、银耳环，铜器为铜钱，瓷器为瓷罐等。

（一）单人葬墓

6座，皆为长方形竖穴土圹墓，分别为M1、M2、M8～M11。

1.M1

位于发掘区的西北部，东南距M2约7米，开口于①层下，为长方形竖穴土圹墓，南北向，方向为348°。墓葬平面形状呈梯形，口大底小。墓圹南北长2.68米、东西宽0.84～0.92米，墓口距地表深0.6米，墓口距墓底深2.2米。墓圹内填灰褐色花土，土质松软（图三；彩版七六，1）。内置单棺，腐朽严重。棺长2.16米、宽0.51～0.58米、残高0.33～0.44米。棺内人骨保存较差，已被严重扰乱，仅存数根骨头，面向不清，葬式不清，性别不详。

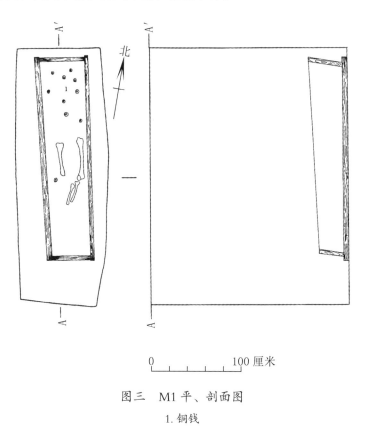

图三　M1平、剖面图

1. 铜钱

随葬品为铜钱10枚。置于棺内西北、东北及中部。

铜钱10枚。其中9枚出土于棺内腿骨的北部，呈不规则散落，1枚出土于右侧腿骨的外侧。可辨识的有康熙通宝、雍正通宝、乾隆通宝。

康熙通宝7枚。均圆形，方穿，正、背面皆有内、外郭。正面铸钱文"康熙通宝"，楷书，对读。标本M1：1-1，背面穿左右铸满文"宝源"二字，纪局名。钱径2.4厘米、穿径0.6厘米、郭宽

0.3 厘米、郭厚 0.15 厘米（图八，1）。

　　雍正通宝 1 枚。M1 ： 1–2，圆形，方穿，正、背面皆有内、外郭，郭缘较宽。正面书"雍正通宝"，楷书，对读；背面穿左右铸满文"宝泉"二字，纪局名。钱径 2.5 厘米、穿径 0.6 厘米、郭宽 0.3 厘米、郭厚 0.15 厘米（图八，2）。

　　乾隆通宝 1 枚。M1 ： 1–3，圆形，方穿，正、背面皆有内、外郭。正面铸钱文"乾隆通宝"，楷书，对读；背面穿左右铸满文"宝泉"二字，纪局名。钱径 2.5 厘米、穿宽 0.6 厘米、郭宽 0.25 厘米、郭厚 0.15 厘米（图八，3）。

　　其余 1 枚锈残严重，钱文无法辨别。

2.M2

　　位于发掘区的西北部，东北距 M1 约 7 米，东南距 M3 约 20 米，开口于①层下，为长方形竖穴土圹墓，南北向，方向为 345°。墓葬平面形状呈梯形，口大底小。墓圹南北长 2.8 米、东西宽 1.24 米，墓口距地表深 0.6 米，墓口距墓底深 1.48 米。墓圹内填灰褐色花土，土质疏松（图四；彩版七

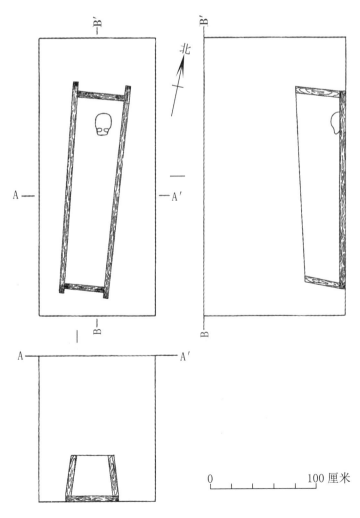

图四　M2 平、剖面图

六，2）。内葬单棺，棺木已朽。棺长 2 米、宽 0.52 ~ 0.61 米、残高 0.42 ~ 0.52 米。棺内人骨保存较差，仅存头骨，头向北，面向上，葬式及性别不明。

墓内未发现随葬品。

3.M8

位于发掘区的南部，GPS 坐标为东经 116° 21′ 20.46″，北纬 40° 00′ 01.24″，东北距 M7 约 40 米、东南距 M9 约 4 米。开口于①层下，为长方形竖穴土圹墓，东西向，方向为 245°。墓葬平面形状呈梯形，口大底小。墓圹南北长 3.1 米、东西宽 1.64 ~ 1.8 米，墓口距地表深 0.6 米，墓口距墓底深 0.71 米。内填灰褐色花土，土质疏松（图六；彩版七六，3）。内置单棺，棺木保存较差，腐朽严重，仅残留棺痕，痕迹略呈梯形，西宽东窄，长 2.08 米、宽 0.5 ~ 0.56 米、残高 0.2 米。棺内置人骨一具，保存较差，已被严重盗扰，仅残留几块头骨碎片及下肢骨，头向西，面向不清，葬式不明，性别不详。

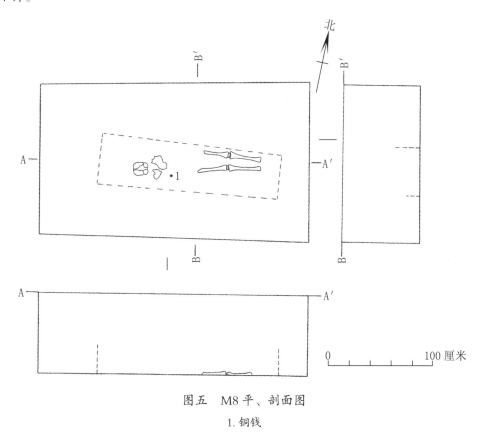

图五　M8 平、剖面图

1. 铜钱

墓内出土铜钱 3 件。置于棺内中部偏西北。

康熙通宝 2 枚。标本 M8∶1-1，圆形，方穿，正、背面皆有外郭。正面铸钱文"康熙通宝"，楷书，对读；背面穿左右铸满文"宝泉"二字，纪局名。钱径 2.6 厘米、穿宽 0.6 厘米、郭宽 0.3 厘米、郭厚 0.15 厘米（图八，4）。

乾隆通宝 1 枚。M8∶1-2，圆形，方穿，正、背面均有外郭，郭缘较宽。正面铸钱文"乾隆通宝"，楷书，对读；背面穿左右铸满文"宝泉"二字，纪局名。钱径 2.4 厘米、穿宽 0.6 厘米、郭宽 0.3 厘米、厚 0.15 厘米（图八，5）。

4.M9

位于发掘区的南部，GPS 坐标为东经 116° 21′ 20.75″，北纬 40° 00′ 01.19″，西北距 M8 约 4 米、东南距 M10 约 1.5 米。开口于①层下，为长方形竖穴土圹墓，南北向，方向为 15°。墓葬平面形状呈梯形，口大底小。墓圹南北长 2.72 米、宽 1.36 ~ 1.4 米，墓口距地表深 0.6 米，墓口距墓底深 1.5 米。墓圹内填灰褐色花土，土质疏松（图六；彩版七六，4）。内置单棺，棺木保存一般，棺顶已被破坏，平面略呈梯形，北宽南窄，长 2.12 米、宽 0.69 ~ 0.8 米、高 0.49 ~ 0.6 米、棺板厚 0.08 ~ 0.1 米。棺内置人骨一具，已被严重盗扰，肢体上部骨骼较凌乱，头向北，面向上，仰身直肢葬，为男性，年龄不详。

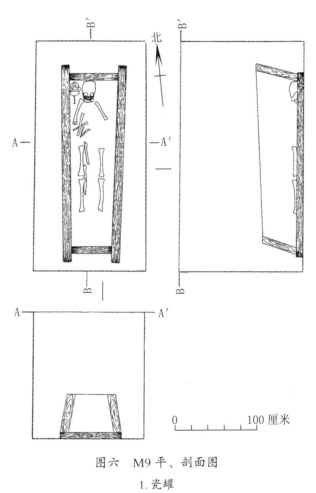

图六 M9 平、剖面图
1. 瓷罐

出土随葬品 1 件，为瓷罐，置于棺内西北角。

瓷罐 1 件。出土于棺内墓主头部西侧。M9：1，口微敞，方圆唇，矮领，斜折肩，鼓腹，下腹弧收，底部略向外展，平底微凹。通体施黄白色釉，轮制，内外壁有明显的轮制修坯旋痕。口径 9.1

厘米、最大腹径 11.8 厘米、底径 8.1 厘米、高 12.3 厘米（图一三，3；彩版七八，3）。

5. M10

位于发掘区的南部，GPS 坐标为东经 116° 21′ 20.88″，北纬 40° 00′ 01.14″，西北距 M9 约 1.5 米。开口位于①层下，为长方形竖穴土圹墓，南北向，方向为 20°。

墓葬平面形状呈长方形，口大底小。墓圹南北长 2.62 米、东西宽 1.3 米，墓口距地表深 0.6 米，墓口距墓底深 1.4 米。墓圹内填土为灰褐色花土，土质疏松（图七；彩版七六，5）。

内置单棺，棺木保存一般，顶部已被破坏，平面略呈梯形，北宽南窄，棺长 1.9 米、宽 0.62 ~ 0.76 米、高 0.5 ~ 0.6 米、棺板厚 0.05 ~ 0.08 米。棺内置人骨一具，已被严重盗扰，保存较差，仅残留头骨与下肢骨，头向北，面向上，仰身直肢葬，为男性，年龄不详。

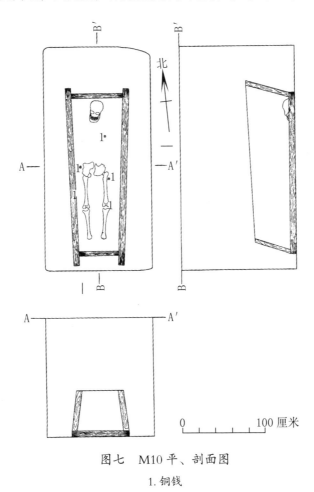

图七　M10 平、剖面图
1. 铜钱

墓内出土铜钱 6 枚，分别置于棺内北部及中部东、北两侧（墓主头骨左下方及盆骨右侧、左大腿骨外侧）。其中有 1 枚已残碎且锈蚀严重，无法辨识。

康熙通宝 2 枚。标本 M10：1-1，圆形，方穿，正、背面皆有圆郭。正面铸"康熙通宝"四字，楷书，对读；背面穿左右铸满文"宝泉"二字，纪局名。钱径 2.1 厘米、穿径 0.6 厘米、郭宽 0.3 厘米、厚0.15厘米（图八，6）。

道光通宝3枚。标本M10：1-2，圆形，方穿，正、背面均有圆郭。正面铸钱文"道光通宝"四字，楷书，对读；背面穿左右铸满文"宝泉"二字，纪局名。钱径2.2厘米、穿径0.6厘米、郭宽0.2厘米、厚0.1厘米（图九，7）。

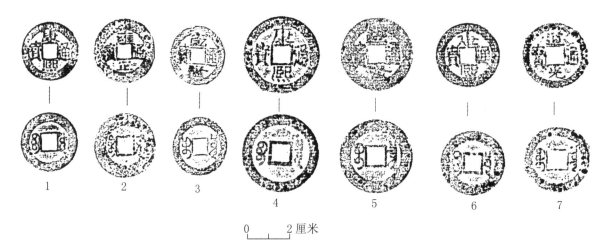

0 —— 2厘米

图八 M1、M8、M10出土铜钱

1、4、6. 康熙通宝（M1：1-1、M8：1-1、M10：1-1） 2. 雍正通宝（M1：1-2）
3、5. 乾隆通宝（M1：1-3、M8：2-2） 7. 道光通宝（M10：1-2）

6.M11

位于发掘区的中部，GPS坐标为东经116°21′21.56″，北纬40°00′02.47″。西南距M10约45米。开口位于①层下，南北向，方向为334°。墓葬平面形状为梯形，南宽北窄，口大底小。墓圹南北长2.7米、东西宽1.12～1.2米，墓口距地表深0.6米，墓口距墓底深1.6米。墓内填土为灰褐色花土，土质疏松（图九；彩版七六，6）。内置单棺，棺木保存一般，棺顶板及两端顶板已被破坏，平面略呈梯形，北宽南窄，棺南北长2.36米、东西宽0.71～0.76米、高0.3～0.4米、棺板厚0.07米。棺内置人骨一具，保存较差，已被严重盗扰，仅残留头骨，头向北，面向上，葬式不明，性别不详。

墓内未发现随葬品。

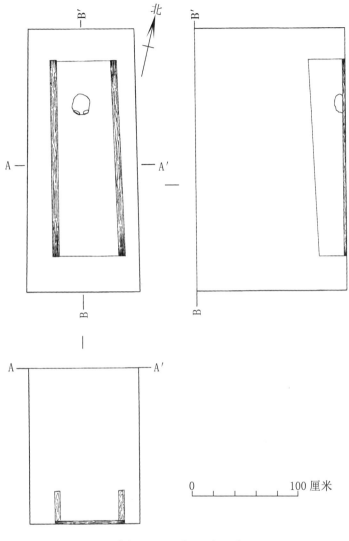

图九 M11 平、剖面图

（二）双人合葬墓

5 座。皆为长方形竖穴土圹双人合葬墓。分别为 M3、M5 ~ M7、M13。

1.M3

位于发掘区的西部偏中，GPS 坐标为东经 116° 21′ 19.48″，北纬 40° 00′ 02.64″。东北距 M2 约 20 米，南邻 M5。开口于①层下，为长方形竖穴土圹双人合葬墓，南北向，方向为 355°。墓圹南北长 2.37 ~ 2.5 米、东西宽 1.8 ~ 1.94 米，墓口距地表深 0.6 米，墓口距墓底深 1.35 米。墓圹内填灰褐色花土，土质疏松（图一〇；彩版七七，1）。内置双棺，棺木保存一般，两棺顶部已被破坏，仅残留部分棺木，平面略呈梯形，北宽南窄，口大底小。东棺长 2.18 米、宽 0.48 ~ 0.66 米、高 0.3 米、棺板厚 0.06 ~ 0.08 米，棺内未见人骨。西棺长 2.16 米、宽 0.49 ~ 0.66 米、棺板厚 0.05 ~ 0.08 米，棺内置人骨一具，保存较差，头向北，面向上，仰身直肢葬，为女性，年龄不详。

东、西两棺内均未发现随葬品。

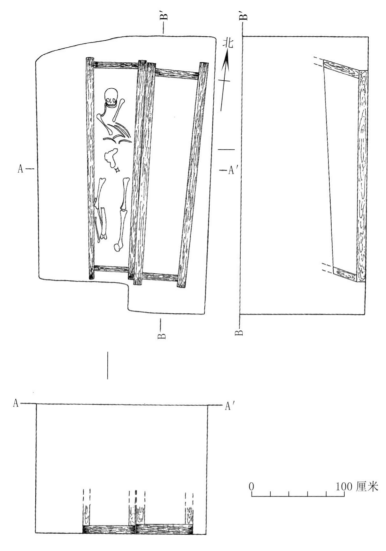

图一〇　M3 平、剖面图

2.M5

位于发掘区的西部偏中，GPS坐标为东经116°21′19.51″，北纬40°00′02.48″。北邻M3，东距M6约8米。开口于①层下，南北向，方向为5°。

墓室四壁较整齐，底部凹凸不平。墓室南北长2.51 ~ 2.67米、东西宽1.79 ~ 1.9米，墓口距地表深0.6米，墓底距墓口深1.4米。内填灰褐色花土，土质疏松（图一一；彩版七七，2）。

内置双木棺，棺木保存较差，已被破坏，仅残留部分棺木。平面略呈梯形，北宽南窄。东棺长1.82米、宽0.7 ~ 0.8米、残高0.4米、棺板厚0.04 ~ 0.06米。棺内置人骨一具，保存较差，已被严重盗扰，仅残留头骨与上下肢骨，头向北，面向上，仰身直肢葬，为男性。西棺长1.9米、宽0.6 ~ 0.68米，仅残留底板，底板厚0.06米，棺内人骨保存较差，上肢骨骼已基本缺失，下肢骨分布较凌乱，头向不详，面向不详，葬式不详，为女性。

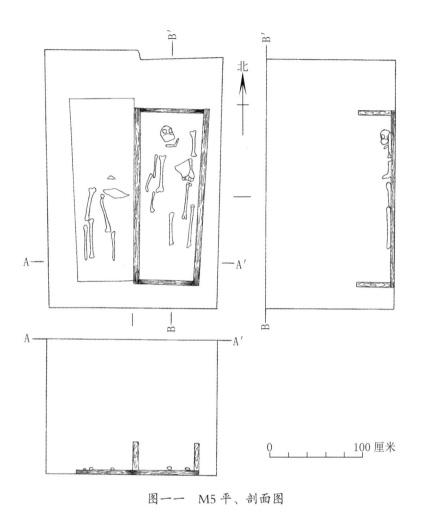

图一一   M5 平、剖面图

墓内出土铜钱 3 枚，其中 2 枚锈蚀严重，无法辨认。

宣统通宝 1 枚，M5：1，圆形，方穿，正、背面有圆郭。正面铸钱文"宣统通宝"四字，楷书，对读；背面穿左右铸满文"宝泉"二字，纪局名。钱径 1.8 厘米、穿径 0.5 厘米、郭宽 0.2 厘米、厚 0.1 厘米（图一七，2）。

3.M6

位于发掘区的西部偏中，GPS 坐标为东经 116° 21′ 19.96″，北纬 40° 00′ 02.46″。开口于 ①层下，西距 M5 约 8 米，南邻 M7。南北向，方向为 5°。墓室四壁较粗糙，墓底凹凸不平。墓室南北长 2.66 米、东西宽 2.04～2.14 米，墓口距地表深 0.6 米，墓底距墓口深 1.2 米。内填灰褐色花土，土质疏松（图一二；彩版七七，3）。内置双木棺，棺木保存一般，顶板已腐朽，仅残留部分棺木。平面略呈梯形，北宽南窄。东棺长 2.81 米、宽 0.48～0.6 米、残高 0.2 米、棺板厚 0.04 米。棺内置人骨架一具，保存较差，头向北，面向东，仰身直肢葬，年龄不详。因骨架较为纤细，且发现女性饰品，初步判断为女性。西棺长 1.78 米、宽 0.38～0.58 米、残高 0.4 米、棺板厚 0.06 米。棺内置人骨架一具，保存较完整，头向北，面向上，仰身直肢葬，为男性，年龄不详。

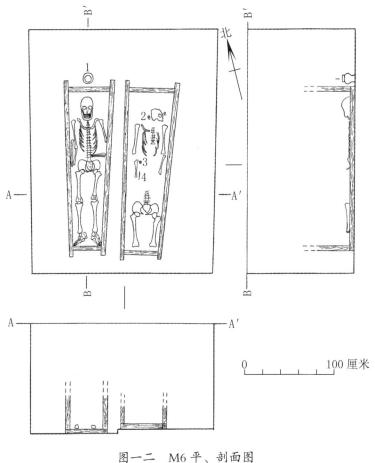

图一二 M6平、剖面图
1.瓷罐 2.银耳环 3.铜钱 4.银簪

出土随葬品5件，另有铜钱2枚，分别置于东棺中部、北部及西棺外。

瓷罐1件。出土于西棺外前方。M6：1，口残，直口微敛，尖圆唇，短束颈，溜肩，鼓腹，下腹弧收，矮圈足底。外壁施酱黑色釉，釉莹润光亮，口部附近釉色较稀薄，腹部釉色较厚重，有滴釉现象。下腹部及底部露灰褐色胎，胎质坚硬。器体内壁见较明显的修坯痕迹。口径9.2厘米、最大腹径13厘米、底径8.1厘米、高8.3厘米（图一三，3；彩版七八，1）。

银簪2件。出土于东棺右上肢骨下部。M6：4，首微曲，呈耳勺形，下部为竹节状；体呈长方扁条四棱锥状，上宽下窄，正面通体錾刻花草纹，背面素面无纹，末端残。残长9.5厘米（图一四，3；彩版七八，7）。M6：6，锈蚀严重，首缺失，体呈细长条锥形，有多处弯曲，通体素面无纹。残长9.8厘米（图一三，5；彩版七八，4）。

银耳环2件。出土于东棺头骨两侧。M6：2，用银片锤揲成圆环形。一端呈圆锥形，中部锤揲面大致呈椭圆形，其上錾刻蝙蝠纹饰，另一端呈扁长条形，中下部錾刻花朵纹饰。直径3.4厘米（图一三，6；彩版七八，5）。M6：5，环体呈椭圆形，展开后中部铸凸起的镂空花朵，形态立体。一侧截面为长方形，其上錾刻花叶纹；一侧呈圆锥状。直径2.1厘米（图一三，7；彩版七八，6）。

铜钱 2 枚。出土于东棺右上肢骨内侧。M6 ：3-1，康熙通宝 1 枚。圆形，方穿，正、背面均有圆郭，郭缘较宽。正面铸钱文"康熙通宝"，楷书，对读；背穿左为满文"宁"字、右为楷书"宁"字，纪局名。钱径 2.1 厘米、穿径 0.6 厘米、郭宽 0.3 厘米、厚 0.15 厘米（图一七，3）。M6 ：3-2，光绪通宝 1 枚。圆形，方穿，正、背面均有圆郭。正面铸钱文"光绪通宝"，楷书，对读；背面穿左右铸满文"宝泉"二字，纪局名。钱径 2.1 厘米、穿宽 0.6 厘米、郭宽 0.3 厘米、厚 0.15 厘米（图一七，4）。

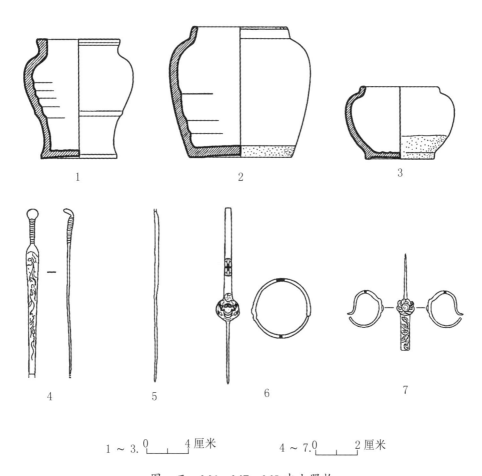

1 ~ 3. ０ ____ 4 厘米　　　　4 ~ 7. ０ __ 2 厘米

图一三　M6、M7、M9 出土器物

1 ~ 3.瓷罐（M9 ：1、M7 ：1、M6 ：1）　4、5.银簪（M6 ：4、M6 ：6）　6、7.银耳环（M6 ：2、M6 ：5）

4.M7

位于发掘区的西部偏中，GPS 坐标为东经 116°　21′　20.03″，北纬 40°　00′　02.35″。开口于①层下，北邻 M6。南北向，方向为 18°。墓室四壁较整齐，墓底较平。墓室南北长 2.6 ~ 2.67 米、东西宽 1.96 ~ 2 米，墓口距地表深 0.6 米，墓底距墓口深 0.84 米。内填灰褐色花土，土质疏松（图一四；彩版七七，4）。内置双木棺，棺木腐朽严重，仅残留部分棺木。平面略呈梯形，北宽南窄。东棺长 1.72 米、宽 0.5 ~ 0.67 米、残高 0.16 米，棺板厚 0.05 米。棺内置人骨架一具，头向北，面向东，仰身直肢葬，为男性，年龄不详。西棺长 1.88 米、宽 0.56 ~ 0.62 米、残高 0.4 米、棺板厚 0.05 米。

棺内置人骨架一具，头向北，面向不详，仰身直肢葬，为女性，年龄不详。

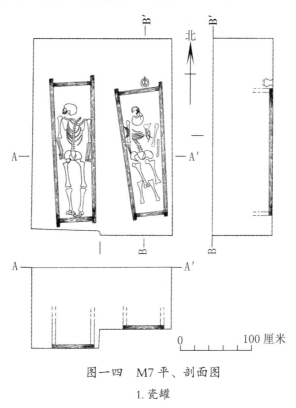

图一四 M7 平、剖面图
1. 瓷罐

出土随葬品 1 件，为瓷罐。出土于东棺外右前方。M7：1，口部、底部残略有残缺。直口，圆唇，矮领，圆肩，鼓腹斜收，平底，隐圈足。器身施姜黄色釉，釉色较稀薄，不甚均匀，足部露黄褐色胎，胎质细腻。口径 11.2 厘米、最大腹径 16.8 厘米、底径 12 厘米、高 15 厘米（图一三，2；彩版七八，2）。

5.M13

位于发掘区的南部偏东，GPS 坐标为东经 116°21′22.97″，北纬 40°00′01.57″。开口于①层下，东南距 M12 约 18 米。南北向，方向为 125°。墓室四壁较整齐，墓底较平。墓室南北长 2.55～2.63 米、东西宽 2.06～2.2 米，墓口距地表深 0.6 米，墓底距墓口深 1.55 米。内填灰褐色花土，土质疏松（图一五；彩版七七，5）。

内置双棺，棺木保存较差，已被破坏，仅残留部分棺木。平面略呈梯形，南宽北窄。东棺长 1.93 米、宽 0.58～0.66 米、残高 0.18 米，棺板厚 0.04 米。棺内置人骨架一具，保存较差，已被严重盗扰，仅残留头骨与几根下肢骨，头向南，面向西，葬式不详，性别女，年龄不详。西棺长 2.02 米、宽 0.58～0.64 米、残高 0.2 米、棺板厚 0.04 米。棺内置人骨架一具，保存较差，已被严重盗扰，仅残留头骨与几根下肢骨，头向南，面向上，葬式不详，为男性，年龄不详。

出土铜钱 1 枚，为乾隆通宝，置于东棺内左下肢骨内侧。M13：1，圆形，方穿，正、背面均有圆郭，郭缘较宽。正面铸钱文"乾隆通宝"四字，楷书，对读；背面穿左右铸满文"宝源"二字，纪

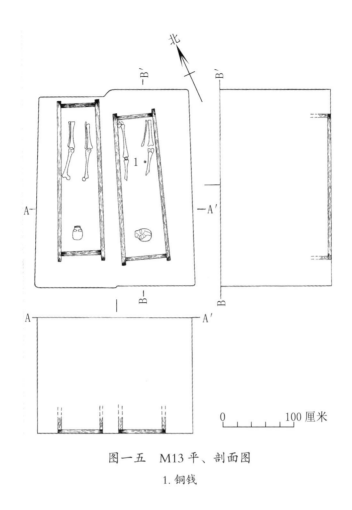

图一五　M13平、剖面图
1. 铜钱

局名。钱径 2.4 厘米、穿宽 0.6 厘米、郭宽 0.3 厘米、厚 0.15 厘米（图一七，1）。

（三）竖穴土圹砖券单室墓

位于发掘区的东南部，GPS 坐标为东经 116° 21′ 23.92″，北纬 40° 00′ 04.40″。开口于①层下，西北距 M13 约 18 米。东西向，方向为 245°。墓室南北长 2.62 ～ 2.64 米、东西宽 1.84 米，墓口距地表深 0.6 米，墓底距墓口深 1.2 米。内填灰褐色花土，土质疏松。土圹内青砖砌置，顶部已被破坏，四壁整齐，用青砖并列双排叠压错缝砌置，底部较平，用方砖铺地。墓室南北长 1.95 米、东西宽 1，04 米、残高 0.3 ～ 0.66 米。室内西端用青砖侧立并列砌置一砖台，面宽 1.14 米、进深 0.48 米、高 0.15 米（图一六；彩版七七，6）。

该墓已被严重盗扰，未见棺木及人骨。

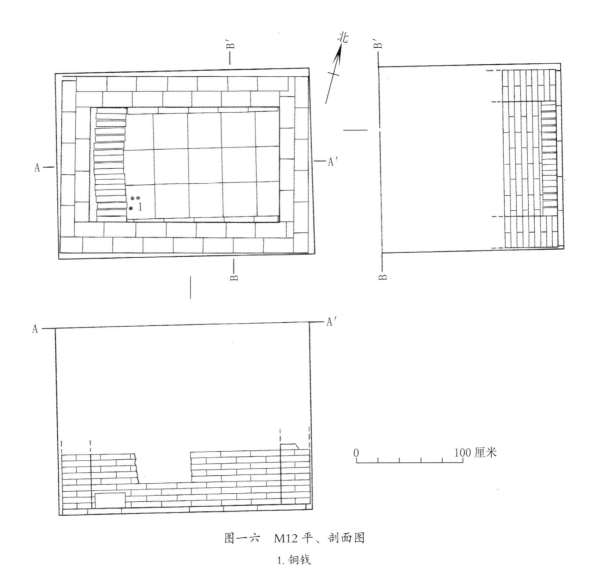

图一六 M12 平、剖面图
1. 铜钱

出土铜钱 5 枚，置于室内砖台东南部。

顺治通宝 1 枚。M12∶1-1，圆形，方穿，正、背面均有圆郭。正面铸钱文"顺治通宝"，楷书，对读；背面穿左侧楷书"一厘"二字，纪值；右侧楷书"户"字，纪局名。钱径 2.3 厘米、郭宽 0.2 厘米、穿径 0.6 厘米、厚 0.15 厘米（图一七，5）。

康熙通宝 3 枚。标本 M12∶1-2，圆形，方穿，正、背面均有圆郭。正面铸钱文"康熙通宝"，楷书，对读；背面穿左右铸满文"宝泉"二字，纪局名。钱径 2.8 厘米、穿宽 0.6 厘米、郭宽 0.3 厘米、厚 0.15 厘米（图一七，6）。

道光通宝 1 枚。M12∶1-3，圆形，方穿，正、背面均有圆郭。正面铸钱文"道光通宝"，楷书，对读；背面穿左右铸满文"宝泉"二字，纪局名。钱径 2.4 厘米、穿宽 0.6 厘米、郭宽 0.2 厘米、厚 0.15 厘米（图一七，7）。

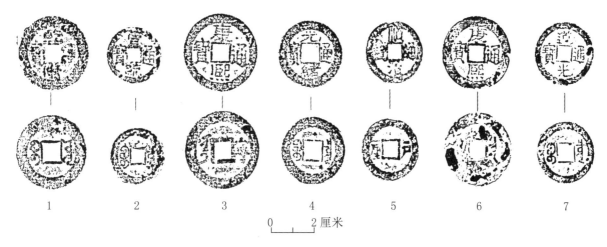

图一七　M6、M12、M13 出土铜钱

1. 乾隆通宝（M13：1）　2. 宣统通宝（M5：1）　3、6. 康熙通宝（M6：3-1、M12：1-2）
4. 光绪通宝（M6：3-2）5. 顺治通宝（M12：1-1）　7. 道光通宝（M12：1-3）

三、结语

清华东路 9 号院墓地的墓葬数量较少，从墓葬的形制结构、随葬器物的组合出发，进行简要分析：

竖穴土圹墓是清华东路 9 号院墓地的主要墓葬形制，除 M12 为竖穴土圹砖券单室墓外，其余墓葬根据葬人数量可分为单人葬墓、双人合葬墓，其中单人葬墓 6 座、双人合葬墓 5 座。墓葬除部分保存相对较好之外，大部分遭受到不同程度的破坏，排列方式并无明显规律可循。

单人葬墓 M1、M2、M8 ~ M11 形制与北京丰台西铁营[①] 的 M7、M14，大兴北程庄墓地[②] 的 M6、M15，昌平区朱辛庄[③] 的 M13、M14 相似。双人合葬墓 M3、M5 ~ M7、M13 形制与北京密云第六中学[④] 明清墓葬中的 M13、M16、M29、M31，北京市房山长阳 07 街区 0029 号地块[⑤] 的 M2、M6、M14，石景山京西商务中心清代墓葬[⑥] 中的 M10 相似。均为北京地区常见的清代墓葬。

墓葬中木质葬具的腐朽程度不一，多数棺内保存有人骨，葬式均为仰身直肢葬，未发现仰身屈肢葬、侧身屈肢葬。

出土器物方面，多为一般的日常生活用器。其中 M6 出土瓷罐 M6：1 与大兴北程庄墓地 M7 出土的黑瓷罐 M7：2[⑦] 器型相似；M7 出土瓷罐 M7：1 与北京市昌平区朱辛庄明清墓葬 M4 出土的黑釉瓷罐 M4：1[⑧] 器型相似；瓷罐 M9：1 与丽泽金融商务区园区规划绿地工程 M65 出土的瓷罐 M65：1[⑨] 器型相似；银簪 M6：4 与丽泽金融商务区园区规划绿地工程 M234 出土的银簪 M234：1、M234：2[⑩] 器型相似；银耳环 M6：2 与北京市房山长阳 07 街区 0029 号地块清代墓葬

M20 出土的银耳环 M20 ： 1[⑪]、丽泽金融商务区园区规划绿地工程 M239 出土的银耳环 M239 ： 6[⑫] 器型相似；M6 ： 5 与丽泽金融商务区园区规划绿地工程 M251 出土的银耳环 M251 ： 2、M251 ： 3[⑬] 器型相似。

墓地出土铜钱均为清代所铸，其中最早的为康熙通宝，最晚的为宣统通宝。铜钱背穿左右为纪局名。主要有以下局名：背穿左右为满文"宝泉"者，背穿左楷书"一厘"、右楷书"户"字者，为北京户部宝泉局所铸；背穿左为满文"宁"字、右楷书"宁"者，为甘肃宁夏府局所铸。

随葬品中，瓷罐放置于墓主人的头部前方或头部一侧，棺内随葬时人通常佩戴的银簪、银耳环，铜钱则大多位于墓主人的盆骨两侧或上肢附近及双手部位。

墓葬并未发现墓志、墓碑等有明确文字记载、可帮助辨别墓主人明确身份的器物，因而这批墓葬的性质、归属、族属及各墓主身份均不可考。根据墓葬形制及出土器物，可判断此墓地的年代为清代。出土铜钱的纪年范围为从清中期到清末，延续时间较短；再结合墓葬的分布较为集中的情况来看，这批墓葬极有可能为清代晚期同一家族的墓地。墓葬多结构简单，随葬品数量较少、种类不丰，推测墓主人的身份、地位不高，应为平民阶级墓葬。

通过对清华东路 9 号院清代墓地的发掘，可促进我们对这一地区清代墓葬的认识进一步深化，为深入了解清代丧葬习俗、进一步研究北京地区清代时期的社会发展状况提供了新的实物依据及参考资料。

发掘：孙峥

绘图：王技凡

摄影：王宇新

执笔：宋灿

注释

① 北京市文物研究所：《北京丰台西铁营清代墓葬发掘简报》，载北京市文物研究所编《北京文物与考古》（第 7 辑），科学出版社，2019 年，第 107 页。

② 北京市文物研究所：《大兴北程庄墓地——北魏、唐、辽、金、清代墓葬发掘报告》，科学出版社，2010 年，第 162 ～ 163 页。

③ 于璞、王策、王殿平等：《北京市昌平区朱辛庄明清墓葬发掘简报》，《北京文博文丛》2018 年第 3 辑。

④ 北京市文物研究所：《北京密云第六中学明清墓葬发掘简报》，载北京市文物研究所编《北京文物与考古》（第 7 辑），科学出版社，2019 年，第 42 页。

⑤⑪ 王策、程利、于璞、孙峥、同新、孙建国：《北京市房山长阳 07 街区 0029 号地块清代墓葬发掘简报》，《北京文博文丛》2020 年第 4 辑。

⑥ 张智勇、张中华、安喜林、张绪武、刘阿利、王殿平：《石景山京西商务中心汉代窑址、清代墓葬发掘简报》，《北

京文博文丛》2015 年第 3 辑。

⑦ 北京市文物研究所:《大兴北程庄墓地——北魏、唐、辽、金、清代墓葬发掘报告》,科学出版社,2010 年,第 173 页。

⑧ 于璞、王策、王殿平等:《北京市昌平区朱辛庄明清墓葬发掘简报》,《北京文博文丛》2018 年第 3 辑。

⑨ 北京市文物研究所:《丽泽墓地——丽泽金融商务区园区规划绿地工程发掘报告》,科学出版社,2016 年,第 103 页。

⑩ 同⑨,第 354 页。

⑫ 同⑨,第 364 页。

⑬ 同⑨,第 383 页。

附表一　墓葬登记表

单位：米

墓号	方向	墓口 （长 × 宽 × 深）	葬式	人骨保存 情况	头向及面向	性别及年龄	随葬品
M1	348°	2.68 ×（0.84 ~ 0.92） × 0.6	不详	较差	均不详	不详	铜钱 10 枚
M2	345°	2.8 × 1.24 × 0.6	不详	较差	头向北， 面向上	不详	无
M3	355°	（2.37 ~ 2.5）× （1.8 ~ 1.94）× 0.6	仰身直肢葬	较差	东棺未见骨架； 西棺头向北， 面向上	东棺未见骨 架；西棺女 性，年龄不详	无
M5	5°	（2.51 ~ 2.67）× （1.79 ~ 1.9）× 0.6	仰身直肢葬	较差	东棺头向北， 面向上；西棺 头向、面向 不详	东棺男性；西 棺女性	铜钱 3 枚
M6	5°	2.66 ×（2.04 ~ 2.14） × 0.6	仰身直肢葬	西棺较好； 东棺一般	西棺头向北， 面向上；东棺 头向北，面 向东	东棺女性；西 棺男性，年龄 不详	瓷罐 1 件、银 簪 2 件、银耳 环 2 件、铜钱 2 枚
M7	18°	（2.6 ~ 2.67）× （1.6 ~ 2）× 0.6	仰身直肢葬	西棺较好； 东棺一般	西棺头向北， 面向东；东棺 头向北，面 向东	东棺男性；西 棺女性，年龄 不详	瓷罐 1 件
M8	245°	3.1 ×（1.64 ~ 1.8）× 0.6	不详	较差	头向西、面向 不清	不详	铜钱 3 枚
M9	15°	2.72 ×（1.36 ~ 1.4） × 0.6	仰身直肢葬	较差	头向北， 面向上	男性， 年龄不详	瓷罐 1 件
M10	20°	2.62 × 1.3 × 0.6	仰身直肢葬	较差	头向北， 面向上	男性， 年龄不详	铜钱 6 枚
M11	334°	2.7 ×（1.12 ~ 1.2）× 0.6	不详	较差	头向北， 面向上	不详	无
M12	245°	（2.62 ~ 2.64） × 1.84 × 0.6					铜钱 3 枚
M13	125°	（2.55 ~ 2.63）× （2.06 ~ 2.2）× 0.6	不详	较差	不详	不详	铜钱 1 枚

附表二 铜钱统计表 单位：厘米

单位	编号	种类	钱径	穿径	郭厚	备注
M1	1-1	康熙通宝	2.4	0.6	0.15	宝泉
	1-2	雍正通宝	2.5	0.6	0.15	宝源
	1-3	乾隆通宝	2.5	0.6	0.15	宝泉
M5	1	宣统通宝	1.8	0.5	0.1	宝泉
M6	3-1	康熙通宝	2.1	0.6	0.15	背穿左为满文"宁"字、穿右楷书"宁"字
	3-2	光绪通宝	2.1	0.6	0.15	宝泉
M8	1-1	康熙通宝	2.6	0.6	0.15	宝泉
	1-2	乾隆通宝	2.4	0.6	0.15	宝泉
M10	1-1	康熙通宝	2.1	0.6	0.1	宝泉
	1-2	道光通宝	2.2	0.6	0.1	宝泉
M12	1-1	顺治通宝	2.3	0.6	0.15	背穿左楷书"一厘"二字、穿右楷书"户"字。
	1-2	康熙通宝	2.8	0.6	0.15	宝泉
	1-3	道光通宝	2.4	0.6	0.15	宝泉

顺义区杨镇清代墓葬发掘报告

2016年7月30日至8月5日，为配合顺义国际鲜花港土地一级开发项目建设，北京市考古研究院（原北京市文物研究所）在前期考古调查和勘探的基础上，对该项目地块范围内发现的古代墓葬进行了考古发掘工作。

一、发掘区域概况

顺义国际鲜花港土地一级开发项目地块位于北京国际鲜花港西北方向，北接规划三路、东距荣东路约110米、南距园区路32米、西距陈马路约320米（图一）。本次发掘区域主要位于项目地块的东部和西部，共发掘13座古代墓葬，发掘面积共计147平方米（图二）。

图一　发掘地点位置示意图

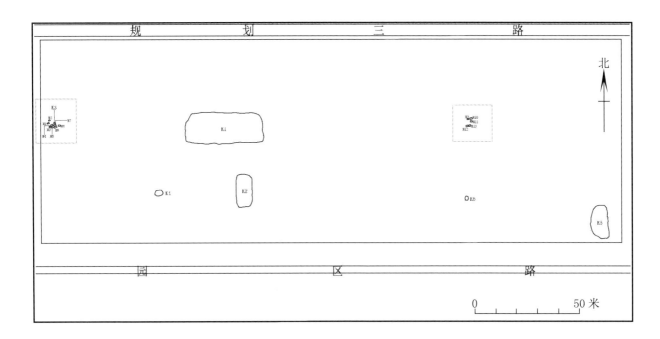

1

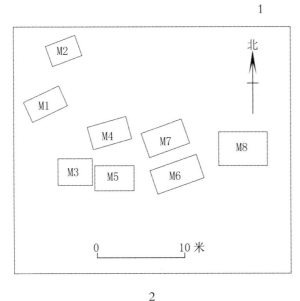

2

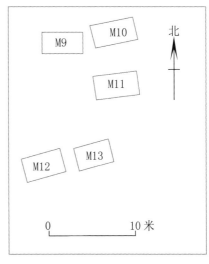

3

图二 遗迹分布图

1.总平面图 2、3.密集区平面图

发掘区内地层堆积情况大体一致，自上而下可分为2层。

第①层：耕土层，厚0.15～0.3米，碎石层。

第②层：浅灰色土层，厚约0.2米，土质较硬，层内含有少量的植物根系。

②层以下为生土层。

二、墓葬形制与出土器物

共发掘墓葬 13 座，为 M1 ～ M13，均为长方形竖穴土坑墓。根据葬人数量可分为单人葬墓 5 座、双人合葬墓 8 座。这批墓葬中除 M1 无随葬器物外，其余 12 座墓葬共出土各类器物 38 件、铜钱近600 枚，其中包括银器 28 件、铜器 9 件、骨器 1 件。

（一）单人葬墓

共 5 座，为 M1、M2、M5、M10、M11。均为长方形竖穴土坑单人葬墓。

1.M1

位于发掘区的西部，南部和 M2 相距 4.2 米，开口于②层下，方向为 235°。墓口距地表深 0.5 米，墓底距墓口 0.6 米，墓圹东西长 2.5 米、宽 1.24 米，内填花土，土质较松，四壁较平整（图三）。底部放置一具木棺，棺长 1.88 米、宽 0.53 ～ 0.6 米、残高 0.2 米，腐朽严重。木棺内置一具人体骨架，保存较差，骨架残高 1.48 米，头骨已破损，头向东北，面向下，仰身直肢葬，性别、年龄不详。

未发现随葬品。

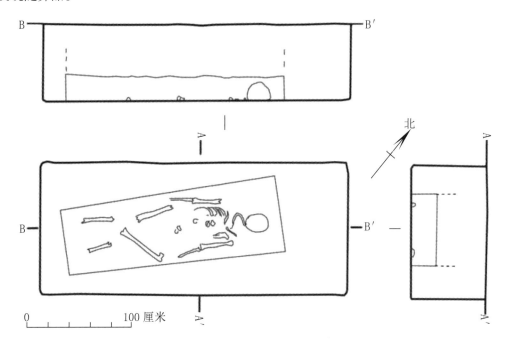

图三　M1 平、剖面图

2.M2

位于发掘区的西部，北部和 M1 相距 4.2 米，南部和 M4 相距 0.9 米，开口于②层下，方向为230°。墓口距地表深 0.4 米，墓底距墓口 0.4 米，墓圹东西长 2.44 米、宽 1.28～1.65 米，内填花土，土质较松，四壁较平整（图四）。底部放置一具木棺，棺长 2.1 米、宽 0.6～0.74 米、残高 0.14 米，南北两边侧板厚 0.1 米，前挡板厚 0.03 米，棺木已全部碳化成黑褐色粉末状的棺线。木棺内放置一具人体骨架，保存较差，骨架残高 1.32 米，头骨已破损，头向东北，面向不清，仰身直肢葬，性别、年龄不详。

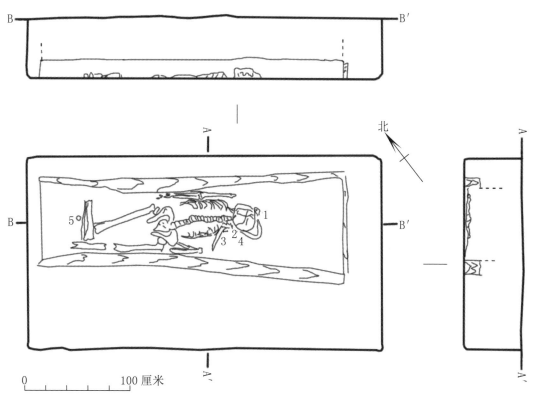

图四 M2 平、剖面图
1～3.银簪 4.铜扁方 5.铜钱

随葬品 4 件，另有铜钱 5 枚。

银簪 3 件。棺内人骨头部出土。M2：1，鎏金，首呈圆形，略弯折，外部錾刻为顺时针葵花形状，中间铸成楷书"寿"字；体呈圆锥形。通长 7.8 厘米、首宽 2 厘米（图五，4；彩版七九，1）。M2：2 与 M2：1 形制相近，鎏金，首呈圆形，外部錾刻为顺时针葵花形状，中间铸成楷书"寿"字；体呈圆锥形。通长 7.5 厘米、首宽 2 厘米（图五，5；彩版七九，2）。M2：3，首残缺，仅余体，呈圆锥状，残长 9.4 厘米（图五，10）。

铜扁方 1 件。棺内人骨头部出土。M2：4，首为半圆形，体扁平，末端呈圆弧形。通长 9.1 厘米、宽 0.6～0.7 厘米、厚 0.1 厘米（图五，7；彩版八一，5）。

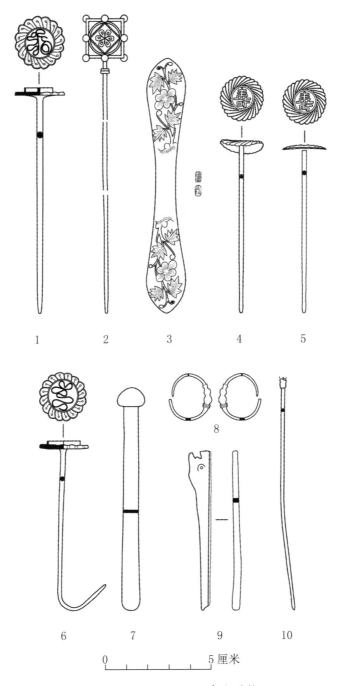

图五　M2、M5、M10 出土器物

1、4～6、10. 银簪（M5：2、M2：1、M2：2、M5：1、M2：3）2. 铜簪（M5：4）3. 银押发（M5：3）7. 铜扁方（M2：4）8. 银耳环（M5：7）9. 骨簪（M10：1）

　　铜钱 5 枚。棺内人骨头部、双脚处均有出土。可辨识的有清钱乾隆通宝、嘉庆通宝、光绪通宝，其余 2 枚锈蚀不清。均为方孔圆钱，正、背面皆有内、外郭。乾隆通宝 1 枚。M2：5-1，正面楷书"乾隆通宝"四字，对读；背穿左右有满文，锈蚀不清。直径 2.2 厘米、穿径 0.6 厘米、郭宽 0.3 厘米、郭厚 0.15 厘米（图七，1）。嘉庆通宝 1 枚。M2：5-2，正面楷书"嘉庆通宝"四字，对读；背穿左右有满文"宝源"二字，纪局名；背穿下饰星纹。直径2.4厘米、穿径0.6厘米、郭宽0.3厘米、郭厚0.15厘米（图七，5）。光绪通宝1枚。M2：5-3，正面楷书"光绪通宝"四字，对读；背穿左右有满文"宝源"二字，纪局名。直径2.4厘米、穿径0.6厘米、郭宽0.3厘米、郭厚0.15厘米（图七，7）。

3.M5

位于发掘区的东部，东部和M6相距0.9米，开口于②层下，方向为225°。墓口距地表深0.5米，墓底距墓口深0.4米，墓圹东西长2.4米、宽0.6～0.88米，内填花土，土质较松，四壁较平整（图六）。底部放置一具木棺，棺长2米、宽0.4～0.56米、残高0.16米，棺木已完全碳化成黑褐色粉末状的棺线。木棺内置一具人体骨架，保存一般，骨架高1.46米，头向东北，面向北，仰身直肢葬，女性，年龄不详。

出土随葬品6件，另有铜钱18枚。

银簪2件。棺内人骨头部出土。M5：1，鎏金，首呈圆形，外部錾刻为逆时针葵花形状，中间为圆形凸起，内镶嵌草书"寿"字；体呈圆锥形，底部向上弯曲。通长7.6厘米、首宽2.2厘米（图五，6；彩版七九，8）。M5：2，鎏金，首呈圆形，外部錾刻为逆时针葵花形状，中间为圆形凸起，内镶嵌草书"福"字；体呈圆锥形。通长10.1厘米、首宽2.3厘米（图五，1；彩版八〇，1）。

银押发1件。棺内人骨头部出土。M5：3，两端圆尖，中间略呈束腰状，表面錾刻缠枝花纹形图案，侧视如弓形，背面戳印"德华""足纹"。通长10.4厘米、宽0.8～1.7厘米（图五，3；彩版八

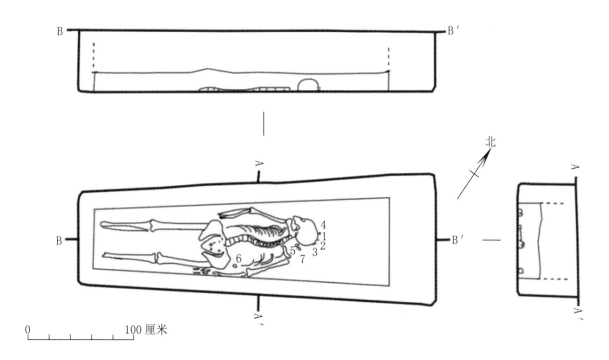

图六　M5平、剖面图

1、2.银簪　3.银押发　4.铜簪　5、6.铜钱　7.银耳环

一，4)。

铜簪 1 件。棺内人骨头部出土。M5 ∶ 4，首镂空，端点处焊小圆珠，内呈五朵花瓣造型；体残断，呈圆锥形，上端有两道凸弦纹。残长 12.1 厘米、首宽 1.9 厘米（图五，2；彩版七九，3)。

银耳环 2 件，形制相同。棺内人骨头部出土。整体呈圆环形，一端呈尖状，一端扁平，中部为葫芦形装饰，下饰三道凸弦纹。M5 ∶ 7-1，直径 2.2 厘米。M5 ∶ 7-2，直径 2.2 厘米（图五，8；彩版八二，5)。

铜钱 18 枚。可辨识的有清钱乾隆通宝、道光通宝、光绪通宝、宣统通宝，其余 2 枚锈蚀不清。均为方孔圆钱，正、背面皆有内、外郭。乾隆通宝 5 枚。标本 M5 ∶ 6-1，正面楷书"乾隆通宝"四字，对读；背穿左右有满文"宝云"二字，纪局名。直径 2.5 厘米、穿径 0.6 厘米、郭宽 0.3 厘米、郭厚 0.15 厘米（图七，2)。道光通宝 4 枚。标本 M5 ∶ 6-2，正面楷书"道光通宝"四字，对读；背穿左右有满文"宝源"二字，纪局名。直径 2.1 厘米、穿径 0.6 厘米、郭宽 0.2 厘米、郭厚 0.15 厘米（图七，6)。光绪通宝 5 枚。标本 M5 ∶ 5-1，正面楷书"光绪通宝"四字，对读；背穿左右有满文"宝泉"二字，纪局名。直径 2.1 厘米、穿径 0.6 厘米、郭宽 0.25 厘米、郭厚 0.15 厘米（图七，8)。宣统通宝 2 枚。标本 M5 ∶ 6-3，正面楷书"宣统通宝"四字，对读；背穿左右有满文"宝泉"二字，纪局名。直径 1.9 厘米、穿径 0.6 厘米、郭宽 0.2 厘米、郭厚 0.15 厘米（图七，9)。

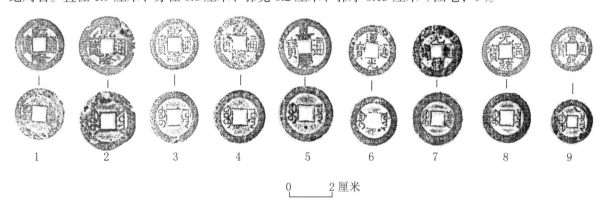

0   2 厘米

图七　M2、M5、M10、M11 铜钱拓片

1 ~ 4. 乾隆通宝（M2 ∶ 5-1、M5 ∶ 6-1、M10 ∶ 2-1、M11 ∶ 1-1）5. 嘉庆通宝（M2 ∶ 5-2）6. 道光通宝（M5 ∶ 6-2）7、8. 光绪通宝（M2 ∶ 5-3、M5 ∶ 5-1）9. 宣统通宝（M5 ∶ 6-3）

4.M10

位于发掘区的东部，西部和 M9 相距 0.4 米，开口于②层下，方向为 75°。墓口距地表深 0.4 米，墓底距墓口深 0.7 米，墓圹长 2.2 米、宽 1.6 ~ 1.65 米，内填花土，土质较松，四壁较平整（图八)。底部放置一具木棺，棺长 1.9 米、宽 0.52 ~ 0.54 米、残高 0.36 米，棺木已完全碳化成黑褐色粉末状的棺线。木棺内置一具人体骨架，保存较差，骨架残高 1.52 米，头骨已破损，头向西，面向南，仰身直肢葬，为女性，年龄不详。

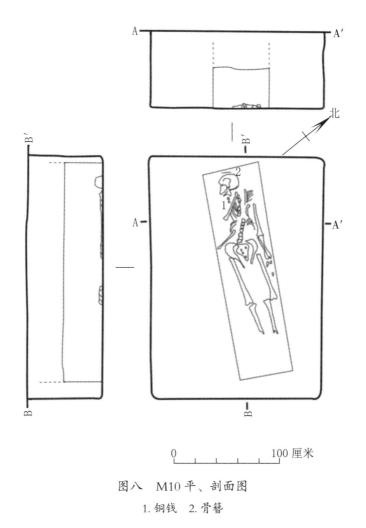

图八　M10 平、剖面图
1.铜钱　2.骨簪

随葬品 1 件，另有铜钱 17 枚。

骨簪 1 件。棺内人骨头部出土。M10 ： 1，首残缺，仅余体，上端有穿孔，呈扁锥形，残长 6.5 厘米、厚 0.2 ～ 0.3 厘米（图五，9）。

铜钱 17 枚。可辨识的均为清钱乾隆通宝，其余 5 枚锈蚀不清。乾隆通宝 12 枚。标本 M10 ： 2-1，方孔圆钱，正、背面皆有内、外郭。正面楷书"乾隆通宝"四字，对读；背穿左右有满文"宝源"二字，纪局名。直径 2.2 厘米、穿径 0.6 厘米、郭宽 0.2 厘米、郭厚 0.2 厘米（图七，3）。

5.M11

位于发掘区的东部，北部和 M10 相距 1.7 米，开口于②层下，方向为 83°。墓口距地表深 0.35 米、距墓底深 0.4 米，墓圹东西长 2.7 米、宽 1.56 米，内填花土，土质较松，四壁较平整（图九）。底部放置一具木棺，棺长 2.06 米、宽 0.4 ～ 0.52 米、残高 0.16 米，棺木已完全碳化成黑褐色粉末状的棺线。木棺内置一具人体骨架，保存一般，骨架高 1.68 米，头骨已破损，头向西，面向北，仰身直肢葬，为男性，年龄不详。

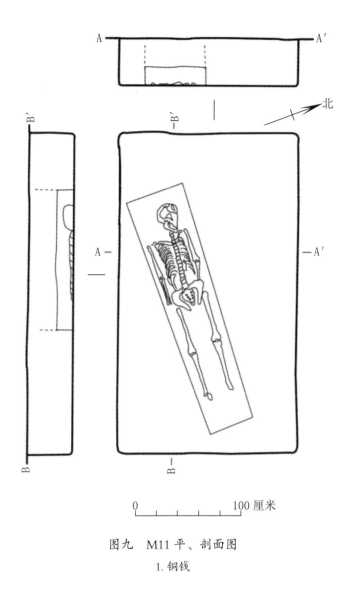

图九　M11 平、剖面图

1. 铜钱

随葬品为铜钱 21 枚。可辨识的均为清钱乾隆通宝，其余 8 枚锈蚀不清。乾隆通宝 13 枚。标本
M11 ：1-1，方孔圆钱，正、背面皆有内、外郭。正面楷书"乾隆通宝"四字，对读；背穿左右有满
文"宝源"二字，纪局名。直径 2.1 厘米、穿径 0.6 厘米、郭宽 0.2 厘米、郭厚 0.15 厘米（图七，4）。

（二）双人合葬墓

共 8 座，均为长方形竖穴土坑双人合葬墓，为 M3、M4、M6 ~ M9、M12、M13。

1. M3

位于发掘区的西部，北部和 M1 相距 14 米，南部和 M4 相距 5 米，开口于②层下，方向为
225°。墓口距地表深 0.5 米、距墓底深 0.32 米，墓圹东西长 2.3 米、宽 1.56 ~ 1.8 米，内填花土，
土质较松，四壁较平整（图一〇）。

底部置双棺，分别为北棺和南棺，其中南棺打破北棺，南棺比北棺底部高 0.04 米。北棺长 1.9 米、宽 0.52 ~ 0.6 米、残高 0.2 米。棺木已全部碳化成黑褐色粉末状的棺线。棺内放置一具人体骨架，保存较差，骨架残高 1.4 米，头向东北，面向不详，仰身直肢葬，为女性，年龄不详。南棺长 1.76 米、宽 0.48 ~ 0.7 米、残高 0.22 米。棺木已腐朽，其前后挡板已碳化成黑褐色粉末状的棺线。棺内放置一具人体骨架，保存较差，骨架残高 1.12 米，头向东北，面向上，葬式不清，为男性，年龄不详。

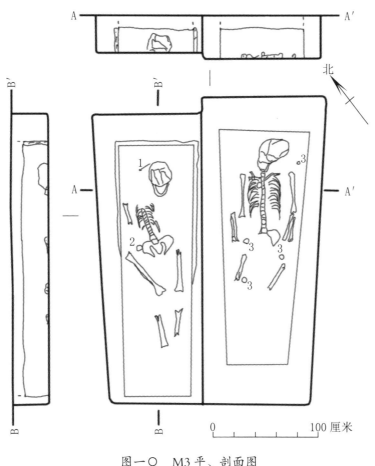

图一〇　M3 平、剖面图
1. 铜簪　2. 铜手镯　3. 铜钱

随葬品 2 件，另有铜钱 5 枚。

铜簪 1 件。北棺内人骨头部出土。M3：1，首锈蚀严重，呈圆形；体残断，呈圆锥形。残长约 5.7 厘米（图一一，1）。

铜手镯 1 件。北棺内人骨手腕部出土。M3：2，整体呈 "C" 形，截面略呈半圆形，通体素面，直径 6.2 厘米、宽 0.8 厘米（图一一，2；彩版八二，1）。

铜钱 5 枚。均出土于南棺。可辨识的为清钱光绪元宝和民国钱中华铜币，其余 3 枚锈蚀不清。光绪元宝 1 枚。M3：3-1，圆形，正面书 "光绪元宝"，楷书，对读；背面锈蚀不清。直径 3.1 厘米、厚 0.15 厘米（图一三，10）。中华铜币 1 枚。M3：3-2，圆形，正面中央为两面交叉的旗子，背面为稻穗组成的嘉禾纹。直径3厘米、厚0.15厘米（图一三，13）。

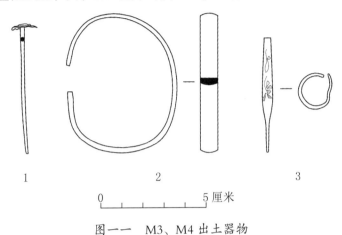

图一一 M3、M4 出土器物

1. 铜簪（M3：1） 2. 铜手镯（M3：2） 3. 银耳环（M4：2）

2.M4

该墓葬位于发掘区的西部，南部和 M5 相距 0.8 米，西部和 M2 相距 0.9 米，开口于②层下，方向为 235°。墓口距地表深 0.45 米、距墓底深 0.34 米，墓圹东西长 2.4 ~ 2.44 米、宽 1.72 ~ 1.8 米。内填花土，土质较松，四壁较平整（图一二）。

底部置双棺，分别为北棺和南棺，其中南棺打破北棺。北棺长 2.1 米、宽 0.42 ~ 0.6 米、残高 0.3 米，棺木侧板厚 0.05 米 ~ 0.08 米、前挡板厚 0.03 米，棺木已全部碳化成黑褐色粉末状的棺线。棺内置一具人体骨架，保存较差，已乱，头骨位于棺中部偏南，面向西，葬式不清，为女性，年龄不详。南棺长 1.86 米、宽 0.42 ~ 0.63 米、残高 0.2 米，棺木前后挡板已碳化成黑褐色粉末状的棺线。棺内置一具人体骨架，保存较差，已乱，头骨位于棺的中部，头骨已破损，面向不清，葬式不清，为男性，年龄不详。

随葬品 1 件，另有铜钱 98 枚。

银耳环 1 件。北棺东北部出土。M4：2，鎏金，整体呈圆环形。一端呈尖状，一端扁平呈长方形，表面錾刻花草图案。直径 1.6 厘米（图一一，3；彩版八二，3）。

铜钱、铜币共 98 枚。南北棺均有出土。可辨识的有日本钱宽永通宝，清钱康熙通宝、顺治通宝、乾隆通宝、嘉庆通宝、道光通宝、光绪通宝、光绪元宝、宣统通宝、大清铜币以及民国钱中华铜币，其余 38 枚锈蚀不清。

宽永通宝 1 枚。M4：8-1，方孔圆钱，正、背面皆有内、外郭。正面楷书"宽永通宝"四字，对读；背面穿上有字，锈蚀不清。直径 2.2 厘米、穿径 0.6 厘米、郭宽 0.2 厘米、郭厚 0.15 厘米（图一三，1）。

康熙通宝 11 枚。标本 M4：8-2，方孔圆钱，正、背面皆有内、外郭。正面楷书"康熙通宝"四字，对读；背穿左右有满文"宝源"二字，纪局名。直径 2.2 厘米、穿径 0.6 厘米、郭宽 0.25 厘米、

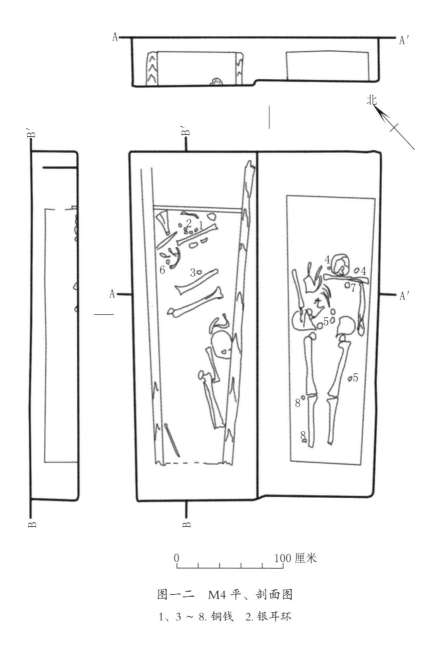

图一二　M4 平、剖面图

1、3 ～ 8. 铜钱　2. 银耳环

郭厚 0.15 厘米（图一三，2）。

　　顺治通宝 1 枚。M4 ：5-1，方孔圆钱，正、背面皆有内、外郭。正面楷书"顺治通宝"四字，对读；背面穿左右有满文，锈蚀不清。直径 2.5 厘米、穿径 0.7 厘米、郭宽 0.3 厘米、郭厚 0.1 厘米（图一三，3）。

　　乾隆通宝 4 枚。标本 M4 ：8-3，方孔圆钱，正、背面皆有内、外郭。正面楷书"乾隆通宝"四字，对读；背穿左右有满文"宝泉"二字，纪局名。直径 2.3 厘米、穿径 0.6 厘米、郭宽 0.2 厘米、郭厚 0.15 厘米（图一三，4）。

　　嘉庆通宝 3 枚。标本 M4 ：8-4，方孔圆钱，正、背面皆有内、外郭。正面楷书"嘉庆通宝"四字，对读；背穿左右有满文"宝泉"二字，纪局名。直径 2.4 厘米、穿径 0.6 厘米、郭宽 0.2 厘米、郭厚 0.15 厘米（图一三，5）。

道光通宝 8 枚。标本 M4∶8-5，方孔圆钱，正、背面皆有内、外郭。正面楷书"道光通宝"四字，对读；背面锈蚀不清。直径 2.2 厘米、穿径 0.6 厘米、郭宽 0.2 厘米、郭厚 0.15 厘米（图一三，6）。标本 M4∶8-6，方孔，剪边钱，外缘略方，正、背面皆有内、外郭。正面楷书"道光通宝"四字，对读；背穿左右有满文"宝泉"二字，纪局名。直径 1.8 厘米、穿径 0.6 厘米、郭宽 0.15 厘米、郭厚 0.15 厘米（图一三，7）。

光绪通宝 15 枚。标本 M4∶1-1，方孔圆钱，正、背面皆有内、外郭。正面楷书"光绪通宝"四字，对读；背穿左右有满文"宝津"二字，纪局名。直径 1.9 厘米、穿径 0.6 厘米、郭宽 0.15 厘米、郭厚 0.1 厘米（图一三，8）。

光绪元宝 2 枚。标本 M4∶3-1，圆形，正面书"光绪元宝"，楷书，对读；背面锈蚀模糊不清。直径 3.1 厘米、厚 0.15 厘米（图一三，11）。

宣统通宝 5 枚。标本 M4∶1-2，方孔圆钱，正、背面皆有内、外郭。正面楷书"宣统通宝"四字，对读；背穿左右有满文"宝泉"二字，纪局名。直径 1.8 厘米、穿径 0.5 厘米、郭宽 0.15 厘米、郭厚 0.15 厘米（图一三，9）。

大清铜币 3 枚。标本 M4∶6-1，圆形，正面书"大清铜币"，楷书，对读；背面中央为蟠龙。直径 3.2 厘米、厚 0.15 厘米（图一三，12）。

中华铜币 7 枚。标本 M4∶4-1，圆形，正面书"中华铜币"，楷书，对读；背面锈蚀不清。直径 3.1 厘米、厚 0.15 厘米（图一三，14）。标本 M4∶7-1，圆形，正面中央为两面交叉的旗子，背面为稻穗组成的嘉禾纹。直径 3.2 厘米、厚 0.15 厘米（图一三，15）。

3.M6

位于发掘区的西部，西部和 M5 相距 0.9 米，南部和 M7 相距 1 米，开口于②层下，方向为 225°。墓口距地表深 0.55 米、距墓底深 0.44 米，墓圹东西长 2.5 ~ 2.8 米、宽 1.84 ~ 1.92 米，内填花土，土质较松，四壁较平整（图一四）。

底部置双棺，分别为北棺和南棺，其中北棺打破南棺，北棺比南棺底部深 0.04 米。北棺长 1.86 米、宽 0.56 ~ 0.68 米、残高 0.3 米，棺木已全部碳化成黑褐色粉末状的棺线。棺内置一具人体骨架，保存较差，骨架高 1.42 米，头向东北，面向上，仰身直肢葬，为女性，年龄不详。南棺长 2.14 米、宽 0.36 ~ 0.6 米、残高 0.07 米、侧板厚 0.08 ~ 0.1 米，棺木前后挡板已碳化成黑褐色粉末状的棺线，仅底部残留少量的棺木侧板。棺内置一具人体骨架，保存一般，骨架高 1.66 米，头向东北，面向不清，仰身直肢葬，为男性，年龄不详。

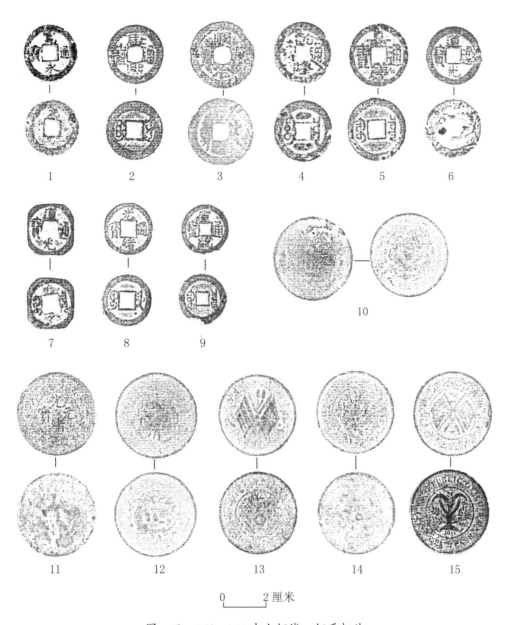

0 ———— 2厘米

图一三 M3、M4 出土铜钱、铜币拓片

1. 宽永通宝（M4：8-1） 2. 康熙通宝（M4：8-2） 3. 顺治通宝（M4：5-1） 4. 乾隆通宝（M4：8-3） 5. 嘉庆通宝（M4：8-4） 6、7. 道光通宝（M4：8-5、M4：8-6） 8. 光绪通宝（M4：1-1） 9. 宣统通宝（M4：1-2） 10、11. 光绪元宝（M3：3-1、M4：3-1） 12. 大清铜币（M4：6-1） 13 ～ 15. 中华铜币（M3：3-2、M4：4-1、M4：7-1）

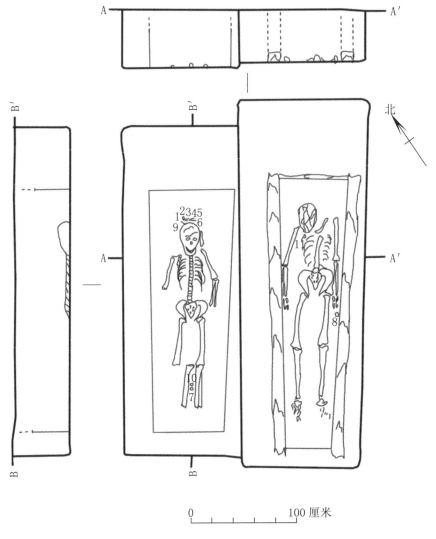

图一四　M6 平、剖面图

1. 银饰　2. 银扁方　3 ～ 6、9. 银簪　7、8、10、11. 铜钱

出土随葬品 7 件，另有铜钱 109 枚。

银饰 1 件。北棺内人骨头部出土。M6：1，整体呈六朵花瓣形，共三层，最下层以篦点纹为地，最上层接四枚圆珠。长 4.2 厘米、宽 2.8 厘米、高 1 厘米（图一五，7；彩版八一，8）。

银扁方 1 件。北棺内人骨头部出土。M6：2，首为半圆形，体扁平，末端呈圆弧形。通长 10.3 厘米、宽 0.8 ～ 1 厘米、厚 0.1 厘米（图一五，6；彩版八一，6）。

银簪 5 件。北棺内人骨头部出土。M6：3，首为镂空圆球形，铸有十一个圆形面，上有花瓣纹，各面中心焊小圆珠，底托为倒莲花状；体呈圆锥状。通长 11 厘米、首直径约 2 厘米（图一五，1；彩版八〇，2）。M6：4，鎏金，首呈圆形，外部錾刻为逆时针葵花形状，中间为圆形凸起，内镶嵌篆书"福"字，首底部戳印"足纹""三合"；体呈圆锥形。通长 10.5 厘米、首宽 2.5 厘米（图一五，2；彩版八〇，3）。M6：5，鎏金，首为圆形，外部錾刻为逆时针花瓣形状，中间为一圆形凸起，内镶嵌篆书"寿"字，首底部戳印"足纹""三合"；体呈圆锥形。通长 10.5 厘米、首宽 2.5 厘米（图一五，3；彩版八〇，4）。M6：6，残，首呈手形，体为圆锥形。通长 12.3 厘米（图一五，4；彩版八〇，5）。M6：9，首缺失，体呈圆锥形，上端有两道凸起。残长 10.4 厘米（图一五，5）。

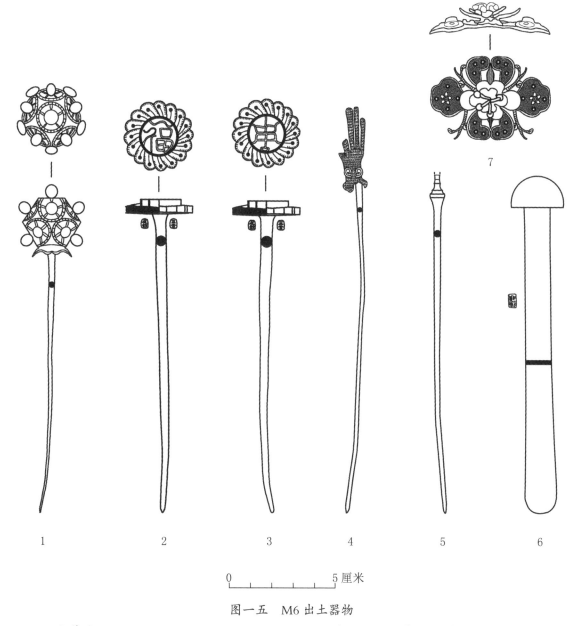

图一五　M6 出土器物

1 ~ 5. 银簪（M6：3、M6：4、M6：5、M6：6、M6：9）6. 银扁方（M6：2）7. 银饰（M6：1）

铜钱 109 枚。南北棺均有出土。可辨识的有日本钱宽永通宝、宋钱圣宋元宝以及清钱康熙通宝、乾隆通宝、嘉庆通宝、道光通宝、咸丰通宝、同治重宝、同治通宝、光绪通宝、宣统通宝，其余 44 枚锈蚀不清。

宽永通宝 2 枚。标本 M6：10-1，方孔圆钱，正、背面皆有内、外郭。正面楷书"宽永通宝"

四字，对读；背面锈蚀不清。直径2.2厘米、穿径0.6厘米、郭宽0.2厘米、郭厚0.1厘米（图一六，1）。

圣宋元宝1枚。M6：11-1，方孔圆钱，正、背面皆有内、外郭。正面篆书"圣宋元宝"四字，旋读；光背。直径2.3厘米、穿径0.7厘米、郭宽0.15厘米、郭厚0.2厘米（图一六，2）。

康熙通宝2枚。标本M6：10-2，方孔圆钱，正、背面皆有内、外郭。正面楷书"康熙通宝"四字，对读；背穿左右有满文"宝源"二字，纪局名。直径2.4厘米、穿径0.5厘米、郭宽0.3厘米、郭厚0.1厘米（图一六，3）。

乾隆通宝2枚。标本M6：11-2，方孔圆钱，正、背面皆有内、外郭。正面楷书"乾隆通宝"四字，对读；背面锈蚀不清。直径2.3厘米、穿径0.5厘米、郭宽0.3厘米、郭厚0.2厘米（图一六，4）。

嘉庆通宝4枚。标本M6：7-1，方孔圆钱，正、背面皆有内、外郭。正面楷书"嘉庆通宝"四字，对读；背穿左右有满文"宝源"二字，纪局名。直径2.2厘米、穿径0.7厘米、郭宽0.2厘米、郭厚0.15厘米（图一六，5）。

道光通宝6枚。标本M6：7-2，方孔圆钱，正、背面皆有内、外郭。正面楷书"道光通宝"四字，对读；背穿左右有满文"宝源"二字，纪局名。直径2厘米、穿径0.6厘米、郭宽0.2厘米、郭厚0.15厘米（图一六，6）。

咸丰通宝5枚。标本M6：11-3，方孔圆钱，正、背面皆有内、外郭。正面楷书"咸丰通宝"四字，对读；背穿左右有满文"宝泉"二字，纪局名。直径2.1厘米、穿径0.6厘米、郭宽0.15厘米、郭厚0.15厘米（图一六，7）。

同治重宝1枚。M6：10-3，方孔圆钱，正、背面皆有内、外郭。正面楷书"同治重宝"四字，对读；背穿上下为汉文"当十"，纪值；背穿左右有满文"宝泉"二字，纪局名。直径2.6厘米、穿径0.6厘米、郭宽0.3厘米、郭厚0.15厘米（图一六，8）。

同治通宝1枚。M6：11-4，方孔圆钱，正、背面皆有内、外郭。正面楷书"同治通宝"四字，对读；背穿左右有满文"宝浙"二字，纪局名。直径2厘米、穿径0.6厘米、郭宽0.2厘米、郭厚0.15厘米（图一六，9）。

光绪通宝33枚。标本M6：10-4，方孔圆钱，正、背面皆有内、外郭。正面楷书"光绪通宝"四字，对读；背穿左右有满文"宝泉"二字，纪局名。直径2.3厘米、穿径0.6厘米、郭宽0.2厘米、郭厚0.15厘米（图一六，10）。

宣统通宝8枚。标本M6：10-5，方孔圆钱，正、背面皆有内、外郭。正面楷书"宣统通宝"四字，对读；背穿左右有满文"宝泉"二字，纪局名。直径2厘米、穿径0.6厘米、郭宽0.2厘米、郭厚0.15厘米（图一六，11）。

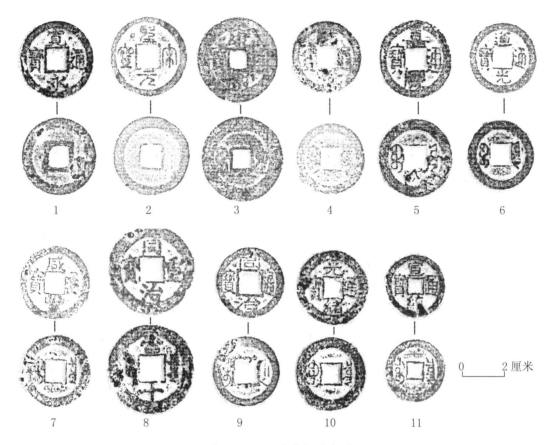

图一六　M6 出土铜钱拓片

1. 宽永通宝（M6：10-1）　2. 圣宋元宝（M6：11-1）　3. 康熙通宝（M6：10-2）　4. 乾隆通宝（M6：11-2）　5. 嘉庆通宝（M6：7-1）　6. 道光通宝（M6：7-2）　7. 咸丰通宝（M6：11-3）　8. 同治重宝（M6：10-3）　9. 同治通宝（M6：11-4）　10. 光绪通宝（M6：10-4）　11. 宣统通宝（M6：10-5）

4.M7

位于发掘区的西部，北部和 M6 相距 1 米，东部和 M8 相距 2.7 米，开口于②层下，方向为 225°。墓口距地表深 0.55 米、距墓底深 0.38 米，墓圹东西长 2.4 ~ 2.62 米、宽 1.64 ~ 1.88 米，内填花土，土质较松，四壁较平整（图一七）。

底部置双棺，分别为北棺和南棺，其中北棺打破南棺，北棺低于南棺底部 0.08 米。北棺长 2.14 米、宽 0.4 ~ 0.5 米、残高 0.34 米、侧板厚 0.06 ~ 0.12 米、前后挡板厚 0.03 米，棺木已全部碳化成黑褐色粉末状的棺线。棺内置一具人体骨架，保存较差，骨架高 1.46 米，头向东北，面向东，仰身直肢葬，为女性，年龄不详。南棺长 1.98 米、宽 0.46 ~ 0.6 米、残高 0.24 米、侧板厚 0.06 ~ 0.08 米，棺木前后挡板已碳化成黑褐色粉末状的棺线，仅残留少量的棺木侧板。棺内置一具人体骨架，保存一般，骨架高 1.6 米，头向东北，面向西，仰身直肢葬，为男性，年龄不详。

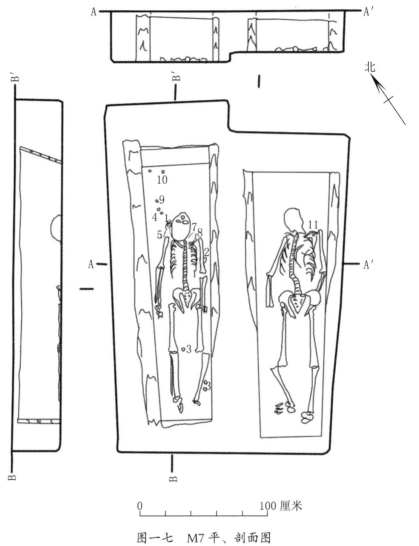

图一七　M7 平、剖面图

1、5～7.银簪　2.银手镯　3、9～11.铜钱　4.银耳环　8.铜扁方

随葬品 8 件，另有铜钱 100 枚。

银簪 4 件。北棺内人骨头部出土。M7：1，首残无，体呈圆锥状，上端与首连接处有一圆柱形凸起。残长 9.7 厘米（图一八，1）。M7：5，鎏金，首为镂空圆球形，铸有十一个圆形面，上有花瓣纹，各面中间焊小圆珠，底托为倒莲花状；体呈圆锥形。通长 10.8 厘米、首直径 1.6 厘米（图一八，2；彩版八〇，6）。M7：6，鎏金，首呈圆形，外部錾刻为逆时针花瓣形状，中间为一圆形凸起，内镶嵌楷书"福"字；体呈圆锥形。通长 8.2 厘米、首宽 1.9 厘米（图一八，3；彩版八〇，7）。M7：7，鎏金，首为圆形，外部錾刻为逆时针花瓣形状，中间为一圆形凸起，内镶嵌楷书"福"字；体呈圆锥形。通长 8.2 厘米、首宽 1.9 厘米（图一八，4；彩版八〇，8）。

银手镯 1 件。北棺内人骨手臂处出土。M7：2，略呈半圆形，有一开口，截面为圆形，表面光素无纹饰。直径 7.4 厘米、厚 0.6 厘米（图一八，6；彩版八二，2）。

银耳环 2 件，形制相同。北棺内人骨头部出土。鎏金，整体呈圆环形，一端呈尖状，一端扁平，其上錾刻三组几何形图案。M7：4-1，直径 1.3 厘米。M7：4-2，直径 1.4 厘米（图一八，7；彩版八二，6）。

铜扁方 1 件。北棺内人骨头部出土。M7：8，鎏金，首为半圆形，体扁平，末端呈圆弧形。通长 8.8 厘米、宽 0.5 ~ 0.8 厘米、厚 0.1 厘米（图一八，5）。

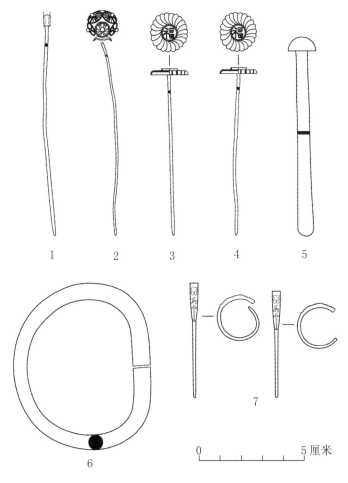

图一八　M7 出土器物

1 ~ 4. 银簪（M7：1、M7：5、M7：6、M7：7）5. 铜扁方（M7：8）6. 银手镯（M7：2）7. 银耳环（M7：4）

铜钱、铜币共 100 枚。南北棺均有出土。可辨识的有清钱康熙通宝、乾隆通宝、嘉庆通宝、道光通宝、咸丰通宝、同治重宝、光绪通宝、光绪元宝、宣统通宝、大清铜币，民国钱中华铜币，其余 35 枚锈蚀不清。

康熙通宝 4 枚。标本 M7：10-1，方孔圆钱，正、背面皆有内、外郭。正面楷书"康熙通宝"四字，对读；背穿左右有满文"宝泉"二字，纪局名。直径 2.7 厘米、穿径 0.7 厘米、郭宽 0.3 厘米、郭厚 0.2 厘米（图一九，1）。

乾隆通宝 8 枚。标本 M7：10-2，方孔圆钱，正、背面皆有内、外郭．正面楷书"乾隆通宝"四字，对读；背穿左右有满文"宝泉"二字，纪局名。直径 2.2 厘米、穿径 0.6 厘米、郭宽 0.2 厘米、郭厚 0.15 厘米（图一九，2）。

嘉庆通宝 7 枚。标本 M7：11-1，方孔圆钱，正、背面皆有内、外郭。正面楷书"嘉庆通宝"四字，对读；背穿左右有满文"宝泉"二字，纪局名。直径 2.3 厘米、穿径 0.5 厘米、郭宽 0.3 厘米、郭厚 0.15 厘米（图一九，3）。

道光通宝 9 枚。标本 M7：10-3，方孔圆钱，正、背面皆有内、外郭。正面楷书"道光通宝"四字，对读；背穿左右有满文"宝泉"二字，纪局名。直径 2.2 厘米、穿径 0.55 厘米、郭宽 0.2 厘米、郭厚 0.15 厘米（图一九，4）。

咸丰通宝 2 枚。标本 M7：10-4，方孔圆钱，正、背面皆有内、外郭。正面楷书"咸丰通宝"四字，对读；背穿左右有满文"宝源"二字，纪局名。直径 2.1 厘米、穿径 0.6 厘米、郭宽 0.2 厘米、郭厚 0.15 厘米（图一九，5）。

同治重宝 1 枚。M7：11-2，方孔圆钱，正、背面皆有内、外郭。正面楷书"同治重宝"四字，对读；背穿上下为汉文"当十"，纪值；背穿左右有满文"宝泉"二字，纪局名。直径 2.7 厘米、穿径 0.7 厘米、郭宽 0.5 厘米、郭厚 0.2 厘米（图一九，6）。

光绪通宝 26 枚。标本 M7：3-1，方孔圆钱，正、背面皆有内、外郭。正面楷书"光绪通宝"四字，对读；背穿左右有满文"宝泉"二字，纪局名。直径 2.2 厘米、穿径 0.6 厘米、郭宽 0.3 厘米、郭厚 0.2 厘米（图一九，7）。

光绪元宝 1 枚。M7：9-1，圆形，正面书"光绪元宝"，楷书，对读；背面中央为蟠龙。直径 2.7 厘米、厚 0.15 厘米（图一九，9）。

宣统通宝 1 枚。M7：10-5，方孔圆钱，正、背面皆有内、外郭。正面楷书"宣统通宝"四字，对读；背穿左右有满文"宝泉"二字，纪局名。直径 1.8 厘米、穿径 0.4 厘米、郭宽 0.2 厘米、郭厚 0.1 厘米（图一九，8）。

大清铜币 5 枚。标本 M7：9-2，圆形，正面书"大清铜币"，楷书，对读；背面中央为蟠龙。直径 2.9 厘米、厚 0.15 厘米（图一九，10）。

中华铜币 1 枚。M7：9-3，圆形，正面中央为两面交叉的旗子，背面为稻穗组成的嘉禾纹。直径 3.1 厘米、厚 0.15 厘米（图一九，11）。

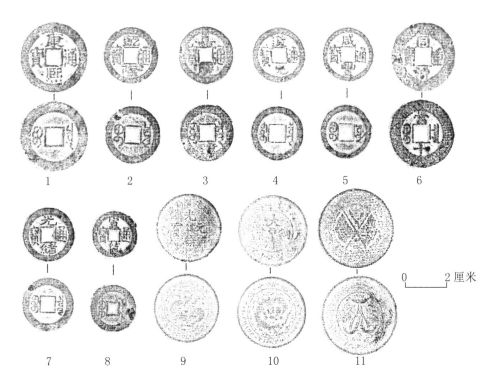

图一九　M7 出土铜钱、铜币拓片

1.康熙通宝（M7：10-1）2.乾隆通宝（M7：10-2）3.嘉庆通宝（M7：11-1）4.道光通宝（M7：10-3）5.咸丰通宝（M7：10-4）6.同治重宝（M7：11-2）7.光绪通宝（M7：3-1）8.宣统通宝（M7：10-5）9.光绪元宝（M7：9-1）10.大清铜币（M7：9-2）11.中华铜币（M7：9-3）

5.M8

位于发掘区的西部，西部和 M7 相距 2.7 米，开口于②层下，方向为 245°。墓口距地表深 0.4 米、距墓底深 0.6 米，墓圹东西长 2.66 米、宽 2.1～2.2 米，内填花土，土质较松，四壁较平整（图二〇）。

底部置双棺，分别为北棺和南棺，其中北棺打破南棺。北棺长 1.8 米、宽 0.51～0.7 米、残高 0.2 米，棺木已全部碳化成黑褐色粉末状的棺线。棺内置一具人体骨架，保存一般，骨架高 1.6 米，头向东北，面向北，仰身直肢葬，为女性，年龄不详。南棺长 1.94 米、宽 0.44～0.6 米、残高 0.28 米、侧板厚 0.04～0.06 米，棺木前后挡板已碳化成黑褐色粉末状的棺线，南北两侧板残留部分木棺。棺内置一具人体骨架，保存一般，骨架高 1.62 米，头向东北，面向南，仰身直肢葬，为男性，年龄不详。

出土随葬品 5 件，另有铜钱 143 枚。

银簪 2 件。北棺内人骨头部出土。M8：1，首为镂空圆球形，铸有十一个圆形面，上有花瓣纹，各面中间焊小圆珠，顶部圆形面的装饰残缺；体呈圆锥状。通长 13 厘米、首直径 2.1 厘米（图二一，4；彩版八一，1）。M8：7，残，首为禅杖形，顶部呈葫芦状；体呈圆柱状，上端有圆形凸起，下端弯折。残长 14.7 厘米、首长 4 厘米（图二一，1；彩版八一，2）。

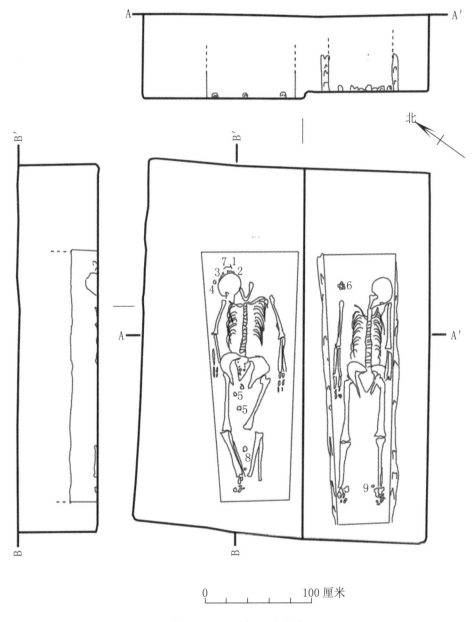

图二〇 M8 平、剖面图
1、7. 银簪 2、3. 铜簪 4. 银耳环 5、6、8、9. 铜钱

铜簪 2 件。北棺内人骨头部出土。M8：2，首呈圆形，外部錾刻为逆时针葵花形状，中间为一圆形凸起，内镶嵌草书"寿"字；体呈圆锥形。通长 12.5 厘米、首宽 2.2 厘米（图二一，2；彩版七九，4）。M8：3，首为圆形，外部錾刻为逆时针葵花形状，中间为一圆形凸起，内镶嵌草书"福"字；体呈圆锥形。通长 12.6 厘米、首宽 2.3 厘米（图二一，3；彩版七九，5）。

银耳环 1 件。北棺内人骨头部出土。M8：4，整体略呈圆形，一端呈尖状，一端扁平呈柳叶形，其上錾刻花卉图案。直径 3.3 厘米（图二一，5；彩版八二，4）。

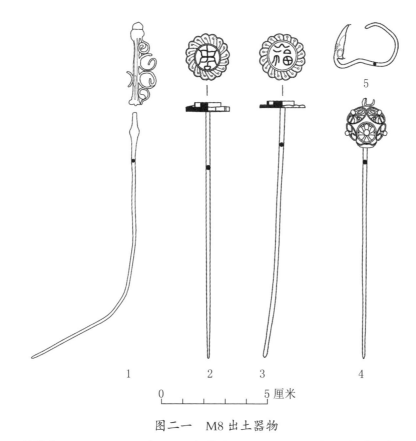

图二一　M8 出土器物

1、4.银簪（M8：7、M8：1）　2、3.铜簪（M8：2、M8：3）　5.银耳环（M8：4）

　　铜钱 143 枚。南北棺均有出土。可辨识的有唐钱开元通宝，宋钱皇宋通宝，清钱康熙通宝、乾隆通宝、嘉庆通宝、道光通宝、咸丰通宝、咸丰重宝、同治重宝、光绪通宝，其余 43 枚锈蚀不清。

　　开元通宝 1 枚。M8：9-1，方孔圆钱，正、背面皆有内、外郭。正面隶书"开元通宝"四字，对读；光背。直径 2.4 厘米、穿径 0.7 厘米、郭宽 0.2 厘米、郭厚 0.2 厘米（图二二，1）。

　　皇宋通宝 1 枚。M8：9-2，方孔圆钱，正面有内、外郭。正面楷书"皇宋通宝"四字，对读；背面无外郭，光背。直径 2.3 厘米、穿径 0.7 厘米、郭宽 0.1 厘米、郭厚 0.15 厘米（图二二，2）。

　　康熙通宝 2 枚。标本 M8：9-3，方孔圆钱，正、背面皆有内、外郭。正面楷书"康熙通宝"四字，对读；背穿左右有满文"宝泉"二字，纪局名。直径 2.3 厘米、穿径 0.6 厘米、郭宽 0.2 厘米、郭厚 0.15 厘米（图二二，3）。

　　乾隆通宝 24 枚。标本 M8：8-1，方孔圆钱，正、背面皆有内、外郭。正面楷书"乾隆通宝"四字，对读；背穿左右有满文"宝源"二字，纪局名。直径 2.4 厘米、穿径 0.6 厘米、郭宽 0.2 厘米、郭厚 0.2 厘米（图二二，4）。

　　嘉庆通宝 16 枚。标本 M8：8-2，方孔圆钱，正、背面皆有内、外郭。正面楷书"嘉庆通宝"四字，对读；背穿左右有满文"宝源"二字，纪局名。直径 2.4 厘米、穿径 0.5 厘米、郭宽 0.2 厘米、郭厚 0.2 厘米（图二二，5）。

道光通宝30枚。标本M8：9-4，方孔圆钱，正、背面皆有内、外郭。正面楷书"道光通宝"四字，对读；背穿左右有满文"宝源"二字，纪局名。直径2.1厘米、穿径0.6厘米、郭宽0.2厘米、郭厚0.15厘米（图二二，6）。

咸丰通宝4枚。标本M8：9-5，方孔圆钱，正、背面皆有内、外郭。正面楷书"咸丰通宝"四字，对读；背穿左右有满文"宝泉"二字，纪局名。直径2.5厘米、穿径0.6厘米、郭宽0.3厘米、郭厚0.2厘米（图二二，7）。

咸丰重宝5枚。标本M8：9-6，方孔圆钱，正、背面皆有内、外郭。正面楷书"咸丰重宝"四字，对读；背穿上下为汉文"当十"，纪值；背穿左右有满文"宝源"二字，纪局名。直径3.1厘米、穿径0.6厘米、郭宽0.3厘米、郭厚0.2厘米（图二二，8）。

同治重宝15枚。标本M8：9-7，方孔圆钱，正、背面皆有内、外郭。正面楷书"同治重宝"四字，对读；背穿上下为汉文"当十"，纪值；背穿左右有满文"宝泉"二字，纪局名。直径2.5厘米、穿径0.6厘米、郭宽0.2厘米、郭厚0.2厘米（图二二，9）。

光绪通宝2枚。标本M8：8-3，方孔圆钱，正、背面皆有内、外郭。正面楷书"光绪通宝"四字，对读；背面锈蚀不清。直径2.1厘米、穿径0.6厘米、郭宽0.2厘米、郭厚0.2厘米（图二二，10）。

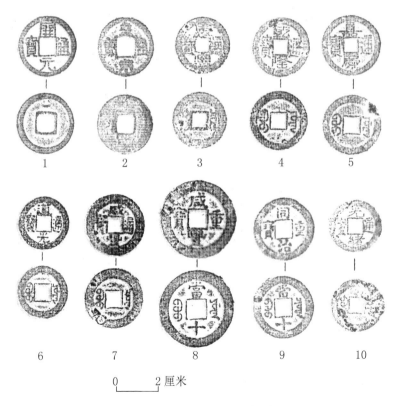

0 ——— 2厘米

图二二 M8出土铜钱拓片

1.开元通宝（M8：9-1） 2.皇宋通宝（M8：9-2） 3.康熙通宝（M8：9-3） 4.乾隆通宝（M8：8-1）
5.嘉庆通宝（M8：8-2） 6.道光通宝（M8：9-4） 7.咸丰通宝（M8：9-5） 8.咸丰重宝（M8：9-6）
9.同治重宝（M8：9-7） 10.光绪通宝（M8：8-3）

6.M9

位于发掘区的东部，东部与 M10 相距 0.4 米，开口于②层下，方向为 85°。墓口距地表深 0.35 米、距墓底深 1 米，墓圹东西长 2.8 米、宽 2.4 ~ 2.44 米，内填花土，土质较松，四壁较平整（图二三）。

底部置双棺，分别为南棺和北棺，其中北棺打破南棺。南棺长 1.94 米、宽 0.49 ~ 0.53 米、残高 0.4 米，棺木已全部碳化成黑褐色粉末状的棺线。棺内置一具人体骨架，保存一般，骨架高 1.78 米，头向西，面向南，仰身直肢葬，为男性，年龄不详。北棺长 2.04 米、宽 0.56 ~ 0.8 米、残高 0.4 米、侧板厚 0.06 ~ 0.08 米，棺木前后挡板已碳化成黑褐色粉末状的棺线。棺内放置一具人体骨架，保存较差，残高 1.26 米，上半部骨架已乱，头骨已碎，骨架碳化成黑褐色，头向西，面向不清，葬式不清，性别、年龄不详。

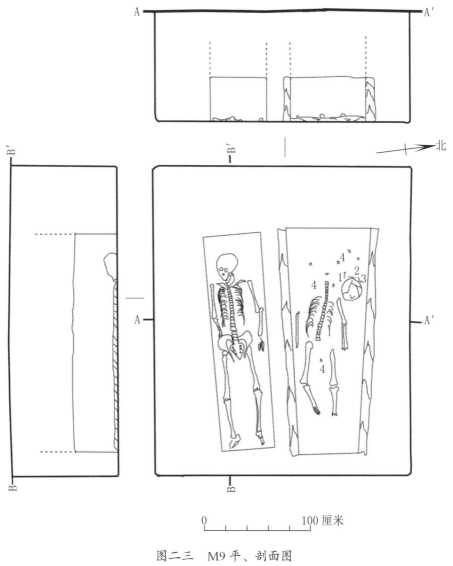

图二三 M9 平、剖面图

1. 银扁方 2、3. 铜簪 4. 铜钱出土随葬品 3 件，另有铜钱 24 枚。

银扁方 1 件。北棺内人骨头部出土。M9：1，首弯折卷曲，侧面有花瓣纹；体扁平，尾部呈圆弧形，表面素面无纹饰，背面戳印"彩珍"二字。通长 10.8 厘米、宽 0.7 厘米（图二四，2；彩版八一，7）。

铜簪 2 件。北棺内人骨头部出土。M9：2，首呈圆形，外部錾刻为花瓣形状，中间为一圆形凸起，内镶嵌草书"福"字；体呈圆锥状。通长 4.4 厘米、首宽 2 厘米（图二四，3；彩版七九，6）。M9：3，首呈圆形，外部錾刻为花瓣形状，中间为一圆形凸起，内镶嵌草书"福"字；体呈圆柱状。通长 4.5 厘米、首宽 1.9 厘米（图二四，4；彩版七九，7）。

铜钱 24 枚。南北棺均有出土。分别为清钱康熙通宝、乾隆通宝，其余 2 枚锈蚀不清。

康熙通宝 1 枚。M9：4-1，方孔圆钱，正、背面皆有内、外郭。正面楷书"康熙通宝"四字，对读；背穿左右有满文"宝泉"二字，纪局名。直径 2.5 厘米、穿径 0.6 厘米、郭宽 0.3 厘米、郭厚 0.2 厘米（图二六，1）。

乾隆通宝 21 枚。标本 M9：4-2，方孔圆钱，正、背面皆有内、外郭。正面楷书"乾隆通宝"四字，对读；背穿左右有满文"宝源"二字，纪局名。直径 2.2 厘米、穿径 0.6 厘米、郭宽 0.3 厘米、郭厚 0.15 厘米（图二六，2）。

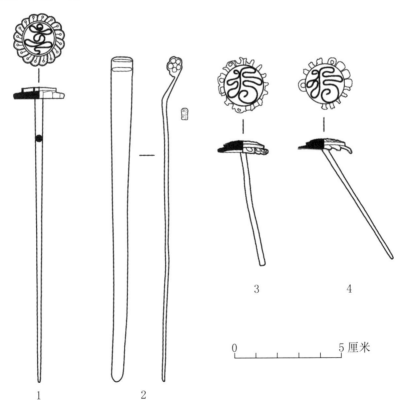

0   5 厘米

图二四　M9、M13 出土器物

1.银簪（M13：1）2.银扁方（M9：1）3、4.铜簪（M9：2、M9：3）

7.M12

位于发掘区的东部，东部和 M13 相距 7 米，开口于②层下，方向为 77°。墓口距地表深 0.35 米、距墓底深 1.1 米，墓圹东西长 2.9 米、宽 2.6～2.5 米，内填花土，土质较松，四壁较平整（图二五）。

底部置双棺，分别为南棺和北棺，棺内已无骨架。南棺棺木已腐朽，棺长 2.14 米、宽 0.45～0.6 米、残高 0.2～0.4 米，木棺侧板厚 0.1～0.12 米、底板厚 0.03～0.04 米。北棺棺木已腐朽，棺长 2.18 米、宽 0.42～0.63 米、残高 0.4 米，木棺侧板厚 0.12 米、底板厚 0.03～0.04 米。

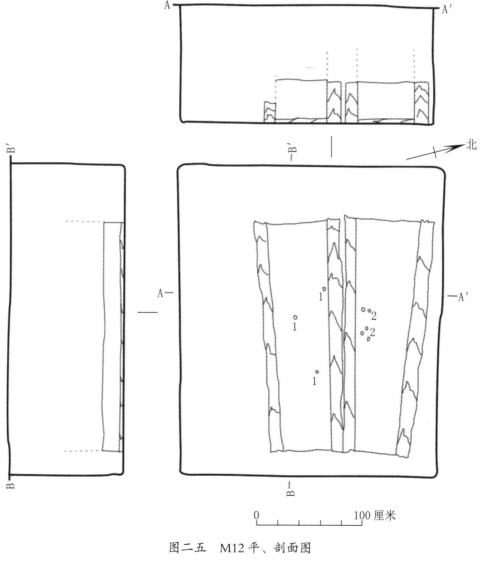

0   100 厘米

图二五　M12 平、剖面图

1、2.铜钱

随葬品为铜钱 43 枚。南北棺均有出土。可辨识的有清钱雍正通宝、乾隆通宝，其余 13 枚锈蚀不清。

雍正通宝 5 枚。标本 M12：2-1，方孔圆钱，正、背面皆有内、外郭。正面楷书"雍正通宝"

四字，对读；背穿左右有满文"宝源"二字，纪局名。直径 2.6 厘米、穿径 0.6 厘米、郭宽 0.3 厘米、郭厚 0.2 厘米（图二六，3）。

乾隆通宝 25 枚。标本 M12：2-2，方孔圆钱，正、背面皆有内、外郭。正面楷书"乾隆通宝"四字，对读；背穿左右有满文"宝泉"二字，纪局名。直径 2.5 厘米、穿径 0.6 厘米、郭宽 0.2 厘米、郭厚 0.15 厘米（图二六，4）。

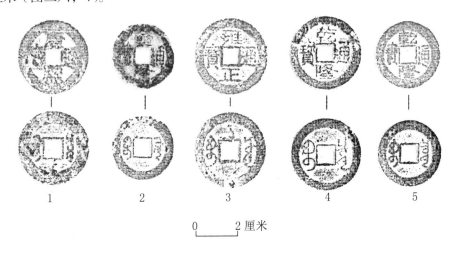

0 ____ 2 厘米

图二六 M9、M12、M13 出土铜钱拓片

1. 康熙通宝（M9：4-1） 2、4、5. 乾隆通宝（M9：4-2、M12：2-2、M13：2-1） 3. 雍正通宝（M12：2-1）

8.M13

位于发掘区的东部，西部和 M12 相距 7 米，开口于②层下，方向为 88°。墓口距地表深 0.35 米、距墓底深 0.54 米，墓圹东西长 2.4 米、宽 1.72 米，内填花土，土质较松，四壁较平整（图二七）。底部置双棺，分别为南棺和北棺，其中北棺打破南棺。南棺长 1.84 米、宽 0.43～0.58 米、残高 0.24 米，棺木已全部碳化成黑褐色粉末状的棺线。在该棺内置一具人体骨架，保存较差，骨架高 1.5 米，头向西，面向不清，仰身直肢葬，为女性，年龄不详。北棺长 1.85 米、宽 0.48～0.64 米、残高 0.28 米，棺木已全部碳化成黑褐色粉末状的棺线。在该棺底部置一具人体骨架，保存较差，骨架高 1.7 米，头向西，面向不清，仰身直肢葬，为男性，年龄不详。

出土随葬品 1 件，另有铜钱 10 枚。

银簪 1 件。南棺内人骨头部出土。M13：1，鎏金，首呈圆形，外部錾刻为顺时针葵花形状，中间为一圆形凸起，内镶嵌草书"寿"字；体呈圆锥形。通长 10.8 厘米、首宽 1.95 厘米（图二四，1；彩版八一，3）。

铜钱 10 枚。南北棺内均有出土。为清钱乾隆通宝，其余 2 枚锈蚀不清。

乾隆通宝 8 枚。标本 M13：2-1，方孔圆钱，正、背面皆有内、外郭。正面楷书"乾隆通宝"四字，对读；背穿左右有满文"宝泉"二字，纪局名。直径 2.3 厘米、穿径 0.6 厘米、郭宽 0.3 厘米、郭厚 0.2 厘米（图二六，5）。

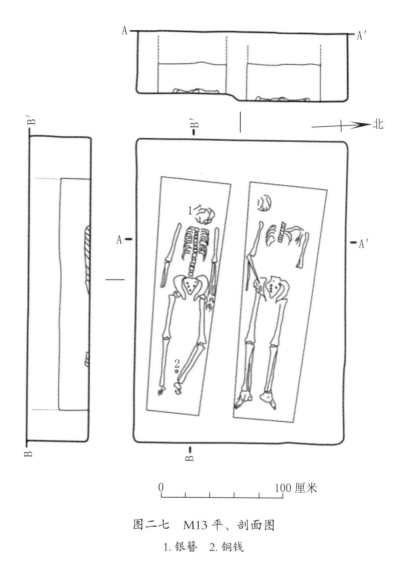

图二七　M13 平、剖面图
1. 银簪　2. 铜钱

四、小结

此次共发掘古代墓葬 13 座，均为长方形竖穴土坑墓，且均为小型墓，形制较为单一，其中包括单人葬墓 5 座、双人合葬墓 8 座。在墓葬形制方面，单人葬墓 M1、M2、M5、M10、M11 与大兴线枣园路站[①]M17、M39、M41，顺义高丽营[②]M5、M25 形制相似；双人合葬墓 M3、M4、M6 ~ M9、M12、M13 与丰台亚林西三期[③]M12、M15，奥运村工程[④]M54、M55 形制相似，均为北京地区明清时期常见的墓葬形制。

在墓葬出土器物方面，均为北京地区清代墓葬中常见的随葬品。其中，银簪 M6：5、铜簪 M8：2、M8：3 与房山长阳 07 街区 0029 号地块[⑤]M7：3、M7：4 形制相近，银簪 M8：1 与奥运村工程[⑥]M30：2 形制相近，银饰 M6：1 与顺义高丽营[⑦]M22：3 簪首形制相近，银押发 M5：3 与西红门商业综合区[⑧]M56：2 形制相近，银耳环 M7：4 与房山长阳 07 街区 0029 号地块[⑨]M10：2、M10：8 形制相近，银扁方 M9：1、铜簪 M5：4 与西红门商业综合区[⑩]M37：4、

M37：5形制相近。铜钱主要为清代铜钱，也有少量的唐钱、宋钱和民国钱币。其中M3、M4、M7出土民国时期的中华铜币，其年代下限可推至民国初年；宽永通宝为日本钱币，始铸于水尾天皇宽永二年（明熹宗天启五年，1625年），明清时期在我国大部分地区流传[⑪]，可以视为中日两国交流往来的一种见证。

综上所述，从墓葬形制和随葬品来看，这批墓葬规格等级较低，随葬品内容较为单一，应属清代时期平民墓葬，其中M3、M4、M7应为清末民初墓葬。根据墓葬分布区域和特点可分为两组，M1～M8集中分布于发掘区的西部，人骨头向均为东北方向，在双人合葬墓中男性均葬于南棺，女性则葬于北棺；M9～M13集中分布于发掘区的东部，除M12未见人骨以外，其余墓葬人骨头向均为西向，双人合葬墓中男、女性的墓葬位置无规律。各墓葬之间没有叠压打破关系，初步判断这是两个不同家族的墓地。

发掘：孙峥

绘图：巴红都　王技凡　同新

摄影：王宇新

执笔：王秋雨

注释

① 北京市文物研究所：《轨道交通大兴线枣园路站考古发掘报告》，载北京市文物研究所编《小营与西红门——北京大兴考古发掘报告》，上海古籍出版社，2018年，第34～39页。

②⑦ 北京市文物研究所：《北京顺义区高丽营镇于庄明清墓葬发掘简报》，《北京文博文丛》2015年第1辑。

③ 申红宝、刘凤亮、杨科民、刘晓贺、王宇新：《北京市丰台区亚林西三期明清墓葬发掘简报》，《北京文博文丛》2014年第4辑。

④ 北京市文物研究所：《奥林匹克会议中心工程考古发掘报告》，载北京市文物局、北京市文物研究所编著《北京奥运场馆考古发掘报告》，科学出版社，2007年，第212～215页。

⑤⑨ 北京市文物研究所：《北京市房山长阳07街区0029号地块清代墓葬发掘简报》，《北京文博文丛》2020年第4辑。

⑥ 同④，第197页。

⑧ 北京市文物研究所：《西红门商业综合区一、二、三地块考古发掘报告》，载北京市文物研究所编《小营与西红门——北京大兴考古发掘报告》，上海古籍出版社，2018年，第128～130页。

⑩ 同⑧，第204～205页。

⑪ 吕海路、高科冕：《国内所见宽永通宝研究综述》，《中国钱币》2022年第3期。

通州区马驹桥清代墓葬发掘报告

    2012 年 12 月 4 日至 12 月 18 日，为配合华北总部物流储备项目的建设，北京市考古研究院（原北京市文物研究所）在其占地范围内进行了考古发掘。发掘区位于通州区马驹桥镇的东南部，北邻凉水河和通明湖公园、西邻马大路、南为南六环路（图一）。此次共发掘古代墓葬共计 24 座，发掘面积共计 290 平方米。

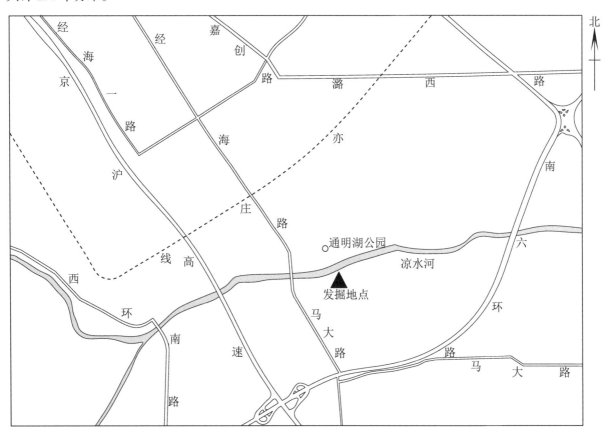

图一　发掘地点位置示意图

一、墓葬形制

发掘区内地势平坦，地层堆积简单，仅有1层。第①层：现代回填土层，厚0～0.6米，土色为灰黑色，土质较疏松，内含大量现代建筑垃圾。此次发掘的24座墓葬均为竖穴土圹墓，开口于①层下，向下打破原生土。

（一）M1

位于发掘区的西南部，东邻M2。方向为355°。该墓为竖穴土圹单人葬墓，平面呈梯形，南北长2.3米、东西宽1.1～1.3米，墓口距地表深0.6米，墓底距地表深1.6米。墓坑内填五花土，土质较疏松。墓坑内葬单棺，仅存木棺痕迹，南北长1.8米、东西宽0.45～0.5米。人骨架保存状况较好，基本完整，头骨位于北部，面向西，为仰身直肢葬。未见随葬器物（图二；彩版八三，1）。

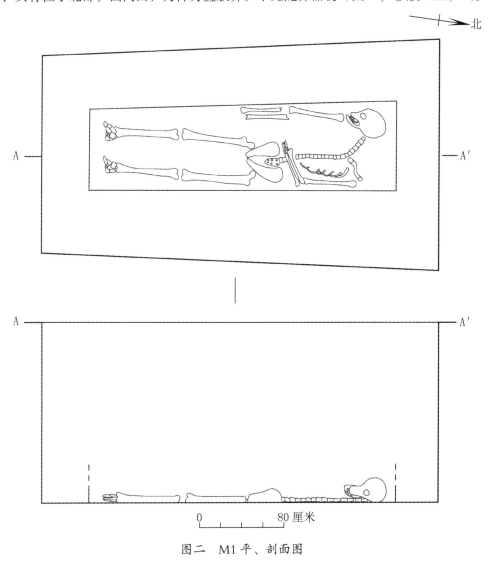

图二　M1平、剖面图

（二）M2

位于发掘区的西南部，西南邻 M1。方向为 5°。该墓为竖穴土圹单人葬墓，平面呈长方形，南北长 2.5 米、东西宽 0.94 ~ 1 米，墓口距地表深 0.6 米，墓底距地表深 0.9 米。墓坑内填五花土，土质较疏松。墓坑内葬单棺，仅存木棺痕迹，南北长 1.9 米、东西宽 0.54 ~ 0.6 米。人骨架保存较好，基本完整，头骨位于北部，面向上，为仰身直肢葬。随葬器物有铁器 1 件，锈蚀严重（图三）。

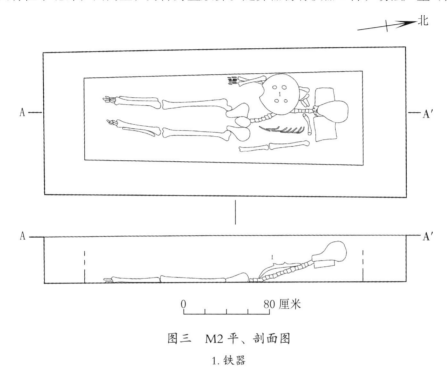

图三　M2 平、剖面图
1. 铁器

（三）M3

位于发掘区的西南部，东北邻 M4、西北邻 M2。方向为 10°。该墓为竖穴土圹墓，平面呈长方形，南北长 2.02 米、东西宽 1.5 米，墓口距地表深 0.4 米，墓底距地表深 1.15 米。墓坑内填五花土，土质较疏松。墓坑内未发现葬具、人骨架和随葬器物等，初步推断为搬迁墓（图四）。

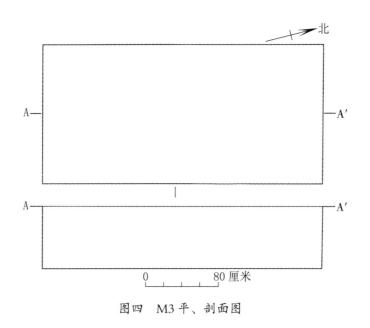

图四 M3平、剖面图

(四) M4

位于发掘区的中西部, 西邻 M2。方向为 5°。该墓为竖穴土圹单人葬墓, 平面呈长方形, 南北长 2.35 米、东西宽 1 米, 墓口距地表深 0.4 米, 墓底距地表深 1.1 米。墓坑内填五花土, 土质较疏松。墓坑内葬单棺, 仅存木棺痕迹, 南北长 1.9 米、东西宽 0.66 ~ 0.8 米、厚 0.08 ~ 0.1 米、残存高度 0.2 米。人骨架保存状况较差, 仅残留头骨和少量上肢骨, 头骨位于北部, 面朝东北, 葬式不详。未见随葬器物 (图五)。

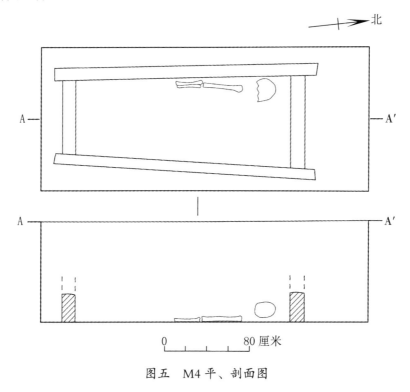

图五 M4平、剖面图

（五）M5

位于发掘区的东部，东邻 M9。方向为 50°。该墓为竖穴土圹单人葬墓，平面呈长方形。长 2.2 米、宽 0.7 ~ 0.82 米，墓口距地表深 0.4 米，墓底距地表深 1.1 米。墓坑内填五花土，土质较疏松。墓坑内葬单棺，仅存木棺痕迹，长 1.9 米、宽 0.45 ~ 0.62 米。人骨架保存较好，基本完整，头骨位于北部，面朝东北，为仰身直肢葬。出土随葬器物有釉陶罐 1 件（图六）。

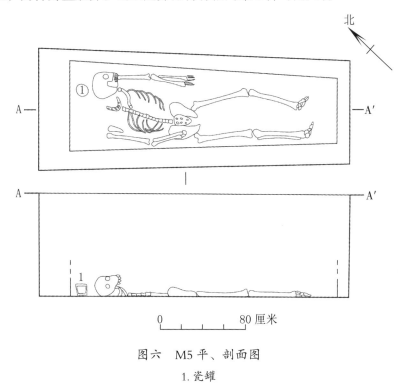

图六　M5 平、剖面图
1. 瓷罐

（六）M6

位于发掘区的中东部，北邻 M7。方向为 5°。该墓为竖穴土圹双人合葬墓，平面呈长方形，南北长 2.7 米、东西宽 1.6 米，墓口距地表深 0.4 米，墓底距地表深 1.4 米。墓坑内填五花土，土质较疏松。墓坑内葬双棺，东西并排，仅存木棺痕迹。东棺棺痕南北长 1.85 米、东西宽 0.6 ~ 0.62 米，人骨架保存状况较差，头骨位于北部，面朝西北，为仰身直肢葬。西棺棺痕南北长 1.75 米、东西宽 0.55 ~ 0.6 米，人骨架保存状况较差，头骨位于北部，面向不详，为仰身直肢葬。未见随葬器物（图七）。

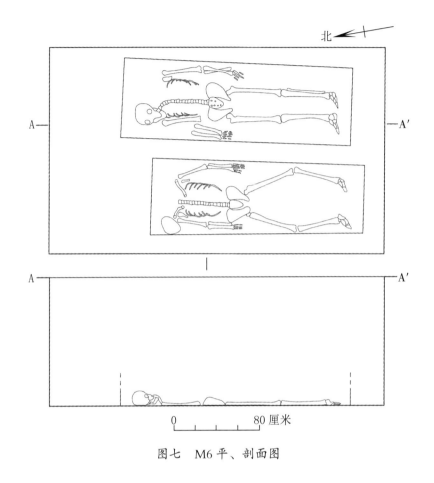

图七　M6 平、剖面图

（七）M7

位于发掘区的东北部，南邻 M6、北邻 M8。方向为 330°。该墓为竖穴土圹双人合葬墓，平面呈长方形，长 2.16 米、宽 1.9 ~ 2 米，墓口距地表深 0.4 米，墓底距地表深 0.9 米。墓坑内填五花土，土质较疏松。墓坑内葬双棺，东西并排，仅存木棺痕迹。东棺棺痕长 1.9 米、宽 0.5 ~ 0.6 米，人骨架保存状况较差，头骨位于北部，面朝西南，为仰身直肢葬。西棺棺痕长 1.75 米、宽 0.42 ~ 0.55 米，人骨架保存状况较差，头骨位于北部，面向不详，为仰身直肢葬。出土随葬器物有釉陶罐 1 件、铜钱 2 枚（图八；彩版八三，3）。

（八）M8

位于发掘区的北部，南邻 M7。方向为 5°。该墓为竖穴土圹单人葬墓，平面呈长方形，南北长 2.4 米、东西宽 0.9 ~ 0.95 米，墓口距地表深 0.4 米，墓底距地表深 1.5 米。墓坑内填五花土，土质较疏松。墓坑内葬单棺，仅存木棺痕迹，南北长 1.8 米、东西宽 0.58 ~ 0.6 米。人骨架保存状况较好，基本完整，头骨位于北部，面向上，为仰身直肢葬。出土随葬器物有铜钱 2 枚（图九；彩版八三，2）。

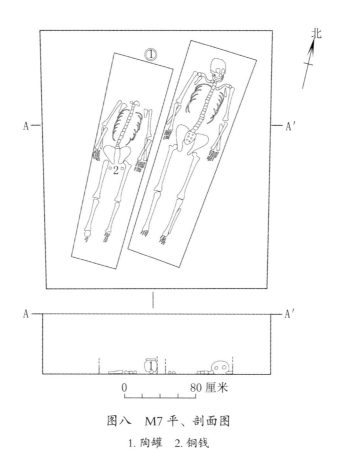

图八　M7 平、剖面图

1. 陶罐　2. 铜钱

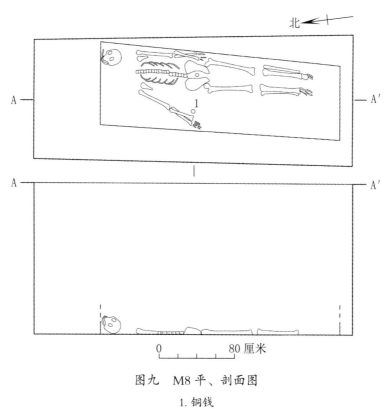

图九　M8 平、剖面图

1. 铜钱

（九）M9

位于发掘区的中东部，东邻 M10、西南邻 M6。方向为 10°。该墓为竖穴土圹单人葬墓，平面呈长方形，南北长 2.3 米、东西宽 0.85 ~ 0.9 米，墓口距地表深 0.4 米，墓底距地表深 1.25 米。墓坑内填五花土，土质较疏松。墓坑内葬单棺，仅存木棺痕迹，南北长 1.7 米、东西宽 0.5 ~ 0.6 米。人骨架保存状况较差，基本完整，头骨位于北部，面向上，为仰身直肢葬。未见随葬器物（图一〇）。

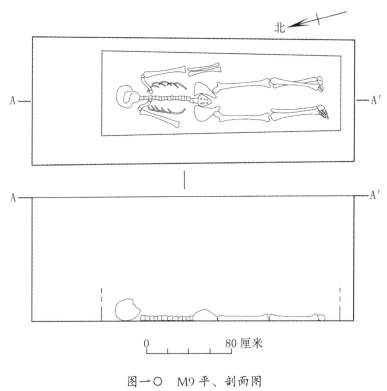

图一〇　M9 平、剖面图

（十）M10

位于发掘区的东北部，西邻 M9。方向为 35°。该墓为竖穴土圹墓，平面呈长方形，长 2.5 米、宽 0.96 ~ 1 米，墓口距地表深 0.4 米，墓底距地表深 1 米。墓坑内填五花土，土质较疏松。墓坑内未发现葬具、人骨架和随葬器物等，初步判断为搬迁墓（图一一）。

（十一）M11

位于发掘区的东北部，东邻 M13。方向为 5°。该墓为竖穴土圹单人葬墓，平面呈长方形，南北长 2.4 米、东西宽 1.3 ~ 1.4 米，墓口距地表深 0.4 米，墓底距地表深 1 米。墓坑内填五花土，土质较疏松。墓坑内葬单棺，仅存木棺痕迹，南北长 1.75 米、宽 0.54 ~ 0.6 米。人骨架保存状况较好，基本完整，头骨位于北部，面向上，为仰身直肢葬。出土随葬器物有釉陶罐1件（图一二；彩版八四，1）。

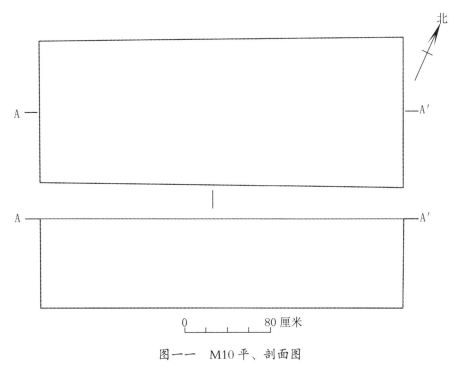

图一一　M10平、剖面图

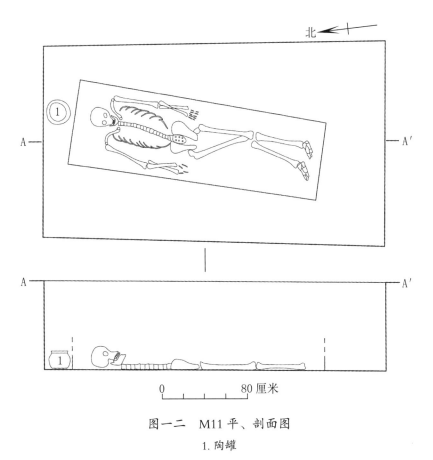

图一二　M11平、剖面图

1. 陶罐

（十二）M12

位于发掘区东北部，北邻 M11、南邻 M10。方向为 40°。该墓为竖穴土圹动物墓，平面呈长方形，长 2.4 米、宽 1.9 米，墓口距地表深 0.4 米，墓底距地表深 0.6 米。墓坑内填五花土，土质较疏松。墓坑内葬兽骨，散乱，部分头骨位于西北部。未见随葬器物（图一三）。

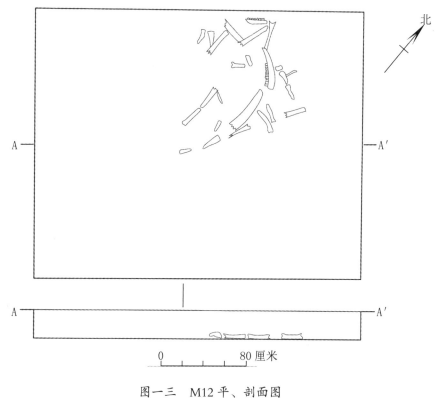

图一三　M12 平、剖面图

（十三）M13

位于发掘区的东北部，西邻 M11。方向为 10°。该墓为竖穴土圹墓，平面呈长方形，南北长 2.3 米、东西宽 1.1 米，墓口距地表深 0.4 米，墓底距地表深 0.9 米。墓坑内填五花土，土质较疏松。墓坑内未见葬具、人骨架和随葬器物等，初步判断为搬迁墓（图一四）。

（十四）M14

位于发掘区的中部，南邻 M15。该墓的东南角被 M15 打破。方向为 0°。该墓为竖穴土圹墓，平面呈长方形，南北长 2.1 米、东西宽 0.88 米，墓口距地表深 0.6 米，墓底距地表深 1.1 米。墓坑内填五花土，土质较疏松。墓室内未见葬具、人骨架和随葬器物等，初步判断为搬迁墓（图一五）。

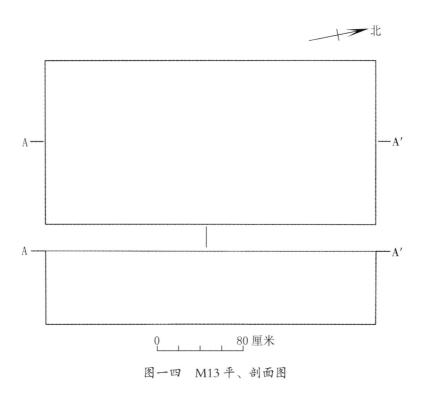

图一四　M13 平、剖面图

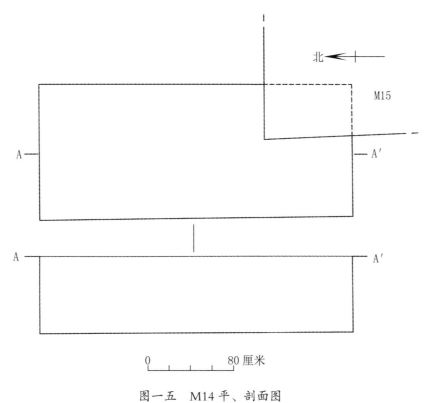

图一五　M14 平、剖面图

（十五）M15

位于发掘区的中东部，北邻 M14、东南邻 M16。该墓的西北角打破 M14。方向为 5°。该墓为竖穴土圹单人葬墓，平面呈长方形，南北长 1.9 米、东西宽 0.82 ~ 0.95 米，墓口距地表深 0.6 米，墓底距地表深 1 米。墓坑内填五花土，土质较疏松。墓坑内葬单棺，仅存木棺痕迹，南北长 1.72 米、东西宽 0.5 ~ 0.68 米。人骨架保存状况较好，基本完整，头骨位于北部，面朝西北，为仰身直肢葬。未见随葬器物（图一六）。

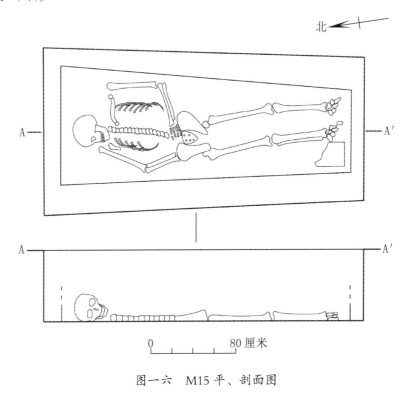

图一六　M15 平、剖面图

（十六）M16

位于发掘区的中东部，西北邻 M15、西南邻 M17。方向为 175°。该墓为竖穴土圹单人葬墓，平面呈长方形，南北长 2.3 米、东西宽 1.7 ~ 1.75 米，墓口距地表深 0.5 米，墓底距地表深 0.8 米。墓坑内填五花土，土质较疏松。墓坑内葬单棺，仅存木棺痕迹，南北长 1.8 米、东西宽 0.55 ~ 0.6 米。人骨架保存状况较差，仅存少量人骨，头骨位于南部，面向东南，葬式不详。未见随葬器物（图一七）。

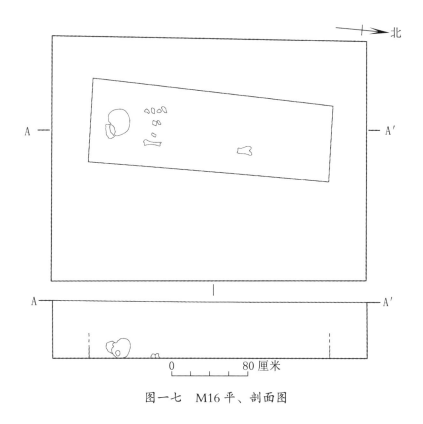

图一七　M16 平、剖面图

（十七）M17

位于发掘区的中东部，南邻 M18、东邻 M16。方向为 270°。该墓为竖穴土圹单人葬墓，平面呈长方形，东西长 2.1 米、南北宽 0.9 ~ 1.1 米，墓口距地表深 0.5 米，墓底距地表深 0.8 米。墓坑内填五花土，土质较疏松。墓坑内葬单棺，仅存木棺痕迹，东西长 1.76 米、南北宽 0.42 ~ 0.6 米。人骨架保存状况较好，基本完整，头骨位于西部，面朝东，为仰身直肢葬。未见随葬器物（图一八）。

（十八）M18

位于发掘区中南部，北邻 M17、南邻 M19。方向为 280°。该墓为竖穴土圹双人合葬墓，平面呈长方形，东西长 2.4 米、南北宽 2 米，墓口距地表深 0.6 米，墓底距地表深 1.1 米。墓坑内填五花土，土质较疏松。墓坑内葬双棺，仅存木棺痕迹。北棺棺痕东西长 1.7 米、南北宽 0.5 ~ 0.55 米。人骨架保存状况较好，基本完整，头骨位于西部，面朝东北，为仰身直肢葬。南棺棺痕东西长 1.6 米、宽 0.45 ~ 0.5 米。人骨架保存状况较好，基本完整，头骨位于西部，面朝西南，为仰身直肢葬。出土随葬器物有釉陶罐 1 件、铜钱 2 枚（图一九；彩版八四，2）。

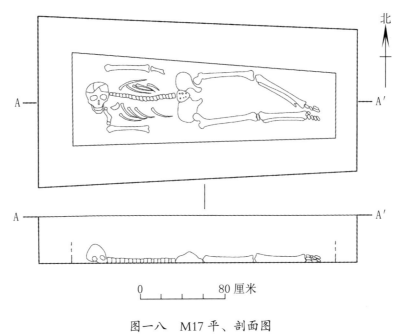

图一八　M17 平、剖面图

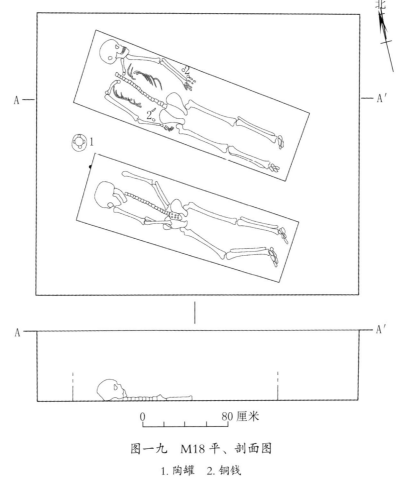

图一九　M18 平、剖面图

1.陶罐　2.铜钱

（十九）M19

位于发掘区的东南部，北邻 M18、南邻 M20。方向为 5°。该墓为竖穴土圹单人葬墓，平面呈长方形，南北长 2.1 米、东西宽 1.1 ~ 1.2 米，墓口距地表深 0.6 米，墓底距地表深 1.2 米。墓坑内填五花土，土质较疏松。墓坑内葬单棺，仅存木棺痕迹，南北长 1.75 米、东西宽 0.42 ~ 0.58 米。人骨架保存状况较好，基本完整，头骨位于北部，面朝东南，为仰身直肢葬。出土随葬器物有釉陶罐、铜钱1 枚（图二〇）。

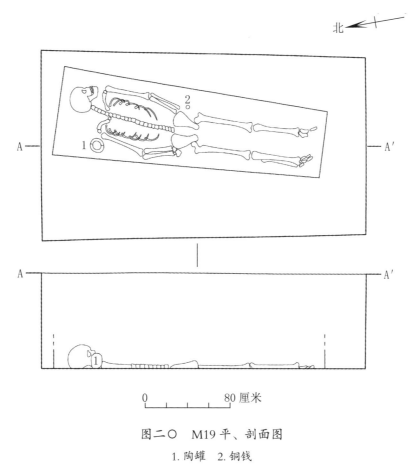

图二〇　M19 平、剖面图
1. 陶罐　2. 铜钱

（二十）M20

位于发掘区的东南部，北邻 M19、南邻 M22。方向为 260°。该墓为竖穴土圹单人葬墓，平面呈长方形，东西长 2.1 米、南北宽 0.75 米，墓口距地表深 0.6 米，墓底距地表深 1 米。墓坑内填五花土，土质较疏松。墓坑内葬单棺，仅存木棺痕迹，东西长 1.7 米、南北宽 0.45 ~ 0.5 米。人骨架保存状况较好，基本完整，头骨位于西部，面向上，为仰身直肢葬。未见随葬器物（图二一）。

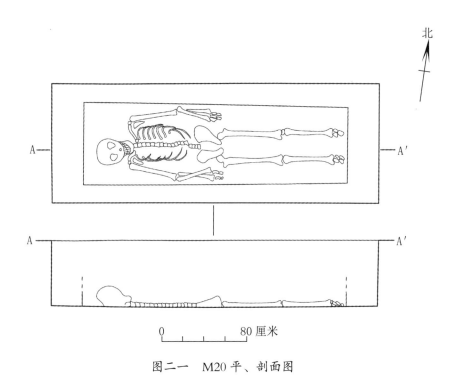

图二一 M20 平、剖面图

（二十一）M21

位于发掘区的东南部，西邻 M22、南邻 M23。方向为 5°。该墓为竖穴土圹单人葬墓，平面呈长方形，南北长 2.4 米、东西宽 1 米，墓口距地表深 0.6 米，墓底距地表深 1.2 米。墓坑内填五花土，土质较疏松。墓坑内葬单棺，仅存木棺痕迹，南北长 1.95 米、东西宽 0.45 ~ 0.6 米。人骨架保存状况较好，基本完整，头骨位于北部，面朝东南，为仰身直肢葬。未见随葬器物（图二二）。

（二十二）M22

位于发掘区的东南部，东邻 M21、南邻 M23。方向为 355°。该墓为竖穴土圹单人葬墓，平面呈长方形，南北长 2.4 米、东西宽 0.8 ~ 0.9 米，墓口距地表深 0.6 米，墓底距地表深 1.1 米。墓坑内填五花土，土质较疏松。墓坑内葬单棺，仅存木棺痕迹，南北长 1.7 米、东西宽 0.45 ~ 0.55 米。人骨架保存状况较差，基本完整，头骨位于北部，面朝东北，为仰身屈肢葬。出土随葬器物有铜钱 3 枚（图二三）。

北 ←

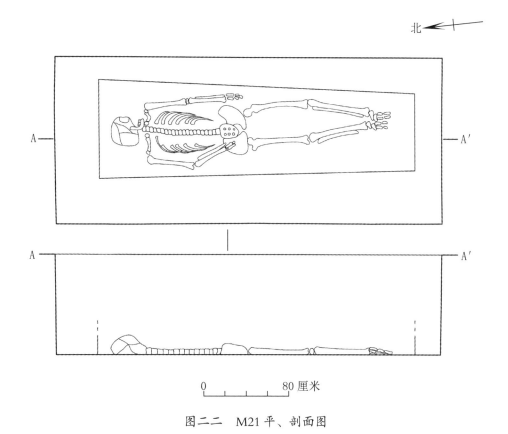

0   80 厘米

图二二　M21 平、剖面图

北 ←

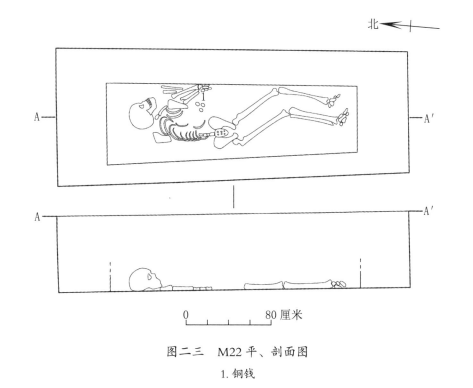

0   80 厘米

图二三　M22 平、剖面图
1. 铜钱

（二十三）M23

位于发掘区的东南部，东北邻 M21、西北邻 M22。方向为 5°。该墓为竖穴土圹单人葬墓，平面呈长方形，南北长 2.35 米、东西宽 1.1 米，墓口距地表深 0.6 米，墓底距地表深 1.3 米。墓坑内填五花土，土质较疏松。墓坑内葬单棺，仅存木棺痕迹，南北长 1.65 米、东西宽 0.5 ~ 0.55 米。人骨架保存较差，头骨位于北部，面朝东北，为仰身屈肢葬。未见随葬器物（图二四）。

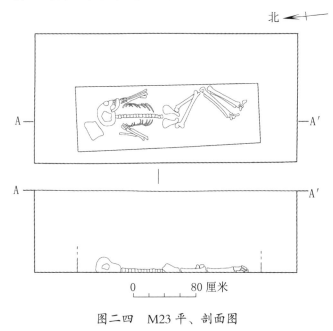

北 ←

A ─ ─ A′

A ─ ─ A′

0 _____ 80 厘米

图二四 M23 平、剖面图

（二十四）M24

位于发掘区的西南部，西北邻 M2。方向为 355°。该墓为竖穴土圹单人葬墓，平面呈长方形，南北长 1.7 米、东西宽 1.1 米，墓口距地表深 0.4 米，墓底距地表深 0.6 米。墓坑内填五花土，土质较疏松。墓坑内葬单棺，仅存木棺痕迹，南北长 1.16 米、东西宽 0.52 ~ 0.65 米。人骨架保存状况较差，较为散乱，头骨位于北部，面向不详。未见随葬器物（图二五）。

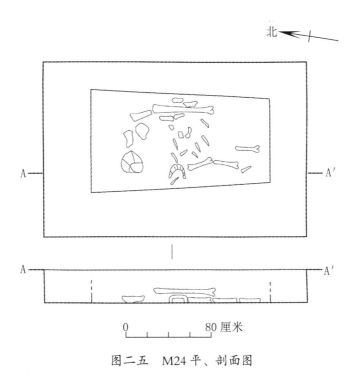

北 ←

A —— A′

A —— A′

0   80 厘米

图二五   M24 平、剖面图

二、随葬器物

此次发掘出土的随葬器物主要是釉陶罐 4 件和铜钱 10 枚。另有铁器 1 件，锈蚀严重，器型不能分辨。

釉陶罐按照腹部形态的不同，可以分为鼓腹釉陶罐和斜直腹釉陶罐两型。

鼓腹釉陶罐 2 件，形制大体相同。M5∶1，直口，圆唇，短直颈，溜肩，圆鼓腹，最大腹径偏于上部，矮圈足。圈足内的外底中部有一周凹弦纹。外壁从口沿至上腹部施釉，内壁施釉至下腹部，内底和外底均无釉。釉呈酱色，施釉较薄，与胎体的结合较差，剥落较为严重。胎体为黄色，较为坚实致密。口径 8.4 厘米、最大腹径 14.2 厘米、圈足直径 7.9 厘米、通高 13 厘米（图二六，1；彩版八五，1）。M7∶1，直口，圆唇，短直颈，溜肩，圆鼓腹，圈足。素面。外壁从口沿至上腹部施釉，内壁均有釉。釉呈酱色，施釉较薄，与胎体的结合较差，剥落较为严重。胎体为黄色，较为坚实致密。口径 9.4 厘米、腹径 15.1 厘米、圈足直径 7.9 厘米、通高 14 厘米（图二六，2；彩版八五，2）。

斜直腹釉陶罐 2 件。形制、釉色和胎质基本相同。直口微侈，圆唇，短束颈，腹上部略宽，向下略内收，外腹壁斜直，大平底。底部不规整。素面。器身留有明显的轮制痕迹。外壁从口沿处至上腹部施酱色釉，施釉较薄。内壁仅口沿处有釉。胎为黄色，较厚，坚实细密。M11∶1，口径 10.5 厘米、腹径 9.8 厘米、底径 7.4 厘米、通高 10.2 厘米（图二六，3；彩版八五，3）。M18∶1，口径 11.2 厘米、腹径 10.8 厘米、底径 8.4 厘米、通高 10.7 厘米（图二六，4；彩版八五，4）。

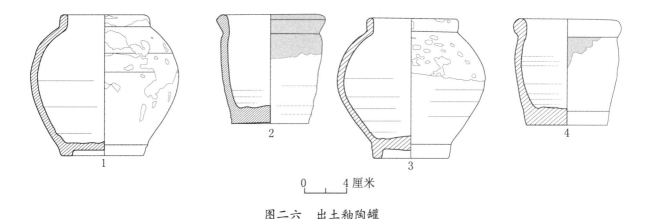

0 _____ 4厘米

图二六 出土釉陶罐

1.M5：1 2.M7：1 3.M11：1 4.M18：1

铜钱均为康熙通宝。圆形，方穿，宽郭，正面钱文为楷体"康熙通宝"四字，对读。M7：2-1，背面穿左右为满文"宝泉"，纪局名。钱径2.65厘米、穿径0.57厘米、郭厚0.12厘米，重4.8克（图二七，1）。M7：2-2，背面穿左右为满文"宝泉"，纪局名。钱径2.7厘米、穿径0.55厘米、郭厚0.11厘米，重3.5克（图二七，2）。M8：2-1，背面穿左右为满文"宝泉"，纪局名。钱径2.55厘米、穿径0.57厘米、郭厚0.12厘米，重3.7克（图二七，3）。M8：2-2，背面穿左右为满文"宝泉"，纪局名。钱径2.71厘米、穿径0.55厘米、郭厚0.12厘米，重4.1克（图二七，4）。M18：2-1，背面穿左右为满文"宝泉"，纪局名。钱径2.67厘米、穿径0.52厘米、郭厚0.12厘米，重4.7克（图二七，5）。M18：2-2，背面穿左右为满文"宝源"，纪局名。钱径2.67厘米、穿径0.58厘米、郭厚0.12厘米，重3.8克（图二七，6）。M19：2，背面穿左右为满文"宝源"，纪局名。钱径2.38厘米、穿径0.51厘米、郭厚0.14厘米，重3.6克（图二七，7）。M22：1-1，背面穿左右为满文"宝泉"，纪局名；钱径2.39厘米、穿径0.53厘米、郭厚0.12厘米，重3.2克（图二七，8）。M22：1-2，背面穿左右为满文"宝泉"，纪局名。钱径2.39厘米、穿径0.51厘米、郭厚0.1厘米，重3克（图二七，9）。M22：1-3，背面穿左右为满文"宝泉"，纪局名。钱径2.32厘米、穿径0.5厘米、郭厚0.1厘米，重3.1克（图二七，10）。

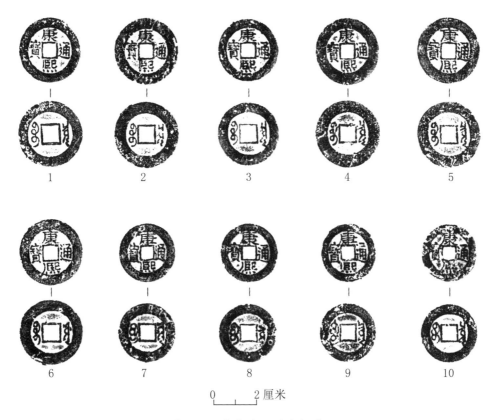

图二七　出土康熙通宝拓片

1. M7：2-1　2.M7：2-2　3.M8：2-1　4.M8：2-2　5.M18：2-1　6.M18：2-2　7.M19：2　8.M22：1-1
9.M22：1-2　10.M22：1-3

三、小结

1.此次发掘的 24 座墓葬，从开口层位、墓葬形制和结构、随葬器物等综合来看，均为清代墓葬。从埋葬的对象与内容来看，可以分为三类：一是墓坑内埋葬木棺和人骨，共计 19 座，分别为 M1、M2、M4 ～ M9、M11、M15 ～ M24。二是墓坑内没有发现葬具、人骨和随葬器物等，可能为搬迁墓，共计 4 座，分别为 M3、M10、M13、M14。三是墓坑内埋藏兽骨，仅有 1 座，即 M12。

2.第一类 19 座墓葬之中，按照棺内人骨数量的多少，还可以进一步分为两型：单人葬墓，共计 16 座；另外 3 座则为双人合葬墓。单人墓葬的数量较多，值得关注，这种现象出现的原因还有待于进一步探讨和更多发掘资料证实。

3.第三类专门或单独埋藏兽骨的墓葬，即 M12，较为特殊。从发掘情况来看，属于有意识埋藏，可初步排除殉牲和祭祀的可能，但是具体原因尚不能确定，需要关注和参考更多的相关发掘予以解释。

发掘：孙勐　黄星

绘图：黄星

照相：黄星

拓片：黄星

执笔：孙勐　刘红艳　王祯哲

朝阳区东坝乡清代、民国墓葬发掘报告

一、概况

为配合北京安贞东方医院建设施工的顺利进行，北京市考古研究院（原北京市文物研究所）于 2018 年 10 月 16 日至 12 月 10 日对该项目占地范围内的古代墓葬进行了考古发掘。发掘区位于朝阳区东坝乡，北邻和敬路、西邻东坝中路。地理坐标点为西南角 N39° 57′ 31.0″、E116° 32′ 51.8″，东南角 N39° 57′ 31.4″、E116° 33′ 06.4″，西北角 N39° 57′ 36.5″、E116° 32′ 52.0″，东北角 N39° 57′ 37.3″、E116° 33′ 06.7″（图一）。

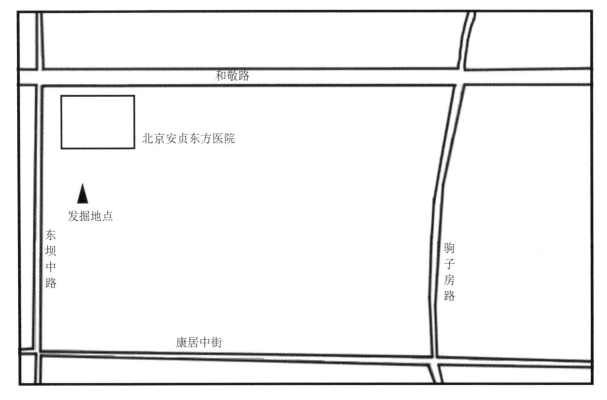

图一　发掘地点位置示意图

本次共发掘墓葬 12 座（附表一），出土各类器物共 16 件（不含铜钱）。根据开口层位、遗迹的形制结构和随葬器物推测，11 座墓葬年代为清代中晚期、1 座墓葬年代为民国时期。实际发掘面积共计 164 平方米。

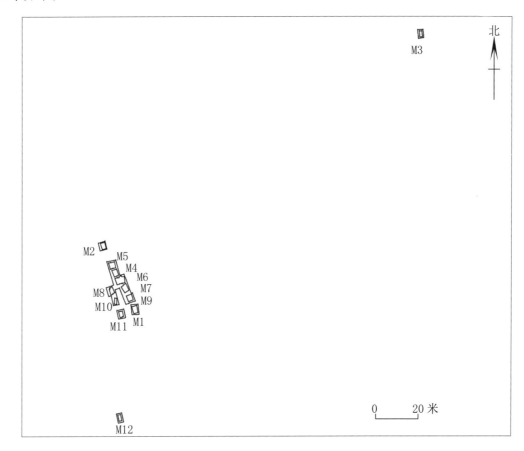

图二　总平面图

二、地层堆积

该发掘区的地层堆积自上而下分为三层。

第①层：渣土层。厚约 0.7 米，土质杂乱，含回填渣土。

第②层：胶泥土层。厚约 1 米，土色浅褐色，土质较软，致密。

第③层：胶黏土层。厚约 3 米，土色黄褐色，土质较黏，较致密，含水量大。该层为自然土层。以下为生土层。

三、墓葬及遗物

均为竖穴土坑墓，皆开口于②层下，按墓内葬人数可分为单人葬墓、双人合葬墓、三人合葬墓、四人合葬墓四种类型（表一）。

表一　墓葬分类表

类型	单人葬墓	双人合葬墓		三人合葬墓	四人合葬墓
		A 型	B 型		
数量	3	3	4	1	1

（一）单人葬墓

共 3 座，为 M3、M10、M12。

1.M3

位于发掘区西部，南北向，方向为 5°，平面呈长方形。墓口距地表深 0.54 米。墓圹长 2.5 米、宽 1.1 米、深 0.56 米（图三；彩版九三，1）。

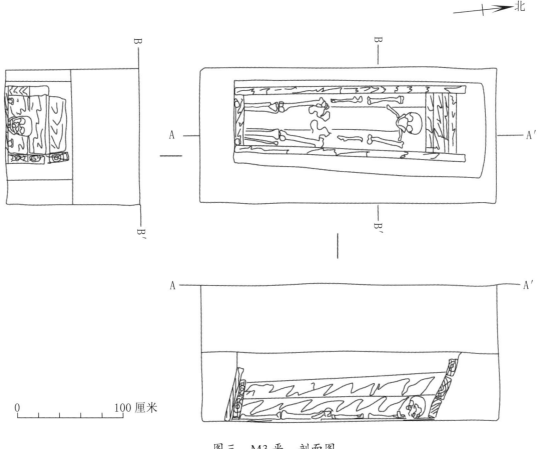

图三　M3 平、剖面图

存有棺痕。棺长 1.1 米、宽 0.66 ~ 0.76 米、残深 0.56 米。人骨保存状况一般，骨架残长为 1.48 米，头向北，面朝上，仰身直肢葬，性别、年龄不详。内填黄褐色花土，土质较硬。

未发现随葬器物。

2.M10

位于发掘区西部，南北向，方向为 10°，平面呈长方形。墓口距地表深 0.4 米。墓圹长 2.6 米、宽 1 米、深 0.4 米（图四；彩版八六，3）。

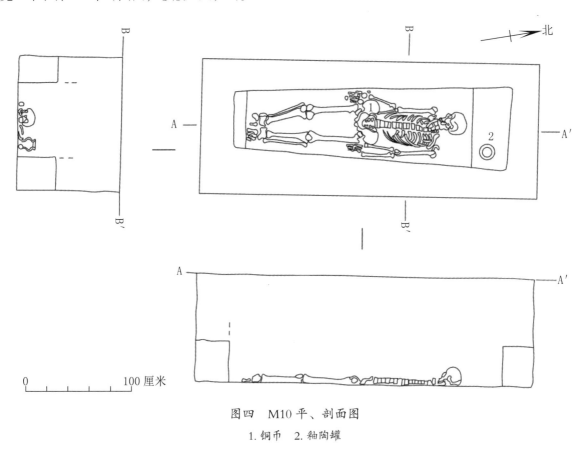

图四　M10 平、剖面图
1. 铜币　2. 釉陶罐

存有棺痕。棺长 2.1 米、宽 0.42 ~ 0.62 米、残深 0.4 米。人骨保存较好，骨架残长为 1.7 米，头向北，面朝西，仰身直肢葬。墓主人为男性，年龄不详。内填黄褐色花土，土质较硬；骨架底部白灰抹面，厚 1 厘米。

随葬器物有釉陶罐、铜币。

釉陶罐，1 件。M10：2，敞口，短束颈，圆肩，深鼓腹下弧收，足部略外撇，平底，最大径在肩部。细白胎，口沿及外壁施青釉，施釉及底。口径 9.2 厘米、腹径 11.6 厘米、底径 9.2 厘米、通高 14.2 厘米（图一五，7；彩版八九，7）。

铜币，2 枚。均为圆形、无孔，正、背面有圆郭，正面铸字为对读。M10：1-1，正面铸"大清铜币"，楷书；背面中心铸蟠龙纹。钱径 3.2 厘米、币厚 0.15 厘米、外郭厚 0.1 厘米（图一八，3）。M10：1-2，正面铸"大清铜币"，楷书；背面中心铸蟠龙纹。钱径 3.2 厘米、币厚 0.15 厘米、外郭厚 0.1 厘米（图一八，4）。

3.M12

位于发掘区西部，南北向，方向为355°，平面呈长方形。墓口距地表深0.74米。墓圹长2.7米、宽1.08～1.22米、深0.36米（图五；彩版八六，4）。

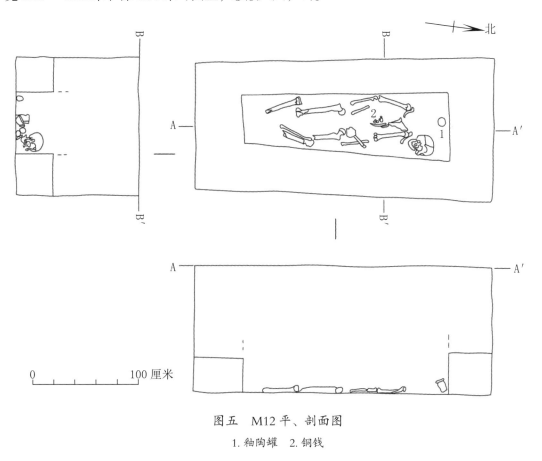

图五　M12平、剖面图

1.釉陶罐　2.铜钱

存有棺痕。棺长1.88米、宽0.4～0.6米、残深0.36米。人骨保存较差，骨架残长为1.5米，头向北，面朝东南，仰身直肢葬。墓主人为男性，年龄不详。内填黄褐色花土，土质较硬。骨架底部白灰抹面，厚1厘米。

随葬器物有釉陶罐、铜钱。

釉陶罐，1件。M12：1，敞口，圆唇，弧腹下斜收，平底。黄白胎，口沿及外壁施棕黄釉，施釉未及底。口径9.6厘米、腹径10.3厘米、底径7.6厘米、通高10.6厘米（图一五，8；彩版八九，8）。

铜钱，1枚。M12：2，方孔圆钱，正、背面有圆郭。正面铸字"乾隆通宝"，楷书，对读；背穿左右为满文"宝泉"，纪局名。钱径2.4厘米、穿径0.65厘米、币厚0.15厘米、外郭厚0.3厘米（图一八，6）。

（二）双人合葬墓

共 7 座，为 M1、M2、M4、M7 ~ M9、M11。根据平面形制可分为两型：A 型平面呈梯形，为 M1、M2、M9；B 型平面呈长方形，为 M4、M7、M8、M11。

1.M1

位于发掘区西部，南北向，方向为 350°，平面呈梯形。墓口距地表深 0.7 米。墓圹长 3.1 米、宽 1.8 ~ 2.3 米、深 0.7 米（图六；彩版八七，1）。

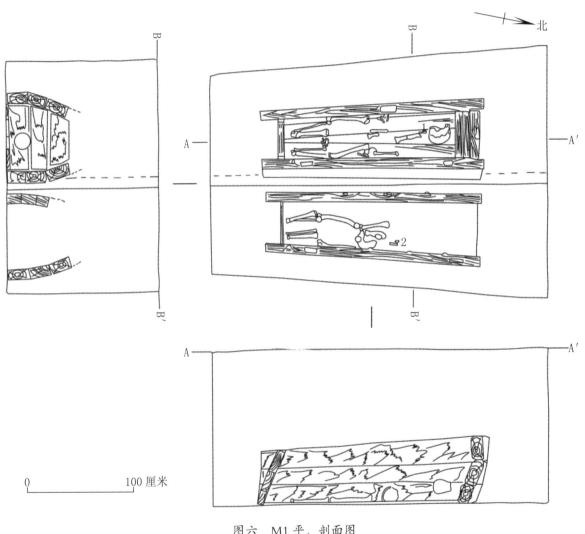

图六 M1 平、剖面图

1、2. 铜烟锅

棺木均已朽，呈梯形。东棺长 2.02 米，宽 0.54 ~ 0.64 米、残高 0.7 米。棺内人骨保存较差，仅存少量头骨及盆骨，骨架残长为 0.94 米，头骨已被移至西棺，头向、面向均不详。人骨为男性，年龄不详，葬式为仰身直肢葬。西棺长 2.08 米、宽 0.52 ~ 0.62 米、残高 0.7 米。棺内人骨保存较差，部分骨架缺失，头骨移位，骨架残长为 1.48 米，头向、面向均不详。人骨为女性，年龄不详，葬式为仰身直肢葬。西棺打破东棺。内填泥沙混合而成的花土，土质较硬。

随葬器物为铜烟锅，东棺和西棺各发现 1 件。

铜烟锅，2 件。M1：1，烟锅圆形，直径 2.2 厘米、厚 0.3 厘米；烟杆剖面呈环形，中间有孔，孔由锅到嘴渐细。残长 8.6 厘米、直径 1～1.4 厘米，重 31.7 克（图一六，1；彩版九〇，1）。M1：2，烟锅圆形，直径 2.2 厘米、厚 0.4 厘米；烟杆剖面呈环形，中间有孔，孔由锅到嘴渐细。残长 5.7 厘米、直径 0.8～1 厘米，重 20 克（图一六，2；彩版九〇，2）。

2. M2

位于发掘区西部，南北向，方向为 345°，平面呈梯形。墓口距地表深 0.5 米。墓圹长 2.8 米、宽 1.6～1.9 米、深 0.24～0.4 米（图七；彩版八七，2）。

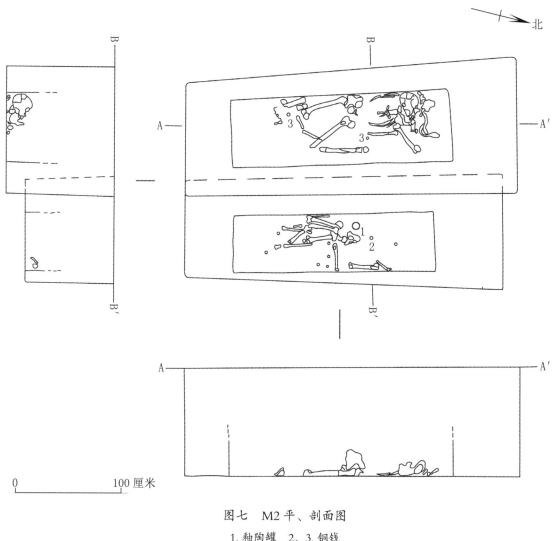

图七　M2 平、剖面图

1. 釉陶罐　2、3. 铜钱

棺木均已朽。东棺长 1.72 米、宽 0.48 米、残高 0.4 米，平面近长方形。棺内人骨保存较差，头骨无存，骨架残长为 1 米，头向、面向、葬式均不详。人骨为女性，年龄不详。西棺长 1.9 米、宽

0.56 ~ 0.6 米、残高 0.4 米，平面呈梯形。棺内人骨保存较差，部分骨架缺失，人骨移位，骨架残长为 1.4 米，头向、面向均不详。人骨为男性，年龄不详，葬式为仰身直肢葬。内填泥沙混合而成的花土，土质较硬。

随葬器物有釉陶罐，发现于东棺；铜钱，发现于东棺和西棺。

釉陶罐，1 件。M2：1，敞口，圆唇，弧腹下斜收，平底，底部有残缺。黄白胎，口沿及外壁施棕黄釉，施釉未及底。口径 9.2 厘米、腹径 9 厘米、底径 8 厘米、通高 11.4 厘米（图一五，1；彩版八九，1）。

铜钱，6 枚。均方孔圆钱，正、背面有圆郭，正面铸字为对读。M2：2-1，正面穿左右铸"五铢"二字，篆书；光背。钱径 2.1 厘米、穿径 0.9 厘米、币厚 0.15 厘米、外郭厚 0.1 厘米（图一七，1）。M2：2-2，正面穿左右铸"货泉"二字，篆书；光背。钱径 2.15 厘米、穿径 0.8 厘米、币厚 0.15 厘米、外郭厚 0.1 厘米（图一七，2）。M2：2-3，正面铸"康熙通宝"，楷书；背面穿左右铸满文"宝泉"，纪局名。钱径 2.5 厘米、穿径 0.6 厘米、币厚 0.15 厘米、外郭厚 0.35 厘米（图一七，3）。M2：2-4，正面铸"雍正通宝"，楷书；背面穿左右铸满文"宝源"，纪局名。钱径 2.45 厘米、穿径 0.6 厘米、币厚 0.15 厘米、外郭厚 0.35 厘米（图一七，4）。M2：2-5，正面铸"雍正通宝"，楷书；背面穿左右铸满文"宝泉"，纪局名。钱径 2.45 厘米、穿径 0.6 厘米、币厚 0.15 厘米、外郭厚 0.35 厘米（图一七，5）。M2：2-6，正面铸"康熙通宝"，楷书；背面穿左右铸满文"宝泉"，纪局名。钱径 2.35 厘米、穿径 0.55 厘米、币厚 0.15 厘米、外郭厚 0.25 厘米（图一七，6）。

3.M9

位于发掘区西部，南北向，方向为 345°，平面呈梯形。墓口距地表深 0.54 米。墓圹长 2.6 米、宽 2.4 ~ 2.6 米、深 0.22 米（图八；彩版八六，2）。

棺木均已朽。东棺长 1.9 米、宽 0.5 ~ 0.7 米、残高 0.22 米，平面呈梯形。棺内人骨保存较差，残存骨盆以下一小部分，其余部分被扰乱，骨架残长为 0.74 米，头向、面向均不详。人骨性别、年龄、葬式均不详。棺底部有白灰抹面，厚 1 厘米。西棺长 2.08 米、宽 0.4 ~ 0.7 米、残高 0.22 米，平面呈梯形。棺内人骨保存较差，仅残留腿部下半部，上部被扰乱。骨架残长为 0.8 米，头向、面向均不详。人骨性别、年龄、葬式均不详。骨架底部平铺一层草木灰，厚 1 厘米。东棺打破西棺。内填黄褐色花土，土质较硬。

随葬器物有釉陶罐、铜钱，发现于东棺。

釉陶罐，1 件。M9：1，敞口，圆唇，鼓腹下弧收，平底。黄白胎，口沿及外壁施棕黄釉，施釉未及底。口径 10.6 厘米、腹径 10.4 厘米、底径 7 厘米、通高 10.4 厘米（图一五，6；彩版八九，6）。

铜钱，2 枚。均方孔圆钱，正、背面有圆郭。M9：2-1，正面铸"天圣元宝"，楷书，旋读；光背。钱径 2.4 厘米、穿径 0.6 厘米、币厚 0.15 厘米、外郭厚 0.1 厘米（图一八，1）。M9：2-2，正面铸"崇祯通宝"，楷书，对读；背面穿右铸"二"，纪值。钱径 2.8 厘米、穿径 0.65 厘米、币厚 0.15 厘米、外郭厚 0.3 厘米（图一八，2）。

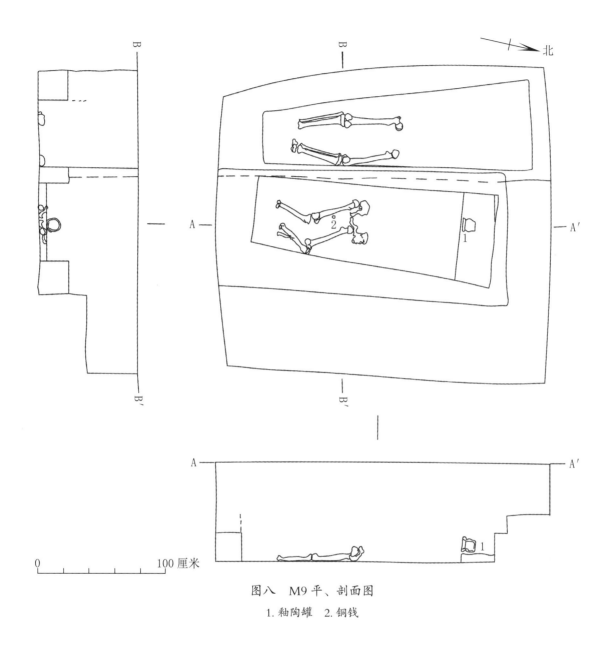

图八 M9平、剖面图

1. 釉陶罐 2. 铜钱

4.M4

位于发掘区西部，南北向，方向为345°，平面呈长方形。墓口距地表深0.54米。墓圹长3米、宽2.14米、深0.32米（图九；彩版八七，3）。

棺木均已朽。东棺长1.84米、宽0.48～0.7米、残高0.32米，平面呈梯形。棺内人骨保存状况一般，骨架残长为1.52米，头向北，面朝上。人骨为女性，年龄不详，葬式为仰身直肢葬。棺底部铺有草木灰和木炭，厚3厘米。西棺长1.84米、宽0.52～0.68米、残高0.32米，平面呈梯形。棺内人骨保存状况一般，骨架残长为1.6米，头向北，面朝上。人骨为男性，年龄不详，葬式为仰身直肢葬。西侧墓穴打破东侧墓穴。内填黄褐色花土，土质较硬。

随葬器物有骨簪、铜簪，均发现于东棺；铜钱，发现于西棺。

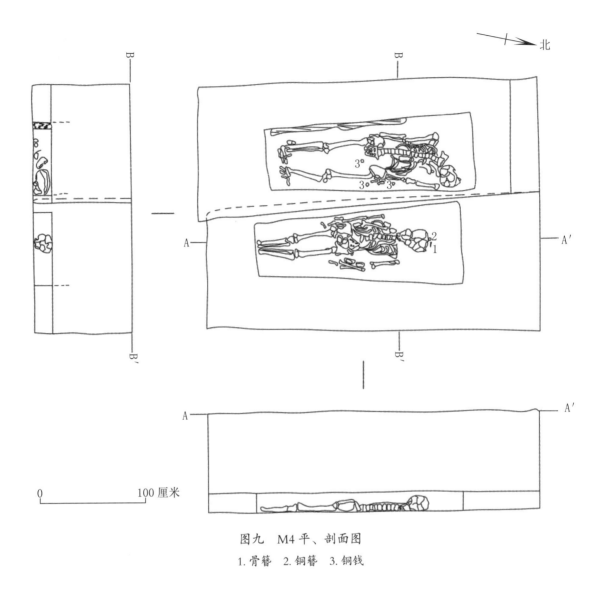

图九　M4 平、剖面图
1. 骨簪　2. 铜簪　3. 铜钱

骨簪，1 件。M4 ：1，体呈圆锥状，首已残。通长 10.6 厘米、首残长 2.3 厘米、首宽 0.8 厘米，重 8.2 克（图一六，5；彩版九○，3）。

铜簪，1 件。M4 ：2，体呈圆锥形；首为葵花形，截面呈"凸"字形，中部为圆形凸起，内铸"寿"字。通长 10.5 厘米、首宽 2.2 厘米、首厚 0.5 厘米，重 10 克（图一六，3；彩版九○，4）。

铜钱，3 枚。标本 M4 ：3，方孔圆钱，正、背面有郭。正面铸"乾隆通宝"，楷书，对读；背面穿左右铸满文"宝泉"，纪局名。钱径 2.2 厘米、穿径 0.6 厘米、币厚 0.15 厘米、外郭厚 0.25 厘米（图一七，7）。

5.M7

位于发掘区西部，南北向，方向为 335°，平面呈长方形。墓口距地表深 1 米。墓圹长 3.2 米、宽 2.5 米、深 0.4 米（图一○；彩版八七，4）。

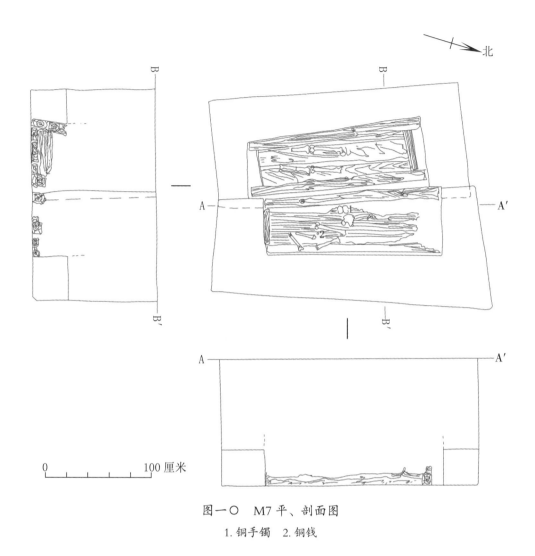

图一〇　M7 平、剖面图

1. 铜手镯　2. 铜钱

棺木基本完好。东棺长 2.04 米、宽 0.76 米、残高 0.4 米，平面呈长方形。棺内人骨保存状况较差，骨盆以上被扰乱，仅保留腿部以下骨架，人骨摆放凌乱，头向、面向均不详。人骨为女性，年龄、葬式均不详。西棺长 2.1 米、宽 0.62 ~ 0.8 米、残高 0.4 米，平面呈梯形。棺内人骨保存状况一般，腿部以上部位被扰乱，腿部保留较好，骨架残长为 0.6 米，头向、面向均不详。人骨为男性，年龄、葬式均不详。东棺打破西棺。内填黄褐色花土，土质较硬。

随葬器物有铜手镯、铜钱，均发现于东棺。

铜手镯，2 件。均呈马蹄形，截面呈圆形；通体素面。M7 : 1-1，环长 8 厘米、宽 6.4 厘米、厚 0.4 厘米，重 30 克（图一六，6；彩版九〇，5）。M7 : 1-2，环长 7.5 厘米、宽 6.5 厘米、厚 0.4 厘米，重 29.8 克（图一六，7；彩版九〇，5）。

铜钱，2 枚。均方孔圆钱，正、背面有圆郭，正面铸字为对读。M7 : 2-1，正面铸"乾隆通宝"，楷书；背面穿左右铸满文"宝源"，纪局名。钱径 2.4 厘米、穿径 0.6 厘米、币厚 0.15 厘米、外郭厚 0.3 厘米（图一七，15）。M7 : 2-2，正面铸"嘉庆通宝"，楷书；背面穿左右铸满文"宝泉"，纪局名。钱径 2.3 厘米、穿径 0.6 厘米、币厚 0.15 厘米、外郭厚 0.2 厘米（图一七，16）。

6.M8

位于发掘区西部，南北向，方向为 343°，平面呈长方形。墓口距地表深 0.34 米。墓圹长 2.9 米、宽 1.8 米、深 0.66 米（图一一；彩版八七，5）。

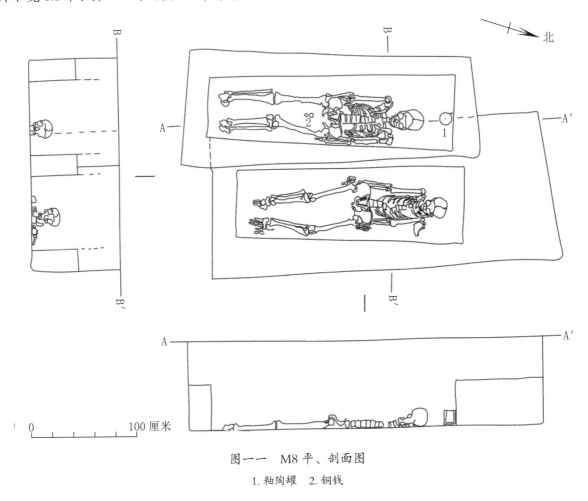

图一一　M8 平、剖面图

1. 釉陶罐　2. 铜钱

棺木均已朽。东棺长 1.84 米、宽 0.54～0.6 米、残高 0.36 米，平面呈梯形。棺内人骨保存完整，骨架长为 1.6 米，头向北，面朝上。人骨为女性，年龄不详，葬式为仰身直肢葬。棺内抹有白灰。西棺长 1.88 米、宽 0.48～0.6 米、残高 0.36 米，平面呈梯形。棺内骨架保存完整，骨架长为 1.68 米，头向北，面朝上。人骨为男性，年龄不详，葬式为仰身直肢葬。西棺打破东棺。内填黄褐色花土，土质较硬。

随葬器物有釉陶罐、铜币，均发现于西棺。

釉陶罐，1 件。M8：1，敞口，短束颈，圆肩，深鼓腹下弧收，足部略外撇，平底，最大径在肩部。黄白胎，口沿及外壁施釉，釉色脱落。口径 9.6 厘米、腹径 12 厘米、底径 9.2 厘米、通高 14.2 厘米（图一五，5；彩版八九，5）。

铜币，2枚。均为圆币，无孔，正、背面有圆郭，正面铸字为对读。M8：2-1，正面铸"光绪元宝"，楷书；背面中心饰蟠龙纹。钱径3厘米、币厚0.15厘米、外郭厚0.1厘米（图一七，17）。M8：2-2，正面铸"大清铜币"，楷书；背面中心饰蟠龙纹。钱径3厘米、币厚0.15厘米、外郭厚0.1厘米（图一七，18）。

7.M11

位于发掘区西部，南北向，方向为355°，平面呈长方形。墓口距地表深0.7米。墓圹长2.46米、宽1.6米、深0.3～0.34米（图一二，彩版一一）。

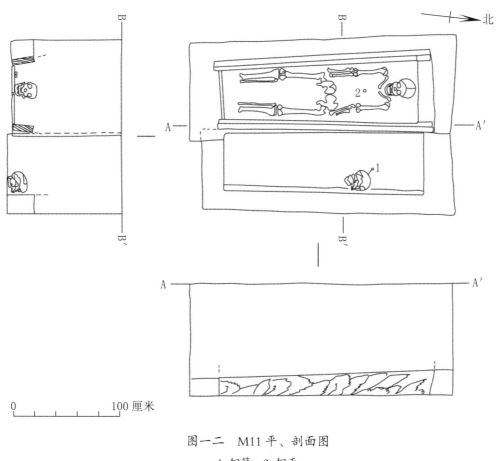

图一二　M11平、剖面图
1. 铜簪　2. 铜币

棺木均已朽。东棺长1.82米、宽0.5米、残高0.34米，平面呈长方形。棺内人骨保存较差，仅存一头骨，头骨残长为0.24米，头向不详，面向东。人骨性别、年龄、葬式均不详。西棺长2米、宽0.6～0.74米、残高0.3米，平面呈梯形。棺内骨架保存较差，肋骨及部分脊椎无存，骨架残长为1.6米，头向北，面朝上。人骨为男性，年龄不详，葬式为仰身直肢葬。西棺打破东棺。内填泥沙混合而成的花土，土质较硬。

随葬器物有铜簪，发现于东棺；铜币，发现于西棺。

铜簪，1件。M11：1，体呈圆锥状，首已残。通长12厘米、首残长2.5厘米、首宽1.2厘米，重 3.8 克（图一六，4；彩版九〇，6）。

铜币，1 枚。M11：2，圆币，无孔，正、背面有圆郭。正面中心铸"一钱"，四周饰花叶纹；背面中心饰桐叶纹，下方由右至左铸"昭和六年"，上方字迹锈蚀不清。钱径 2.2 厘米、币厚 0.15 厘米、外郭厚 0.1 厘米（图一八，5）。

（三）三人合葬墓

共 1 座，为 M5。

M5 位于发掘区西部，南北向，方向为 350°，平面呈长方形。墓口距地表深 0.5 米。墓圹长 2.7 米、宽 1.8 米、深 0.3 ~ 0.34 米（图一三；彩版八八，1）。

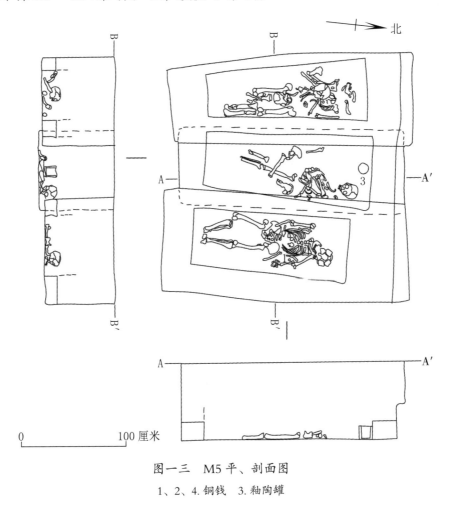

图一三 M5 平、剖面图

1、2、4. 铜钱 3. 釉陶罐

棺木均已朽。东棺长 1.74 米、宽 0.6 ~ 0.7 米、残高 0.3 米，平面呈梯形。棺内人骨保存较差，骨架残长为 1.46 米，头向北，面偏西南。人骨为女性，年龄不详，葬式为仰身直肢葬。中棺长 1.88 米、宽 0.6 ~ 0.8 米、残高 0.34 米，平面呈梯形。棺内人骨保存较差，头向北，面朝东南，骨架残长为 1.38 米。人骨为女性，年龄不详，葬式为仰身直肢葬。西棺长 1.8 米、宽 0.44 ～ 0.68 米、残高 0.3 米，平面呈梯形。棺内人骨保存较差，头部位于肋骨中间，骨架凌乱，骨架残长为 1.6 米，头向、面向均不详。人骨为男性，年龄不详，可能为二次葬式。中棺被东、西棺同时打破。内填黄褐色花土，土质较硬。

随葬器物有釉陶罐，发现于中棺；铜钱，发现于西棺、中棺、东棺。

釉陶罐，1 件。M5 ：3，敞口，圆唇，鼓腹下弧收，平底。黄白胎，口沿及外壁施棕黄釉，施釉未及底。口径 12.6 厘米、腹径 10.2 厘米、底径 7.2 厘米、通高 10.6 厘米（图一五，2；彩版八九，2）。

铜钱，4 枚。均为方孔圆钱，正、背面有圆郭，正面铸字为对读。M5 ：1，正面铸"乾隆通宝"，楷书；背面穿左右铸满文"宝泉"，纪局名。钱径 2.25 厘米、穿径 0.6 厘米、币厚 0.15 厘米、外郭厚 0.25 厘米（图一七，8）。M5 ：2，锈蚀严重，钱文难辨。钱径 2.2 厘米、穿径 0.6 厘米、币厚 0.15 厘米、外郭厚 0.25 厘米。M5 ：3，锈蚀严重，钱文难辨。钱径 2.25 厘米、穿径 0.6 厘米、币厚 0.15 厘米、外郭厚 0.25 厘米。M5 ：4，锈蚀严重，钱文难辨。钱径 2.25 厘米、穿径 0.6 厘米、币厚 0.15 厘米、外郭厚 0.2 厘米。

（四）四人合葬墓

共 1 座，为 M6。

M6 位于发掘区西部，南北向，方向为 355°，平面呈长方形。墓口距地表深 0.54 米。墓圹长 4.06 米、宽 3.4 米、深 0.16 ～ 0.32 米（图一四，彩版八八，2）。

棺木均已朽。东一棺长 1.8 米、宽 0.5 ～ 0.64 米、残高 0.32 米，平面呈梯形。棺内人骨保存状况一般，骨架残长为 1.46 米，头向北，面朝上。人骨为女性，年龄不详，葬式为仰身直肢葬。墓圹四周白灰抹面，厚 2 厘米。东二棺长 1.74 米、宽 0.58 ～ 0.7 米、残高 0.16 米，平面呈梯形。棺内人骨保存状况一般，骨架残长为 1.43 米，头向北，面朝东南。人骨为女性，年龄不详，葬式为仰身直肢葬。墓室北部有一生土台，东西长 0.7 米、宽 0.24 米、高 0.05 米。西一棺长 1.8 米、宽 0.68 米、残高 0.2 米，平面呈长方形。棺内人骨保存状况一般，骨架残长为 1.58 米，头向北，面朝东。人骨为男性，年龄不详，葬式为仰身直肢葬。墓圹四周白灰抹面、厚 2 厘米，顶部白灰已破坏殆尽，底部保存较好。西二棺长 1.94 米、宽 0.68 ～ 0.76 米、残高 0.16 米，平面呈梯形。棺内人骨保存较好，骨架整体长为 1.44 米，头向北，面朝东南。人骨为女性，年龄不详，葬式为仰身直肢葬。墓室北部有一生土台，东西长 0.7 米、宽 0.22 米、高 0.1 米。骨架底部平铺一层白灰，厚 1 厘米。西二棺被西一棺、东二棺打破，东一棺被东二棺打破。内填黄褐色花土，土质较硬。

随葬器物有釉陶罐，分别发现于东二棺和西二棺；铜戒指，发现于西二棺；铜钱，发现于西二棺、西一棺、东二棺、东一棺。

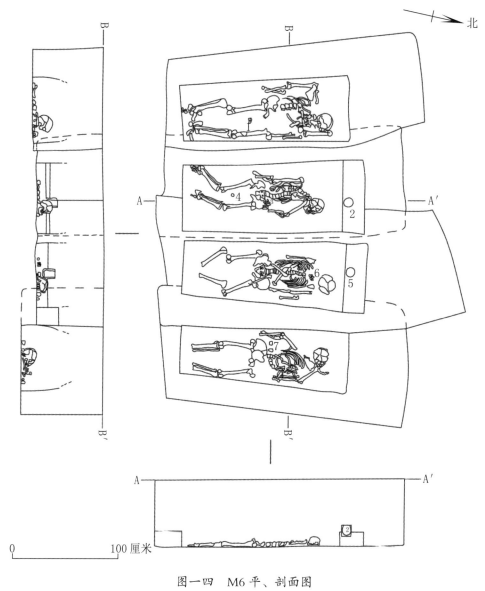

图一四 M6 平、剖面图

1、4、6、7. 铜钱 2、5. 釉陶罐 3. 铜戒指

　　釉陶罐，2 件。M6：2，敞口，圆唇，鼓腹下弧收，平底，底部有残缺。黄白胎，口及外壁施棕黄釉，施釉未及底。口径 10.2 厘米、腹径 9.6 厘米、底径 7.2 厘米、通高 11 厘米（图一五，3；彩版八九，3）。M6：5，敞口，圆唇，鼓腹下弧收，平底，口沿有残缺。黄白胎，口及外壁施棕黄釉，施釉未及底。口径 9.4 厘米、腹径 9 厘米、底径 6.8 厘米、通高 9.4 厘米（图一五，4；彩版六，4）。

　　铜戒指，1 枚。M6：3，扁圆形，素面。直径 1.4 ~ 1.6 厘米、宽 0.9 厘米、厚 0.05 厘米，重 6.1 克（图一六，8）。

　　铜钱，9 枚。均为方孔圆钱，正、背面有圆郭，正面铸字为对读。M6：1-1，正面铸"熙宁元宝"，楷书；光背。钱径 2.25 厘米、穿径 0.9 厘米、币厚 0.15 厘米、外郭厚 0.15 厘米（图一七，9）。M6：1-2，正面铸"大观通宝"，瘦金体；光背。钱径 2.2 厘米、穿径 0.7 厘米、币厚 0.15 厘米、外郭厚0.1厘米（图一七，10）。M6∶1-3，正面铸"乾隆通宝"，楷书；背面穿左右铸满文"宝源"，纪局名。钱径2.2厘米、穿径0.6厘米、币厚0.15厘米、外郭厚0.25厘米（图一七，11）。M6∶4，正面铸"雍正通宝"，楷书；背面穿左右铸满文"宝源"，纪局名。钱径2.4厘米、穿径0.65厘米、币厚0.15厘米、外郭厚0.4厘米（图一七，12）。M6∶6，正面铸"天启通宝"，楷书；背面穿上铸"工"字。钱径2.5厘米、穿径0.55厘米、币厚0.15厘米、外郭厚0.3厘米（图一七，13）。M6∶7，正面铸"乾隆通宝"，楷书；背面穿左右铸满文"宝泉"，纪局名。钱径2.2厘米、穿径0.6厘米、币厚0.15厘米、外郭厚0.25厘米（图一七，14）。

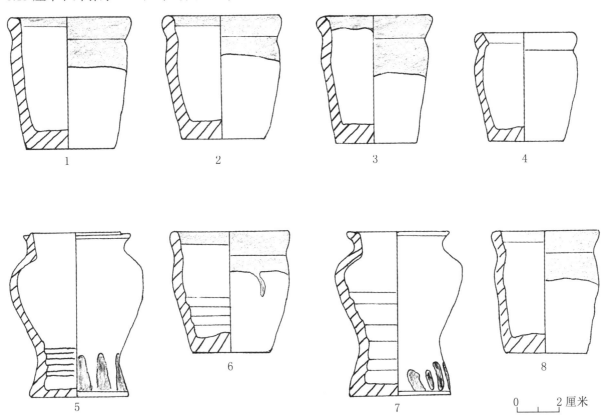

图一五　出土釉陶罐

1.M2∶1　2.M5∶3　3.M6∶2　4.M6∶5　5.M8∶1　6.M9∶1　7.M10∶2　8.M12∶1

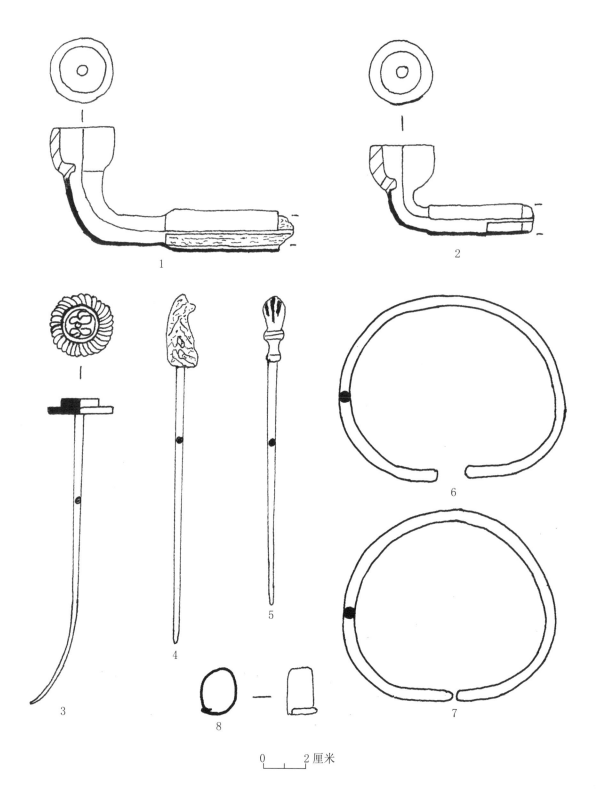

0 ____ 2厘米

图一六 出土器物

1、2.铜烟锅（M1：1、M1：2）3、4.铜簪（M4：2、M11：1）5.骨簪（M4：1）
6、7.银手镯（M7：1-1、M7：1-2）8.银戒指（M6：3）

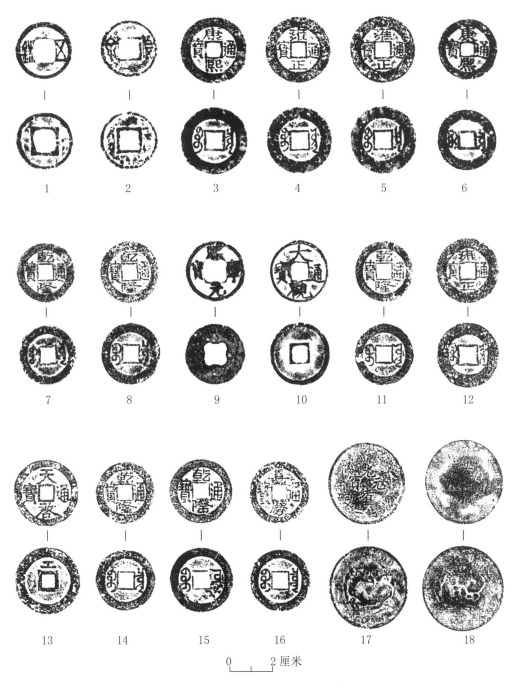

图一七　出土铜钱、铜币拓片（一）

1. 五铢（M2：2-1）2. 货泉（M2：2-2）3、6. 康熙通宝（M2：2-3、M2：2-6）4、5、12. 雍正通宝（M2：2-4、M2：2-5、M6：4）7、8、11、14、15. 乾隆通宝（M4：3、M5：1、M6：1-3、M6：7、M7：2-1）9. 熙宁元宝（M6：1-1）10. 大观通宝（M6：1-2）13. 天启通宝（M6：6）16. 嘉庆通宝（M7：2-2）17. 光绪元宝（M8：2-1）18. 大清铜币（M8：2-2）

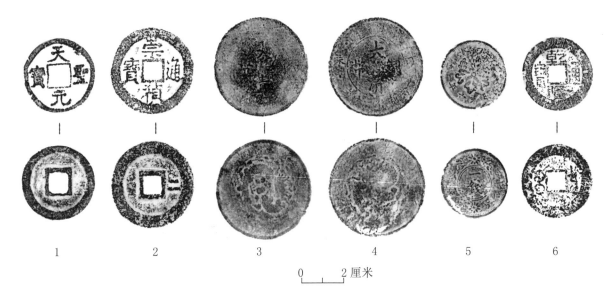

图一八 出土铜钱、铜币拓片（二）

1. 天圣元宝（M9：2-1） 2. 崇祯通宝（M9：2-2） 3、4. 大清铜币（M10：1-1、M10：1-2）

5. 铜币（M11：2） 6. 乾隆通宝（M12：2）

四、结语

这批墓葬均为小型墓葬，大多为合葬，规格等级较低。出土器物都是北京清代常见的出土文物。铜簪 M4：2 与京平高速公路 M5：2-2[①]、机场南线工程 M9：3-2[②] 器型相似。铜手镯 M7：1-1、M7：1-2 与昌平张营 M20：7[③] 器型相似。铜烟锅 M1：1、M1：2 与通州东石营村 B2 地块 M33：2[④] 器型相似。铜戒指 M6：3 与奥运村 M17：1[⑤] 器型相似。釉陶罐 M6：5、M12：1、M6：2、M9：1、M2：1、M5：3 与鲁谷 M42：8[⑥] 器型相似。釉陶罐 M8：1、M10：2 与奥运一期 M47：1[⑦] 器型相似。

大部分墓葬内出土有铜钱及铜币，出土的铜钱大多腐蚀严重，钱文可辨识的有康熙通宝、乾隆通宝、嘉庆通宝、光绪元宝等，其中 1 枚铜币的年代为民国时期。

根据出土器物和墓葬形制，初步推断这批墓葬的时代为清代晚期至民国时期的平民墓葬。这批墓葬的发掘，为进一步研究清代晚期的丧葬习俗和当时北京地区的社会生活状况提供了新的实证资料。

发掘：张利芳

拓片：黄星

照相：黄星

绘图：齐相福

执笔：李竹

注释

① 北京市文物研究所：《京平高速公路工程考古发掘》，载北京市文物研究所编《北京考古》（第二辑），北京燕山出版社，2008 年，第 397 页。

② 北京市文物研究所：《机场南线工程考古发掘》，载北京市文物研究所编《北京考古》（第二辑），北京燕山出版社，2008 年，第 479 页。

③ 北京市文物研究所：《昌平张营遗址北区墓葬发掘报告》，载北京市文物研究所编《北京考古》（第二辑），2008 年，第 146 页。

④ 北京市考古研究院：《B2 地块考古发掘报告》，载北京市考古研究院编《通州东石村与北小营村：北京轻轨 L2 线通州段次渠站等土地开发项目考古发掘报告》，上海古籍出版社，2022 年。

⑤ 北京市文物研究所：《奥运村工程考古发掘报告》，载北京市文物局、北京市文物研究所编《北京奥运场馆考古发掘报告》，科学出版社，2007 年。

⑥ 北京市文物研究所：《鲁谷金代吕氏家族墓葬发掘报告》，科学出版社，2010 年。

⑦ 北京市文物研究所：《奥运村工程考古发掘报告》，载北京市文物局、北京市文物研究所编《北京奥运场馆考古发掘报告》，科学出版社，2007 年。

附表一 墓葬登记表

墓号	方向	墓葬形制 长 × 宽 × 深（米）	葬具	葬式	随葬品
M1	350°	竖穴土圹墓 3.1×（1.8～2.3）×0.7	木棺	仰身直肢葬	铜烟锅 2
M2	345°	竖穴土圹墓 2.8×（1.6～1.9）× （0.24～0.4）	木棺	仰身直肢葬	釉陶罐 1、铜钱 6
M3	5°	竖穴土圹墓 2.5×1.1×0.56	木棺	仰身直肢葬	无
M4	345°	竖穴土圹墓 3×2.14×0.32	木棺	仰身直肢葬	骨簪 1、铜簪 1、铜 钱 2
M5	350°	竖穴土圹墓 2.7×1.8×（0.3～0.34）	木棺	仰身直肢葬	釉陶罐 1、铜钱 4
M6	355°	竖穴土圹墓 4.06×3.4× （0.16～0.32）	木棺	仰身直肢葬	釉陶罐 2、铜戒指 1、 铜钱 9
M7	335°	竖穴土圹墓 3.2×2.5×0.4	木棺	不详	铜手镯 2、铜钱 2
M8	343°	竖穴土圹墓 2.9×1.8×0.66	木棺	仰身直肢葬	釉陶罐 1、铜币 2
M9	345°	竖穴土圹墓 2.6×（2.4～2.6）×0.22	木棺	仰身直肢葬	釉陶罐 1、铜钱 2
M10	10°	竖穴土圹墓 2.6×1×0.4	木棺	仰身直肢葬	釉陶罐 1、铜币 2
M11	355°	竖穴土圹墓 2.46×1.6×（0.3～0.34）	木棺	仰身直肢葬	铜簪 1、铜币 1
M12	355°	竖穴土圹墓 2.7×（1.08～1.22） ×0.36	木棺	仰身直肢葬	釉陶罐 1、铜钱 1

附表二　铜钱统计表　　　　　　　　　　　　　　　　单位：厘米

单位	编号	种类	钱径	穿径	郭厚	备注
M2	M2：2-1	五铢	2.1	0.9	0.1	光背
	M2：2-2	货泉	2.15	0.8	0.1	光背
	M2：2-3	康熙通宝	2.25	0.6	0.35	背面穿左右铸满文"宝泉"，纪局名
	M2：2-4	雍正通宝	2.45	0.6	0.35	背面穿左右铸满文"宝源"，纪局名
	M2：2-5	雍正通宝	2.45	0.6	0.35	背面穿左右铸满文"宝泉"，纪局名
	M2：2-6	康熙通宝	2.35	0.55	0.25	背面穿左右铸满文"宝泉"，纪局名
M4	M4：3	乾隆通宝	2.2	0.6	0.25	背穿左右铸满文"宝泉"，纪局名
M5	M5：1	乾隆通宝	2.25	0.6	0.25	背面穿左右铸满文"宝泉"，纪局名
	M5：2	锈蚀严重、钱文难辨	2.2	0.6	0.25	
	M5：3	锈蚀严重、钱文难辨	2.25	0.6	0.25	
	M5：4	锈蚀严重、钱文难辨	2.25	0.6	0.2	
M6	M6：1-1	熙宁元宝	2.25	0.9	0.15	光背
	M6：1-2	大观通宝	2.2	0.7	0.1	光背
	M6：1-3	乾隆通宝	2.2	0.6	0.25	背面穿左右铸满文"宝源"，纪局名
	M6：4	雍正通宝	2.4	0.65	0.4	背面穿左右铸满文"宝源"，纪局名
	M6：6	天启通宝	2.5	0.55	0.3	背面穿上铸"工"字
	M6：7	乾隆通宝	2.2	0.6	0.25	背面穿左右铸满文"宝泉"，纪局名
M7	M7：2-1	乾隆通宝	2.4	0.6	0.3	背面穿左右铸满文"宝源"，纪局名
	M7：2-2	嘉庆通宝	2.3	0.6	0.2	背面穿左右铸满文"宝泉"，纪局名
M8	M8：2-1	光绪元宝	3	无	0.1	背面中心饰蟠龙纹
	M8：2-2	大清铜币	3	无	0.1	背面中心饰蟠龙纹
M9	M9：2-1	天元圣宝	2.4	0.6	0.1	光背
	M9：2-2	崇祯通宝	2.8	0.65	0.3	背面穿右铸"二"，纪值
M10	M10：1-1	大清铜币	3.2	无	0.1	背面中心铸蟠龙纹
	M10：1-2	大清铜币	3.2	无	0.1	背面中心铸蟠龙纹
M11	M11：2	昭和六年	2.2	无	0.1	正面中心铸"一钱"，四周饰花叶纹；背面中心饰桐叶纹，下方由右至左铸"昭和六年"，上方字迹锈蚀不清
M12	M12：2	乾隆通宝	2.4	0.65	0.3	背穿左右为满文"宝泉"，纪局名

朝阳区豆各庄清代、民国墓葬发掘报告

2017年9月23日至9月30日,为配合豆各庄乡剩余建设用地6号地1306-605、1306-046、1306-039地块工程建设,北京市考古研究院(原北京市文物研究所)对该项目用地范围内的古代地下遗存进行了考古发掘。

该地块位于东五环外、化工桥东南侧,北邻大鲁店北路、南邻萧太后河、东邻芳草地国际学校,属于朝阳区豆各庄乡。地理坐标N 39° 50′ 32.79″,E 116° 32′ 58.67″。本次共发掘古代墓葬12座,发掘面积共计167平方米(图一;附表一)。

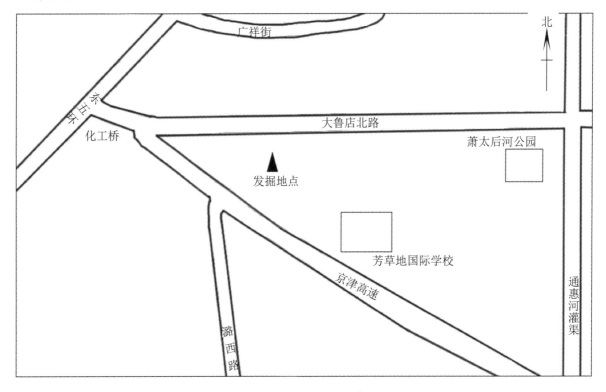

图一 发掘地点位置示意图

一、墓葬

墓葬均为长方形竖穴土圹墓，开口于①层下。根据墓内葬人数量可分为单人葬墓、双人合葬墓、三人合葬墓、四人合葬墓，其中单人葬墓 2 座、双人合葬墓 4 座、三人合葬墓 4 座、四人合葬墓 2 座（图二）。出土各类器物 18 件，另出土铜钱 121 枚、铜币 20 枚（附表二）。

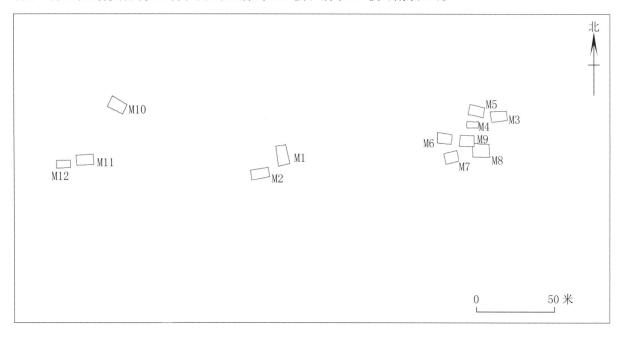

图二　墓葬分布图

（一）单人葬墓

1.M1

位于发掘区的中南部，西南为 M2。东北－西南向，方向为 40°。墓口距地表深约 0.3 米，墓底至墓口深 0.6 米。墓室长 2.75 米、宽 0.8 ~ 1 米。墓室四壁较整齐，内填灰白色沙土，土质松软（图三；彩版九一，1）。

棺木已朽，仅残存棺痕。长 2 米、宽 0.45 ~ 0.55 米。未发现人骨，初步推测该墓已被迁移。随葬品有铜钱。

乾隆通宝 2 枚，均为圆形，方穿，正、背面有圆郭。M1：1-1，正面为"乾隆通宝"，楷书，上下右左对读；背穿左右为满文"宝源"，纪局名。钱径 2.3 厘米、穿径 0.6 厘米、郭厚 0.3 厘米。M1：1-2，正面为"乾隆通宝"，楷书，上下右左对读；背穿左右为满文"宝泉"，纪局名。钱径 2.1 厘米、穿径 0.6 厘米、郭厚 0.3 厘米（图一七，13、14）。

2.M4

位于发掘区的东北部。东西向，方向为 95°。墓口距地表深约 0.4 米，墓底至墓口深 0.7 米。墓

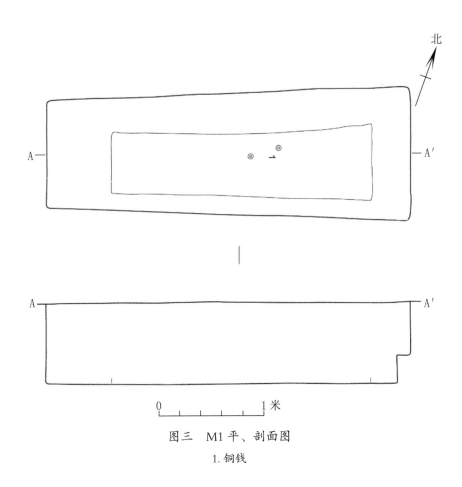

图三 M1平、剖面图

1. 铜钱

室长 2.4 米、宽 0.95 ~ 1.1 米、残深 0.6 米。墓室四壁较整齐，内填灰白色沙土，土质松软，含较多的礓石粒（图四；彩版九一，2）。

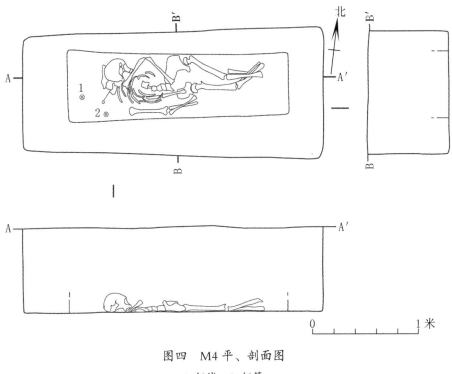

图四 M4平、剖面图

1. 铜钱 2. 铜簪

棺木已朽，仅残存棺痕。长 1.9 米、宽 0.5～0.6 米，底部有草木灰。墓主人为女性，仰身屈肢葬。随葬品有银簪、铜钱。

银簪 1 件，M4∶2。首为圆形莲花瓣状，分为两层，下方有花萼状装饰。莲花瓣向上盛开，花萼向下。体与首连接，体呈圆锥状，末端残。残长 6.8 厘米、首内径 1.1 厘米，重 4.2 克（图一六，1；彩版九六，1）。

铜钱 4 枚，其中一枚为嘉庆通宝，其余均锈蚀严重，无法辨认。标本 M4∶1-2，圆形，方穿，正、背面有圆郭。正面为"嘉庆通宝"，楷书，上下右左对读；背穿左右为满文"宝泉"，纪局名。钱径 2.4 厘米、穿径 0.6 厘米、郭厚 0.3 厘米（图一七，20）

（二）双人合葬墓

1.M5

位于发掘区东北部。西北 – 东南向，方向为 105°。墓口距地表深约 0.3 米，墓底至墓口深 0.4～0.6 米。墓室长 2.7 米、宽 1.7～1.9 米、残深 0.4 米。墓室四壁较整齐，内填灰白色花土，土质松软，含少量的褐色土块和炭粒。内置南北双棺。（图五；彩版九一，3）。

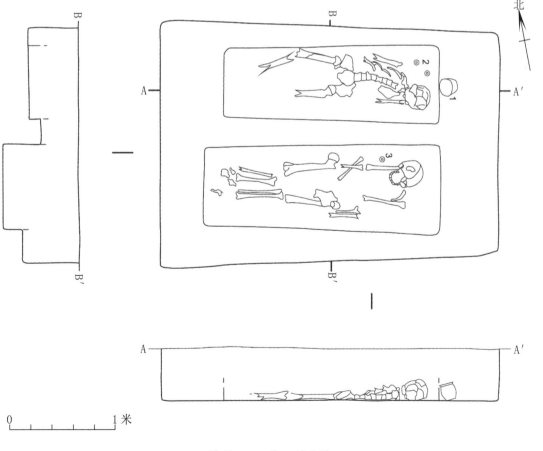

图五　M5 平、剖面图

1. 釉陶罐　2、3. 铜钱

北棺棺木已朽，仅残存棺痕。长 1.7 米、宽 0.5 ~ 0.6 米，底部铺有草木灰。棺内人骨为女性，仰身直肢葬。随葬品有釉陶罐、铜钱。

南棺棺木已朽，仅残存棺痕。长 1.9 米、宽 0.6 ~ 0.7 米，棺内人骨为男性，仰身直肢葬。随葬品有铜钱。

釉陶罐 1 件。M5：1，侈口，厚圆唇，束颈，上腹外鼓，下腹斜收，平底。口沿及上腹部施黄绿色釉。通高 11.7 厘米、口径 11.4 厘米、底径 8.2 厘米（图一五，5；彩版九六，3）。

铜钱 3 枚，其中 2 枚为康熙通宝，1 枚锈蚀严重，字迹无法辨认。标本 M5：2，圆形，方穿，正、背面有圆郭。正面为"康熙通宝"，楷书，上下右左对读；背穿左右为满文"宝泉"，纪局名。钱径 2.3 厘米、穿径 0.6 厘米、郭厚 0.3 厘米。标本 M5：3，圆形，方穿，正、背面有圆郭。正面为"康熙通宝"，楷书，上下右左对读；背穿左右为满文"宝源"，纪局名。钱径 2.5 厘米、穿径 0.6 厘米、郭厚 0.4 厘米（图一七，4、5）。

2.M6

位于发掘区的东北部。西北 – 东南向，方向为 95°，被 M8 打破。墓口距地表深约 0.4 米，墓底至墓口深 0.6 米。墓室长 2.55 米、宽 1.1 ~ 1.5 米、残深 0.6 米。墓室四壁较整齐，内填灰白色花土，土质松软，含少量的白色料礓石块。内置南北双棺。（图六；彩版九一，4）。

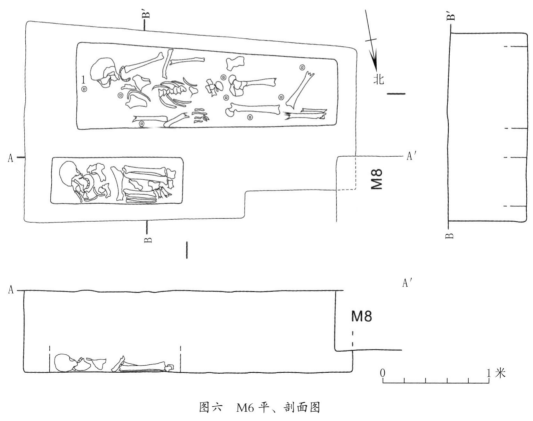

图六　M6 平、剖面图

1. 铜钱

北棺棺木已朽，仅残存棺痕，底部铺有草木灰。长 1 米、宽 0.35 米。棺内人骨为女性，仰身二次直肢葬。

南棺棺木已朽，仅残存棺痕，底部铺有草木灰。长 2 米、宽 0.5 ~ 0.6 米。棺内人骨为男性，仰身直肢葬。随葬品有铜钱。

铜钱 7 枚，其中 2 枚为康熙通宝，其余均锈蚀严重，字迹无法辨认。标本 M6：6-1，圆形，方穿，正、背面有圆郭。正面为"康熙通宝"，楷书，上下右左对读；背穿左右分别为满汉"东"字，纪局名。钱径 2.5 厘米、穿径 0.6 厘米、郭厚 0.3 厘米。标本 M6：6-2，圆形，方穿，正、背面有圆郭。钱面文"康熙通宝"，楷书，上下右左对读；背穿左右为满文"宝泉"，纪局名。钱径 2.2 厘米、穿径 0.6 厘米、郭厚 0.3 厘米（图一七，6、7）。

3.M10

位于发掘区的西北部。西北 - 东南向，方向约为 120°。墓口距地表深约 0.3 米，墓底至墓口深 1.4 米。墓室长 2.6 米、宽 1.7 米、残深 1.4 米。墓室四壁较整齐，内填灰白色沙土，土质松软，含少量的褐色土块和炭粒。内置南北双棺（图七；彩版九二，1）。

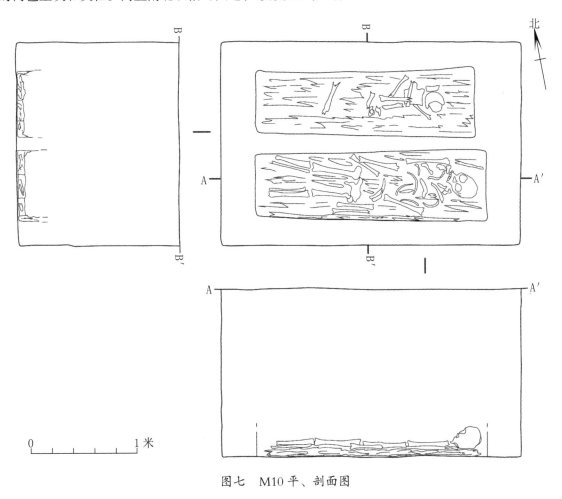

图七　M10 平、剖面图

南棺棺木已朽，仅残存棺痕。长 2 米、宽 0.55 ~ 0.6 米。棺内人骨为男性，仰身直肢葬。未发现随葬品。

北棺棺木已朽，仅残存棺痕。长 1.9 米、宽 0.55 ~ 0.6 米。棺内人骨为女性，骨架保存较差，为二次葬。未发现随葬品。

4.M12

位于发掘区的西北部。东北 – 西南向，方向约为 60° 。墓口距地表深约 0.4 米，墓底至墓口深 0.8 米。墓室长 2.3 米、宽 1.4 ~ 1.5 米、残深 0.8 米。墓室四壁较整齐，内填灰白色花土，土质松软，含少量的褐色土块。内置南北双棺（图八；彩版九二，2）。

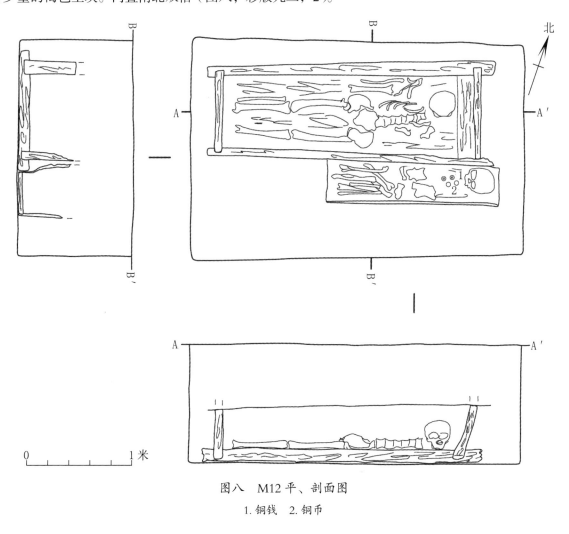

图八　M12 平、剖面图
1. 铜钱　2. 铜币

北棺棺木已朽，仅残存棺痕。长 2 米、宽 0.6 ~ 0.7 米。棺内人骨为男性，仰身直肢葬。

南棺棺木已朽，仅残存棺痕。长 1.15 米、宽 0.3 米，棺内人骨为女性，二次葬。随葬品有铜钱、铜币。

铜钱 2 枚。其中一枚为道光通宝，另一枚锈蚀严重，无法辨认。标本 M12：1，圆形，方穿，正、背面有圆郭。正面为"道光通宝"，楷书，上下右左对读；背穿左右为满文"宝泉"，纪局名。钱径 1.9 厘米、穿径 0.7 厘米、郭厚 0.2 厘米（图一八，15）。

铜币 2 枚，其中一枚锈蚀严重，无法辨认。标本 M12：2，圆币，无孔，正面中心铸字"十文"，对读；背面为双旗交叉图案。钱径 2.5 厘米、外郭厚 0.4 厘米（图一九，5）。

（三）三人合葬墓

1.M3

位于发掘区的东北部。东西向，方向为 95°。墓口距地表深约 0.4 米，墓底至墓口深 0.4 ~ 0.6 米。墓室长 2.2 ~ 2.7 米、宽 2.3 米、残深 0.4 米。墓室四壁较整齐，内填灰白色沙土，土质松软，含少量的褐色土块。内置北、中、南三棺（图九；彩版九三，1）。

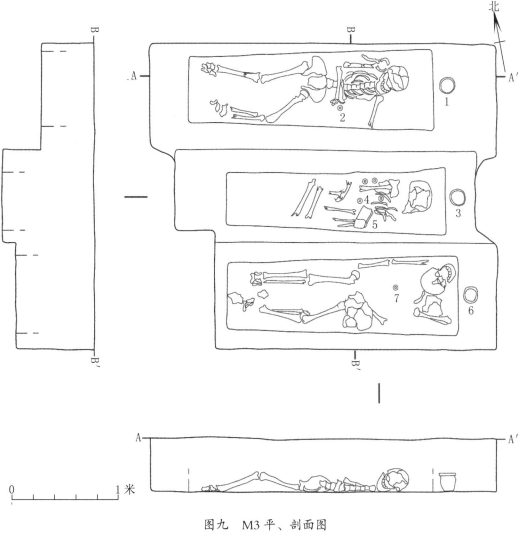

图九　M3 平、剖面图

1、3、6.釉陶罐　2、4、7.铜钱　5.铁器残件北棺棺木已朽，仅残存棺痕。长 1.9 米、宽 0.5 ~ 0.6 米。棺内人骨为女性，仰身屈肢葬。随葬品有釉陶罐、铜钱。

中棺棺木已朽，仅残存棺痕。长 1.7 米、宽 0.4 ~ 0.5 米。骨架保存较差，葬式不明。随葬品有釉陶罐、铁器残件、铜钱。

南棺棺木已朽，仅残存棺痕。长 1.9 米、宽 0.5 ~ 0.6 米。棺内人骨为男性，仰身直肢葬。随葬品有釉陶罐、铜钱。

铁器，出土时已残。

釉陶罐 3 件。M3：1，侈口，厚圆唇，束颈，上腹外鼓，下腹斜收，平底。口沿及上腹部施黄绿色釉，多处脱落。腹部及底部有修胎痕迹。通高 11.1 厘米、腹径 11.1 厘米、底径 7.1 厘米、口径 11.3 厘米（图一五，2；彩版九六，4）。M3：3，侈口，方圆唇，束颈，斜直腹，平底。口沿及上腹部施黄褐色釉。通高 11.7 厘米、腹径 11.8 厘米、底径 6.8 厘米、口径 10.9 厘米（图一五，3；彩版九六，5）。M3：6，侈口，厚圆唇，束颈，斜直腹，平底。口沿及上腹部施黄褐色釉。腹部及底部有修胎痕迹。通高 11 厘米、腹径 10.2 厘米、底径 6.8 厘米、口径 10.6 厘米（图一五，4；彩版九六，6）。

铜钱 6 枚，其中 2 枚为顺治通宝，1 枚为康熙通宝，其余 3 枚均锈蚀严重，字迹无法辨认。顺治通宝，均为圆形、方穿，正、背面有圆郭。正面为"顺治通宝"，楷书，上下右左对读。标本 M3：4-1，背穿左右分别为满汉"东"字，纪局名。钱径 2.5 厘米、穿径 0.6 厘米、郭厚 0.3 厘米（图一七，1）。标本 M3：4-2，背穿左铸汉文"一厘"二字，纪值；背穿右为户部铸"户"字，纪局名。钱径 2.4 厘米、穿径 0.6 厘米、郭厚 0.2 厘米（图一七，2）。康熙通宝，M3：2-1，圆形、方穿，正、背面有圆郭。正面为"康熙通宝"，楷书，上下右左对读；背穿左右为满文"宝泉"，纪局名。钱径 2.2 厘米、穿径 0.6 厘米、郭厚 0.3 厘米（图一七，3）。

2.M7

位于发掘区的东北部。东北 – 西南向，方向为 65°。墓口距地表深约 0.4 米，墓底至墓口深 0.5 ~ 0.6 米。墓室长 2.6 ~ 2.7 米、宽 2.1 ~ 2.4 米、残深 0.6 米。墓室四壁较整齐，内填灰白色花土，土质松软，含少量的褐色土块（图一〇；彩版九三，2）。

南棺棺木已朽，仅残存棺痕。长 1.9 米、宽 0.5 ~ 0.7 米。棺内骨架保存较差，为女性。未发现随葬品。

中棺棺木已朽，仅残存棺痕。长 2 米、宽 0.65 米。棺内骨架保存一般，为男性，仰身直肢葬。随葬品有釉陶罐、铜钱。

北棺棺木已朽，仅残存棺痕。长 1.9 米、宽 0.5 ~ 0.7 米，棺内骨架保存一般，为女性，仰身直肢葬。随葬品有铜钱。

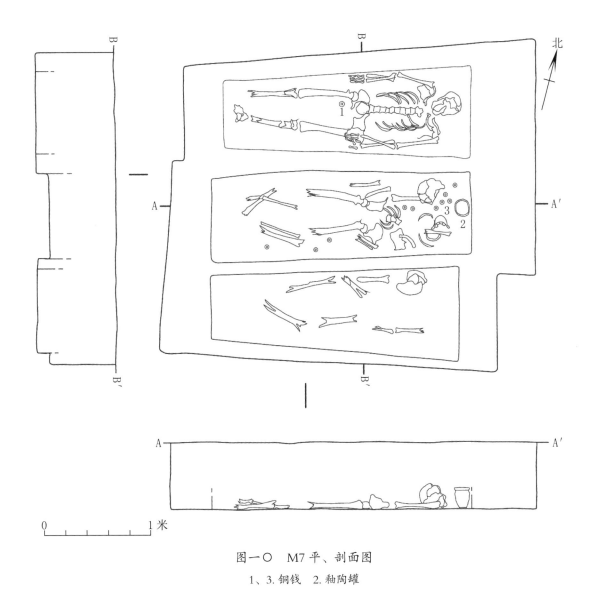

图一〇　M7 平、剖面图

1、3.铜钱　2.釉陶罐

釉陶罐 1 件，M7：2，侈口，厚圆唇，束颈，上腹外鼓，下腹弧收，平底。口部残，腹部有修胎痕迹，口沿及上腹部施黄绿色釉。通高 11.5 厘米、腹径 10.82 厘米、底径 7.6 厘米、口径 10.8 厘米（图一五，6；彩版九六，7）。

铜钱 7 枚，其中 2 枚为康熙通宝，2 枚为雍正通宝，其余 3 枚锈蚀严重，字迹无法辨认。康熙通宝，均为圆形、方穿，正、背面有圆郭。正面为"康熙通宝"，楷书，上下右左对读；背穿左右为满文"宝泉"，纪局名。标本 M7：3-1，钱径 2.3 厘米、穿径 0.6 厘米、郭厚 0.3 厘米（图一七，8）。标本 M7：3-2，钱径 2.2 厘米、穿径 0.6 厘米、郭厚 0.3 厘米（图一七，9）。雍正通宝，均为圆形、方穿，正、背面有圆郭。正面为"雍正通宝"，楷书，上下右左对读；背穿左右为满文"宝泉"，纪局名。标本 M7：1，钱径 2.5 厘米、穿径 0.6 厘米、郭厚 0.3 厘米（图一七，11）。标本 M7：3-3，钱径 2.4 厘米、穿径 0.6 厘米、郭厚 0.3 厘米（图一七，12）。

3.M8

位于发掘区的东北部。西北 – 东南向，方向为 95°。墓口距地表深约 0.4 米，墓底至墓口深 0.4 ~ 0.5 米。墓室长 2.55 ~ 2.65 米、宽 2.6 ~ 2.7 米、残深 0.4 米。墓室内填灰白色花土，土质松软，含少量的褐色土块及料礓石粒（图一一；彩版九四，1）。

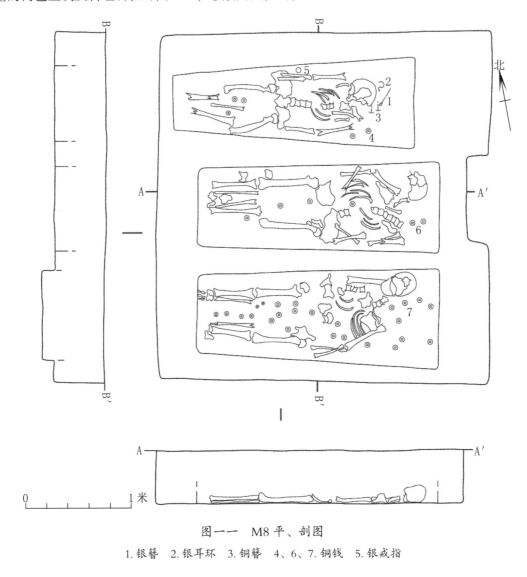

图一一　M8 平、剖图

1. 银簪　2. 银耳环　3. 铜簪　4、6、7. 铜钱　5. 银戒指

北棺棺木已朽，仅残存棺痕。长 1.9 米、宽 0.4 ~ 0.7 米。棺内骨架保存一般，人骨为女性，仰身直肢葬。随葬品有银簪、银耳环、银戒指、铜钱。

中棺长 1.9 米、宽 0.6 ~ 0.65 米。棺内骨架保存一般，为女性，仰身直肢葬，底部铺有炉渣。随葬品有铜钱。

南棺长 1.9 米、宽 0.6 ~ 0.75 米，棺内骨架保存一般，为男性，仰身直肢葬。随葬品有铜钱。

银簪 1 件。M8：5，体为圆锥形，首为铜丝缠绕成的禅杖，杖顶呈葫芦形。首与下部之间有细颈。通长 14.6 厘米，重 4.3 克（图一六，2；彩版九七，5）。

铜簪 3 件。M8：3-1，体残，首呈花朵状，截面呈"凸"字形，花心凸起，中间有一"寿"字。残长 5.4 厘米、宽 2.2 厘米，重 10 克（图一六，3）。M8：3-2，体残，首呈花朵状，中间有一"福"字。残长 3.7 厘米、宽 2.2 厘米，重 8.7 克（图一六，4）。M8：3-3，体残，首呈花朵状，截面呈"凸"字形，花心凸起，中间有一"寿"字。残长 1.4 厘米、宽 2.2 厘米，重 7 克（图一六，5；彩版九七，1）。

银耳环 1 件。M8：2，形状近似钩形，一端尖，一端呈圆形。通高 2.1 厘米，重 1.3 克（图一六，9；彩版九六，2）。

银戒指 1 件。M8：1，圆环形，素面。直径 2.1 厘米、宽 0.45 厘米、厚 0.1 厘米，重 1.6 克（图一六，12；彩版九七，2）。

铜钱 36 枚，其中有乾隆通宝、嘉庆通宝、道光通宝。

乾隆通宝 4 枚，均为圆形，方穿，正、背面有圆郭。正面为"乾隆通宝"，楷书，上下右左对读。M8：4-1，背穿左右为满文"宝泉"，纪局名。钱径 2.3 厘米、穿径 0.7 厘米、郭厚 0.2 厘米（图一七，16）。M8：4-2，背穿左右为满文"宝源"，纪局名。钱径 2.2 厘米、穿径 0.6 厘米、郭厚 0.2 厘米（图一七，17）。M8：6-1，背穿左右为满文"宝源"，纪局名。钱径 2.4 厘米、穿径 0.6 厘米、郭厚 0.2 厘米（图一七，18）。M8：6-2，背穿左右为满文"宝泉"，纪局名。钱径 2.2 厘米、穿径 0.6 厘米、郭厚 0.3 厘米（图一七，19）。

嘉庆通宝 3 枚。均为圆形，方穿，正、背面有圆郭。正面为"嘉庆通宝"，楷书，上下右左对读；背穿左右为满文"宝泉"，纪局名。M8：4-3，钱径 2.3 厘米、穿径 0.6 厘米、郭厚 0.3 厘米（图一七，21）。M8：7-1，钱径 2.4 厘米、穿径 0.6 厘米、郭厚 0.3 厘米（图一七，24）。M8：7-2，钱径 2.2 厘米、穿径 0.6 厘米、郭厚 0.2 厘米（图一八，1）。

道光通宝 2 枚。均为圆形，方穿，正、背面有圆郭。正面为"道光通宝"，楷书，上下右左对读；背穿左右为满文"宝源"，纪局名。M8：7-3，钱径 2.2 厘米、穿径 0.6 厘米、郭厚 0.3 厘米（图一八，6）。M8：7-4，钱径 2.2 厘米、穿径 0.6 厘米、郭厚 0.2 厘米（图一八，7）

其余铜钱均锈蚀严重，无法辨认。

4.M9

位于发掘区的东北部。西北–东南向，方向约为 95°。墓口距地表深约 0.4 米，墓底至墓口深 0.3~0.5 米。墓室长 2.3~2.4 米、宽 2.15~2.35 米、残深 0.4 米。墓室内填灰白色花土，土质松软，含少量料礓石块（图一二；彩版九四，2）。

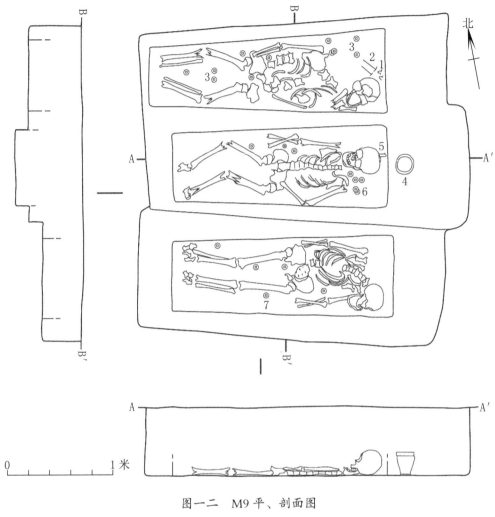

图一二　M9 平、剖面图

1. 银耳环　2. 铜簪　3、6、7. 铜钱　4. 黑釉瓷罐　5. 铜扁方

北棺棺木已朽，仅残存棺痕。长 1.75 米、宽 0.4 ~ 0.6 米。棺内骨架保存一般，为女性，仰身屈肢葬。随葬品有银耳环、铜簪、铜钱。

中棺棺木已朽，仅残存棺痕。长 1.6 米、宽 0.5 ~ 0.6 米，棺内骨架保存一般，为女性，仰身屈肢葬，底部铺有草木灰。随葬品有黑釉瓷罐、铜扁方、铜钱。

南棺棺木已朽，仅残存棺痕。长 1.6 米、宽 0.5 ~ 0.6 米，棺内骨架保存一般，为男性，仰身直肢葬，底部铺有草木灰。随葬品有铜钱。

黑釉瓷罐 1 件。M9：4，敞口，上腹外鼓，下腹斜收，平底。口沿及底部未施釉，腹部施黑釉。通高 10 厘米、底径 6.7 厘米、口径 11.5 厘米（图一五，1；彩版九六，8）。

铜扁方 1 件。M9：5，首卷曲，短颈较宽，外折，首花形，侧面如梅花状。体呈长方形，扁平，末端呈圆弧状。长 18.4 厘米、宽 0.8 ~ 1.2 厘米，重 18.9 克（图一六，8；彩版九七，6）。

铜簪 2 件。M9：2-1，体呈圆锥状，首呈花朵状，截面呈"凸"字形，花心凸起，中间有一

"寿"字。通长 10.8 厘米、宽 2.3 厘米，重 8.2 克（图一六，6）。M9：2-2，体呈圆锥状，首呈花朵状，截面呈"凸"字形，花心凸起，中间有一"福"字。通长 10.8 厘米、宽 2.3 厘米，重 7.2 克（图一六，7；彩版九七，3）。

银耳环 2 件。M9：1-1，形状近似钩形，一端尖，一端呈圆形。通高 1.7 厘米，重 0.8 克（图一六，10）。M9：1-2，形状近似钩形，一端尖，一端呈圆形。通高 1.7 厘米，重 0.7 克（图一六，11；彩版九七，4）。

铜钱 22 枚。其中有嘉庆通宝、道光通宝。

嘉庆通宝 4 枚。均为圆形，方穿，正、背面有圆郭。正面为"嘉庆通宝"，楷书，上下右左对读；背穿左右为满文"宝源"，纪局名。M9：6-1，钱径 2.2 厘米、穿径 0.6 厘米、郭厚 0.2 厘米（图一七，22）。M9：6-2，钱径 2.3 厘米、穿径 0.6 厘米、郭厚 0.2 厘米（图一七，23）。M9：6-3，钱径 2.2 厘米、穿径 0.6 厘米、郭厚 0.2 厘米（图一八，2）。M9：6-4，钱径 2.2 厘米、穿径 0.6 厘米、郭厚 0.2 厘米（图一八，3）。

道光通宝 7 枚。均为圆形，方穿，正、背面有圆郭。正面为"道光通宝"，楷书，上下右左对读。M9：3-1，背穿左右为满文"宝泉"，纪局名。钱径 2.4 厘米、穿径 0.6 厘米、郭厚 0.3 厘米（图一八，8）。M9：3-2，背穿左右为满文"宝源"，纪局名。钱径 2.1 厘米、穿径 0.6 厘米、郭厚 0.2 厘米（图一八，9）。M9：3-3，背穿左右为满文"宝泉"，纪局名。钱径 2.2 厘米、穿径 0.6 厘米、郭厚 0.2 厘米（图一八，10）。M9：7-1，背穿左右为满文"宝源"，纪局名。钱径 2.3 厘米、穿径 0.6 厘米、郭厚 0.2 厘米（图一八，11）。M9：7-2，背穿左右为满文"宝源"，纪局名。钱径 2.3 厘米、穿径 0.6 厘米、郭厚 0.2 厘米（图一八，12）。M9：7-3，背穿左右为满文"宝源"，纪局名。钱径 2.2 厘米、穿径 0.6 厘米、郭厚 0.2 厘米（图一八，13）。M9：7-4，背穿左右为满文"宝泉"，纪局名。钱径 2.2 厘米、穿径 0.6 厘米、郭厚 0.2 厘米（图一八，14）。

其余铜钱均锈蚀严重，字迹无法辨认。

（四）四人合葬墓

1.M2

位于发掘区的中南部，东北为 M1。东北–西南向，方向为 25°。墓口距地表深约 0.4 米，墓底至墓口深 0.6 米。墓室开口长 3 米、宽 2.6～2.7 米，残深 0.6 米。墓室四壁较整齐，内填灰白色沙土，土质松软，含少量料礓石粒。内置四棺，自西向东依次编号 A、B、C、D。（图一三；彩版九五，1）。

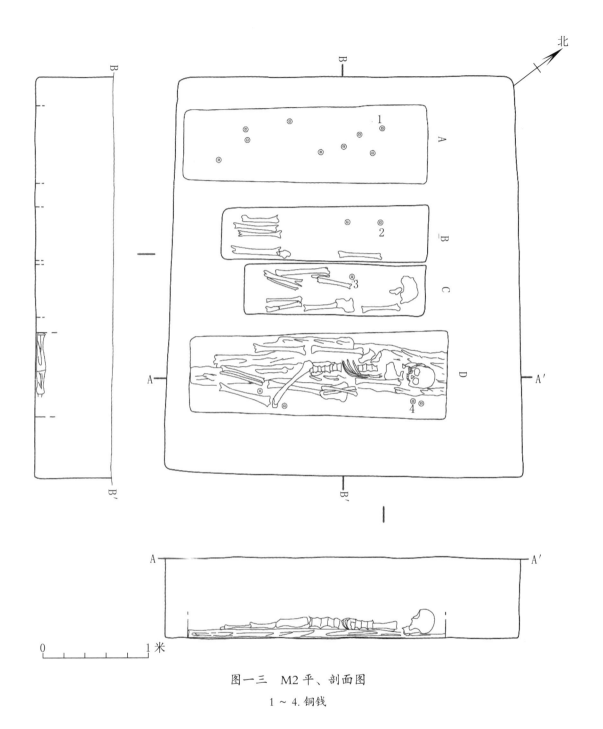

图一三 M2平、剖面图

1 ~ 4.铜钱

A棺棺木已朽，仅残存棺痕。长 1.8 米、宽 0.5 ~ 0.6 米。棺内未见人骨。随葬品有铜钱。

B棺棺木已朽，仅残存棺痕。长 1.55 米、宽 0.4 ~ 0.45 米。棺内仅残存肢骨，性别、葬式不明。人骨下铺有草木灰。随葬品有铜钱。

C棺棺木已朽，仅残存棺痕。长 1.4 米、宽 0.4 米。棺内人骨为仰身直肢葬，性别不明。人骨下铺有草木灰。随葬品有铜钱。

D棺棺木已朽，仅残存棺痕。长 2 米、宽 0.5 ~ 0.6 米、残高 0.15 米。棺内人骨为男性，仰身直肢葬。人骨下铺有草木灰。随葬品有铜钱。

铜钱30枚，其中可辨认的有雍正通宝、道光通宝、咸丰通宝、光绪通宝、宣统通宝。

雍正通宝1枚，M2：1-1。圆形，方穿，正、背面有圆郭。正面为"雍正通宝"，楷书，上下右左对读；背穿左右为满文"宝晋"，纪局名。钱径2.4厘米、穿径0.6厘米、郭厚0.4厘米（图一七，10）。

道光通宝2枚。均为圆形、方穿，正、背面有圆郭。正面为"道光通宝"，楷书，上下右左对读；背穿左右为满文"宝泉"，纪局名。M2：4-1，钱径1.8厘米、穿径0.6厘米、郭厚0.2厘米（图一八，4）。M2：4-2，钱径2厘米、穿径0.6厘米、郭厚0.3厘米（图一八，5）。

咸丰通宝1枚，M2：1-2。圆形，方穿，正、背面有圆郭。正面为"咸丰通宝"，楷书，上下右左对读；背穿左右为满文"宝武"，纪局名。钱径2.2厘米、穿径0.6厘米、郭厚0.2厘米（图一八，16）。

光绪通宝4枚。均为圆形、方穿，正、背面有圆郭。正面为"光绪通宝"，楷书，上下右左对读。M2：1-3，背穿左右为满文"宝源"，纪局名。钱径2.1厘米、穿径0.6厘米、郭厚0.2厘米（图一八，17）。M2：1-4，背穿左右为满文"宝泉"，纪局名。钱径2.1厘米、穿径0.6厘米、郭厚0.3厘米（图一八，18）。M2：1-5，背穿左右为满文"宝泉"，纪局名。钱径1.8厘米、穿径0.5厘米、郭厚0.2厘米（图一八，19）。M2：2-1，背穿左右为满文"宝福"，纪局名。钱径2.2厘米、穿径0.5厘米、郭厚0.3厘米（图一八，20）。

宣统通宝5枚。均为圆形、方穿，正、背面有圆郭。正面为"宣统通宝"，楷书，上下右左对读；背穿左右为满文"宝泉"，纪局名。M2：1-6，钱径1.8厘米、穿径0.5厘米、郭厚0.2厘米（图一八，21）。M2：1-7，钱径1.8厘米、穿径0.5厘米、郭厚0.2厘米（图一八，22）。M2：1-8，钱径1.8厘米、穿径0.5厘米、郭厚0.2厘米（图一八，23）。M2：2-2，钱径1.8厘米、穿径0.5厘米、郭厚0.2厘米（图一八，24）。M2：3，钱径1.8厘米、穿径0.5厘米、郭厚0.2厘米（图一九，1）。

其余铜钱均锈蚀严重，无法辨认。

2.M11

位于发掘区的西北部。东北－西南向，方向约为60°。墓口距地表深约0.3米，墓底至墓口深0.4米。墓室长2.1米、宽2.6米、残深0.4米，墓室四壁较整齐。内填灰白色沙土，土质松软，含少量料礓石粒。内置四棺，自西向东依次编号A、B、C、D（图一四；彩版九五，2）。

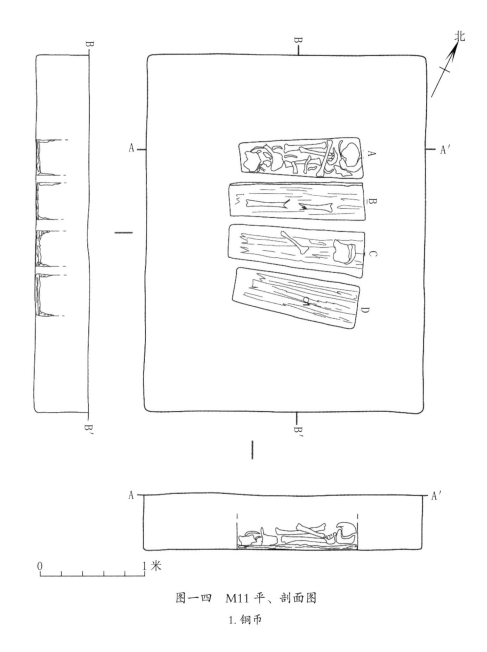

图一四 M11 平、剖面图

1. 铜币

A 棺棺木已朽，仅残剩棺痕。长 0.9 米、宽 0.2 ~ 0.3 米。

B 棺棺木已朽，仅残剩棺痕。长 1 米、宽 0.25 ~ 0.3 米。

C 棺棺木已朽，仅残剩棺痕。长 1 米、宽 0.35 米。

D 棺棺木已朽，仅残剩棺痕。长 0.9 米、宽 0.25 ~ 0.35 米，残高 0.2 米。随葬品有铜币。

四棺骨架保存极差，葬式不明。仅出土铜币数枚。

铜币 18 枚，其中有光绪元宝 1 枚、大清铜币 2 枚。

光绪元宝，1 枚。M11：1-1，圆币，无孔，正面中心铸字"光绪元宝"，楷书，上下右左对读；背面铸蟠龙纹。钱径 2.6 厘米、外郭厚 0.5 厘米（图一九，2）。

大清铜币 2 枚，圆币，无孔。M11 ∶ 1-2，正面中心铸字"大清铜币"，楷书，上下右左对读；背面纹饰较模糊。钱径 3.1 厘米、外郭厚 0.6 厘米（图一九，3）。M11 ∶ 1-3，钱面文模糊无法辨认；背面为双旗交叉图案。钱径 3.1 厘米、外郭厚 0.5 厘米（图一九，4）。

其余铜币均锈蚀严重，无法辨认。

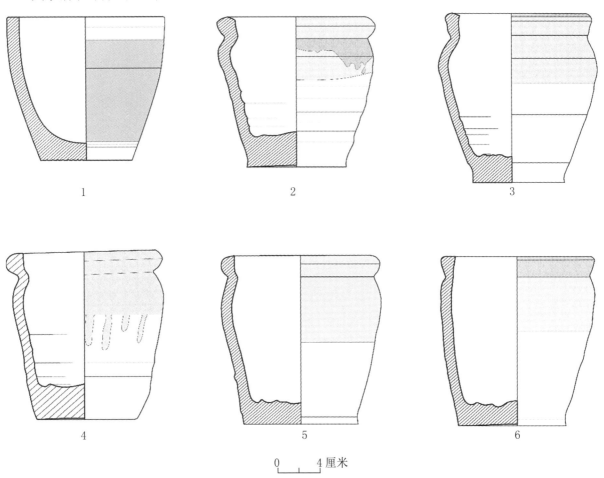

0 ____ 4 厘米

图一五　出土陶罐、瓷罐

1. 黑釉瓷罐（M9 ∶ 4）2 ~ 6. 釉陶罐（M3 ∶ 1、M3 ∶ 3、M3 ∶ 6、M5 ∶ 1、M7 ∶ 2）

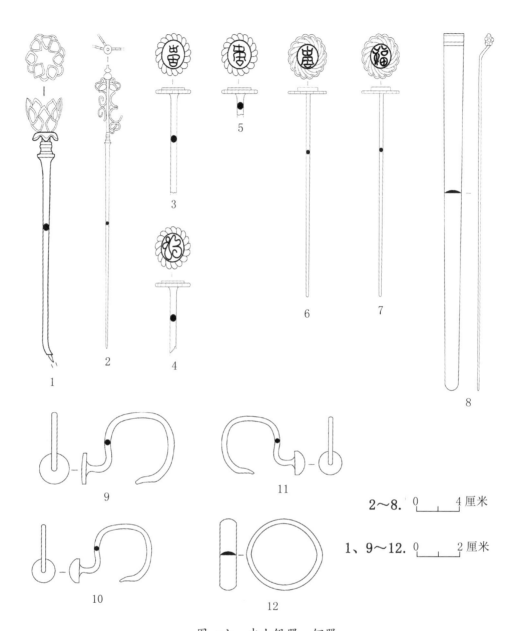

图一六　出土银器、铜器

1、2. 银簪（M4：2、M8：5）3～7. 铜簪（M8：3-1、M8：3-2、M8：3-3、M9：2-1、M9：2-2）
8. 铜扁方（M9：5）9～11. 银耳环（M8：1、M9：1-1、M9：1-2）12. 银戒指（M8：1）

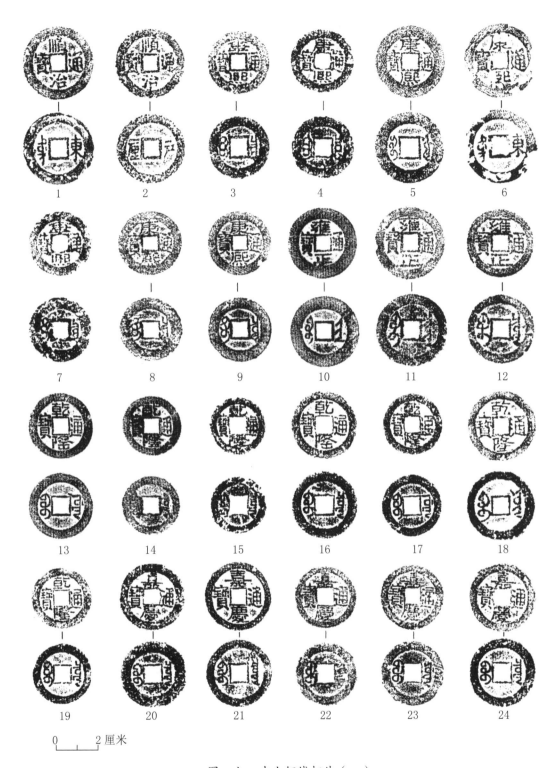

0   2厘米

图一七　出土铜钱拓片（一）

1、2.顺治通宝（M3：4-1、M3：4-2）3～9.康熙通宝（M3：2-1、M5：2、M5：3、M6：6-1
M6：6-2、M7：3-1、M7：3-2）10～12.雍正通宝（M2：1-1、M7：1、M7：3-3）13～19.乾隆通
宝（M1：1-1、M1：1-2、M4：1-1、M8：4-1、M8：4-2、M8：6-1、M8：6-2）20～24.嘉庆通宝
（M4：1-2、M8：4-3、M9：6-1、M9：6-2、M8：7-1）

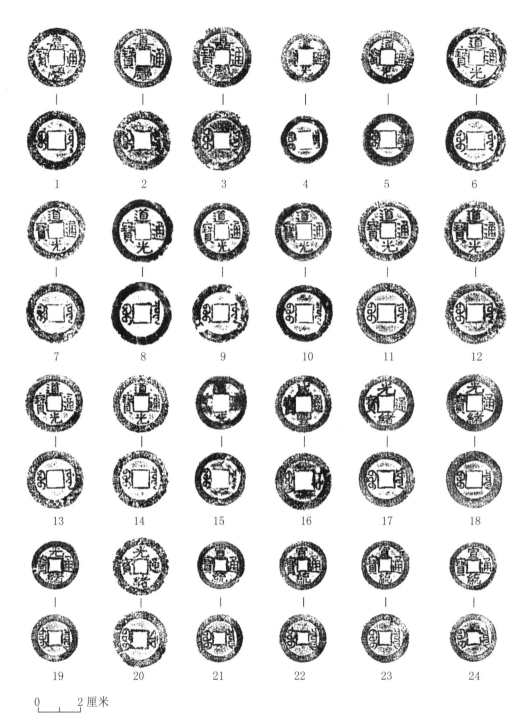

图一八　出土铜钱拓片（二）

1 ～ 3.嘉庆通宝（M8：7-2、M9：6-3、M9：6-4）　4 ～ 15.道光通宝（M2：4-1、M2：4-2、M8：7-3、
M8：7-4、M9：3-1、M9：3-2、M9：3-3、M9：7-1、M9：7-2、M9：7-3、M9：7-4、M12：1）
16.咸丰通宝（M2：1-2）　17 ～ 20.光绪通宝（M2：1-3、M2：1-4、M2：1-5、M2：2-1）
21 ～ 24.宣统通宝（M2：1-6、M2：1-7、M2：1-8、M2：2-2）

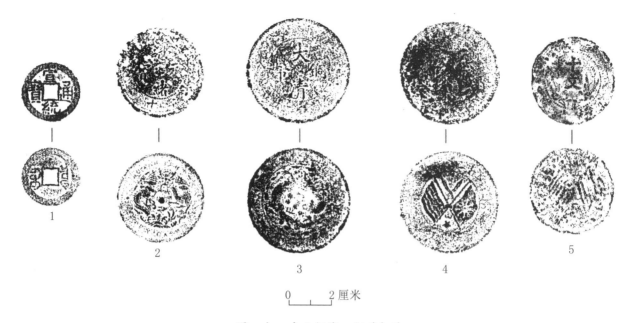

图一九　出土铜钱、铜币拓片

1.宣统通宝（M2：3）　2.光绪元宝（M11：1-1）　3.大清铜币（M11：1-2）
4、5.双旗币（M11：1-3、M12：2）

二、结语

　　此次发掘的墓葬均为长方形竖穴土圹墓，结构简单，是北京地区常见的墓葬。

　　出土的随葬器物较少，从器物形制来看，大部分器物如陶罐、瓷罐等应为当时社会平民阶层日常所用之物。银簪 M4：2 与篮球馆 M24：6[①] 形制相似。银簪 M8：5 与奥运村 M37：4[②]、篮球馆 M27：6、M36：5[③] 形制相似。铜簪 M8：3-2、M8：3-3 与密云大唐庄 M82：2-2[④] 相似。铜簪 M8：3-2 与篮球馆 M40：7[⑤] 形制相似。铜簪 M9：2-1、M9：2-2 与密云大唐庄 M84：1-1、M84：1-2[⑥] 形制相似。铜扁方 M9：5 与海淀区东升乡小营村 M5：1[⑦] 形制相似。银戒指 M8：1 与奥运村 M17：1[⑧] 形制相似。银耳环 M8：2、M9：1-1、M9：1-2 与篮球馆 M27：5[⑨] 形制相似。釉陶罐 M3：1、M3：3、M3：6、M5：1、M7：2 与新奥公司体育场 M6：1[⑩]、国家体育馆 M16：1[⑪] 形制相似。

　　根据墓葬形制及出土器物推断，该批墓葬属于清代中晚期。根据出土的双旗铜元来看不排除墓葬年代最晚至民国初期的可能。墓葬规格等级较低，应为平民墓葬。通过对上述墓葬的发掘，为研究北京地区清代时期墓葬的形制、丧葬习俗及物质文化提供了新的资料。

发掘：曹孟昕

拓片：黄星

绘图：黄星

摄影：黄星

执笔：徐蕙若

注释

①③⑤⑨　北京市文物研究所：《五棵松篮球馆工程考古发掘报告》，载北京市文物研究所编《北京奥运场馆考古发掘报告》，科学出版社，2007年。

②⑧　北京市文物研究所：《奥运村工程考古发掘报告》，载北京市文物研究所编《北京奥运场馆考古发掘报告》，科学出版社，2007年。

④⑥　北京市文物研究所：《清代墓葬》，载北京市文物研究所编著《密云大唐庄——白河流域古代墓葬发掘报告》，上海古籍出版社，2010年。

⑦　于璞、周宇、周新、刘晓贺：《海淀区东升乡小营村汉代、清代墓葬发掘简报》，《北京文博文丛》2014年第3期。

⑩　北京市文物研究所：《新奥公司体育场配套工程考古发掘报告》，载北京市文物局、北京市文物研究所编《北京奥运场馆考古发掘报告》，科学出版社，2007年。

⑪　北京市文物研究所：《国家体育馆工程考古发掘报告》，载北京市文物局、北京市文物研究所编《北京奥运场馆考古发掘报告》，科学出版社，2007年。

附表一　墓葬登记表

墓号	方向	墓圹 长 × 宽 × 深 （米）	墓口距 地表深 （米）	墓底距 地表深 （米）	棺数	葬式	人骨保存 情况	性别	随葬品 （件）
M1	40°	2.75 × （0.8 ~ 1）	0.3	0.9	单棺		未发现 人骨		铜钱 2
M2	25°	3 × （2.6 ~ 2.7） × 0.6	0.4	1	四棺	B 棺葬式不明； C 棺仰身直肢葬； D 棺仰身直肢葬	皆保存 较差	C 棺不详，D 棺为男性	铜钱 30
M3	95°	（2.2 ~ 2.7） × 2.3 × 0.4	0.4	0.8 ~ 1	三棺	北棺仰身屈肢葬；中棺葬式不明；南棺仰身直肢葬	保存较差，肢骨凌乱	北棺为女性；南棺为男性	釉陶罐 3、铜钱 6
M4	95°	2.4 × （0.95 ~ 1.1） × 0.6	0.4	1.1	单棺	仰身屈肢葬	保存较差	女性	银簪 1、铜钱 4
M5	105°	2.7 × （1.7 ~ 1.9） × 0.4	0.3	0.7 ~ 0.9	双棺	均为仰身直肢葬	保存较差	北棺为女性；南棺为男性	釉陶罐 1、铜钱 3
M6	95°	2.55 × （1.1 ~ 1.5） × 0.6	0.4	1	双棺	北棺为仰身二次直肢葬；南棺为仰身直肢葬	保存较差	北棺为女性；南棺为男性	铜钱 7
M7	65°	（2.6 ~ 2.7）× （2.1 ~ 2.4） × 0.6	0.4	0.9 ~ 1	三棺	中棺仰身直肢葬；北棺仰身直肢葬	保存较差	南棺女性；中棺为男性；北棺女性	釉陶罐 1、铜钱 7
M8	95°	（2.55 ~ 2.65） × （2.6 ~ 2.7） × 0.4	0.4	0.8 ~ 0.9	三棺	皆为仰身直肢葬	保存较差	北棺为女性；中棺女性；南棺为男性	银簪 1、铜簪 3、银耳环 1、银戒指 1、铜钱 36
M9	95°	（2.3 ~ 2.4）× （2.15 ~ 2.35） × 0.4	0.4	0.7 ~ 0.9	三棺	北棺、中棺为仰身屈肢葬；南棺为仰身直肢葬	保存较差	北棺为女性；中棺女性；南棺为男性	瓷罐 1、银扁方 1、铜簪 2、银耳环 2、铜钱 22
M10	120°	2.6 × 1.7 × 1.4	0.3	1.7	双棺	南棺为仰身直肢葬；北棺为二次葬	保存较差	北棺为女性；南棺为男性	
M11	60°	2.1 × 2.6 × 0.4	0.3	0.7	四棺	葬式不明	保存较差	皆不详	铜钱 18
M12	60°	2.3 × （1.4 ~ 1.5） × 0.8	0.4	1.2	双棺	北棺为仰身直肢葬；南棺为二次葬	保存较差	北棺为男性；南棺为女性	铜钱 4

附表二　铜钱统计表　　　　　　　　　　　　　　　　　单位：厘米

单位	编号	种类	钱径	穿径	郭厚／外郭厚	备注
M1	M1：1-1	乾隆通宝	2.3	0.6	0.3	穿左右为满文"宝源"
	M1：1-2	乾隆通宝	2.1	0.6	0.3	穿左右为满文"宝泉"
M2	M2：1-1	雍正通宝	2.4	0.6	0.4	穿左右为满文"宝晋"
	M2：4-1	道光通宝	1.8	0.6	0.2	穿左右为满文"宝泉"
	M2：4-2	道光通宝	2	0.6	0.3	穿左右为满文"宝泉"
	M2：1-2	咸丰通宝	2.2	0.6	0.2	穿左右为满文"宝武"
	M2：1-3	光绪通宝	2.1	0.6	0.2	穿左右为满文"宝源"
	M2：1-4	光绪通宝	2.1	0.6	0.3	穿左右为满文"宝泉"
	M2：1-5	光绪通宝	1.8	0.5	0.2	穿左右为满文"宝泉"
	M2：2-1	光绪通宝	2.2	0.5	0.3	穿左右为满文"宝福"
	M2：1-6	宣统通宝	1.8	0.5	0.2	穿左右为满文"宝泉"
	M2：1-7	宣统通宝	1.8	0.5	0.2	穿左右为满文"宝泉"
	M2：1-8	宣统通宝	1.8	0.5	0.2	穿左右为满文"宝泉"
	M2：2-2	宣统通宝	1.8	0.5	0.2	穿左右为满文"宝泉"
	M2：3	宣统通宝	1.8	0.5	0.2	穿左右为满文"宝泉"
M3	M3：4-1	顺治通宝	2.5	0.6	0.3	穿左右为满文"东"字和汉文"东"
	M3：4-2	顺治通宝	2.4	0.6	0.2	穿左右为汉文"一厘"、"户"字
	M3：2-1	康熙通宝	2.2	0.6	0.3	穿左右为满文"宝泉"
M4	M4：1-2	嘉庆通宝	2.4	0.6	0.3	穿左右为满文"宝泉"
M5	M5：2	康熙通宝	2.3	0.6	0.3	穿左右为满文"宝泉"
	M5：3	康熙通宝	2.5	0.6	0.4	穿左右为满文"宝源
M6	M6：6-1	康熙通宝	2.5	0.6	0.3	穿左右为满文"东"和汉文"东"
	M6：6-2	康熙通宝	2.2	0.6	0.3	穿左右为满文"宝泉"
M7	M7：3-1	康熙通宝	2.3	0.6	0.3	穿左右为满文"宝泉"
	M7：3-2	康熙通宝	2.2	0.6	0.3	穿左右为满文"宝泉"
	M7：1	雍正通宝	2.5	0.6	0.3	穿左右为满文"宝泉"
	M7：3-3	雍正通宝	2.4	0.6	0.3	穿左右为满文"宝泉"
M8	M8：4-1	乾隆通宝	2.3	0.7	0.2	穿左右为满文"宝泉"
	M8：4-2	乾隆通宝	2.2	0.6	0.2	穿左右为满文"宝源"
	M8：6-1	乾隆通宝	2.4	0.6	0.2	穿左右为满文"宝泉"
	M8：6-2	乾隆通宝	2.2	0.6	0.3	穿左右为满文"宝泉"
	M8：4-3	嘉庆通宝	2.3	0.6	0.3	穿左右为满文"宝泉"
	M8：7-1	嘉庆通宝	2.4	0.6	0.3	穿左右为满文"宝泉"
	M8：7-2	嘉庆通宝	2.2	0.6	0.2	穿左右为满文"宝泉"
	M8：7-3	道光通宝	2.2	0.6	0.3	穿左右为满文"宝源"
	M8：7-4	道光通宝	2.2	0.6	0.2	穿左右为满文"宝源"

单位	编号	种类	钱径	穿径	郭厚/外郭厚	备注
M9	M9：6-1	嘉庆通宝	2.2	0.6	0.2	穿左右为满文"宝源"
	M9：6-2	嘉庆通宝	2.3	0.6	0.2	穿左右为满文"宝源"
	M9：6-3	嘉庆通宝	2.2	0.6	0.2	穿左右为满文"宝源"
	M9：6-4	嘉庆通宝	2.2	0.6	0.2	穿左右为满文"宝源"
	M9：3-1	道光通宝	2.4	0.6	0.3	穿左右为满文"宝泉"
	M9：3-2	道光通宝	2.1	0.6	0.2	穿左右为满文"宝源"
	M9：3-3	道光通宝	2.2	0.6	0.2	穿左右为满文"宝泉"
	M9：7-1	道光通宝	2.3	0.6	0.2	穿左右为满文"宝源"
	M9：7-2	道光通宝	2.3	0.6	0.2	穿左右为满文"宝源"
	M9：7-3	道光通宝	2.2	0.6	0.2	穿左右为满文"宝源"
	M9：7-4	道光通宝	2.2	0.6	0.2	穿左右为满文"宝泉"
M11	M11：1-1	光绪元宝	2.6		0.5	
	M11：1-2	铜币	3.1		0.6	大清铜币
	M11：1-3	铜币	3.1		0.5	大清铜币
M12	M12：1	道光通宝	1.9	0.7	0.2	穿左右为满文"宝泉"
	M12：2	铜币	2.5		0.4	十文

大兴区四海庄汉代窑址、汉唐墓葬及明清古井发掘报告

1.M1

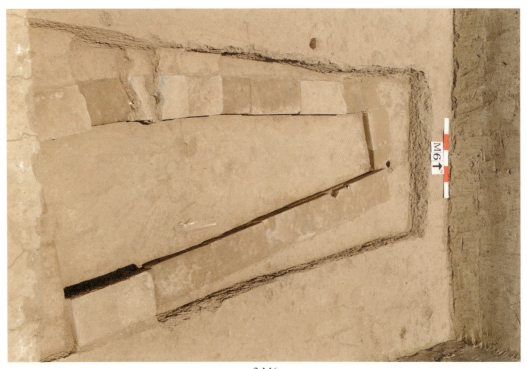

2.M6

唐代墓葬 M1、M6

大兴区四海庄汉代窑址、汉唐墓葬及明清古井发掘报告

1.M2

2.M3

唐代墓葬 M2 及汉代墓葬 M3

大兴区四海庄汉代窑址、汉唐墓葬及明清古井发掘报告

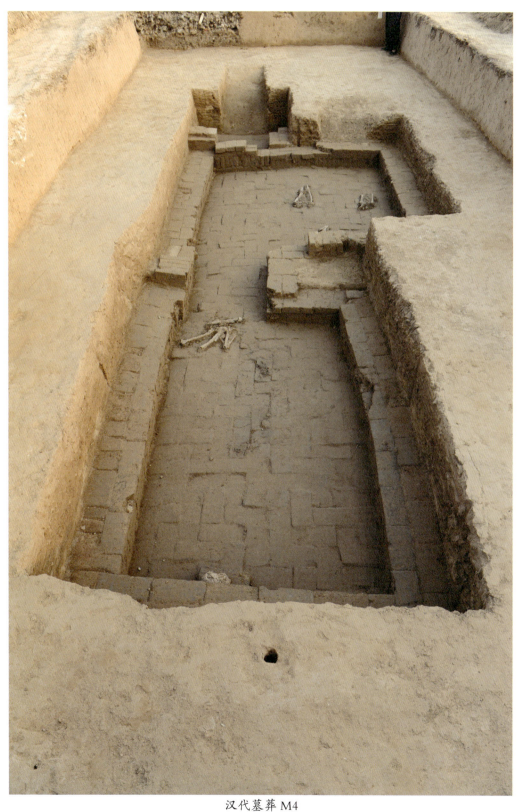

汉代墓葬 M4

大兴区四海庄汉代窑址、汉唐墓葬及明清古井发掘报告

1.Y1

2.J1

汉代窑址 Y1 及明清水井 J1

大兴区西红门汉代墓葬、窑址及唐代、金代墓葬发掘报告

1.Y1

2.Y2

3.Y3

汉代窑址 Y1 ～ Y3

大兴区西红门汉代墓葬、窑址及唐代、金代墓葬发掘报告

1.M7

2.M4

汉代墓葬 M7 及金代墓葬 M4

大兴区西红门汉代墓葬、窑址及唐代、金代墓葬发掘报告

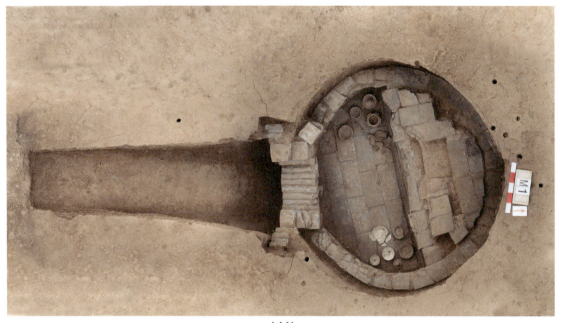

1.M1

2.M2

金代墓葬 M1、M2

大兴区西红门汉代墓葬、窑址及唐代、金代墓葬发掘报告

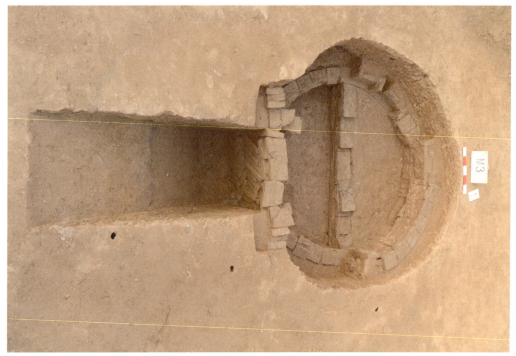

1.M3

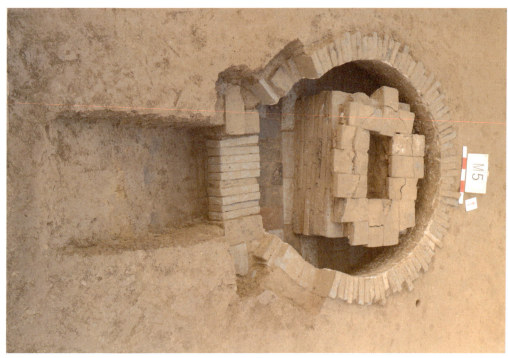

2.M5

金代墓葬 M3、M5

大兴区西红门汉代墓葬、窑址及唐代、金代墓葬发掘报告

1. 瓷碗（M6：1）

2. 陶盆（M1：1）

3. 陶釜（M1：2）

4. 陶匜（M1：3）

5. 铜镜（M6：2）

汉代、金代墓葬出土器物

大兴区西红门汉代墓葬、窑址及唐代、金代墓葬发掘报告

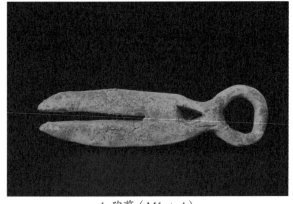

1. 陶剪（M1：4）

2. 陶盆（M1：5）

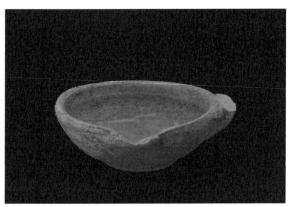

3. 陶勺（M1：6）

4. 陶三足盆（M1：7）

5. 陶盆（M1：8）

6. 陶熨斗（M1：9）

金代墓葬出土陶器（一）

大兴区西红门汉代墓葬、窑址及唐代、金代墓葬发掘报告

1. 小瓷碗（M1：10）

2. 瓷碗（M1：11）

3. 小瓷碗（M1：12）

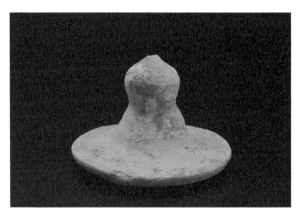

4. 陶器盖（M1：13）

5. 陶器盖（M1：14）

6. 陶熨斗（M2：1）

金代墓葬出土陶器、瓷器

大兴区西红门汉代墓葬、窑址及唐代、金代墓葬发掘报告

1. 陶器盖（M2：2）

2. 陶三足盆（M2：3）

3. 陶器盖（M2：4）

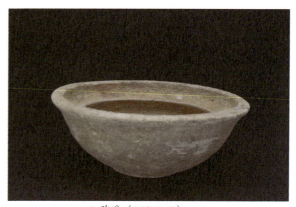

4. 陶盆（M2：5）

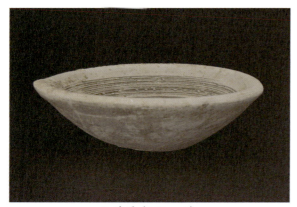

5. 陶匜（M2：6）

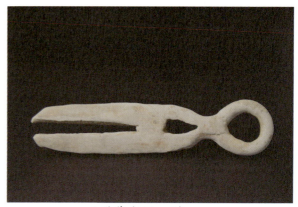

6. 陶剪（M2：7）

金代墓葬出土陶器（二）

大兴区西红门汉代墓葬、窑址及唐代、金代墓葬发掘报告

1. 陶器盖（M2：8）

2. 陶器盖（M2：9）

3. 红陶罐（M5：1）

4. 红陶罐（M5：2）

5. 陶釜（M5：3）

6. 红陶盆（M5：4）

7. 银钗（M5：5、M5：6）

金代墓葬出土陶器、银器

房山区牛家场唐代墓葬、金代窑址及明清古井发掘报告

唐代墓葬 M1

房山区牛家场唐代墓葬、金代窑址及明清古井发掘报告

1.M2

2.M2墓室

唐代墓葬 M2

房山区牛家场唐代墓葬、金代窑址及明清古井发掘报告

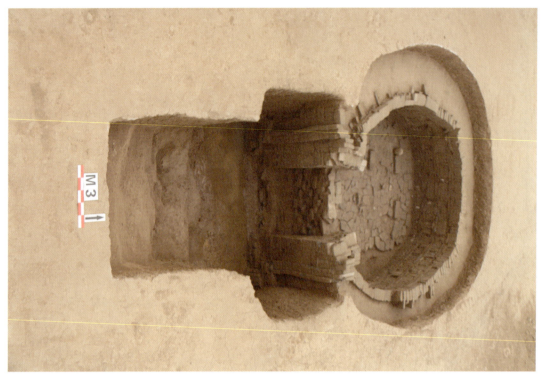

1.M3

2.M4

唐代墓葬 M3、M4

房山区牛家场唐代墓葬、金代窑址及明清古井发掘报告

金代窑址 Y1

房山区牛家场唐代墓葬、金代窑址及明清古井发掘报告

1. 瓦当（M2∶1）

2. 铁鼎（M2∶2）

3. 陶盏（M2∶3）

4. 白瓷碗（M2∶4）

5. 铜盆（M3∶1）

6. 陶罐（M3∶2）

7. 陶罐（M1∶1）

唐代墓葬出土器物

房山区牛家场唐代墓葬、金代窑址及明清古井发掘报告

1. 陶罐（M3：3）

2. 陶罐（M3：4）

3. 白瓷碗内底（Y1：2）

4. 白瓷碗外底（Y1：2）

5. 白瓷碗内底涩圈（Y1：3）

6. 白瓷碗外底（Y1：3）

7. 白瓷碗内底涩圈（Y1：4）

8. 白瓷碗外底（Y1：4）

唐代墓葬出土陶罐及金代窑址出土瓷碗残片

房山区牛家场唐代墓葬、金代窑址及明清古井发掘报告

1. 白瓷碗内底涩圈（Y1：5）

2. 白瓷碗外底（Y1：5）

3. 白瓷碗内底支钉（Y1：6）

4. 白瓷碗外底（Y1：6）

5. 白瓷盘内底刻花（Y1：7）

6. 白瓷盘外底（Y1：7）

金代窑址出土瓷器残片

通州区次渠村唐代、清代墓葬发掘报告

1.M1

2.M6

3.M2

唐代墓葬 M1、M2 及明清墓葬 M6

通州区次渠村唐代、清代墓葬发掘报告

1.M3

2.M4

唐代墓葬 M3、M4

通州区次渠村唐代、清代墓葬发掘报告

唐代墓葬 M5

通州区次渠村唐代、清代墓葬发掘报告

1.M1：1

2.M5：1

唐代墓葬出土陶罐

通州区砖厂村唐代、清代墓葬发掘报告

1.M2

2.M5

唐代墓葬 M2、M5

通州区砖厂村唐代、清代墓葬发掘报告

唐代墓葬 M6

通州区砖厂村唐代、清代墓葬发掘报告

1.M6 东壁

2.M6 棺床壁

唐代墓葬 M6 局部

通州区砖厂村唐代、清代墓葬发掘报告

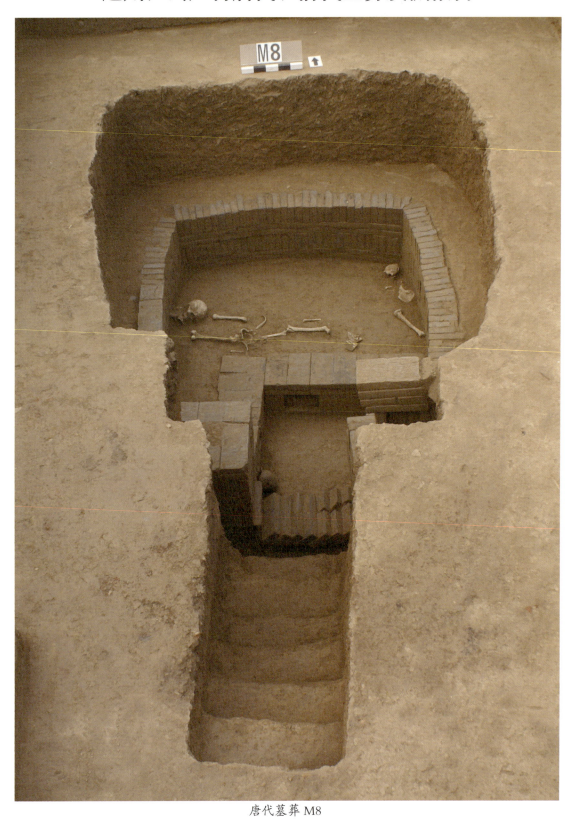

唐代墓葬 M8

通州区砖厂村唐代、清代墓葬发掘报告

1.M9

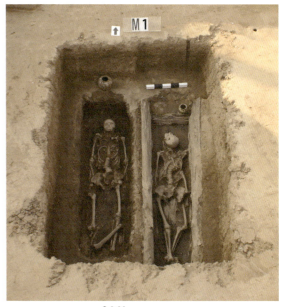

2.M1

3.M3

4.M4

唐代墓葬 M9 及清代墓葬 M1、M3、M4

通州区砖厂村唐代、清代墓葬发掘报告

1. 陶罐（M2 : 1）

2. 陶罐（M2 : 2）

3. 瓷罐（M5 : 01）

4. 陶罐（M5 : 1）

5. 陶罐（M5 : 2）

6. 陶罐（M6 : 1）

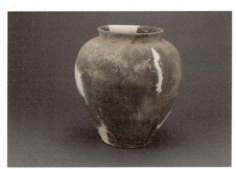
7. 陶罐（M7 : 3）

8. 陶罐（M7 : 4）

唐代墓葬出土陶罐、瓷罐

通州区砖厂村唐代、清代墓葬发掘报告

1. 陶罐（M8：1）

2. 瓷碗（M8：2）

3. 陶罐（M9：2）

4. 陶罐（M9：3）

5. 瓷碗（M9：4）

6. 陶罐（M1：1）

7. 陶罐（M1：3）

8. 陶罐（M4：1）

唐代、清代墓葬出土陶罐、瓷碗

通州区砖厂村唐代、清代墓葬发掘报告

1. 铜带扣（M7：1）

2. 银耳环（M4：3）

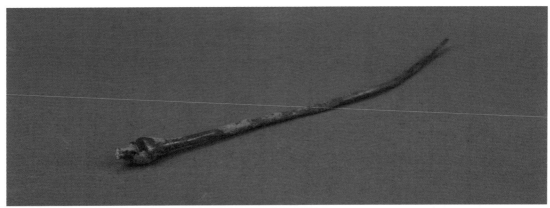

3. 银簪（M1：2）

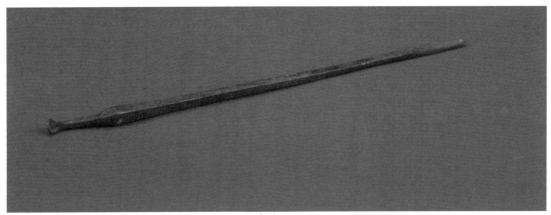

4. 银簪（M4：4）

唐代墓葬出土铜器及清代墓葬出土银器

大兴区十二村辽金墓葬发掘报告

1.M1

2.M2

辽金墓葬 M1、M2

大兴区十二村辽金墓葬发掘报告

1.M3

2.M4

辽金墓葬 M3、M4

大兴区十二村辽金墓葬发掘报告

1.M5

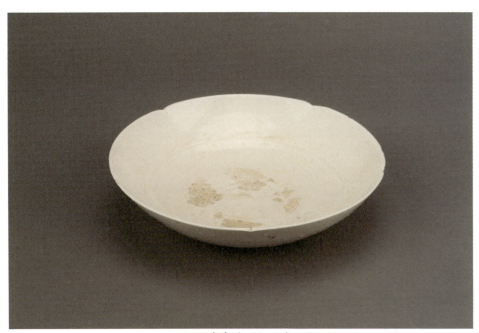

2.瓷盘（M1：2）

辽金墓葬 M5 及 M1 出土瓷盘

大兴区十二村辽金墓葬发掘报告

1. 瓷碗（M1 ：1）

2. 陶勺（M2 ：1）

3. 陶鏊（M2 ：2）

4. 陶盆（M2 ：3）

5. 陶器盖（M2 ：4）

6. 三足盘（M2 ：5）

7. 三足盆（M2 ：6）

8. 陶盆（M2 ：7）

辽金墓葬 M1、M2 出土陶器、瓷器

大兴区十二村辽金墓葬发掘报告

1. 陶盆（M2：8）

2. 陶釜（M2：9）

3. 陶勺（M2：10）

4. 陶器盖（M2：11）

5. 陶器盖（M2：12）

6. 陶碗（M2：13）

7. 陶器盖（M2：14）

8. 陶碗（M2：15）

辽金墓葬 M2 出土陶器

大兴区十二村辽金墓葬发掘报告

1. 陶釜（M2：16）

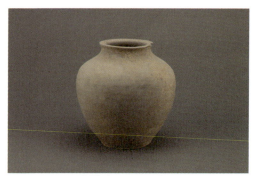

2. 陶罐（M2：18）

3. 陶持壶（M3：1）

4. 陶碗（M3：2）

5. 陶器盖（M3：3）

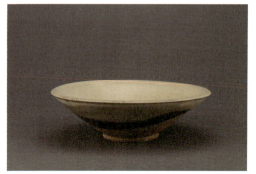

6. 白瓷碗（M3：4）

辽金墓葬 M2、M3 出土陶器、瓷器

大兴区十二村辽金墓葬发掘报告

1. 陶匜（M3：5）

2. 陶器盖（M3：6）

3. 天然卵石（M3：7）

4. 陶器盖（M4：1）

5. 陶鏊（M4：2）

6. 陶盆（M4：3）

辽金墓葬 M3、M4 出土陶器、天然卵石

顺义区顺平路金代、清代墓葬发掘报告

1. 瓷罐（M14：1）

2. 瓷碗（M14：4）

3. 瓷碗（M14：9）

4. 瓷碗（M14：10）

5. 石饰品（M14：5）

6. 石饰品（M14：6）

7. 铜簪（M14：7-1）

8. 陶盆（M14：12）

金代墓葬 M14 出土器物

顺义区顺平路金代、清代墓葬发掘报告

1. 银钗（M4：1-1）

2. 银簪（M4：1-3）

3. 银簪（M4：1-4）

4. 银簪（M2：1-3）

5. 银簪（M2：1-1）

6. 银簪（M2：1-2）

7. 银押发（M4：1-2）

清代墓葬 M2、M4 出土银器

顺义区顺平路金代、清代墓葬发掘报告

1. 铜扁方（M8：1）

2. 银簪（M9：1-1）

3. 银扁方（M9：1-2）

4. 银簪（M9：1-3）

5. 银簪（M9：1-4）

6. 银簪（M10：1-1）

7. 银簪（M10：1-2）

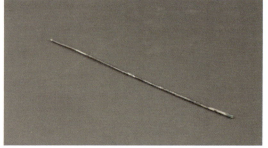

8. 银簪（M10：1-3）

清代墓葬 M8 ～ M10 出土银器

顺义区顺平路金代、清代墓葬发掘报告

1. 银簪（M10：1-4）

2. 银耳环（M10：2）

3. 银手镯（M10：3）

4. 铜扣（M10：4）

5. 瓷瓶（M14：11）

金代墓葬 M14 出土瓷器及清代墓葬 M10 出土银器、铜器

平谷区天井村元代、清代墓葬发掘报告

1.M5

2.M8

元代墓葬 M5、M8

平谷区天井村元代、清代墓葬发掘报告

1. 瓷碗（M6：1）

2. 钧釉瓷碗（M8：1）

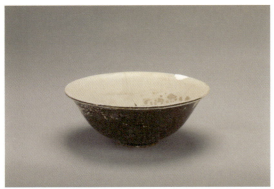

3. 瓷碗（M8：3）

4. 双系瓷罐（M8：5）

5. 白地黑花瓷碗（M13：2）

6. 陶罐（M45：2）

元代墓葬出土陶器、瓷器

平谷区天井村元代、清代墓葬发掘报告

1. 铁灯盏（M8：4）

2. 银簪（M10：1）

3. 银簪（M10：4）

4. 银簪（M27：2）

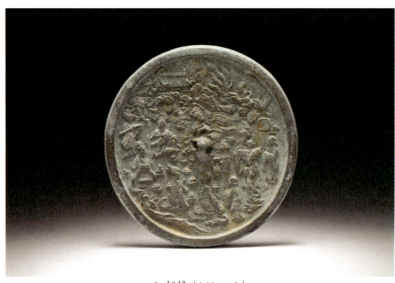

5. 铜镜（M8：2）

元代、清代墓葬出土金属器

平谷区天井村元代、清代墓葬发掘报告

1. 银簪（M29∶3）

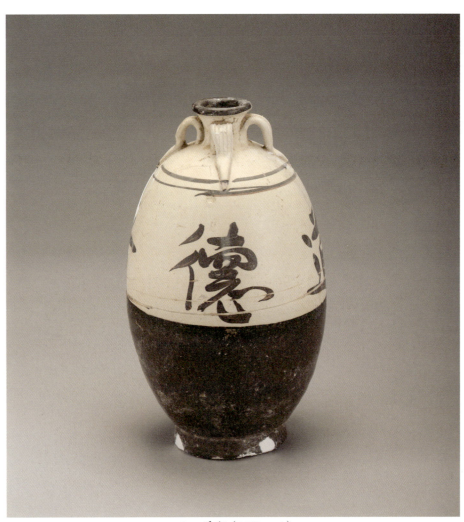

2. 四系瓶（M50∶1）

元代墓葬出土瓷瓶及清代墓葬出土银簪

密云区鼓楼西区明清城墙遗址发掘报告

1. 城墙东壁剖面

2. 城墙东壁剖面局部

城墙东壁剖面

密云区鼓楼西区明清城墙遗址发掘报告

1. 城墙南壁剖面

2. 城墙南壁西侧剖面

城墙南壁剖面

彩版五〇

密云区鼓楼西区明清城墙遗址发掘报告

1.TG1（由北向南）

2.TG1（由南向北）

探沟 TG1

密云区鼓楼西区明清城墙遗址发掘报告

1.TG1（由东向西）

2.TG1（由西向东）

探沟 TG1

密云区鼓楼西区明清城墙遗址发掘报告

1.TG3 夯窝

2.TG3（由东向西）

探沟 TG3

密云区鼓楼西区明清城墙遗址发掘报告

1.TG3（由西向东）

2.TG4 正射影像

探沟 TG3、TG4

密云区鼓楼西区明清城墙遗址发掘报告

探沟 TG4

密云区鼓楼西区明清城墙遗址发掘报告

1. 泥塑头像（TG4：2）

2. 兽面纹瓦当（TG4：3）

探沟出土器物

昌平区张各庄清代墓葬发掘报告

1.M1

2.M2

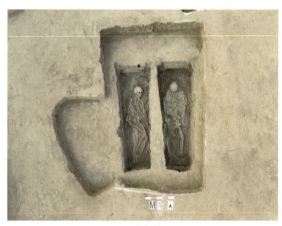

3.M3

4.M4

清代墓葬 M1 ~ M4

朝阳区高碑店清代墓葬和窑址发掘报告

1. 釉陶罐（M1：1）

2. 釉陶罐（M1：2）

3. 釉陶罐（M3：1）

4. 黑釉瓷罐（M5：1）

5. 黑釉瓷罐（M5：2）

清代墓葬出土陶罐、瓷罐

朝阳区驼房营路清代墓葬发掘报告

1.M5

2.M9

3.M20

4.M22

清代墓葬 M5、M9、M20、M22

朝阳区驼房营路清代墓葬发掘报告

1.M23

2.M26

3.M4

4.M6

清代墓葬 M4、M6、M23、M26

朝阳区驼房营路清代墓葬发掘报告

1.M8

2.M10

3.M19

4.M16

清代墓葬 M8、M10、M16、M19

朝阳区驼房营路清代墓葬发掘报告

1.M1

2.M2

3.M3

4.M11

5.M12

6.M13

清代墓葬 M1 ～ M3、M11 ～ M13

朝阳区驼房营路清代墓葬发掘报告

1.M14

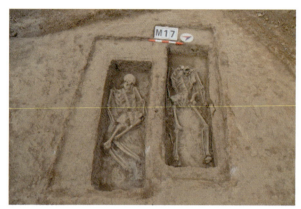

2.M17

3.M18

4.M24

5.M28

6.M29

清代墓葬 M14、M17、M18、M24、M28、M29

朝阳区驼房营路清代墓葬发掘报告

1.M25

2.M15

3.M27

4.M21

清代墓葬 M15、M21、M25、M27

朝阳区驼房营路清代墓葬发掘报告

1. 陶罐（M18：1）

2. 瓷罐（M3：1）

3. 瓷罐（M10：1）

4. 瓷罐（M28：1）

5. 银簪（M15：1）

6. 银簪（M20：1）

清代墓葬出土陶罐、瓷罐、银簪

朝阳区驼房营路清代墓葬发掘报告

1.M20：6

2.M20：7

3.M20：8

4.M20：9

5.M20：2

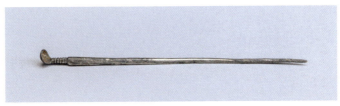

6.M20：4

7.M20：5

清代墓葬出土银簪

朝阳区驼房营路清代墓葬发掘报告

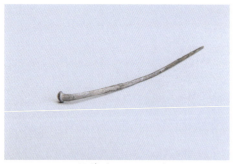

1. 银簪（M20：10）

2. 银耳环（M1：2）

3. 银耳环（M5：1）

4. 银耳环（M25：2）

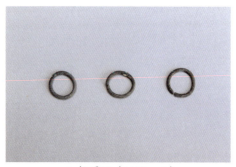

5. 银耳环（M29：3）

6. 银扁方（M1：1）

7. 银耳环（M20：3）

清代墓葬出土银器

朝阳区驼房营路清代墓葬发掘报告

1. 银扁方（M11：1）

2. 银扁方（M25：1）

3. 银扁方（M29：2）

4. 铜扁方（M29：1）

5. 铜头饰（M25：3）

6. 铜手镯（M29：4）

7. 铜扁方（M18：2）

清代墓葬出土银器、铜器

朝阳区驼房营路清代墓葬发掘报告

1. 铜烟锅（M24：2）

2. 铜烟锅（M25：5）

3. 铜烟锅（M25：6）

4. 铜烟嘴（M24：1）

5. 铜戒指（M18：3）

6. 铜戒指（M18：4）

7. 玉烟嘴（M25：7）

清代墓葬出土铜器、玉器

朝阳区驼房营路清代墓葬发掘报告

1. 银耳环（M11：2）

2. 银三事（M25：4）

3. 骨簪（M13：2）

清代墓葬出土银器、骨器

房山区阜盛大街清代墓葬发掘报告

1. 骨簪（M11：1）

2. 骨簪（M9：3）

3. 铜簪（M15：1）

4. 铜簪（M15：2）

5. 铜簪（M15：3）

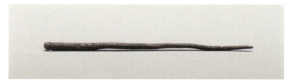

6. 铜簪（M21：2）

清代墓葬出土骨簪、铜簪

房山区阜盛大街清代墓葬发掘报告

1.M12：1

2.M4：3

3.M8：1

4.M16：2

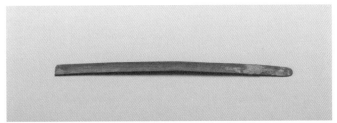

5.M24：2

清代墓葬出土银扁方

房山区阜盛大街清代墓葬发掘报告

1. 铜押发（M2：2）

2. 铜押发（M21：1）

3. 铜簪（M25：2）

4. 铜簪（M24：1）

5. 铜簪（M25：3）

6. 铜烟袋（M18：1）

清代墓葬出土铜押发、铜簪、铜烟袋

房山区阜盛大街清代墓葬发掘报告

1. 铜簪（M4：2-1）

2. 铜簪（M4：2-2）

3. 铜簪（M21：3）

4. 铜簪（M21：4）

5. 铜簪（M24：3）

6. 铜簪（M25：1）

7. 银戒指（M1：4）

8. 铜戒指（M2：4）

清代墓葬出土铜簪、银戒指、铜戒指

房山区阜盛大街清代墓葬发掘报告

1. 陶罐（M13：2）

2. 陶罐（M14：1）

3. 铜耳环（M23：1）

4. 铜耳环（M2：1）

5. 铜耳环（M4：4）

6. 铜耳环（M6：2）

7. 瓷罐（M2：5）

清代墓葬出土陶罐、铜耳环、瓷罐

房山区阜盛大街清代墓葬发掘报告

1. 铜镯（M1：2）

2. 铜镯（M2：3）

3. 铜镯（M4：1）

4. 铜镯（M4：5）

5. 银耳钉（M7：2）

6. 银耳钉（M9：2）

7. 铜押发（M6：1）

8. 铜耳环（M21：5）

清代墓葬出土铜器、银器

海淀区清华东路清代墓葬发掘报告

1.M1

2.M2

3.M8

4.M9

5.M10

6.M11

清代墓葬 M1、M2、M8 ～ M11

海淀区清华东路清代墓葬发掘报告

1.M3

2.M5

3.M6

4.M7

5.M13

6.M12

清代墓葬 M3、M5 ~ M7、M12、M13

海淀区清华东路清代墓葬发掘报告

1. 瓷罐（M6：1）

2. 瓷罐（M7：1）

3. 瓷罐（M9：1）

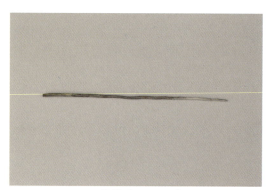

4. 银簪（M6：6）

5. 银耳环（M6：2）

6. 银耳环（M6：5）

7. 银簪（M6：4）

清代墓葬出土瓷器、银器

顺义区杨镇清代墓葬发掘报告

1. 铜簪（M2：1）

2. 铜簪（M2：2）

3. 铜簪（M5：4）

4. 铜簪（M8：2）

5. 铜簪（M8：3）

6. 铜簪（M9：2）

7. 铜簪（M9：3）

8. 银簪（M5：1）

清代墓葬出土铜簪、银簪

顺义区杨镇清代墓葬发掘报告

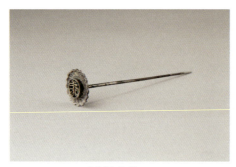

1.M5∶2

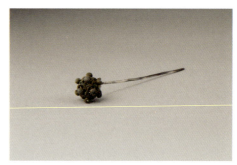

2.M6∶3

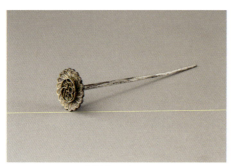

3.M6∶4

4.M6∶5

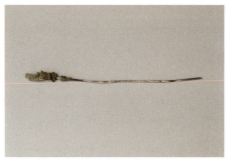

5.M6∶6

6.M7∶5

7.M7∶6

8.M7∶7

清代墓葬出土银簪

顺义区杨镇清代墓葬发掘报告

1. 银簪（M8：1）

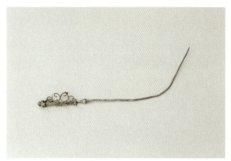

2. 银簪（M8：7）

3. 银簪（M13：1）

4. 银押发（M5：3）

5. 铜扁方（M2：4）

6. 银扁方（M6：2）

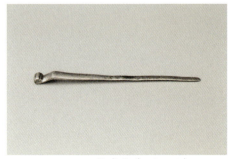

7. 银扁方（M9：1）

8. 银饰（M6：1）

清代墓葬出土银器、铜器（一）

顺义区杨镇清代墓葬发掘报告

1. 铜手镯（M3：2）

2. 银手镯（M7：2）

3. 银耳环（M4：2）

4. 银耳环（M8：4）

5. 银耳环（M5：7）

6. 银耳环（M7：4）

清代墓葬出土银器、铜器（二）

通州区马驹桥清代墓葬发掘报告

1.M1

2.M8

3.M7

清代墓葬 M1、M7、M8

通州区马驹桥清代墓葬发掘报告

1.M11

2.M18

清代墓葬 M11、M18

通州区马驹桥清代墓葬发掘报告

1.M5：1

2.M7：1

3.M11：1

4.M18：1

清代墓葬出土釉陶罐

朝阳区东坝乡清代、民国墓葬发掘报告

1.M3

2.M9

3.M10

4.M12

清代墓葬 M3、M9、M10、M12

朝阳区东坝乡清代、民国墓葬发掘报告

1.M1

2.M2

3.M4

4.M7

5.M8

6.M11

清代墓葬 M1、M2、M4、M7、M8、M11

朝阳区东坝乡清代、民国墓葬发掘报告

1.M5

2.M6

清代墓葬 M5、M6

朝阳区东坝乡清代、民国墓葬发掘报告

1.M2：1

2.M5：3

3.M6：2

4.M6：5

5.M8：1

6.M9：1

7.M10：2

8.M12：1

清代墓葬出土釉陶罐

朝阳区东坝乡清代、民国墓葬发掘报告

1.铜烟锅（M1：1）

2.铜烟锅（M1：2）

3.骨簪（M4：1）

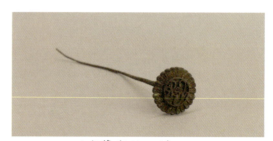
4.铜簪（M4：2）

5.铜手镯（M7：1-1、M7：1-2）

6.铜簪（M11：1）

清代墓葬出土铜器、骨器

朝阳区豆各庄清代、民国墓葬发掘报告

1.M1

2.M4

3.M5

4.M6

清代墓葬 M1、M4、M5、M6

朝阳区豆各庄清代、民国墓葬发掘报告

1.M10

2.M12

清代墓葬 M10、M12

朝阳区豆各庄清代、民国墓葬发掘报告

1.M3

2.M7

清代墓葬 M3、M7

朝阳区豆各庄清代、民国墓葬发掘报告

1.M8

2.M9

清代墓葬 M8、M9

彩版九五

朝阳区豆各庄清代、民国墓葬发掘报告

1.M2

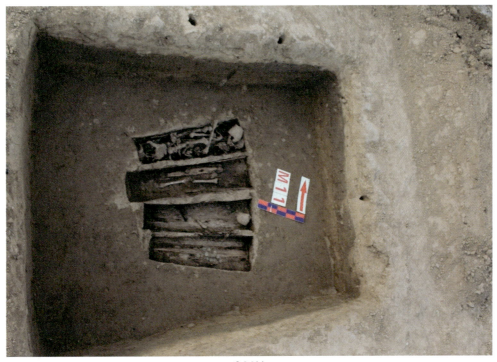

2.M11

清代墓葬 M2、M11

朝阳区豆各庄清代、民国墓葬发掘报告

1. 银簪（M4：2）

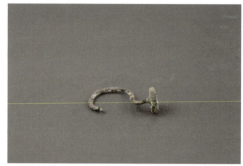

2. 银耳环（M8：2）

3. 釉陶罐（M5：1）

4. 釉陶罐（M3：1）

5. 釉陶罐（M3：3）

6. 釉陶罐（M3：6）

7. 釉陶罐（M7：2）

8. 瓷罐（M9：4）

清代墓葬出土银器、陶器、瓷器

朝阳区豆各庄清代、民国墓葬发掘报告

1. 铜簪（M8：3-1、M8：3-2、M8：3-3）

2. 银戒指（M8：1）

3. 铜簪（M9：2-1、M9：2-2）

4. 银耳环（M9：1-1、M9：1-2）

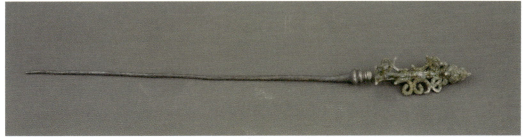

5. 银簪（M8：5）

6. 铜扁方（M9：5）

清代墓葬出土铜器、银器